KB202958

구약 세계와 신학

구약 세계와 신학
― 팬데믹 시대 한국교회의 전망

2022년 11월 29일 처음 펴냄

지은이 | 박신배
펴낸이 | 김영호
펴낸곳 | 도서출판 동연
등   록 | 제1-1383호(1992년 6월 12일)
주   소 | 서울시 마포구 월드컵로 163-3
전   화 | (02) 335-2630
팩   스 | (02) 335-2640
이메일 | yh4321@gmail.com
S N S | https://www.instagram.com/dongyeon_press

Copyright ⓒ 박신배, 2022

이 책은 저작권법에 따라 보호받는 저작물이므로, 무단 전재와 복제를 금합니다.
잘못된 책은 바꾸어 드립니다. 책값은 뒤표지에 있습니다.

ISBN 978-89-6447-841-7 93230

팬데믹 시대
한국교회의 전망

구약 세계와 신학

Old Testament World and Theology

박신배 지음

동연

추천사

연세 신학이 그동안 한국 신학을 대표하는 학자들의 요람이 되어왔다.
오랫동안 연세에서 구약을 가르치며 많은 제자를 배출하였는데, 그중에
훌륭한 제자가 있다. 이번에 교수하면서 가르쳤던 중에 구약신학 작품으
로서 보람을 느끼는 저작이 나왔다. 내가 아끼는 제자요 한국 구약학계의
중진인 박신배 박사가 집필한 『구약 세계와 신학』은 구약학을 자신의
관점에서 펴는 역작(力作)이라 할 수 있다. 박 박사는 신학 강단에서
평생 제자를 가르치며 자신의 학문적인 개혁 신학을 펼친 것이다. 이는
학문의 완성 단계의 첫 거보를 내리는 것이라 치하하고 싶다. 더 나아가
구약의 개혁, 종교개혁 신학을 한국교회 강단과 교회 개혁의 차원으로
확대하고 적용한 것은 예언자적 시각에서 뛰어난 통찰력이라고 본다.

이 책이 한국교회 개혁에 동기가 되고, 오늘날 일어나는 팬데믹 시대의
신학을 이해하는 지름길이 되며, 안내서가 되리라 바란다. 한국 구약학
발전을 위해 박 박사가 애쓰는 모습은 학문에 정진(精進)한 결과로 보인다.
그는 이제 모든 구약학자들의 모범이 되고 있다. 박 박사는 구약신학을
새롭게 이해하여 한국적 구약신학 모색하기의 작업을 하더니 또 구약
이야기를 통해 일반인에게도 쉽게 구약의 세계를 깊이 있으면서 쉽게
풀어 쓴 저작도 출판하였다. 그때에도 놀라며 일전에 여러 사람에게
구독을 추천한 바 있다. 다시 팬데믹 시대에 구약신학을 풀어서 시대의
예언자와 같은 역할을 하며 이 책을 저술한 것이다. 이에 축하하며
독자들에게 적극 일독하기를 권한다.

부디 이 책을 읽는 독자들이 구약의 넓고 깊은 세계를 탐색하며 학문하는 기쁨과 보람을 느끼고, 신앙적으로 크게 도움받기를 바라며 이 저서를 높이 추천하는 바이다.

2022. 8.
박준서
연세대 구약학 명예 교수/전 연세대 부총장/전 한국구약학회장

추 천 사

방대한 구약성서의 세계는 바다에 비유될 수 있습니다. 대양(大洋)에는 수많은 물고기와 생명체가 살아 숨 쉬고 있듯이 구약성서의 세계에는 수많은 사상의 물고기들이 생동하고 있습니다. 그 바다에서 고기를 낚듯이 무엇인가를 건져낸다는 것은 정말 값지고 보람된 일인 만큼 힘든 작업이기도 합니다.

미국의 소설가 어네스트 헤밍웨이는 『노인과 바다』에서 한 노인 어부의 실존적 고뇌와 고투, 의지의 승리를 보여주었습니다. 노인은 각고의 노력 끝에 아주 큰 물고기를 낚았지만, 고기의 살점을 탐낸 수많은 상어 떼들이 달려들어 그들과 고독하지만 치열한 싸움을 벌이지 않을 수 없었습니다. 그리고 마침내 상어 떼를 물리치고 항구에 토착했습니다. 그러나 남은 것은 큰 고기의 앙상한 뼈뿐이었습니다. 그러나 노인은 허탈해하지 않습니다. 왜냐하면 그에게는 그 무엇과도 비교할 수 없는 성취의 기쁨이 있었기 때문입니다.

이번에 박신배 교수님이 다시 한 권의 저서를 낸 것은 어느 면에서 노인의 승리에 비견될 수 있을 것입니다. 구약성서의 방대한 세계에서 의미 있는 주제들을 선별하여 어부가 고기를 낚는 심정으로 신학적 주제를 낚아 올렸으니 극찬하고 싶습니다. 박신배 교수님은 그간 한국적 구약학의 가능성을 탐색한 연구들, 구체적으로는 태극 신학의 가능성을 탐색하는 연구 저서를 내놓은 바 있으며, 김찬국 교수님의 신학적 세계를 민중신학적 안목으로 탐색하여 재조명하는 작업을 수행하기도 했습니다. 이러한 작업이 일견 당연한 것으로 치부되기 쉬운데, 오늘날 주로 전문 학술지에 게재된 논문의 양적 평가에 치중해 온 대학의 평가 경향과 시스템에 비추어 볼 때 한 권의 저서를 낸다는 것은 우직한 뚝심이 없이는 어려운 일에 가깝기 때문에 이번에 다시 비중 있는 한 권의 저서를 상재(上梓)한 것은 대단한 성취라 하지 않을 수 없습니다.

그 내용의 다양성과 풍부함만을 놓고 보더라도 그간의 수고를 인정하지 않을 수 없습니다. 1부에서는 진리의 문제, 안식일과 정의, 평화의 문제, 예언자 이사야의 예언 세계, 팬데믹 시대의 구약신학의 문제를 다루었고, 2부에서는 풍류 신학과 태극 신학, 한국의 1세대 구약학자 김찬국 교수님의 신학 세계, 3부에서는 히스기야의 개혁 운동과 한국교회의 개혁에 관한 문제를 다루었는데, 이는 박신배 교수님의 다양한 신학적 관심의 폭을 보여줍니다.

이 저서의 출간으로 인해 한국 구약학의 숲이 더 풍성해지고, 신학도뿐만 아니라 관심 있는 일반 독자들에게도 많은 지적 자극과 보충이 되리라 믿습니다.

서명수
협성대학교 총장 직무대행/한국구약학회장

추 천 사

환갑을 맞아 지난 32년의 구약 교수 사역의 회고와 고뇌 통한 더 큰 학문의 여정을 위한 애씀의 흔적을 전심으로 응원한다. 박 교수의 화두는 요한복음 8:31-32의 진리와 자유와 제자의 삼각관계를 강조하셨다. 추상의 진리가 아니라 주 예수의 인격적 만남(encounter)에 근거한 진리는 자유인의 체화를 통한 제자의 삶의 자리(Sitz im Leben)를 보여주신 구성(構成)으로, 이에 대한 다양한 관점은 아래와 같다.

첫째, 유대교의 안식은 창조주의 일반 은혜를 기념하고(출 20:11), 기독교는 인자가 안식일의 주(主)되시는 구약과 신약의 연속성의 특별 은혜를 강조한다(신 5:15; 마 12:8).

둘째, 정의(체다카)와 공의(미슈파트)의 중언법(hendiadys, 실례: 의로운 사랑, 진리와 생명의 길)은 이스라엘의 성문에서 실천하는 일반 윤리를 넘어서는 옛사람의 나는 예수와 함께 죽고 새사람의 우리로 살아가는 거듭난 존재(체다카)를 통한 사회적 공의(미슈파트: 소외된 약자 배려)의 실천을 강조한다.

셋째, 선지서의 대문 이사야서는 친환경(Eco) 입체(Cubic)의 관점에서 투박한 미가 선지자(6:8)를 통해 아모스의 정의, 호세아의 인자(헤세드)와 이사야의 고난받는 종과 함께 겸손히 동행하는 삼위일체(정의, 인자와 겸손)적 이신행칭의 변혁(마르틴 루터와 존 칼빈)과 샬롬(평화) 언약의 회복을 강조한다.

넷째, 흔들리는 팬데믹 가운데 흔들리지 않는 반석 같은 구약신학의 전망은 북이스라엘의 신명기의 예언적 사관(조상의 죄)과 남유다의 역대기의 제사장적인 사관(본인의 죄)을 통합하는 제3의 통섭-섭리 사관(하나님이 하시는 일)은 주 예수 그리스도의 십자가 부활을 통한 새 모세(북이스라엘)와 새 다윗(남유다)을 강조한다.

다섯째, 풍류(風流) 신학은 하나님의 비공유적 속성을 사람의 눈높이에 맞추어 공유적 속성의 조절로 미디어(media: 바람, 비, 구름과 불 조화와 균형)의 신령한 수화(水火) 기제(既濟)의 신학이라고 말하고 싶다(출 40:38; 왕상 18:38, 45; 요 3:5).

여섯째, 태극(太極, 무극) 신학은 육신의 생각(문자주의)이 끊어진 자리, 즉 영의 생각(성경 말씀 묵상, Lectio Divina, Holy Reading)과 통하는 신인 연합의 예배 현장의 자리라고 믿어진다. 보수의 성경의 권위와 자유의 삶의 자리가 함께 공존하는 신학의 장이 마련되기를 소원한다.

일곱째, 한국 신학의 전망 ― 머리(몰두의 지성의 정보)와 가슴(몰입의 경건-영성)과 남북 통일, 즉 자유 의식(인권)의 저변 확대, 경천애인(敬天愛人)의 삶의 자리(덕성의 실천)를 다음 세대에 유산으로 물려주는 것이다. 본질(essence)과 현상(form)의 조화-균형의 상호작용, 즉 Form-Deform-Reform(Restoration)-Uniform은 Transform(변혁)으로 이어져야 한다.

헤브라이즘(이원성의 일원론)이, 헬레니즘(이원론)의 절대 진리 부재의 민주주의, 혼합의 다원주의와 세속주의를 능히 다스려 북남(시 89:12)의 샬롬 통일(에스겔의 평화 언약)의 길을 열어나가는 길잡이가 되기를 간절히 소망한다.

『구약 세계와 신학』, 존귀한 책의 일독을 추천한다.

은유(恩U) 최성대
목사/전 대신원-안신대원 겸임교수/구약학 박사(Ph. D.)

추 천 사

이번에 출판되는 『구약 세계와 신학』이라는 이 책은 박신배 교수께서 환갑을 맞아 그동안의 신학 여정을 정리한 책이라는 말을 들었다. 먼저 하나님이 허락하신 60년 동안의 생명 주심에 대한 감사와 더불어 앞으로 남은 생애에 대한 하나님의 축복이 넘치시기를 기원하고 싶다.

지난 30여 년 동안 교제하면서 나와 박 교수는 지음지교(知音之交)가 되었다. 여기에 이르기까지 그가 걸어온 삶의 역정들을 한번 되짚어보았다. 박 교수는 지난 30여 년 동안 히브리어 강의를 비롯하여 구약학 교수로 봉직해오면서 많은 구약학 저술을 내놓았다. 또한 교단 신학자로서 그리스도 교단의 정체성을 위해 내놓은 환원 신학, 한반도에서 신학하는 자로서 책임감을 갖고 행한 한국학으로서의 풍류 신학과 태극 신학, 또 모든 신학의 궁극적 목표가 사랑과 평화라는 인식하에 내놓은 사랑학과 평화학 그리고 신학이 결국 선교로 이어져야 한다는 일념으로 매 학기마다 선교지 현장을 방문하고, 선교사와의 네트워크를 통한 기도와 후원에 이르기까지 그의 학문적 열정과 선교적 비전에 경의를 표하고 싶다.

그는 총장직을 역임한 행정가이기도 하지만, 매달 '종교개혁 세미나'라는 모임을 몇 년 동안 개최해 오면서 신학의 나눔 사역을 계속해오고 있다. 그는 무엇보다도 진리 탐구에 열정을 지닌 학자로서 시편을 비롯한 다양한 구약학 저술을 내놓은 구약학자이자 『평화 비둘기』라는 에세이집을 통해서도 보여주었듯이 시인이자 수필가이기도 하다. 또한 그는 "히스기야 종교개혁"이라는 테마를 가지고 박사학위 논문을 썼다. 이는 종교개혁의 필요성, 즉 오늘 무너져가는 한국교회의 현실을 아파하면서 교회의 본질적 모습의 회복을 역설한 한 상징적 행동이다. 더욱이 시대의 징조에 깊은 관심을 지닌 그는 코로나 팬데믹이라는 전염병이 출애굽기에서 보여준 하나님의 재앙이라는 차원에서 계속 글을 쓰면서 시대와 끊임없이 호흡하고 있으며, 메타버스 시대에 진리에 대한 탐구를 계속하고 있다.

이 책은 그동안의 그의 신학적 발자취를 담은 그릇으로서 그가 어떤 생각을 했고, 지금 하고 있으며, 앞으로 어떤 길을 갈 것인가를 가늠해보는 자기 성찰의 책이다. 지금까지의 그의 인생 여정에 박수를 보내면서 앞으로의 전도를 주의 깊게 지켜보려고 한다. 책 출판의 기쁨을 함께하면서 주님의 은혜와 평강이 이 책을 읽는 모든 이들에게 임하시기를 기원드린다. 할렐루야, 아멘!

네가 선 곳은 거룩한 땅이니 네 발에서 신을 벗으라(출 3:5).

2022. 8. 15. 광복절 77주년 봉천동 서재에서

맨발 박호용

전 대전신학대학 구약학 교수

추 천 사

　박신배 교수의 신간『구약 세계와 신학』출판을 진심으로 축하하며 축복합니다. 이번 출판은 박신배 교수의 회갑을 기념하여 출간하게 되어 더욱 의미 있고 복된 일입니다. 박신배 교수는 평생을 대학 강단에서 구약학자로 구약의 세계를 후학들에게 가르쳐왔습니다. 이 책에는 그가 평생 고민하고 씨름해왔던 구약의 주제들과 한국교회 현재와 미래에 대한 시대적 고민과 애정이 듬뿍 담겨 있습니다.

　박신배 교수를 처음 만난 건 27년 전 연대 구약학 박사과정에서였습니다. 구약을 공부하면서 성지 순례도 같은 팀으로 함께 다녀왔고, 박 교수가 교회를 개척해서 예배드릴 때도 함께 했던 추억이 있습니다. 언제나 서글서글하고 호방하게 웃으며 모든 일에 시원시원했습니다. 게다가 마음이 너그러워 어려운 친구 이웃을 잘 도와주었습니다. 박 교수는 지금까지 신학교 강단을 신실하게 지키며 제자들에게 구약과 함께 선교의 비전도 나누고 있습니다.

　저는 선교지로 떠나 북아프리카 M국에서 12년 사역 후 지금은 웨일즈 작은 시골 마을에 위치한 한국 개신교 최초의 선교사요 순교자인 로버트 토마스(Rev. Robert Thomas, 1839. 9. 7.~1866. 9. 5.) 목사를 파송한 하노버 교회를 섬기는 선교사입니다. 그 후로 박 교수와 연락이 끊겼다가 몇 해 전에 다시 연결되어 매주 열방을 위한 선교 기도회에 박 교수도 열정적으로 참여하고 있습니다. 게다가 박 교수는 선교적 열정을 다해 세계로 선교단 단장으로 활동하며 선교사들을 섬기고 있어 가슴이 뭉클합니다.

　과거 화려했던 선교 역사를 자랑하던 영국을 포함한 서구 유럽 교회들이 이제는 선교사의 도움이 필요한 역 선교지로 변한 현재 모습을 바라볼 때 마음이 아프고 안타깝습니다. 신학이 없는 교회도 무력하지만, 교회가 없는 신학교의 상아탑은 공허합니다. 그런 의미에서 박 교수의 구약과 한국적 신학에 대한 치열한 학문적 토론과 한국교회의 미래에 대한 애정 어린 분석과 전망이 담긴 금번 신간은 매우 의미 있는 값진 열매라고 믿습니다. 팬데믹 이후 메타버스가 등장한 뉴노멀 시대에 구약학의 미래를 전망하는 이 책은 물론 한국교회의 미래를 선교적 관점에서 조망하고 있습니다. 더욱 선교에 매진하는 교회만이 진리를 지키고 개혁과 부흥을 맛볼 수 있음을 시사하는 바 금번 박 교수의 신간은 매우 시의적절한 출판이라 생각하며, 미래를 고민하는 하나님의 거룩한 백성들에게 일독을 권하고 싶습니다.

예수 그리스도는 어제나 오늘이나 영원토록 동일하시니라(히 13:8).

2022. 9. 5. 토마스 선교사 순교 156주년

웨일즈 홀라노버 하노버교회에서

유재연

하노버교회 담임목사

추 천 사

진리에 대한 탐구는 끊임없이 계속되어왔습니다. 그리고 수많은 연구자에 의해 이해되고 깨달아 가도록 소산(笑山) 박신배 교수도 여기 한 사람으로 그 대열에서 지금까지 지속하였다는 것, 나는 그것만으로도 소산과의 만남과 교제를 가치 있게 여깁니다. 인생의 참된 목적이 진리를 찾아가는 일이라면 그 진리의 길을 안내하는 일은 무엇보다 우선되는 것이라 할 수 있습니다. 우선되는 일로 일생을 보내고 있는 친구 소산에게 회갑 논문집 출간에 부쳐 진실로 축하를 전합니다.

구약의 진리는 그리스도 예수를 가리키는 예언과 메시지이며, 그리스도 예수로 이어지는 구속적 기독론이 전개될 때에만 구약의 진리는 규명될 수 있다는 그의 논문의 문장을 인용합니다. 그의 구약 연구 말미에는 언제나 신약의 그리스도를 향하여 열려 있으며, 그의 연구와 글에서 한국이라는 토양의 삶의 현장에 대한 관심을 가질 수밖에 없는 요청이 토착적 신학과 한국교회와 목회 현장의 변화와 개혁을 기대하며 지속적으로 진리 탐구의 길을 걸어왔다는 것을 알 수 있습니다.

소산의 연구와 글을 읽으면서 지나온 삶의 자취를 엿볼 수 있게 되는데 삶을 뒤돌아볼 수 있다는 것은 인간만이 가지는 인격적인 삶의 일면이요 생의 진보를 이루는 일이기도 합니다. 그런 점에서 지나온 삶을 회고하는 것에 감회가 뒤따르기 마련이며, 미래를 향하여 나아가게 하는 동력이 되기도 합니다.

소산과의 만남은 연세대 대학원 시절 그가 막 결혼한 신혼 때로 공부를 위해 가정을 떠나 기숙사에서 동고동락하며 정을 이어 왔습니다. 내가 잊을 수 없는 일 중에는 어느 부모와 가족이 희생과 헌신을 마다하지 않을까만은 그 가운데서도 박신배 교수 부모님의 헌신과 사랑 그리고 말로 다 할 수 없는 그의 아내의 내조를 기억합니다. 그에 힘입어 그를 오늘에 이르게 하지 않았을까 회고해 봅니다.

팬데믹 시대 위약한 한국교회의 문제를 개선하는 데 대한 그의 글들은 가정의 삶의 실존에서부터 배양된 모범적인 예시가 될 수 있기에 이 책을 읽어 보기를 추천합니다. 학문과 예술, 기술 그리고 종교마저 절망을 가르치는 이 세대에 후학들에게 참된 희망을 전하는 일이 예언자의 사명이며, 선지자의 소명으로 치유와 회복, 희망과 소망에로의 길을 여는 일이 그의 전문 분야인 구약학을 통하여 더욱 풍성하기를 바랍니다. "후일에는 야곱의 뿌리가 박히며 이스라엘의 움이 돋고 꽃이 필 것이라 그들이 그 결실로 지면을 채우리로다"(사 27:6)라는 말씀을 생각하며 이를 이루시길 기원하며, 추천의 글을 드립니다.

2022. 9. 10.
캐나다 토론토에서
석동기
토론토한인감리교회 담임목사, 캐나다 지방 감리사

머리말

한 사람의 학자에게 있어서 학문의 끝은 언제인가? 학자가 하나님께 부름을 받고 천상에 갈 때 끝날 것인가? 아니면 학문의 일가(一家)를 이루어서 사랑의 교육이 제자로 하여금 계속 스승을 기리는 글을 쓰게 하며, 학문 정신의 결실을 이루어서 계속 학파(學派)가 형성되어 학문의 세계가 건설될 때일까? 후학이 스승의 학문의 가설(假說)을 설득력 있게 전개하며 학문의 정점(頂點)을 펼치고 또 학문이 크게 발전되고 학자의 저서와 논문을 통하여 그 학설이 크게 발휘하고 있을 때가 이황과 이이의 학문과 같이 번성할 때일까? 학자로서 학문의 번성과 그 생명력이 크게 이어질 때 학자는 기쁠 것이다. 또 생명력 있는 학설이 학계에서 정설이 되기에 후학들이 스승의 학설을 계속 인용하고, 발표하고, 더 전개할 때 스승은 보람된 학문을 했다고 말할 수 있다.

1990년 대학 강단에서 제자들을 만나서 강의하면서 시작된 상아탑의 강단이 이제 은퇴를 얼마 앞두고 있지 않아 감회가 새롭다. 지나온 32년의 세월이 주마등(走馬燈)같이 지나갔다. 뒤돌아보니 왜 더 열심히 글을 쓰고 책을 짓지 않았을까? 제자들을 더욱 깊이 사랑하지 못했을까? 후학을 키우는데 더 열정을 쏟지 않았을까? 후회막심(後悔莫甚)하다. 이제라도 늦지 않았다는 심정에서 다시 펜을 들고 그동안 써왔던 글들을 다듬고, 회갑을 맞아 책을 내며 학문적 작업을 정리하고, 더 큰 학문의 여정을 나가기 위한 길잡이와 학문적 여정의 채비를 하고자 한다.

그동안 저자는 학문의 작업을 구약의 종교개혁 신학과 한국 신학에 초점을 맞추었다. 이제는 좀 더 구체적이고 실제적인 삶의 자리와 한국교회의 나갈 길, 한국 구약신학의 방향성을 타진하며 후학들이 더 깊이 연구할 과제와 앞으로 구약학이 어떻게 전개되어야 할지 그 방향과 새로운 모색 점을 찾고자 한다. 학문은 끝이 없고, 학문은 완벽한 것이 되지 못하기에 우리는 겸손하게 하나님 앞에서 그동안 해 온 것을 뒤돌아보며 내시반청(內視反聽)으로 삼고, 학문의 공(功)과 사(邪)를 분간하고자 한다.

참으로 세월은 빠르게 환갑을 맞게 했다. 더욱 열심히 정진할 수 있도록 기도해 주시고 응원해 주시기를 바라며, 자신을 반성하여 하나님을 바르게 전하고, 하나님의 영광을 돌리는 학문을 전개하여 후학들에게 기림을 받을 수 있는 하나님의 학문이 되기를 소원해본다.

끝으로 학문적 논의를 해 주신 조확기 교수, 교정을 봐주신 박사과정 정상모 전도자, 윤성효 목사, 신대원 김석 전도자에게 감사하며, 추천사를 써 주신 박준서 교수, 최성대 교수, 박호용 교수, 서명수 교수, 유재연 선교사, 석동기 감리사에게 감사드린다. 특히 소산(笑山) 박신배 회갑 기념 저서를 낼 수 있도록 인도해 주신 주님께 감사드리며, 이 책을 그동안 저자가 교수할 수 있도록 기도해 주신 4대 천국의 집 빌라 식구들 모두에게 바친다. 곧 부모님(박봉회 장로, 한연단 권사)과 아들 내외(박휘석, 이효진)와 박서이 그리고 딸과 사위(박가빈, 이상진), 이태리, 이사랑, 아내(임미경)에게 심심한 감사의 뜻을 보낸다.

또 이 책을 출판해 주신 도서출판 동연 김영호 대표에게 감사하며, 청량리그리스도의교회 성도들과 고성주 담임목사, 주월그리스도의교회 정춘석 전도자께 감사의 마음을 전한다.

2022. 10. 4.

봉화산 밑자락 천국의 집 빌라 서재에서

박신배

차 례

1장
구약에 나타난 진리 연구

I. 들어가는 말

진리의 문제는 학문의 상아탑에서 우리가 항상 염두에 두어야 할 윤리학적 가치 개념이자 학문하는 데 중요한 요소이다. 진리란 무엇인가? 학자들마다 각각 견해가 다르고, 학설이 제각각이다. 학문하는 사람들마다 사고 체계나 진리에 대한 개념이 다르고, 믿고 있는 신념의 체계도 다르다. 사람들은 자신이 생각하는 진리에 따라 사고하고 행동하는 양식이 있다. 물론 진리(眞理, truth)에 대한 논리학적인 개념이나 철학적인 개념이 약간의 차이가 있지만, 거짓이 아닌 참을 추구하는 것은 일치한다.[1] 이 참다운 가치를 추구하는 것은 인간의 공통된 생각과

---

[1] '위키백과'에 따르면 다음과 같다. 진리(眞理, truth)란 허위(虛僞)와 함께 그 어느 것인가가 명제 또는 판단에 부착하는 성질이라고 정의한다. 논리학적인 면에서 일반적으로 "S는 P이다"라고 표기되는 명제 또는 판단, 예컨대 "인간은 식물이다", "이 꽃은 흰색이다" 등은 반드시 참(眞)이든지 거짓이든지 둘 중의 하나이다. 참인 명제의 파악 또는 참인 판단이 지식이고, 지식은 참이기 때문에 지식이 되는 것이므로 진리는 인식에 관한 초월적인 가치이며, 지성(知性)이 노리는 목적으로서의 초월적인 대상이다. 진리의 기준이 무엇인가에 대하여는 여러 가지 설(說)이 있다. 전통적인 형이상학에서는 '사고(思考)와 존재의

바람이다.

그러면 이 참 가치, 진리가 어디서 오며, 어떻게 진리를 소유할 수 있는가? 수많은 세대에 걸쳐 수많은 인간이 이 작업을 해 왔고, 오늘도 이 진리 추구의 일은 끊임없이 계속되고 있다고 보아도 과언은 아니다. 이미 성자나 철학자들에 의해 이 진리가 여러 형태로 제시되어왔다. 그 대표적인 사람이 4대 종교의 창시자들이다. 주지하고 있듯이 그들은 바로 기독교의 예수, 회교의 마호메트(무함마드), 불교의 석가, 유교의 공자 등을 들 수 있다. 더 나아가 유대교의 모세나 헬라 철학의 소크라테스 등이 더 성자로 거론되고 있다. 이들이 인류에게 끼친 정신적 영향은 컸다. 그들의 가르침이 오늘날 많은 현대인에게 영향을 주고 있다. 이들의 이론과 교리 주장은 그들의 각자 경전에 따라 진리에 이르는 연구에 있어서 그 잣대와 모델이 되고 있다. 하지만 진리란 내세에도 이어지는 가치, 영원한 생명을 주고, 참 길을 제시하고, 변치 않고 영원한 것이 진리이다.

합치'(adaequatio rei et intellectus)가 진리라고 하였다. 그리스어의 aletheia(진리)의 의미는 본래 '은폐되지 않은 것, 드러나 있는 것'이라고 생각된다. 즉, 진리라는 것은 존재 그 자체의 모습이 드러난 것이고, 그와 같이 존재 그 자체를 드러나게 하는 것 또는 존재의 진실상(眞實相)이 그곳에 드러나게 되는 장소가 이성(理性)이라고 생각된다. 이와 같이 진리를 존재 그 자체에 관하여 논할 때 그것을 존재론적 진리(存在論的 眞理)라고 한다. 이에 반하여 진리가 지성(知性)의 분석과 종합 작용인 판단에 관하여 논해질 때 그것을 인식론적 진리(認識論的 眞理)라고 한다. 중세에는 여러 가지 진리가 유일한 진리인 신(神)에 기인하는 것으로 간주되었다. 신의 진리는 사물을 창조하는 진리이다. 따라서 이 것은 존재의 참(眞)에 관계를 맺고서 성립하는 것이 아니라, 오히려 존재의 참이 그것에 관계를 맺고서 성립하는 것으로 되었다. 지성이 지성 외부에 있는 존재에 어떻게 해서 도달할 수 있는 것일까 하는 물음에 의해서 회의론(懷疑論)이 생겨난다. 고르기아스나 고대 회의파에서는 거기에서 진리의 인식은 불가능하다는 결론이 도출(導出)되었다. 프로타고라스에게서는 "진리란 각자에게 그렇게 생각되는 것이다"라는 상대주의가 생겨났다. 이것은 인간을 진리의 척도로 하는 점에서 '인간척도설'(homo-mensuratheorie)이라고 불린다. 회의론의 주장에 대해서 '만민(萬民)의 일치'(consensus gentium)가 진리의 기준으로 주장된 적도 있었다.

우리는 이 진리 체계 중에 어느 하나를 받아들이거나 혹은 이들 모두를 거부하고 자기 나름대로의 관점을 가지거나 또는 다른 사상을 가질 수도 있다. 그러나 오늘 우리는 성경 요한복음의 진리와 자유의 구절 앞에 모두가 서 있다. 그 구절은 예수의 가르침과 선포이다. 이 이념과 진리의 추구는 예수의 진리에 바탕을 두고 있다.

예수의 말씀, "너희가 내 말에 거하면 참 내 제자가 되고 진리를 알지니 진리가 너희를 자유케 하리라"(요 8:31-32)는 구절에 입각하여 진리와 자유를 교훈으로 삼고 있다. 이 말씀에서 예수는 진리를 얻는 방법을 가르쳐 주고 있다. 어찌 보면 너무도 당돌하고 독불장군식이며, 자기중심적이고 자만해 보이는 말처럼 보인다. "내 말에 거하면 참 내 제자가 된다. 그리고 진리를 알게 될 것이다." 내 말에 거하여야 제자가 되고, 진리를 알게 된다고 들린다. 그리고 진리가 예수라고 말한다. 그래서 요한복음의 문체의 특징인 "나는 …이다"(ego eimi)라는 구조에서 다음과 같이 표현한다.[2]

"내가 곧 길이요 진리요 생명이니 나로 말미암지 않고는 아버지께로 올 자가 없느니라"(요 14:6)라고 직접적으로 진리가 자신이라고 말한다. 이것은 바로 하나님 아버지의 아들이라는 자의식과 자기 정체성(Identity) 을 확고히 한 것이다. 우리는 이 진리이신 예수를 알고, 경험하고, 체험하는 데까지 이르러야 진리 체득을 할 수 있다. 예수 당시에도 사람들에게 자신의 이론이나 주장을 말하거나 토론하기보다 직접적인 체험을 강조하였던 것임을 본다. 와 보라! 생명 사건이 일어나는 현장을 보이며 하나님 나라가 임하는 것을 보여주었다. 그리고 십자가의 길과 부활의 삶을

---

2 박호용, 『요한복음 주석 2』 (서울: 예사빠전출판사, 2015), 495-537. 박호용은 로고스, 말씀, 성육신의 문제를 로고스 찬가에서 다룬다. 로고스가 진리라고 본다.

보여주었다.

예수는 진리가 무엇인지 이론적인 논의를 하지 않고 실제적인 삶과 생활, 역사의 현장을 보여주었다. 생명의 사건을 보여주면서 평화와 인간의 문제, 사회와 국가의 문제 그리고 하늘나라와 하나님 나라에 대하여 가르쳐 주었다. 그는 말씀이 곧 자신이라고 말한다. 이 말씀은 로고스, 곧 진리이다. 오늘 우리는 이 진리의 말씀과 진리의 인격에 부딪히는(encounter) 사건이 있어야 한다. 이것이 바로 진리를 체득하는 길이요, 진리를 만나는 것이 중요한 일이다.

"진리를 알지니 진리가 너희를 자유케 하리라"(요 8:32). 이 말씀을 통해 예수가 직접 자신을 진리라 말하며 주장하고 있다. 진리가 자유케 한다는 명제는 일반적인 진리가 자유롭게 하지만, 길과 진리, 생명인 하나님의 아들 메시아 자신이 자유케 한다는 말을 하고 있는 것이다. 진리를 알게 될 때 인간이 자유로울 수 있다는 것이다. 진리는 자유와 함께 있게 된다. 인간이 자유로울 수 있는 길은 이 예수 안에 있을 때이다.

인간은 무엇인가에 지배를 받으면서 산다. 어떤 정신적인 체계나 영적인 것에 의해 영향을 받으면서 살게 된다. "인간이 만물의 영장(靈長)"(Man is the lord of all creation)이라는 말은 바로 영적인 존재로서 모든 피조물 중에 영적인 존재로 우두머리라는 것이다. 이처럼 영적인 존재로서 인간은 어떠한 영이나 정신에 의해 움직이는 존재이기 때문이다. 많은 사람이 이 진리를 모르기 때문에 그리고 참 진리를 좇지 못하여 자유를 누리지 못하고 무엇인가의 노예가 되어 살아가는 현실이다.

야로슬라프 펠리칸은 문화사 속에서 예수가 갖는 위치에 대한 연구를 한다. 그 책의 서설에서 진선미(우리는 그의 충만한 데서 은혜 위에 은혜를 받았다)라는 표제를 통하여 예수가 진리라는 사실을 말한다. 예수상이 고전적인 진선미 개념이며, 성서적 예수는 길이요 진리이요 생명(요 14:6)이라는 것, 진·선·미로서 그리스도를 나타내려고 2,000년간 역사가 이뤄졌다고 주장한다.3 길과 진리와 생명이신 그리스도 예수를 말미암지 않고는 아버지(하나님)께로 올 자가 없다고 한다. 이는 예수의 말과 행동을 통해 하나님의 행위를 나타내고, 하나님과 인간이 하나 된 모습을 보여준다. 그리스도 안에 계신 하나님은 예수의 메시아 사역을 통해 인류에게 구원을 제공한다. 기독교 신앙에서 진리는 예수가 하나님 이며 또 사람이라는 교의를 말하고 있다.4

철학에서 진리 개념에 대해 대표적으로 니체가 잘 얘기한다. 니체는 오백삼십 년 전 니콜라이(Nicolai de Cusa)의 『무지에로의 가르침』이란 책에서 "우리가 무지하다는 것을 근본적으로 깨우칠수록, 그만큼 우리는 진리 그 자체로 가까워지는 것이다"를 읽고, 자신의 무지함을 깨닫는 것이 진리로 가는 길이라고 하며, 절망에로의 가르침을 말한다.5

절망에로의 가르침, 이것은 그대로 절망에 처한 자신을 발전하는 데에 그쳐 서는 안 된다. 또 자신의 비참함을 깨닫는 데에 머물러서도 안 된다. 우리는 용감히 이 소용돌이를 박차고 헤쳐 나와야 한다. 여기에서 절망에로의 가르 침은 절망을 극복하는 일에까지 나아가게 된다.6

3 야로슬라프 펠리칸/김승철 역, 『예수의 역사 2000년』 (서울: 동연, 1999), 21-40.
4 B. W. 앤더슨/김찬국·조찬선 공역, 『성서의 재발견』 (서울: 대한기독교서회, 1971), 226.
5 김정양, 『신은 죽었다. 그러나 신은 살아 있다』 (서울: 동화출판사, 1981), 183.
6 같은 책, 같은 곳.

더 나아가 현대인은 절망의 세대에 살고 있는 존재라고 보고, 학문과 예술, 기술 그리고 종교마저 절망만을 가르쳐 준다고 말한다. 인류사는 한마디로 절망의 연속이었다고 말한다. 그러나 절망을 용감히 빠져나온 사람이 있는데 그 존재가 선지자라고 보았다. 그리고 이 절망을 극복하는 자, 절망에 빠진 우리를 극복하는 구세주는 예수 그리스도였다고 말한다. 십자가상에서 "엘리 엘리 라마 사박다니"라고 외친 그리스도는 자신의 외로움과 절망됨의 절정을 보여주었고, "내가 세상을 이겼노라"라고 위대한 말씀을 하였다고 본다.7 절망 속에 처한 인간이 이 절망을 극복하고, 고통을 이겨내고, 자기 혼자만의 힘으로 일어서서 기독교에서 말하는 사랑이 무엇인지 느낄 수 있고, 원수들까지도 사랑해야 하는지 알며, 그때에만 그는 가장 경건한 순간을 누리는 것이라고 말한다.8 니체는 진리가 바로 이 절망을 극복하는 것, 무지를 깨우치는 길이라고 보았다.

이 진리는 바로 그릇된 양심(Schechtes Gewissen)이 만 가지 병의 근원이라는 사실을 인식하는 데에서부터 시작한다고 보았다. 니체는 "그리스도는 한마디로 말하여, 곧 우리의 마음으로부터의 질병을 고치려 한 메시아이었다고 말할 수 있다"라고 말한다.9 니체는 부패한 기독교, 타락한 기독교회를 향하여 예언자적 눈으로 비판한다. "니체는 생각하기를 자유라는 신선한 것이 '그릇된 양심'이라고 하는 내장 속에 들어가 소화되고 나면 온갖 불결한 배설물로 변질되어 마침내는 사회를 오염시키는 것이다. 진리 세계의 왕좌를 누렸던 자유라는 개념이 우리 마음의 세계에 자리 잡은 '그릇된 양심'이라는 곳에 들어오면 이것이 거룩한

---

7 같은 책, 184.
8 같은 책, 185.
9 같은 책, 57.

하나님, 원죄, 아담, 영원한 징벌 등으로 화하여 성직자들의 독점물로서 자기네들을 따르는 자들에게 이러한 생각이 강압적으로 강요되는 것이다."[10] 니체가 말하는 이상적인 인간은 초인(Uebermensch)이며, 빼어난 인간(Der Souveraene Mensch)은 자유스러운 자요, 자기 자신 자유의 의미를 심각히 깨닫기 때문에 다른 이의 자유도 침해하려 하지 않는 자이다. 이러한 사람은 바로 진리의 사람이며, 하나님의 형상(Imago Dei)으로서 인간 본연의 모습을 가진 존재라고 보았다.[11]

철학의 진리 개념에서 이제 종교학의 진리 개념으로 옮겨 보자. 채필근은 그의 비교종교학 책의 서문에서 다음과 같이 진리를 밝힌다.

> 그리스도는 만왕의 왕이시오. 만주의 주이시며 만사의 사(師)이시요 만성(聖)의 성이시니 공자나 소크라테스나 석가모니와 같은 성인들과 철인들이라도 다 그 앞에 무릎을 꿇어야 한다고 믿는 것이 우리 그리스도인의 신앙이기 때문입니다. 얼핏 보면 이것은 독선주의로 보이지만 이것은 근본적 진리가 되기 때문입니다.[12]

진리(眞理)라는 말은 한자어, '참된 이치'라는 뜻이다. 각 종교가 자신의 종교가 참된 종교이며 진리라고 주장한다. 하지만 영적으로 어떤 종교가 참 종교인가 하는 것은 영의 실재(實在), 삶의 결실을 통해 증명될 수 있다고 본다. "진정한 진리는 하나님이시며, 그분이 말씀하시는 것은 참이며 진리이다. 물리적인 진리도, 이성적이고 도덕적인 진리도 하나님

---

10 같은 책, 67-68.
11 같은 책, 68-69.
12 채필근, 『비교종교론』 (서울: 대한기독교서회, 1991), 4-5.

과 정상적인 영적 관계를 회복하지 못한 상태의 것은 진리가 아니다. 거짓이다. 다시 말해 물리적인 진리도, 이성적인 진리도, 윤리적 진리도 다 그 모든 것을 창조하신 하나님으로부터 나온 하나님의 진리라는 사실에서 그러하다."[13]

원종호는 진리에 대하여 다음과 같이 말한다. "진리는 사람을 참되게 한다. 그것은 곧 생명이다. 사람을 살리는 것은 영적 진리이다. 우리는 영적인 진리, 하나님의 진리, 곧 하나님의 말씀에만 우리의 생을 걸어야 할 그 모든 말씀은 영적인 진리라고 말한다." 또한 진리의 기둥과 터가 교회(딤전 3:15)라고 보고, 영적인 진리는 교회밖에 없다는 교회론을 이야기한다.[14] 여기서 우리는 진리가 하나님이며, 하나님의 말씀이 진리 인 것을 알게 된다. 또한 이 진리의 기둥과 터가 예수의 피로 사신 교회임을 알게 되었다.

구약의 유대교에서 신약으로 넘어가는 시대, 그 신구약 중간기 주전 400년경에 유대교의 본질적 성격은 이스라엘 종교에서 변화를 겪는 중에서 유대교가 책의 종교가 되었다는 것이다.[15] 하나님의 이상과 개념 이 변화하였지만, 구약의 진리에 대하여 신명기 4:1-40에 표현된 것보다 더 간결하게 표현된 것은 없다. 율법을 아는 것, 율법을 지키는 것이 유대인들의 종교적인 이상이다. 이러한 신앙이 유대교 신조, 쉐마(신 6:4-9, 11:13-21; 민 15:37-41)라고 부르는 것에 표현되었다. 구약의 진리는 하나님 말씀의 청종이라고 볼 수 있는 것이다. 그러면 이제부터 우리는 이 글을 통하여 구약의 진리가 무엇인지, 구약의 진리에 대한 개념을

---

13 원종호, 『성서적 구원 진리』 (부산: 설송, 2009), 306-308.

14 같은 책, 303-311.

15 E. W. K. Mould, *Essentials of Bible History* (New York: Thomas Nelson & Sons, 1940), 387.

연구하고자 한다.

II. 구약학에서의 진리

먼저 구약성서에 나타난 진리 개념 파악이 가능한지 살펴보자. 구약학은 학문으로서 구약성서를 연구하는 분야이다. 이 구약학이 그리스도론의 관점에서 메시아적 해석과 예수 그리스도의 예언적 관점에서 해석하고, 구약신학적으로 풀어 이해할 때 진리의 지평으로 나갈 수 있다. 구약신학의 중심 문제는 역사적으로 연구하는 것과 성경을 종단면적 연구하며 중심 개념(언약)으로 연구하는 것이다. 이는 대표적으로 폰 라트의 전승사 방법과 아히로트의 통시적 신학적 방법에 따라 계약신학을 연구하였던 것이다. 발터 짐멀리는 구약의 중심이 '야웨 하나님'이라고 보면서 그의 신학을 전개한다.[16] 진리는 야웨 하나님이라고 보는 입장이다. 최근 엘머 에이 말텐스(E. A. Martens)는 구약신학의 중심이 '하나님의 계획'이라고 보며, 그것이 바로 4중적으로 구원, 언약 공동체, 하나님을 아는 지식, 땅이라는 관점에서 보면 성경 전체에 나타난다고 주장한다.[17]

구약신학의 기능은 구약의 종교를 이해하게 하고, 인간의 생에 의미 있고,
가치 있는 말씀들을 발견하게 한다. 그리고 구약신학은 구약학을 위한 기초

---

16 발터 짐멀리/김정준 역, 『구약신학』 (서울: 한국신학연구소, 1982), 6-8. 벨하우젠은 구약신학의 중심이 예언자에 있다고 본다.
17 엘머 에이 말텐스/김의원 역, 『새로운 구약신학: 하나님의 계획』 (서울: 아가페 문화사, 2002), 7-8.

이다. 구약신학의 최대 기능 중 하나는 신약이 자라난 '사상의 세계'(the thought-world)를 설명하는 것이다. 구약은 예수 그리스도에 대한 '전 이해' —실존주의적인 전 이해나 역사적인 전 이해—를 줄뿐만 아니라 구약에서 신약보다도 어떤 계시를 더 명료하게 증언하는 것이 있다. 구약이 우리의 종 말론적인 실존의 어떤 면을 신약보다 더 밝히 말해 주고 있는 것이다.[18]

구약학이 구약과 신약을 통해 예수 그리스도의 진리성을 말해 주고, 구약신학적 이해를 통해 하나님과 인간관계에서 진리가 누구인지, 구속 자가 누구인지 아는 것은 중요하다. 구약신학은 천지 창조로부터 예수 그리스도가 이 땅에 오시기까지 나타난 하나님의 속성과 활동에 관련되는 데, 그가 자신을 히브리 백성에게 나타내심으로서 그의 구속적 활동에 대한 인간의 반응과 자연의 관계, 인간과 인간, 자연과 인간의 상호관계를 나타낸다고 본다. 따라서 구약신학은 원칙적으로는 기독론적인 입장이 며, 교회의 구약신학이고, 목회의 구약신학이다."[19] 구약신학의 중심 주제가 구약학의 진리, 구약신학의 진리 문제에 접근하는 좋은 매개체가 된다.

앤더슨은 오경의 계약 신학의 틀 안에서 제사장 기자의 신학, 성막의 임재와 제사장 직무에서 영원한 언약의 특성을 포착한다. 제사 문서의 거룩성으로서 거룩한 백성과 거룩한 땅을 강조한다. 결국 오경 안에서 아브라함 계약과 모세의 계약이 결합되며, 축복과 저주의 계약으로, 신명기에서 조건적 계약으로 이스라엘이 생명을 선택하게 한다.[20] 계약

---

18 엄원식, 『구약신학』 (대전: 침례신학대학교 출판부, 2002), 15.
19 같은 책, 14.
20 버나드 W. 앤더슨/최종진 역, 『구약신학』 (서울: 한들출판사, 2001), 174-256.

신학의 구조 안에서는 오경과 예언서가 복합적으로 하나가 된 전승으로 결합된다. 계약과 율법, 십계명과 이름 신학 그리고 신명기 역사의 구조에서 전기 예언서(여호수아서에서 열왕기하)의 신학이 나타나고 모세의 계약 신학이 다윗의 계약 신학과 결합되며 오경과 예언서의 신학이 결합되어 나타난다.[21] 구약학의 진리는 메시아, 그리스도 예수를 가리키는 예언과 메시지라고 말할 수 있다. 구약학, 그 자체로서는 유대교의 경전, 탈무드학, 유대학에 그치고 말지만, 메시아 그리스도 예수로 이어지는 구속적 기독론이 전개될 때만이 구약의 진리는 규명될 수 있는 가능성이 있다.

구약과 신약에서 진리 용어는 헬라어(LXX) 알레데이아(Alletheia)로 표현되며, 구약의 진리는 에메트('Emeth)로 나타나는데 신앙과 관련되어 나타난다. "모든 진리를 조금이라도 감당할 수"(창 32:10), "은혜와 진리로 너희에게 베푸시기를"(삼하 2:6), "은혜와 진리가 너와 함께 있기를"(삼하 15:20), "주의 진리로 나를 지도하시고"(시 25:5), "내가 주의 진리 중에 행하여"(시 26:3), "주의 진리를 선포하리이까"(시 30:9), "진리의 하나님 여호와여 나를 구속하시고"(시 31:5) 등에서는 하나님이 참이시고 진리라는 것을 말한다. "주의 인자와 진리로 나를 항상 보호하소서"(시 40:11, 57:3, 61:7, 85:10; 잠 3:3, 14:22, 16:6, 20:28), "주의 빛과 주의 진리를 보내어 나를 인도하시고"(시 43:3), "왕은 진리와 온유와 공의를 위하여"(시 45:4)에서는 진리와 빛, 진리와 온유, 공의, 진리와 인자 등의 평행적 의미를 통하여 진리의 의미를 말하고 있다.[22]

진리가 빛이고, 진리가 온유와 공의이며, 진리가 인자라는 사실을 요한복음의 '에고 에이미'(나는… 이다) 용법으로 말하고 있다. 곧 진리가

---

21 같은 책, 275.
22 조용우, "진리," 『최신판 성구 사전』 (서울: 서울서적, 1991), 978.

생명이고, 진리가 길이며, 진리가 성령이다. 진리가 하나님의 아들이며, 그리스도 예수라는 사실을 말한다. 또 진리가 '은혜 위에 은혜'라는 사실을 말하는 것이 신약 요한복음의 논리적 진술이다.

"주의 진리는 궁창에 이르나이다"(시 57:10), "구원의 진리로 내게 이르소서"(시 69:13), "진리는 땅에서 솟아나고 의는 하늘에"(시 85:11), "진리의 말씀들이 내 입에서 조금도"(시 119:43), "주의 법은 진리로소이다"(시 119:142), "주의 말씀의 강령은 진리오니"(시 119:160), "내 입은 진리를 말하며 내 입술은"(잠 8:7), "진리를 말하는 자는 의를 나타내어도"(잠 12:17), "너로 진리의 확실한 말씀을"(잠 22:21), "진리를 사고서 팔지 말며 지혜와"(잠 23:23), "진리의 말씀을 정직하게 기록하였느니라"(전 12:10).23 여기서는 진리가 하나님의 법, 하나님의 말씀이라고 본다.

"진리로 공의를 베풀 것이며"(사 42:3), "진리대로 판결하는 자도 없으며"(사 59:4), "진리의 하나님을 향하여 복을 구할 것이요"(사 65:16), "진리의 하나님으로 맹세하리니"(사 65:16), "공의를 행하며 진리를 구하는 자"(렘 5:1), "또 진리를 땅에 던지며 자의로 행하여"(단 8:12), "주의 진리를 깨닫도록 우리"(단 9:13), "내가 먼저 진리의 길에 기록된"(단 10:21), "예루살렘은 진리의 성읍이라 일컫고"(슥 8:3) 등에서는 하나님의 말씀이 진리이며, 하나님 뜻대로 사는 것이 진리의 길이라고 하며, 하나님을 섬기는 성읍이 진리의 성읍이라고 말하고 있다.24 따라서 구약은 진리가 하나님이라고 하고 있음을 알 수 있다. 이러한 맥락에서 좀 더 구약의 세계를 하나님과 이스라엘, 하나님과 그의 백성 사이에 언약을 맺으시며 하나님의 진리 세계를 어떻게 맺어 가는지 살펴보자.

---

23 같은 책, 같은 곳.
24 같은 책, 같은 곳.

1. 오경과 진리

오경에서의 진리는 무엇인가. 오경에서 말하고자 하는 신학적 중심점이 무엇인지 묻는 것이 중요하다. 구약의 핵심은 계약이며, 계약 신학이 구약신학의 중심이라고 볼 때 오경은 바로 아브라함 계약과 모세의 계약이라고 볼 수 있다. 따라서 오경은 모세의 계약, 시내산 계약이 중심이라고 볼 수 있다. 출애굽 신앙과 시내산 언약이 구약의 중심이라고 볼 때 시내산 계약, 모세의 계약은 중요한 중심의 자리를 잡고 있다. 하나님이 모세와 더불어 시내산에서 계약을 맺으시며, 진리의 세계로 인도하신다.

> 내가 애굽 사람에게 어떻게 행하였음과 내가 어떻게 독수리 날개로 너희를 업어 내게로 인도하였음을 너희가 보았느니라. 세계가 다 내게 속하였나니 너희가 내 말을 잘 듣고 내 언약을 지키면 너희는 모든 민족 중에서 내 소유가 되겠고(출 19:4-5).

오경 안에서 아브라함 계약과 모세의 계약이 합쳐서 하나의 진리 세계를 보여주고 있다. 아브라함 계약을 통해 영원한 계약, 제사장 계약의 세계를 보여준다. 오경의 형식적이고 표면적인 문학적 성격상 결론부인 신명기에서 시내산 계약의 메시지를 보여주며 모세 계약법을 보여주고 있다.

> 오경(토라)의 마지막 형태에서 모세 계약은 아브라함 계약에 종속한다. 이 정경의 맥락에서 땅과 번영의 약속을 보증하는 아브라함 계약은 모세 계약법을 받아들이는 아치형으로 가로놓여 있는 주제이다.[25]

오경의 언약 신학의 구조 속에서, 아브라함 계약의 약속과 노아의 계약은 영원한 계약(berit olam)과 하나님 약속의 계약임을 보여준다. 특히 아브라함 계약이 구약과 신약의 전 성서에 영향을 행사하는 독특한 계약의 관점이 있다고 말한다. ① 아브라함 계약은 인간 행동이 아닌 하나님의 주권 의지에 근거한 '영원한 계약'이다. ② 아브라함 계약은 계약 수령자의 덕이 아닌 계약 체결자의 일방적인 주도에 따라 계약자에 근거한 은혜의 계약이다. ③ 아브라함 계약은 하나님의 약속이 유효하다는 것의 보증이다. 특별히 하나님의 백성이 번성할 것이며, 그들이 땅을 차지할 것이며, 그들이 하나님과의 특별한 관계에서 섬기고 경배하는 백성으로 설 것에 대한 보증이다. 아브라함과 노아의 언약을 통해 영원한 언약, 일방적인 계약을 통해 하나님이 이스라엘을 구원하며 특별한 관계로 진리의 세계로 인도할 것을 말하고 있다.

2. 예언서와 진리

전기 예언서는 신명기 저자의 역사(신명기적 역사)로 불린다. "그것이 신명기에 나타난 신학적 관점에 의해 지배를 받기 때문이다. 열왕기하 22-23장의 이야기에 따르면, 신명기의 핵심은 아마도 주전 약 621년에 성전에서 발견된 토라 두루마리일 것이다. 여 선지자 훌다에 의해 확인되

---

25 버나드 W. 앤더슨/최종진 역, 『구약신학』, 234. "이것은 모세의 계약 신학을 고전적으로 해석한 신명기가 결론에 이르기 전에 제사 문서의 작업에 삽입되었다는 사실에서 분명하다. 이런 위치에서 신명기는 실제적으로 4경(Tetrateuch)+신명기의 결론(34장)인 제사장 문서의 토라(오경)에 결론을 제공한다. 동시에 그것은 뒤에 이어지는 후기 예언서 혹은 신명기적 역사(Deuteronomistic History)로 알려진 여호수아에서 열왕기하의 역사적 작품의 서론이다. 그래서 우리는 창조에서 군주 정치의 결론에 이르는(오경+전기 예언서) 거대한 이야기를 갖게 된다."

자 이 '계약의 책'은 열왕기의 끝 근처에 기록된 요시야 왕의 위대한 종교개혁의 원칙이 되었다."[26]

이 예언서를 통해 이스라엘의 흥망과 성쇠, 실패의 역사를 보여준다. 신명기 사가의 신학적 메시지는 호세아 예언자나 예레미야와 같은 대 예언자들의 설교 속에 나타난다. 모세와 다윗(왕상 8장)의 계약이 신명기 역사서, 전기 예언서 메시지에 녹아들어갔다. "분명히 신명기적 역사가들은 이 두 계약 사이에 갈등을 느끼지 않았다. 하나님의 약속들은 다양한 국면을 지니고 있기 때문이다. 조상들에게 주신 땅, 만약 그들이 계약에 충실하면 땅 위에서 백성의 번영 그리고 다윗에게 행한 은혜의 약속, 즉 성전과 나라의 계승 등이다. 이런 관점에서 하나님의 백성은 그들의 소명이 성취되는 땅뿐만 아니라, 정부의 권력을 짊어질 지도자도 필요하다(비교, 사 9:6-7). 이같이 그 두 계약은 전체의 생생한 기록에서 함께 조화되어 있다."[27]

전기 예언서(신명기 역사서)는 예레미야 예언자와 같이 모세의 토라를 근거로 수행한 요시야의 종교개혁이 실패로 끝난 것을 말해 주고 있고, 예레미야는 애굽으로 붙잡혀 가는 역사도 보여준다. 전기 예언서를 통해 다윗과의 영원한 계약, 하나님의 계약이 끝난 것이 아님을 말한다. "인간은 놀랍게 지속되면서도 실패할 수 있다. 그러나 야웨는 백성에게 예기치 못하고 감당 못할 신실함(hesed)을 보이시고 끝까지 자신의 기업을 버리지 않는 신실한 하나님이시다." 신실한 언약의 세계는 바로 이스라엘 백성들이 예언자를 통해 진리의 하나님과 언약을 맺고 은혜와 언약의 말씀에 순종하는 것을 촉구하고 있는 것이다.

---

26 같은 책, 275-276.
27 같은 책, 280-282.

후기 예언서에서 계약 신학의 개념을 찾을 수 있다면 그것은 구약의 진리 개념을 포착하는 중요한 관점이 될 수 있다. 모세 전승에서의 예언, 8세기 예언자 아모스와 호세아 그리고 예레미야는 모세의 시내산 계약의 근거에서 예언 신학을 말하고 있다. 다윗 계약에서 예언한 예언자는 이사야이다. 다윗 계약과 모세 계약의 바탕에서 예언자들이 자신의 신학 전승을 가지고 하나님의 예언 메시지를 받아서 진리를 선포한 것이다. 예레미야는 '모세와 같은 예언자'이며, 예루살렘의 이사야는 다윗 혹은 시온 신학의 전승에서 예언한 것이다.[28] 이는 개성과 특성, 전통의 입장에서 하나님의 진리, 예언 메시지를 전달하였다는 것을 의미한다.

거대한 예언의 전승들 맥락에서 중심 전승 흐름을 가지고 예언의 진리를 선포한 예언자를 들라고 하면 이사야 예언자를 들 수 있다. 그의 예언 메시지의 중심에는 만군의 주 야웨가 하늘과 땅, 영원과 일시, 대우주와 소우주의 수직의 추로 향하며, 이스라엘의 거룩한 역사를 다스린다. 이사야는 왕과 성전의 이미지들이 다윗과 체결한 '영원한 계약'을 강조한다.[29] 그뿐만 아니라 사회정의, 시온산의 이상, 장차 오실 분 메시아(사 9:6)를 언급하고 있다. 이는 진리의 메시아가 평화로운 통치자로서 임마누엘 예언(사 7:1-8:15)으로 나타나며, 위대한 왕의 도성에서 평화와 정의의 새 시대를 도래하게 할 분이라는 것이다.[30] 예언자를 통해 이렇게 진리의 예수, 진리의 메시아가 도래할 것을 선포하고 있다.

---

28 같은 책, 361.
29 같은 책, 367.
30 같은 책, 361-380.

3. 성문서와 진리

성문서의 중심에는 시편이 자리 잡고 있다. 여기에서는 다윗 계약 신학이 중심을 이뤄서 다윗의 계약이 그리스도 예수의 신약으로 이어지는 연속성을 갖게 한다.[31] 이는 예언서에서 이사야서 그리고 역대기 역사에서 다윗 계약이 중심을 이루는 것을 볼 수 있다.[32] 시편에서는 시온에서 야웨의 우주적인 통치, 다윗과 시온을 선택함(시 18, 132편), 하나님의 우주적인 통치(시 89편), 하나님의 왕권(시 33편), 하나님의 등극(시 47편) 등 시편의 중심적 신학과 다윗, 시온 신학을 보여준다.[33]

역대기 역사의 관점에서는 다윗 은혜의 계약을 강조하고 있다. 이는 역사의 절정에 다윗 언약이 있다는 것을 보여주고 있고, 역대기가 메시아 예수로 이어지는 구속사의 정점(頂點)을 가르쳐 준다. 앤더슨은 역대기 사가의 주요 신학적인 주제들이 하나님의 계시된 법에 따른 의무, 야웨와 다윗의 계약, 성전과 솔로몬-다윗 왕 등이라고 말한다.[34] 이는 진리와 길, 생명의 중심인 메시아의 길을 예비하며 무엇이 역사의 중심인지를 다윗과 메시아의 언약임을 통해 보여주고 있다.

구약학에서 진리를 거론할 수 있는 여지는 구약의 그리스도를 찾을 수 있기 때문이다. 구약에 나타난 그리스도 예수, 진리를 발견할 수 있어서 구약의 진리는 가능한 것이다. 이는 구약의 예언, 메시아 예언과 상통한 것이며, 그리스도, 메시아 예수를 가리키는 본문에서 깊은 예수 기독론을 만나게 되고, 그 기독론의 문제는 구약의 진리, 구약성서의

---

31 같은 책, 339.
32 같은 책, 339.
33 같은 책, 339-352.
34 같은 책, 353-360.

진리론을 가능하게 하는 것이다. 성문서에서 말씀과 지혜, 진리와 은혜를 통해 그리스도 예수를 말하는 지혜의 세계를 보여준다. 그러면 구약 전반에 걸친 진리의 개념을 살펴보자.

4. 구약의 진리 개념

히브리어로 진리, 신실성, 믿음과 신앙이라는 말은 '아만'(aman)이라는 동사에서 파생한다. 아만이라는 말은 그 기원이 단순 능동태 형태로서 '간호하다, 양육하다'라는 뜻이다. 수동형으로는 '확고하다, 설립하다'는 말이다. '신실하다'(steadfast)는 뜻으로는 잠언 11:13에 쓰인다. 히필(사역능동)과 사역형으로는 '세우다'를 의미하고, 깨닫거나 믿은 것과 관련하여 '진실하다'는 의미를 가진다. 신명기 28:66에서는 '확신하다'로, 사사기 11:20, 욥기 4:8, 18, 20, 12:15, 15:15, 31, 미가서 7:5에서는 '신뢰하다'라는 뜻으로 쓰인다.[35] 이처럼 구약의 진리는 신뢰, 믿음과 관련되어 사용된다.

열왕기하 18:16에서는 아만이 기둥으로 번역된다. 디모데전서 3:15에서도 "진리의 기둥과 근거"라고 말한다. 다니엘 3:14 "사드락, 사실이냐?"에서는 다른 말 체다(ched')로 사용되는데 목적이나 의도적으로 정의를 의미한다. 다니엘 3:24, 6:12, 7:16, 19에서는 이체브(itsev)로 '확고해지다, 정착하다'로 사용하여 진리를 뜻한다. 한편 에메트('emeth)는 대개 진리로 쓰이나 창세기 24:48, 느헤미야서 9:33, 예레미야서 2:21에서는 옳다고 번역된다. 히브리어 에문나(Emunah)는 하박국 2:4 "의인은 믿음으로 말미암아 살리라"에서 신실함으로 나타난다. 이 구절은

---

35 Girdlestone, *Old Testament Synonyms* (Michigan: Grand Rapids, 1897), 102.

하박국 1:5 "여호와께서 가라사대 너희는 열국을 보고 또 보고 놀라고 또 놀랄지어다 너희 생전에 내가 한 일을 행할 것이라 혹이 너희에게 고할지라도 너희가 믿지 아니하리라"와 연관하여 읽어야만 한다. 에문나는 아말렉과의 전쟁에서 모세가 기도할 때 모세의 손이 내려오지 않도록 아론과 훌이 산꼭대기에서 팔을 붙들어 올렸던 것처럼(출 17:12) 그 손의 지속성을 의미하는 말이다. 이사야 33:6에서는 '시대의 평안함'을 말한다. 또 다른 구절에서는 '하나님의 신실성'을 말한다. 신명기 32:4, 시편 33:4, 96:13, 98:3, 100:5, 119:30에서는 진리 대신 '하나님의 신실하심'을 말한다.[36] "진리를 말하는 자는 의를 나타낸다"(잠 12:17).

　칠십인역(LXX)에서는 거의 항상 피스튜오(pisteuo)를 사용, 아만의 사역형과 같이 '믿는다'라는 의미를 말하는데, 이는 창세기 15:6에서 처음 나타난다. 형용사형은 가끔 피스토스(pistos)를 사용하며 '신실한'이라는 의미이다. 때때로 알레티노스(allethinos)는 사실이나 진실로 쓰인다. 이 두 헬라어는 신약성서에서 함께 사용되기도 한다. 하나님의 아들을 영화롭게 하는 경우 그 말은 히브리어로 충만한, 아멘의 응답으로 표현된다. 아멘 칭호로 쓰인다. 독립적으로 대개 피스티스(pistis)는 신앙이고, 그러나 때때로 알레데이아(alletheia)는 진리로 쓰인다.[37] 이 사전적 의미를 통해 구약에서는 진리(아만, 에문나)가 신뢰와 믿음, 평안과 확신 등의 의미를 가진다. 신약에서는 신실함과 믿음으로 쓰이고 있음을 본다. 결국 진리란 신앙 체계, 신뢰, 절대자에 대한 신실성에 기인하고 있음을 알 수 있다.

　진리라는 말이 히브리어 에메트('emeth)인데 이 말은 아만('Aman)

---

36 Girdlestone, *Old Testament Synonyms*, 103.
37 *Ibid.*, 103.

동사의 '유지하다, 지원하다'에서 파생한 명사이다. 영어 truth는 헬라어, 칠십인역(LXX)에는 알레데이아(Alletheia)를 공동으로 번역하는 말이다. 이 '아만'의 형용사적 니팔 분사로서 니만(ni'man)이라는 말이 '아만' 어근의 근본적 의미로서 가장 분명하게 나타난다. 창세기 42:16에서는 '확고한, 굳은, 의지할 만한' 의미로서 쓰이고, 그 외에 '신실한, 시련(tested)'(신 7:9; 사 1:21), '인식적인'(특히 그렇게 고통스럽게, 신 28:59), '참으로'(시 19:9), '지속적인'(시 89:29) 등으로 사용된다. 에메트는 실제로 확고하고 불변하는 것을 의미한다.[38]

III. 나가는 말

구약의 세계를 지금까지 여행하면서 구약학의 진리의 배를 타고 자유롭게 항해하는 느낌이 들었다. 또한 구약의 개념을 보며 우리는 구약의 하늘을 비행하면서 진리의 바다를 보았다. 하지만 우리는 더욱 자유의 창공을 날고자 하였다. 진리는 예수 그리스도이다. 철학에서는 진리의 개념이 무지의 깨우침과 절망의 깨우침에서 오는 가르침, 곧 절망을 극복하게 하는 진리, 그리스도임을 보았고, 종교의 진리는 참된 종교인 기독교의 예수가 진리임을 살펴보았다. 구약의 유대교는 쉐마로 이어지는 하나님의 말씀의 청종과 준수가 진리에 이르는 길임을 보여준다.

이 진리가 구약성서에서 어떻게 표현되었는지, 결국 진리는 오경에서 아브라함, 노아 계약을 통해 나타났고, 시내산 계약, 모세의 계약을 통해 보여주고 있음을 살폈다. 또한 진리가 예언서에서는 모세와 다윗의

---

38 O. A. Piper, "Truth," *IDB* (Nashiville: Abingdon Press, 1982), 713.

계약 전승을 통해 예수 그리스도, 메시아 언약으로 예언되고 있음을 보았다. 전기 예언서는 신명기 역사서를 통해 모세의 계약으로 이어지고 있고, 후기 예언서를 통해 다윗의 계약을 통해 그리스도 예수의 진리의 세계가 예언되고 있음을 알 수 있었다.

성문서에서는 다윗의 계약을 통해 시편과 지혜 문학에서 영원한 언약을 계시하며, 역대기 역사를 통해 다윗의 무조건적 선택의 메시지가 이어짐을 알게 되었다. 결국 신약성서로 이어지는 예수 그리스도의 진리, 그리스도론은 신약성서에서 절정으로 끝나고 있음을 알게 된다. 이 진리의 메시지가 구약성서와 신약성서가 분리되지 않고 하나의 하나님 계시의 말씀으로, 함유(含有)된 계시로 나타난다.

구약의 진리는 에메트, 헤세드 개념으로 신앙과 하나님의 인식, 말씀과 관련되었음을 살펴보았다. 구약의 진리가 계시(galah, raah, revelation)로서 나타나서 진리의 수직적인 차원을 강조한다. 정경의 맥락에서 계시라는 차원은 이스라엘의 삶과 연관되어 나타난다.[39] 참된 하나님에 대한 신실함, 하나님의 영원성과 하나님의 의지와 관련되어 거짓 예언자, 거짓 신, 거짓 교리와 반대되어 언약의 하나님을 말하고 있다. 이 구약의 진리는 신약의 진리와 함께 예수 그리스도, 영원한 진리임을 말하고 있다고 하겠다.

너희가 내 말에 거하면 참 내 제자가 되고 진리를 알지니 진리가 너희를 자유케 하리라(요 8:31-32).

---

39 브레바드 S. 차일즈/박문재 역, 『구약신학: 구약신학의 정경적 맥락』(서울: 크리스챤 다이제스트, 1996), 31-38.

2장
구약에 나타난 안식일과 정의와 평화

I. 들어가는 말

오늘날 우리는 4차 산업혁명 시대라 하고, 인공 지능과 로봇 시대라고
하는 과학 문명 시대에 살아가고 있다. 이 시대에 우리는 왜 안식일의
문제를 거론해야 하며, 논의의 초점으로 삼고자 하는가. 이 안식일과
안식년, 희년의 정신에서 오늘 이 시대에 이 문제들에 해결점을 찾으려
하는가. 과연 그 안식일 정신, 안식의 정신이 오늘의 얽히고설킨 문제와
일어나고 있는 산적한 인간과 사회, 국가와 민족의 문제를 푸는 열쇠가
되는가? 우리는 안식일 정신에 인간 해방의 해결책이 있다는 사실에
대해서 새롭게 해결책을 찾는 모색을 하려고 한다. 예수가 희년의 은혜의
해를 선포하러 오셨던 것을 기억하며 오늘 우리도 바로 이 은혜의 해를
선포하고, 복음을 전하는 전도자의 삶을 살고자 하는 바람이 있다. 그래서
우리는 이 문제에 천착하고자 하며, 그 연구 동기를 가진다.

왜 안식일인가? 창조의 원리, 창조의 법칙을 지킴으로 하나님 말씀의
세계로 다시 돌아가고자 하는 동기와 영적 원리를 찾고, 하나님 말씀의

순종의 첫 단추 시행을 통해 그로 인한 말씀의 도미노 현상이 일어나서 순종적인 인간으로서 인생을 살며, 복된 인생의 고리가 주어져 하나님의 세계 속에 있는 하나님의 사람, 하나님의 세계관을 가진 인간으로서 살며, 창조의 원리로 살아가는 인생을 추구하고자 한다. 왜 우리는 여기서 평화와 정의(자유)를 다루려 하는가? 이 세상은 아직도 인간 사회의 불평등 문제가 계속되고 있다. 정의를 실현하며, 공동체가 공의롭게 존재하여 노사가 공평하게 공존하며, 통치자와 시민이 소통을 하며, 정의로운 사회가 실현되고, 현대 자본주의 사회가 안고 있는 문제를 해결할 수 있는 지혜를 얻는 길은 무엇인가? 이 정의가 오늘 이 시대에 바로 실현되어 하나님 나라가 임하는 평화로운 세상이 될 수 있을까? 이 글에서는 이 문제를 연구하고자 한다.

인간은 시간과 공간 속에 매어서 살아가는 삼차원의 존재이다. 이 인생의 삶 속에 거룩의 시간인 안식일과 안식년, 희년은 우리에게도 너무도 중요한 삶의 시간이다. 이 안식일을 지키며 살아가는 것이 바로 인간의 창조 법칙을 좇으며 살아가는 것으로서 생명과 은혜와 축복의 원리를 추구하며 살아가는 삶이다. 이 복의 원리를 안식일의 정신에서 발견하여 오늘 한국교회와 우리 삶, 인류의 문제를 해결하는 법칙을 다시 찾아서 우리의 삶 속에서 적용해야 할 것이다. 그래서 우리 삶의 모든 요소에서 이 안식일과 희년의 정신을 회복하고, 주의 희년, 은혜의 해를 선포하는 것이다.

안식(안식일, 안식년, 희년)이 헤브라이즘의 중심이라는 생각을 가지고 오늘의 문제를 들여다보면 거기에 해결의 실마리를 찾을 수 있을 것이다.[1]

---

1 헤브라이즘과 헬레니즘의 인식 구조가 오늘날 사상과 문화에 들어있는 특징이 있다. 헤브라이즘은 순종(복종)이라고 하면 헬레니즘은 인간의 자의성이다(매튜 아놀드, 문화와 무

안식이 구약성경을 관통하는 중요한 구약신학적 중심어(키워드)로 볼 때 안식과 안식의 해방 정신이 구약을 꿰뚫는 헤브라이즘의 본질이다. 기독교는 시간의 종교이다. 이 시간의 중심에 안식일, 유월절이 있다는 사실은 이스라엘이 구약과 신약을 관통하는 시간의 중심(오메가 포인트)으로 메시아(그리스도) 예수의 오심과 죽으심, 다시 사심과 다시 오심의 사건을 기리고 있고, 구약의 축제는 이 종말론적 구세주를 향하여 나가고 있다.[2]

안식의 정신은 인간 해방과 인간 사회의 문제를 여는 중심 열쇠이다. 여기서 구약의 정의와 평화를 찾을 수 있고, 그 안식의 실현이 시간과 역사 속에 중심인 안식일, 안식년, 희년에서 안식의 신학을 찾고자 한다. 축제가 성문서의 구조 안에서 발견되며, 구약의 종교개혁의 지평에서 새롭게 안식일의 개혁으로 그리스도교가 생성되게 된다.[3] 구약의 안식일이 한국적 신학에서 어떻게 새롭게 모색할 수 있는 여지가 있는지[4] 그리고 안식일의 신학이 어떻게 전개될 수 있는지 이 글에서 연구하고자 한다. 이로써 안식일의 주인이 예수 그리스도이신지 알게 된다. 이 글은

질서(1869년). 민영진, 조용식, 조효근, "헬레니즘과 차원이 다른 헤브라이즘의 하나님," 「들소리 문학」 (2011, 가을호), 36. 그러나 히브리라는 말에서 헤브라이즘이 나온 것을 통해, 국제적인 맥락에서 히브리인의 정체성을 말하는 장면을 통해 세계성 속에 히브리 정신과 히브리 문법, 히브리 사고를 말하고 있다. 히브리 역사의 중심인 출애굽 사건과 출애굽의 해방 정신과 역사, 여호와 하나님 신앙은 헤브라이즘의 근간을 이룬다.

2 박신배, 『구약의 개혁신학』 (서울: 크리스천 헤럴드, 2006), 257-291. 이 축제와 현대 이스라엘의 캘린더에 담긴 축제 기념일 속에 안식일이 기본이 되고, 중심이 되는 것을 말한다. 같은 책, 289.

3 박신배, 『구약의 종교개혁을 넘어서』 (서울: 더북, 2014), 74-86.

4 박신배, 『구약신학의 새로운 모색: 한국적 구약신학하기』 (서울: 동연, 2016), 58-77. 계약 신학과 개혁 신학, 환원 신학이 태극 신학의 구조에서 상호 연관을 가지고 있다. 안식일이 안식년, 희년의 구조에서 한국적 축제의 개념으로 새롭게 이해될 수 있는 여지를 묻게 될 수 있다.

그 자명한 결론을 향하여 그 궁극적 정향(正向)점을 가지게 된다.

II. 본론

1. 안식일

천지와 만물이 다 이루니라 하나님의 지으시던 일이 일곱째 날이 이를 때에 마치니
그 지으시던 일이 다하므로 일곱째 날에 안식하시니라 하나님이 일곱째 날을 복
주사 거룩하게 하셨으니 이는 하나님이 그 창조하시며 만드시던 모든 일을 마치시
고 이날에 안식하셨음이더라(창 2:1-3).

고대 히브리 사상(헤브라이즘)에서 가장 위대한 것들 중의 하나가
안식일 제도이다.5 "토인비는 『나의 역사의 관점』이란 글에서 역사를
달리는 마차에 비교한 바 있다. 그는 말하기를 유대교와 조로아스터교의
역사관은 직선적 발전인데, 그리스와 인도인의 사관은 원형적 순환이라
고 볼 수 있다."6 이 유대교(헤브라이즘)의 역사관에서 안식일은 중요한

---

5 인류 사상을 헤브라이즘, 헬레니즘, 오리엔탈리즘(한니즘[Hannism], 태극 사상)으로 구
  분할 수 있다. 헤브라이즘은 모세의 십계명을 근간으로 하나님 사랑과 인간 사랑의 중심
  에 안식일이 위치하여 천지인의 조화를 이룬 계명으로 제4계명, 안식일에 집중된다. 한태
  동, 『사유의 흐름』(서울: 연세대학교 출판부, 2003), 4, 112-113, 205-208. 그는 유대
  교적 인지구조, 그리스-로마적 인지구조, 기독교(개신교) 인지구조, 현대신학 인지구조
  로 나눈다. 기독교 신학의 기틀, 유대 철학을 말하며, 헤브라이즘의 본질을 이야기한다.
  야웨와 십계명, 예언서 신학과 지혜서(욥기 — 인간 지혜 한계, 잠언 — 생의 교훈) 등
  신의 의인화 배제, 우상 금지를 제시한다.
6 한태동, 『사유의 흐름』(서울: 연세대학교 출판부, 2003), 202-203. 헤브라이즘이 직선
  적 사관이며, 헬레니즘은 원형적 순환이라고 하면, 동양적 사고는 원형적 순환이라 볼 수
  있지만, 직선적 원형적 순환이 복합된 구조가 한국적 기독교의 태극 신학이라 볼 수 있다.

초점이 된다. 이스라엘이 나라 없는 민족으로 전 세계에 흩어져 살면서도 유대인의 정체성을 지켰던 비결과 다시 나라를 회복하는 역사의 원동력은 안식일 제도였다. 이 안식일 제도는 바벨론 포로 시대에 중요한 신학적 주제로 이스라엘인(유대인)의 정체성을 잃지 않으려는 시도에서 찾은 것이 안식일 신학이다. 이 안식일 제도와 할례는 중요한 정체성의 발로였다. "안식일은 인류의 정신적 축이 되는 것으로 인간의 하나님에 대한 관계를 규명하는 제도이다"라고 말한다.7

안식일은 신약성서의 그리스도교를 배태하는 중심 개념이었고, 유대교와 기독교는 다른 특징을 보인다. 안식일에 38년 병자를 고치는 일이나 안식일의 주인으로서 인간을 해방하는 예수의 모습은 요한복음에서 실제 안식일의 중심에서 유월절, 오순절, 초막절(장막절) 등 3대 절기와 더불어 안식일, 수전절을 포괄하는 '유월절의 복음서'로 나타난다. 요한복음은 유월절에 3번 갈릴리로 내려가심(하강)을 통해 복음이 무엇인지 가르쳐 준다. 구약의 유월절 어린양이 십자가에 달리실 예수이며 구세주라는 사실을 밝히고, 이는 영적 해방의 주가 그리스도 예수라는 사실을 가르쳐 주고 있다.8 초대교회(초대 그리스도의 교회)는 유대교의 회당에서 메시아가 예수라는 사실을 전했고, 예수가 그리스도라고 증거하기 위해 안식일을 지키며, 안식일과 주일을 영성화하였다.9 초대 그리스도의 교회는 유대적 기독교인과 헬라적 기독교인들이 함께하였고, 안식일의

박신배, 『태극 신학과 한국 문화』 (서울: 동연, 2009), 15-29.
7 이종근, 『히브리 사상』 (서울: 삼육대학교출판부, 2007), 190.
8 박호용, 『요한복음: 천하제일지서』 (서울: 쿰란출판사, 2012), 183, 294-296, 356-362, 384-386, 512-514, 592-598, 634-649, 657-658, 685, 721-723, 847, 866, 882. 안식일과 세 절기, 안식일 첫날 주일날 부활하심으로 안식일의 성취를 보여준다.
9 박신배, 『환원 신학의 세계: 초대교회로의 행진』 (서울: 더북, 2013), 13-47.

신학을 복음화하며 부활의 날, 주일로 해석하고, 희년으로써 복음이
은혜의 해를 선포하는 메시아 구속의 삶과 구원을 선포하게 되었다.

안식일은 유월절과 무교절(예루살렘 순례 절기), 오순절, 장막절, 부림
절 등의 중심에 있고, 특히 무교절은 가나안 농사 절기에서 영향을
받은 것으로서 이스라엘의 7일 유월절 전날 무교병의 축제와 결합되었
다.[10] 이 무교절은 나중에 이스라엘 유월절에서 7일 축제만으로 통합되었
을 것이다. 출애굽을 기념하는 유월절과 무교절의 결합 그리고 그 중심에
안식일이 있는 것은 이스라엘 축제의 특징이라고 할 수 있다. 이스라엘
신앙의 중심인 법궤(성소)와 축제, 토라는 안식일 신앙을 통해 구속주와
창조주 하나님을 동시에 계시하고 있다.[11] 율법(토라)을 축약한 십계명의
중심이 안식일이라는 사실은 그 중요성을 말하고 있다.

하지만 중세의 어거스틴은 기독교 신앙의 강조로 안식일에 대한
언급보다는 '시간과 영원, 두 도성의 나라'에서 시간의 창조를 하신 하나님
의 영원성과 인간의 행복에 이르는 진리에 대한 개념을 이야기하고
있다. 안식일보다는 믿음으로 성육신하신 그리스도 예수를 영접하는
현재만이 의미 있다고 본다.[12] 영원한 도성의 표지판인 교회와 교회
가르침의 권위는 잠정적이고, 상징으로서 주일 예배(안식일)의 성례전에
대한 의미를 말한다. 그는 시간의 순환성을 보다는 직선적 종말론성에
대한 시간의 개념을 말하고 있다.[13] 안식일에 대한 구체성과 축제, 가족

---

10 W. H. Schmidt, *The Faith of the Old Testament: A History* (Philadelphia: Westminster Press, 1983), 120.

11 "나 야웨는 애굽의 종살이에서 너희를 인도해내신 너의 하나님이시다"(출 20:2). 십계명
의 서언이나 1계명으로서 출애굽의 하나님이심을 계시하고 있다. W. H. Schmidt, *The Faith of the Old Testament: A History*, 49.

12 선한용, 『시간과 영원: 성어거스틴에 있어서』 (서울: 성광문화사, 1986), 98.

13 같은 책, 160-161.

축일의 성경적 개념과 어거스틴의 시간과 영원성에서 보는 영성화의 개념은 상호 보완적이다. 실제 주일(안식일)도 지켜야 하며, 매일의 영원성을 보며 거룩한 시간을 살아가는 것은 천년을 하루같이 사는 것이다.

이종근은 안식일은 완성의 날이며, 복의 날이며, 거룩한 날, 거룩한 경험의 날이라고 말한다.[14] 안식일이 주일이라는 사실은 무엇을 말하는가? 안식일(sabbath)은 '그치다, 휴식하다, 중지하다'라는 말에서 나왔다. 성서의 안식일은 하나님의 천지 창조의 과정에서 나와서 창조와 휴식, 구속과 성화, 예배와 충성을 나타내는 기념일이다. 하나님이 천지를 창조하시고 쉬신 날이기에 오늘날도 6일 창조와 7일 안식일의 원칙은 동일하게 창조의 원리로 지켜져야 한다. 오늘날 안식일은 기독교인에게는 주일(일요일)로, 부활의 날로 기념되고 있다. 안식일의 정신과 안식일의 창조 원리는 오늘도 중요하게 지켜져야 하는 하나님의 창조 법칙의 중요한 창조 명령이다.

> 하나님이 일곱째 날을 복 주사 거룩하게 하셨으니 이는 하나님이 그 창조하시며 만드시던 모든 일을 마치시고 이날에 안식하셨음이더라(창 2:3).

하나님이 안식하였다는 말은 곧 너희도 이 안식일을 지키라는 암묵적 명령으로 해석할 수 있다. 하나님도 6일을 일하시고 일곱째 날에 쉬셨다는 사실을 통해 우리에게 안식일을 지켜야 함을 가르쳐 주고 있다. 이는 6일 동안 말씀으로 창조하시고, 7일째 창조 완성의 기쁨을 기념한다. 즉, 안식일은 창조의 완성의 즐거움에 믿음으로 참여하는 날이며, 하나님의 전능하신 손안에 모든 것을 주께 맡기고 하나님과 더불어 완성의

---

14 이종근, 『히브리 사상』, 190-194.

쉼으로 들어가는 날이다. 안식일은 다른 6일보다 더 중요한 창조의 날인 것이다.[15] 우리는 이 안식일이 '주일'로 새롭게 완성된 날을 믿는다. 이 완성의 날은 그리스도 예수의 십자가 사건과 부활의 날에서 완성되었다는 사실이다.

안식일은 창조의 완성을 축하하는 날로서 복이 선포된 날이다. 이 축복 선언은 하나님의 창조에 있어서 5~7일에 축복 선언을 한다. 즉, 세 번 축복하였다. 단지 "보시기에 좋았더라"에서 하늘의 새들과 바다의 물고기를 만드시고 축복하였다(창 1:22). 땅의 짐승을 만들고 인간을 만들고 축복하였다(창 1:28). "생육하고 번성하고 땅에 충만하라." 이 축복 선언은 안식일에서 절정에 이르게 된다(창 2:3). 생물인 동물에게 축복하시고, 마지막에는 축복의 절정으로 안식일을 제정하신 것이다. "일곱째 날을 복 주사 거룩하게 하셨다." 유대인들의 말 중에 하나님과 이스라엘과 안식일의 관계 속에서 "이스라엘이 안식일을 지킨 것이 아니라 안식일이 이스라엘을 지켰다"라는 말이 있다. 이 말에서 이스라엘이 안식일을 지키며 살아서 결국 멸종되지 않고 생존하는 기적의 민족이 되었다는 것이다. 즉, 그 배후에는 안식일이 이스라엘을 지키는 역사의 비밀을 가리키고 있다. 안식일을 지키는 이스라엘 민족의 신앙 속에서

---

15 같은 책, 190-191. 안식일은 인간의 피조성을 고백하며 자연에 대한 인간적 자유를 누리는 것이 아니라 이날에는 인간의 자율성을 유보하는 날이다. 엿새 동안 힘써 모든 일을 다 한 후 하나님의 현존을 받아들이고, 구원의 은혜를 누리는 날이다(카발라트 샤바트). 인간이 이 안식일을 준비하고 살 때에 죄에서 떠날 수 있다. 세속에 물든 죄인이 하나님 나라 백성이 되고 천국 시민으로서 살아가는 길이 바로 안식일을 준비하고 사는 것이다. 그래서 요일을 부를 때 안식 후 첫째 날(일요일), 둘째 날(월요일), 예비일(금요일) 등으로 불렀다(마 28:1; 막 16:2; 눅 24:1; 요 20:1; 막 15:42; 눅 23:54). 안식일을 중심으로 사는 의미를 초대교회는 중요시 여겼고, 오늘 우리는 문자적으로 안식일의 의미(안식교)에서 더 나아가 그리스도 예수의 부활의 날(주일)을 기념하며, 안식일을 뛰어넘는 주일의 삶을 살아야 한다.

그 안식일이 이스라엘을 지켰다는 말을 의미한다. 이처럼 안식일은 중요한 하나님의 창조 법칙이자 원리이다. 이날을 하나님이 축복하시는 이유가 있다. 이 안식일에 하나님이 쉬시며, 축복하시며, 거룩하게 하였기 때문이다.

안식일 사상은 하나님의 속성을 잘 보여준다. 하나님은 안식일이란 시간 속에 축복을 두셨다. 이날은 특별한 생명력이 부여되었고(문화 명령의 복), 안식일이 축복의 제도인 것은 영적인 것뿐만 아니라 육신적이고 물질적인 모든 것을 포함한다. 그래서 유대인들은 물리적으로 율법 속에 가장 이 안식일 규정을 정밀하게 설명하고, 탈무드에 그 규례를 자세하게 정하고 있다. 안식일을 자랑스럽게 생각하며, 거룩하고 복된 쉼의 날로 지키는 것은 무엇을 의미하는가? 이 안식일이 오늘 주일로서 우리 주님이 안식일을 지키고 십자가에서 부활하신 날을 기념하며, 우리에게 주의 영적 주일을 지켜야 함을 가르쳐 주고 있다.

안식일을 거룩하게 지키라는 말은 무엇을 의미하는가?

안식일을 기억하여 거룩히 지키라 엿새 동안은 힘써 네 모든 일을 행할 것이나 제 칠일은 너의 하나님 여호와의 안식일인즉… 제 칠일에 쉬었음이라 그러므로 나 여호와가 안식일을 복되게 하여 그날을 거룩하게 하였느니라(출 20:8-11).

거룩한 날이라는 말은 이날은 평일과는 다르게 구분해서 하나님께 바쳐진 날이라는 뜻이다. 이 안식일을 중심으로 일주일을 지내면서 안식일, 그날을 특별히 준비하면서 살라는 의미인 것이다.

안식일을 거룩히 지킨다는 것은 몸과 마음을 성결하게 하여 하나님께 드린다는 의미이다. 이 거룩성의 참여는 인간이 하나님의 축복 속에 있다는 말이다. 일상사에 속하는 일들 중 필수적인 것이 아닌 것은 다른 날로 미루고, 하나님을 찬양하고 예배하며 감사 찬송의 축제를 벌이는 날이어야 한다. 안식일의 정신에 따라 자유와 해방을 누리며 안식일의 완성을 주셨던 주 그리스도 예수의 날, 십자가와 부활의 날, 사랑과 은혜의 날로 기념하며 희년을 선포하는 날이 되어야 하는 것이다. 그래서 이 안식일의 정신은 희년의 선포와 삶으로서, 말씀이 육신이 되신 성육신(인카네이션)의 삶을 살아야 하는 것이다. 우리도 예수처럼 살면서 구별된 안식일(주일)이 모든 날의 삶 속에서도 준비하고 완성된 날로서 매일의 거룩한 안식일의 삶이 주님처럼 실현되어야 하는 것이다.

안식일은 거룩한 경험의 날이다.[16] "인간이 믿음으로 하나님의 말씀을 순종함으로 거룩해진다. 이것은 다른 말로 표현한다면 우리의 삶 속에서 공의를 실천하는 것이다. 참되고 선하며, 하나님의 품성의 거룩성을 고백하고, 그렇게 사는 것이다. 안식일을 성별함으로써 신자들은 다가오는 영원한 천국의 영광에 미리 참여하게 된다."[17] 유대인들의 안식일 지킴이나 구약의 안식일을 문자적으로 그대로 해석하고 적용하는 제7일 안식교 성도처럼 안식일을 지키는 의미와는 다르게 주일을 지키기 위한 준비 날로서 주일을 준비하는 것은 의미가 있다. 그러나 한편 안식일이 그리스도의 부활하신 주일로 완성되었다는 안식일의 완전성, 안식일의 성취일로서 주일은 영적 안식일이라고 말할 수 있다. 축자적 안식일을 넘는 안식일의 주인이신 예수 그리스도의 날을 기념하는 주일은 안식일의 새로운 완성으로서 새 안식일이다.

안식일의 거룩성은 거의 비슷하게 축자적(문자적) 의미로 보여진다.

---

16 같은 책, 194.
17 같은 책, 같은 곳.

거룩이란 말에는 완전이란 개념도 포함된다. 이 안식일에 몸과 마음을 정결하게 하여 하나님께 나아감으로 하나님의 신성의 완전한 인격체에 하나 되는 과정을 가지는가? 죄 많은 인간이 거룩하신 하나님의 임재와 실존 앞에서 숭고한 경외감을 체험한다(mysterium tremendum, fascinosum). 이 거룩의 체험은 그리스도 예수의 합일을 통해서 십자가에 같이 죽고 십자가 죽음에서 다시 살아나신 부활의 체험을 의미하는 것이다(고후 4:10-14). 그러므로 안식일은 주일에서 완성되고, 주일은 안식일의 정신을 내포하여 실현함으로써 그리스도의 십자가 사랑 안에서 하나님 창조의 법칙과 원리를 성취할 수 있다. "인자는 안식일의 주인이니라"(마 12:8; 눅 6:5; 막 2:23-3:6). 안식일의 주인이신 예수 그리스도의 법과 사랑, 구원의 섭리와 믿음이 우리를 안식일(안식년, 희년)의 신비와 거룩한 경험의 날을 체험케 하는 것이다.

안식일(샤바트)의 두 번째 의미는 창조의 기념일, 구속의 기념일, 성화의 기념일, 밝음을 지향하는 완성의 날, 회복의 날, 은총의 날이다.[18] 안식일이 창조의 기념일이지만, 구속적으로는 애굽에서 해방된 구속의 날이다.

> 너는 기억하라 내가 애굽 땅에서 종이 되었더니 너희 하나님 여호와가 강한 손과 편 팔로 너를 거기서 인도하여 내었나니 그러므로 너의 하나님 여호와가 너를 명하여 안식일을 지키라 하느니라. 나의 안식일을 거룩하게 할지어다. 이것이 나와 너희 사이에 표징이 되어 너희로 내가 여호와 너희 하나님인 줄을 알게 하리라 하였었노라 (신 5:15).

---

18 같은 책, 195-200.

출애굽한 이스라엘이 반드시 지켜야 할 안식일은 해방의 의미를 가진 것이다. 이 해방은 영적으로 그리스도로 인해 죄악에서 구원된 영원한 구원을 상징한다. 안식일은 인간이 죄악 세상에서 영적 축복을 누릴 수 있는 최선의 시간이며, 시간 속에 내재된 하늘의 은총이다. 창조와 구속의 기념일인 안식일은 우리나라의 광복절과 같은 구원의 날이다.

이 안식일은 동일한 정신과 원칙으로 창조적 능력을 지니신 하나님께서 모든 형태의 탐욕과 권력, 및 사회적 불평등과 죄 그리고 이기심으로부터 자유롭게 해 주시는 기념일도 된다. 믿음으로 그리스도를 따르는 신자들에게 안식일은 모든 형태의 속박으로부터 구원받는 기념일이다(롬 6:16-18).[19]

안식일이 이처럼 모든 억압과 속박으로부터 구원받은 기념일이 될 수 있다는 것은 바로 그리스도 예수 안에서 안식일과 희년의 선포와 은혜의 해를 선포하는 의미가 직결된다고 할 수 있다.

죄에서 해방되어 의의 종이 되었느니라(롬 6:18).

새로운 영적 안식일, 참된 영적 안식을 그리스도 예수 안에서 의의 종이 되어 죄에서 해방된 것을 의미하는 날이다.

원역사의 중심은 노아의 언약(창 9:1-17)이다. 노아(위안, 쉼)의 이야기(창 5-9장)는 원역사의 중심이 되고 있다. 노아의 이름이 주는 안식(위로, 저주 심판에 대한 위안)은 바로 안식일 정신, 안식일 축복이 이어지는 신학적

---

19 같은 책, 196.

단초를 제공한다고 보겠다. 또한 헤브라이즘에서는 창조의 원리로 노동 후에 안식을 선물로 주시는 것을 볼 수 있다. 노동이 성경에서는 죄의 대가로서 벌로 주어지는 부정적인 의미도 있지만, 하나님이 6일 일하시고 7일째 쉬시며 안식을 하였기에 안식을 인간의 선물로 주어지며, 하나님이 쉬시며 인간을 안식의 초대로 부르고 있는 것을 볼 수 있다. 그러므로 안식은 창조의 완성이며, 노동의 완성임을 알 수 있다. 안식은 무엇을 위한 수단이 아니고 삶의 왕관(크라운), 시간의 왕관이다(아브라함 헤셸). 안식이 노동의 보조 수단(헬레니즘)이 아니라 노동했으니 안식하는 것으로서 중심에 있다.[20]

오늘날 일어나는 현대인의 문제는 안식의 정신을 잃어버려 생기는 문제이다. 인간 탐욕과 자본의 독식으로 인해 노동의 착취와 노예살이 등이 재현되고 있고, 노동의 악순환이 자본주의의 잉여가치와 자본 증식 메커니즘을 낳고, 불공평한 노동 현장을 만들고 있다. 이러한 불공평한 사회에 있어서 안식이 노동의 문제와 질병을 치유하는 열쇠가 된다.[21] 그래서 안식일(안식년, 희년)이 주는 안식이 인류 문제를 해결하는 중요한 해결책이 된다. 이제 안식일, 안식년, 희년이 주는 헤브라이즘의 본질과 정신은 무엇인가. 안식년, 희년을 살펴보자.

2. 안식년

안식일의 주인이 하나님이시라는 사실에서 안식년은 땅이 쉴 수

---

20 민영진 · 윤형 · 조효근, "노동의 근원인 하나님의 창조행위로 보는 헤브라이즘," 「들소리문학」 (2012. 봄호): 16-40.
21 같은 글, 38.

있도록 밭에 파종하거나 포도원을 가꾸지 말아야 한다. 땅이 궁극적으로 사람에게 속한 것이 아니라 하나님께 속했다는 사실이다. 하나님의 땅이 쉼으로 땅이 더 생산력을 가지게 된다. 안식년은 면제년으로서 희년이다. 이는 이스라엘이 하나님으로부터 선물로 받은 땅에서 땅의 주인이신 하나님의 통치에 순종하여 자신의 죄성을 제도적으로 극복하며, 모든 이웃과 함께 회복의 기쁨을 누리는 안식을 제시한다.

바벨론 포로 시기가 역대기 역사에서는 안식년이라 본다. 즉, 포로 시기가 긴 안식년이라고 말한다.

토지가 황무하여 안식년을 누림같이 안식하여 칠십 년을 지내었으니 여호와께서 예레미야의 입으로 하신 말씀이 응하였더라(대하 36:21).

유다가 포로로 붙잡혀 감으로 팔레스틴 가나안 땅이 안식년을 보내게 되고, 토지가 이전 상태로 돌아가 죄에서 회복되는 기간이 된다는 것이다. 70년은 약속의 땅이 황무지가 되어 회복의 시간이 된다는 것을 말한다. 다시 말해 안식적 휴식을 가지며, 그 땅이 준비를 하게 된다고 본다. 이스라엘의 포로 사건으로 말미암아 가나안 땅이 뒤늦게 안식을 하며 땅이 만회하는 시간이 되고, 인간이 안식이 필요하듯 땅도 안식이 필요하게 된 것이다. 이는 한국 전쟁(1950. 6. 25.)으로부터 70년간 분단 조국이 된 현실 속에 땅이 잘려서 두 동강이가 나서 황무하게 된 국토가 긴 안식년에 들어간 것이라고 볼 수 있다.

이제 긴 70년의 안식년이 끝나가고 있다. 새 희년이 한반도에서도 펼쳐지리라 기대하게 된다. 70년의 포로는 한반도의 안식년이며, 이스라엘 역사에서 바벨론 포로는 안식년의 채비로서 바벨론 성전 기구와 예루살렘 기구들을 다시 옮겨오는 일을 통해 회복의 역사가 펼쳐지고 있다. 따라서 우리는 다시 평양의 예루살렘 교회가 회복되는 역사가 일어나야 하는 것이다. 이사야 61:1-2에 포로된 자에게 자유를, 갇힌 자에게 놓임을 전하게 하는 역사, 자유를 전파하는 희년이 50년마다 도래하여 종들이 해방되는 역사가 이뤄지는 것이다. 희년은 여호와의 은혜의 해가 전파되고, 우리 하나님의 신원의 날(하나님의 은혜의 해)이 이뤄지는 것이다(사 34:8, 40:1-11, 51-52장, 61:1-2, 63:4). 이 은혜의 해는 바로 예수 그리스도의 해이며, 신약의 자유 선포와 해방의 해를 말하는 희년이다.

3. 희년

희년(禧年)은 성경의 희년 토지제도를 통해 모든 사람들이 지속 가능하게 토지를 소유할 수 있었다. 희년(Jubilee)은 레위기 25:10-12(3번), 25:13-54(11번), 27:17-24(6번), 에스겔 46:17(1번) 등 모두 21번 희년(요벨)이라는 말을 사용한다. "너희는 50년째 해인 희년을 선포하여 자유를 공포하고 자기 소유지로 돌아가며 자기 가족에게 돌아가라"(레 25:10-12).

희년은 거룩하며, 밭의 소출을 먹으라고 말한다. 희년의 선포를 통해 평화 교육, 한반도의 평화 통일, 통일 희년 운동을 벌일 수 있는 성서적 근거를 가질 수 있다. 희년에는 모든 농경 활동이 중지되고, 하나님의 일용한 양식에 감사하며, 수확물을 팔거나 저장하기 위해 수확을 할 수 없다. 휴경한 밭에서 수확한 것은 종과 노동자, 짐승에게 자유롭게 나누는 것이다(출 23:10-11). 희년은 영적으로 예수 그리스도의 영적 해방을 말하며, 이사야 61장에 나오는 희년을 선포하는 것은 메시아를 말한다. 희년을 통해 교회의 실천 과제를 알게 되고, 이러한 희년의 신학과 희년 실천은 정부와 사회에 영적 거룩한 영향력을 미쳐서 희년의 정의와 희년 정신에 입각하여 정의를 제도화하는 데 실천적 과제를 제시한다. 희년은 노예를 해방하고, 토지와 가난한 자의 빚을 사면하고 해방시키며, 회수로 노예와 인간이 빚 때문에 빼앗긴 땅을 되돌려 받는 것이다.[22]

희년은 '여호와의 은혜의 해'(사 61:2)와 '자유의 해'(렘 34:8)를 말하며, 7번째 안식년이 끝난 다음 50년이 시작되는 해를 일컫는다. 희년은 희년으로서 계산되었을 뿐 실제 역사적으로 실시되지는 않았다. 희년은 세습제를 방지하는 세습제 방지에 있고, 땅의 안식을 통한 회복의 제도이다(레 25:1-11). 희년의 선포는 예수 그리스도에게 있다. "은혜의 해에는 가난한 자, 마음이 상한 자, 포로된 자, 옥에 갇힌 자와 슬픔 가운데 있는 자들의 기쁨을 누리고 복된 삶을 누리게 된다." 희년은 면제의 해(신 15:9, 31:10)이다. "주의 성령이 내게 임하셨으니 이는 가난한 자에게 복음을 전하게 하시려고 내게 기름을 부으시고 나를 보내사 포로된 자에게 자유를, 눈먼 자에게 다시 보게 함을 전파하며 눌린 자를 자유케 하고 주의 은혜의 해를 전파케 하려 하심이라"(사 61:20-21). 희년의 중심에는 구속사적으로 예수 그리스도에게 있음을 알게 된다.

희년은 안식일에서부터 비롯되어 안식년 그리고 속죄일(1949. 7. 10. 속죄일), 희년으로 이어지는 창조 질서의 원형(原形)을 보여준다. 희년(안식년)과 안식일이 나온 배경은 레위기 25장(25:8-22 ― 희년 제도, 23-34절 ― 유업 회복, 39-55절 ― 노예 해방 등)에 나오는 희년을 통해 가난이 대물림되

---

22 장재명, "희년의 현재적 적용과 윤리적 연구," 국제문화대학교 신학대학원 학위논문, 1-9.

지 않게 하려는 목적과 동족의 노예를 금함으로서 이스라엘 사회의 평등을 추구하고 있음을 알 수 있다. 즉, 레위기 25:1-7(안식년 법), 8-55(희년법)을 통해 평등한 경제생활을 말하며, 땅이 회복되고, 종이 해방되고, 빚이 탕감됨으로 사회의 균등과 분배를 보여준다. 또 유산의 토지와 가옥을 환원하게 하며, 처음 상태로 돌이켜서 새 출발하도록 하는 정의 사회를 그리고 있다.

희년의 의의는 희년을 준수할 목적으로 고안한 것이 아니라 이상적인 이스라엘 사회를 그리며 이상화한 것이다. 이는 이스라엘 사회가 지향할 목표를 보여줌으로 정의롭고 공의로운 이스라엘 나라를 보여주고 있다. 이는 희년을 통해 땅과 노예, 유업의 정의(공의와 정의, 공평)와 경제 정의화를 실현하고, 평화 사회, 노동과 안식과 쉼, 회복을 통해 평화로운 공동체를 지향하고 있다. 희년은 가난한 사람을 구제하기 위한 것이다(North). 희년에 땅의 휴경년보다는 가난한 사람에게 음식을 제공하고, 가난한 사람들의 필요를 채우기 위해 안식년을 준수하게 하였다고 본다. 49년째와 50년 안식년 2년 동안을 휴경함으로 인해 양식 문제가 생길 수 있다. 그러나 이 안식년에는 하나님의 신비가 들어 있는 해방과 회복, 환원을 통해 안식일과 안식년 계명, 희년 계명을 통해 굶주림을 해결하고 진정한 안식을 누리며, 들짐승에게도 평화를 주는 하나님의 안식과 평화가 있었다.

희년은 가나안 땅에 들어가서 살면서 공의롭고 평화로운 이스라엘 공동체를 이루려는 하나님의 정의와 평화의 정신이 들어간 계명이었다. 다니엘서 9장 24절에는 490년, 즉 열 번의 희년이 나오고, 요세푸스는 126년(16번의 희년)을 이야기하였으나, 포로기 이후에는 희년에 대한 언급이 없다.[23] 희년이 이상화되어 신-구약 중간 시대와 예수 시대에 메시아 해방의 해, 이상적인 희년을 고대하고 있었던 것 같다. 우리가 일제 해방(1945. 8. 15.)에서부터 76년 지난 오늘의 시점에서 남북 통일을 기대하고 있는 것과 유사한 것이다. 이 희년 제도는 사회의 빈부 격차를 줄이고 부조리를 막는 제도적 장치로서 희년법을 두고 있다. 또 땅의 소유가 하나님께 있다는 생각에서 땅의 균등 분배와 약속이 땅에서 공정하게 유산을 분배하는 것은 중요한 이스라엘 사회의 이상을 실현하는 것이었다.

희년은 치유의 해이며, 희년을 준수함으로 안전히 거주하며 부와 안전을 약속하고 있다. 희년은 자본주의와 사회주의의 문제를 극복하고, 두 이데올로기 체제에서 주지 못하는 인류의 행복을 조건으로 희년 정신을 통해 하나님 나라를 건설하며, 희년 제도와 정신이 인류의 행복한 사회를 이루는 유일한 대안이 될 수 있다. 희년은 출애굽의 정신을 이어받아 포로에서 자유를 경험하고, 애굽에서 속박을 벗어나서 하나님 나라와 가나안 안식처를 얻는 것처럼 신약 교회의 그리스도를 통한 구원 경험을 하고, 오직 예수 그리스도를 통한 구원의 예표를 보여주며, 예수가 구원과 자유를 주는 참된 안식의 주임을 말하고 있다. 희년은 곧 예수 그리스도의 해방을 말하고 있는 것이다.

희년이 율법의 연속성의 입장에서는 축자적이고 문자적인 면에서는 불연속적이지만, 구속사적 측면에서 희년의 정신은 윤리적으로 오늘날도 계속되고 있으며, 그 연속성이 있다고 본다. "희년은 도덕법의 시민법적 구체적 규정으로서 그 안에 윤리적 원리가 함축되어 있으므로, 희년법을 문자적으로 준수함은 옳지 못하지만, 그 안에 윤리적 함의들을 적용해 실천 원리로 삼을 여지는 있다."[24] 희년법은 토지(재화, 경제)가 하나님의

---

23 장재명, "희년의 현재적 적용과 윤리적 연구," 13. 희년의 주기를 논함.

것이라는 사실을 밝히고 있다.

> 땅은 아주 팔지는 못한다. 땅은 나의 것이다. 너희는 다만 나그네이며, 나에게
> 와서 사는 임시 거주자일 뿐이다. 너희는 유산으로 받은 땅 어디에서나, 땅 무르는
> 것을 허락하여야 한다(레 25:23-24).

희년은 유업의 회복이 이뤄진다. 희년에는 유산은 본래 주인이신 하나님께 속한 것으로서 유업이 돌려주어야 하는 것이다. 하나님의 기업은 원래 에덴동산에서 주어졌던 것이다. 인간이 누린 안식과 평안이 있었던 곳이며, 에덴은 영원한 안식처였다. 그러나 인간이 죄를 짓고 추방을 당하면서 불행해지며, 축복과 안식이 상실되었다. 인간이 죄로 인해 하나님으로부터 소외를 받아 하나님의 안식에서 멀어지게 된 것이다. 그 후에 이스라엘이 출애굽을 한 후에 성막을 통해 하나님과의 관계를 가능하게 되었다. 안식은 성막에서 이뤄졌고, 안전한 안식이 대제사장이 되신 그리스도에서 성취되었다. 지성소가 되시는 그리스도께서 막혔던 담을 제거하고 평화의 주가 되었다. 레위기 25:39-55 말씀을 통해 안식년에 종이 방면되고, 애굽에서 해방된 것처럼 원상회복 될 것이다. 희년은 재산이 궁극적으로 하나님께 속한 것이라는 사실에서 비롯된 것이다.

---

24 장재명, "구속사적 관점에서 희년의 불연속성과 연속성 연구: 성경 윤리적 패러다임 하에 희년 적용 여지 모색," 국제문화대학교 신학대학원, 학위논문 (2018), 44.

4. 정의와 희년

먼저 희년과 정의의 문제를 다루기 전 일반 사회학이나 정치학에서 말하는 정의의 개념에 대하여 최근 베스트셀러가 된 마이클 샌델의 『정의』라는 책을 통해 이야기를 전개해 보자.

정의의 문제는 고대 정치 사상에서 아리스토텔레스가 "정의란 사람들에게 그들이 마땅히 받아야 할 것을 주는 것이라"라고 가르친다. 누가 무엇을 받을 자격이 있는가를 결정하려면 어떤 미덕에 영광과 포상을 주어야 하는가를 결정해야 한다. 마이클 샌델은 고대 정의론은 미덕에서 출발하는 반면 근현대의 정의론은 자유에서 출발한다고 본다.[25] 정의로운 사회라면 개인의 자유를 존중해 각자 좋은 삶을 선택할 수 있어야 한다고 주장한다. 사회문제에 있어서 개인의 행복 극대화, 자유 존중, 미덕 추구의 관점에서 정의의 문제를 생각할 수 있다고 보며, 법은 어떤 역할을 하는지, 사회는 어떻게 조직되어야 하는지를 묻고 있다. 샌델은 허리케인의 문제나 상이군인 훈장의 문제, 구제 금융의 분노 사건(2008년)을 거론하며 영광과 미덕, 행복과 자유, 경제적 분배, 도덕적 자격 등의 정의 문제를 논의한다.[26] 샌델은 미국 자본주의 사회에서 일어나는 문제들을 짚으며 정의의 본질에 이르는 문제 제기를 하고 있다.

여기서 샌델은 정의를 이해하는 세 가지 방식을 제기한다. "사회가 정의로운지 묻는 것은 우리가 소중히 여기는 것들, 이를테면 소득과 부, 의무와 권리, 권력과 기회, 공직과 영광 등을 어떻게 분배하는지

---

25 마이클 샌델/이창신 역, 『정의란 무엇인가』(서울: 김영사, 2010), 21.
26 같은 책, 24-25.

묻는 것이다. 정의로운 사회는 이것들을 올바르게 분배한다. 각 개인에게 합당한 몫을 나누어 준다. 이때 누가, 왜 받을 자격이 있는가를 묻다 보면 문제가 복잡해진다." 샌델은 행복과 자유, 미덕이 재화 분배를 이해하는 세 가지 방식이라고 보고, 세 가지 이상이 정의를 고민하는 서로 다른 방식이라고 말한다.27 최대 다수의 최대 행복을 추구하려는 공리주의자들의 행복 극대화는 자유와 미덕에 상충될 수 있다. 또 정의는 자유와 개인의 권리를 존중하는 것이라는 생각이다. 이는 자유와 정의가 상반되어 자유방임주의와 공평주의가 대립되는 경우가 그랬다. 개인의 자유를 보장하는 정책을 수반하다 보면 다수의 공의와 다수의 공평한 기회가 제한받게 된다. 또 정의가 미덕(좋은 삶)과 연관되어 미덕(도덕)이 법으로 규정한다는 보수적, 종교적 우파의 생각은 자유주의 시민들에게 배타적이고 강압적인 상황을 불러올 수 있다.

정의에 대한 공리주의자들의 입장(공리나 행복 극대화, 즉 최대 다수의 최대 행복의 추구)이나 선택의 자유를 존중하는 것(자유지상주의 견해)과 원초적으로 평등한 위치에서 행할 법한 가언적 선택(자유주의적 평등주의 견해), 미덕을 키우고 공동선을 고민하는 견해 등 세 가지 입장을 말한다. 샌델은 세 번째 미덕과 공동선을 추구하는 정의에 동의한다. 그는 공리주의가 추구하는 최대 다수의 행복으로 계산을 문제화하고, 인간 행위를 도량형으로 환산해 획일화하는 경향이 있다는 것을 비판한다. 또한 자유 이론은 목적과 도덕적 가치, 공동체의 삶의 의미와 중요성, 모두가 공유하는 삶의 특성과 질은 무시한다. 여러 사회문제들 속에 정의는 가치 문제의 판단에 개입되어 영광과 미덕, 자부심과 인정, 올바른 분배, 올바른 가치 측정의 문제를 토론하고 판단하여 미덕과 공동선을 추구해야

---

27 같은 책, 33.

한다고 말한다.28

공동선을 추구하는 정치가로서 로버트 케네디를 들며 시민의식과 희생, 봉사를 장려하는 사회 추구와 시장의 도덕적 한계를 공론에 붙여 공동선을 추구하는 가치의 올바른 방법을 찾고, 불평등과 연대, 시민의 미덕 등에 있어서 소득의 재분배로 분배 정의와 공동선의 연관성을 강조해야 한다. 마지막으로 샌델은 미국 정치의 정의 사회를 도덕에 기초한 정치를 해야 한다고 주장한다. 미국의 다문화 사회 시민에서 상호 존중을 바탕으로 한 정치, 도덕 질문을 공개적으로 하여 합의를 도출하며, 도덕적 종교적 견해를 평가하게 하여 상호 존중의 문화를 가지는 것을 제안한다.29

결국 마이클 샌델은 미국 자본주의 사회 안에서 어떻게 정의로운 사회를 실현하여야 하는가 하는 문제에 천착하여 구체적 윤리의 문제 사안을 가지고 미덕과 공동선 추구의 사회를 추구하는 것으로 문제 해결점을 찾으려 한다. 자본주의와 민주주의, 자유주의 사회에서 갖는 인간 탐욕과 사회 구조적 악의 문제에 대한 정답은 없다. 그렇지만 논의를 하고 있는 정의와 윤리의 문제 풀이라고 볼 수 있다. 이는 기독교 신앙과 윤리, 기독교 신학의 관점이 배제된 하나의 사회문제 이슈를 가진 논의이다. 그래도 조금 나은 정의는 무엇인가? 샌델은 이론적으로 접근하여 논의를 전개한 수준이라고 볼 수 있다. 우리는 여기서 성경이 말하는 정의(기독교가 말하는 정의, 하나님 나라와 하나님의 정의[正義], 희년과 땅)에 대하여 논의해 보자.

---

28 같은 책, 360-362.
29 같은 책, 366-371.

5. 희년, 땅, 정의

여기서 우리는 안식일(안식년, 희년)과 땅(소유, 정의), 평화(안식)의 세 구조를 생각해보자. 땅은 하나님의 은총의 선물이자 하나님의 은총의 약속이다. 가나안 땅은 거룩한 땅으로서 하나님의 공평과 정의(체다카)가 실현되는 곳이다. 이 하나님의 땅은 이스라엘 백성들에게는 청지기 권리와 위임된 권리를 동시에 준다. 땅은 이스라엘 민족과 전 인류에게 하나님의 선물이며, 여호와의 은혜로우신 약속과 선물이다. 땅은 인간 생존에 필요하며, 땅을 사용하고 소유하는 것은 잠시 맡겨진 것이다. 다만 우리가 토지 재산 소유와 관리 사용 처분권을 가지며, 청지기적 책임도 있는 것이다. 오늘 토지가 가지고 있는 가치는 토지와 노동, 자본의 3대 생산 요소를 가지고 있어서 자본과 잉여가치가 축적된다. 이 토지가 하나님의 것이라는 사실을 인지하는 것이 성서적 가치관을 가지는 것이다.

토지는 영구히 팔지 말 것은 토지는 다 내 것임이나라 너희는 거류민이요 동거하는 자로서 나와 함께 있느니라(레 25:23).

이 사실은 성경이 말하는 중요한 진리이며, 땅은 하나님의 것이다. 모든 권리 중에서 남에게 빼앗은 것은 다 돌려주어야 한다는 것이다. 인간은 소유자가 아니라 관리자에 불과하다는 사실을 알아야 한다. 이스라엘 땅은 신학적이며, 윤리적으로 중요성을 지닌다. 경제적 정의를 지키며, 인간 사회의 불의를 고치고, 하나님이 안식을 위해 희년법을 주고, 안식년 법을 통해 거류민이 안식년의 혜택을 누릴 수 있게 한다.

이 안식년의 기초 위에 제정된 희년법은 토지의 공의를 이루게 한다. 희년은 땅을 독점하고 가난한 자들을 압제하는 것을 제거함으로써 이상사회를 추구한다.

땅은 하나님의 선물이자 하나님의 소유물이다. 이 땅의 문제에서 오늘날 자본주의 사회의 문제까지 확대되어 본질의 외연이 나타난다. 희년의 원리는 언약 백성인 이스라엘이 약속의 땅에 들어가서 자유를 누리고 유업을 주신 하나님의 구원 역사를 기념하면서 약속의 땅에서 구원의 은혜를 온전히 유지하도록 보장하는 제도로 제정되었다.30 그러나 부자와 특권층의 사람들이 땅을 독점하고 가난한 자들을 압제함으로 구원의 하나님을 버리고, 그의 뜻과 율법을 어기며, 언약을 저버리게 되었다. 그래서 하나님은 이스라엘 백성을 심판하고 포로로 잡혀가게 하였다. 이스라엘에게 유업으로 주신 땅이 황폐하게 되었다. 예언자들은 이 땅이 다시 자유하게 되어 유업을 회복하리라고 예언하며 희년이 도래하여 새 시대가 회복되고, 희년의 성취자가 오리라 말한다.

희년법은 언약 백성을 위한 하나님의 구원의 효과가 지속되도록 세워졌으나 이스라엘 백성들이 그 법을 온전히 지키지 못했다. 결국 그리스도 안에서 온전히 성취되게 되었고, 그리스도 안에서 구원받고 그 종말의 완성을 이루게 된다. 이 영적 구원이 그리스도에게 이뤄짐으로 희년의 구원이 예수임을 알게 되었다. 희년의 성취와 실현은 곧 경제 정의, 나눔을 통해 이루어짐을 보여주었다.

부자 청년이 영생을 얻을 수 있는 방법을 예수께 물을 때 주님이 말씀하신 말에 구원의 길이 있다. "내게 있는 것을 다 팔아 가난한 사람에게 나누어주라"(눅 18:18-30). 이는 구원의 가능성과 하나님 나라의 도래

---

30 장재명, "희년의 현재적 적용과 윤리적 연구』," 93.

는 분배의 정의, 나눔의 삶에 있음을 보여주며, 하나님 나라의 가치가 중요하고, 그 도덕적 책임을 통해 기독교 경제윤리가 세워지고 하나님 나라가 도래됨을 보여주었다.[31]

그리스도인으로서 구원의 현실을 이루는 것은 재산의 유무가 아니라 도덕적 책임에 있는 것이다. 하나님의 선물, 땅을 팔아서 윤리적 인간으로 서는 것이다. "내게 있는 것을 팔아서 가난한 사람에게 주어라." 희년의 삶을 살라는 것이다. 하나님의 소유인 땅의 불평등 분배와 독점으로 인한 인간 경제의 불평등과 빈부 격차, 상대적 빈곤층 형성, 땅값의 불필요한 폭등으로 대외적 경쟁력 저하로 말미암아 유익하지 못한 사회문제가 발생된다. 하나님의 언약과 희년법의 실현으로 인해 하나님의 계약 순종으로 말미암은 축복이 있고, '기쁨의 해, 은총의 해, 희년'으로 평화가 있으며, 이상적인 상태로 회복되는 역사가 일어나게 된다. 그것은 바로 희년의 주인인 그리스도의 역사가 있어야 가능한 것이다.

오늘날 자본주의 문화와 우리 사회의 빈부 격차의 심화, 빈곤과 땅값의 상승, 임금과 물가의 폭등, 거래량 불로소득 등 사회문제가 야기되고 상대적 빈곤감 등이 발생함으로써 고질적 문제가 되고 있다.[32] 한반도에서 인권과 통일 문제가 계속 제기되고 있다. 이러한 때에 기쁨의 해가 되고, 은총의 해가 되고, 희년의 본래 상태로 완전 회복이 될 것인가? 하나님의 소유권인 땅이 희년이 도래하고, 하나님의 것이라고 선포되고 다시 돌려지는 역사가 일어날 것인가? 희년의 정의는 바로 경제적 불평등이 해소되고, 공평한 사회가 이뤄지는 것을 의미한다.

희년은 하나님 나라의 실현과 그 실천적 문제를 푸는 성서적 근거와

---

31 같은 글, 104.
32 같은 글, 100.

문제의 열쇠이다. 하나님이 공평과 정의의 하나님이시기에 하나님 나라의 정의를 실천하는데 영적 영향력으로 공의와 정의를 실천할 수 있는가 하는 문제는 중요한 이슈이다. 구약성서는 공의(미슈파트)와 정의(체다카) 순으로 평행법으로 사용된다(창 18:19; 시 33:5, 89:14; 잠 1:3, 2:9, 21:3). 또 신명기 33:21(법도와 공의), 시편 37:6(공의와 의), 72:2(판단력과 공의), 103:6(공의와 심판), 잠언 8:20(공의와 정의), 이사야 58:2(규례와 공의), 호세아 2:19(정의와 공의) 등으로 사용된다. 이 정의와 공의는 공의와 정의로 나타나기도 한다.[33] 미슈파트(공의)는 '법과 의'를 나타내고, 체다카는 정의로서 절대적인 윤리 기준을 의미하지 않고 관계적인 의로서 사람 간의 관계적 의를 기초한 개념을 말한다. 이 법과 의를 행하는 사람은 의인이다.

구약의 체다카는 사랑과 자비의 마음이 포괄된 개념이다. 공의(미슈파트)는 하나님의 법도에 근거해 이루어지는 올바른 사회질서를 가리킨다. 이 말은 법, 재판, 규례, 심판까지 포함하는 넓은 의미의 영역을 말한다. 구약에 체다카와 미슈파트가 행해지는 현장은 성문이었다. 성문은 재판하는 곳이었다. 그곳에서 죄를 제거하였고, 성읍 장로들은 재판관으로 이스라엘 사회의 정의를 세우는 역할을 하였다. 이 정의는 사회적 약자의 권리를 보장하고, 하나님 보시기에 올바른 상태를 유지하는 데 중요한 요소였다. 재판이 외모나 뇌물로 인해 정의가 실현되지 못해 굽게 되었다. 판결에서 억울한 사람이 나타나면 결국 하나님께 부르짖게 되어 성읍 전체가 진멸되는 역사를 보게 된다. 구약의 공의(미슈파트)와 정의는 인애(자비)의 헤세드와 함께 사용되었다. 체다카의 의미의 핵심은 긍휼함이 내포되었다. 희년의 실행은 일상에서 이루어지는 공평과 정의의

---

33 같은 글, 140.

삶, 그 삶의 결과가 공의와 정의로 나타나게 되는 것이다. 이것은 예수 그리스도에게서 '하나님의 나라와 의'와 상통하는 것이다.

"너희는 먼저 그의 나라와 그의 의를 구하라"(마 6:33). 이 하나님 나라와 의는 하나님 나라를 받치는 두 기둥, 공평과 정의를 말한다. 하나님의 다스리심을 구하는 것은 바로 공평과 정의이다.34 이 통치의 원칙인 공평과 정의가 이루어지는 세상, 이 땅이 바로 그러한 공의와 정의가 실현되는 곳이며, 그 하나님 나라를 추구하는 삶이 바로 예수가 왕이 되는 나라이다. 이 나라의 왕이 바로 '가난한 자의 하나님'이신 것이다. 주기도문은 바로 그 핵심을 말하고 있다. 가난한 자를 구원하기 위해 가난한 자(자발적 가난)가 되어야 하며, 가난한 사람들을 위해 살아가야 한다. 피어리스는 아시아의 민중을 위한 해방과 정의는 가난한 사람의 영성을 통해 가능하다고 한다.35 이는 가난한 사람으로 오신 예수의 성육신 삶을 말하며, 가난한 자가 되었을 때 그 나라의 정의를 실천할 수 있게 된다. 몰트만은 가난한 자, 복음이 필요한 자들과 함께 전체 백성의 출애굽이 시작된다고 하며, 그들은 이미 여기에서 비참한 자들과의 친교에서 하나님을 찬양하고 감사한다고 말한다. "장차 올 하나님 나라의 구체적 형태는 예수의 복음에서는 보게 된 장님들, 해방된 갇힌 자, 행복하게 될 가난한 자, 또 치료받은 병자들의 친교다"(피터슨).36

희년법은 공평과 정의를 기초한 하나님의 통치를 연결하고 있다. 이 공의와 정의를 실천하는 삶은 하나님 백성으로서 삶의 열매를 나타내야 하는 것이다. 하나님이 원하시는 희년의 공동체 구현은 창조 신학을

---

34 같은 글, 145.
35 알로이스 피어리스/성염 역, 『아시아의 해방신학』 (서울: 분도출판사, 1990), 111-115.
36 몰트만/박봉랑 외 4인 역, 『성령의 교회 안에 있는 교회』 (서울: 한국신학연구소, 1986), 95.

따라 안식일 정신(희년의 정신)으로 기독교적 세계관을 가지고 희년 공동체를 형성하고, 희년 공동체 정신을 확산해야 한다. 희년의 개혁 주체는 공동체 전체이며, 공동체 의식을 통해 지구촌 마을에 실현되고 국경을 넘어 희년 공동체 정신을 공유할 때 하나님 나라가 이뤄지는 것이다. 공평과 정의의 삶은 공의(미슈파트, 200번 나옴)는 정의 체다카보다 법정 용어 성격을 갖고 있다. 가장 기본적인 뜻은 법정에서 사람들을 공평하게 대하는 것이다. 공평과 정의가 하나님의 통치의 두 원칙임을 알고 왕이신 하나님이 다스리는 공의(정의)의 나라와 연관되어 선포된 희년법과 연결되어 있다.

희년법에서 하나님 백성의 통치가 나타나며, 하나님이 왕으로 다스리는 하나님의 법이며 모든 땅이 하나님의 것이라는 선언을 해야 한다. 사유재산이 없고, 하나님 나라가 실현된 공의의 나라가 될 수 있도록 희년의 실현화가 필요한 것이다. 땅의 사유화가 가난의 심화와 빈부 격차, 불공평의 사회로 왜곡되기에 그리스도가 왕이 되어 통치되는 세계, 메시아 왕국이 이루어져 하나님이 다스려야 한다. 따라서 이 땅에 이루어진 하나님 나라 실현은 예수가 임재할 때 가능하게 되는 것이다. 인류는 앞으로 자본주의의 악성에 대응하며, 성경이 말하는 메시아 왕국, 하나님 나라 실천이 공평과 정의로 이루어나가는 평화 작업에서 그리스도 예수의 통치가 이뤄지는 천국을 맛보게 된다.

희년법은 가난한 사람들에게 적용되는 법이며, 하나님의 긍휼함이 나타나는 것이다.[37] 레위기 25장은 하나님 다스리심의 본질인 공평과 정의가 나타나며, 하나님의 통치가 사회정의로 나타나게 되는 것이다. 라이트는 공의(미슈파트)와 정의(체다카)를 포괄하는 한마디 말은 사회정

---

37 장재명, "희년의 현재적 적용과 윤리적 연구," 152.

의라고 한다.38 정의가 없을 때 백성들은 포학하게 되고, 공의가 없을 때 백성들이 부르짖는다고 말한다(사 5:1-7).

오늘날 공의와 정의가 없어서 백성들이 신음하는 사회가 되지 않았는가. 희년법은 가난한 자의 긍휼함을 보며 '자유의 해'를 선포하고, 예수가 기쁜 소식을 전하기 위해 이 땅에 오셨음을 말하고 있다. 하나님 나라가 포도나무 비유를 통해 '예수 안에 있으면 많은 열매를 맺어서' 그리스도인 공동체가 되어 예수의 사랑(긍휼)과 정의가 실현되어 그리스도의 평화가 정착되도록 해야 한다.39 하지만 열매를 맺지 못하면 사탄으로 인해 기업을 잃고 죄의 노예가 되어 실천적이고 도덕적 의무를 상실하고, 의무를 행하지 못함으로 빚지고 열매를 맺지 못하는 상태가 된다. 여기서 우리는 한국 전쟁 후 72년 된 오늘 한반도의 희년을 선포하고, 희년의 평화를 도래할 수 있도록 공의와 정의의 공동체를 만들어야 가야 할 과제를 가지고 있다.

6. 희년과 평화

구약의 평화는 샬롬(Shalom)으로서 개인이나 공동체 생활에서 정신적, 육체적, 물질적으로 이상적이고 충족한 상태를 말하며, 군사적, 경제적 평안이 개인의 신체적 영적인 건강과 비슷하게 나타나서 건강을 회복하는 것이 평안의 회복을 말한다(사 38:17).40 이 평화는 하나님의 백성이 되었을 때 하나님으로부터 평안을 받게 된다고 말한다(민 25:12).

---

38 박득훈, 『돈에서 해방된 교회』, 305; 장재명, 같은 글, 150.
39 장재명, 같은 글, 151.
40 박신배, 『평화학』 (서울: 프라미스 키퍼스, 2011), 70-71.

이스라엘 백성은 하나님으로부터 주어지는 내적인 평화를 갖게 되고(시 4:8), 하나님이 주시는 평안은 하나님 나라를 대망하며, 여호와의 산, 시온에서 율법(여호와의 말씀)이 나오게 되어 평화가 이루어질 세상을 보게 된다(사 2:4). 하나님의 나라가 평화의 나라가 되는 이상을 이사야 2:4은 보여준다. "그가(메시야) 열방 사이에 판단하시며 무리가 그 칼을 쳐서 보습을 만들고 그 창을 쳐서 낫을 만들 것이며 이 나라와 저 나라가 다시는 칼을 들고 서로 치지 아니하며 다시는 전쟁을 연습지 아니하리라." 신약의 평화는 평안의 복음과 속죄의 의미로 사용된다. 예수를 믿을 때 이 평화를 얻게 되고, 평화의 주는 예수 그리스도임을 말한다. 예수 그리스도의 복음이 평안이라는 것이며, 평화는 그리스도 예수의 복음이다.[41]

히브리인의 역사에서 신학적으로 평화는 하나님 안에 근거를 두고 있다. 평화는 하나님의 관계에서 이뤄진다. 하나님이 인간에게 온전함을 가져다주며, 평화를 부여한다. 하나님과의 온전한 관계는 평화를 주며, 소외는 언약의 파기를 가져오고, 주님과의 온전한 관계의 희망을 갖게 한다.[42] 이 평화 신학이 통일 신학의 성서적 근거를 제공하며, 구약의 희년법과 희년의 신학이 평화의 좋은 메시지를 전해준다.[43] 땅은 하나님의 것이라는 희년 사상은 공의와 정의가 이루어진 세상을 말한다.

이사야 선지자는 정의와 평화를 나란히 언급하고 있다. "그는 평화가 강물처럼 넘쳐흐르고 정의가 바다 물결처럼 넘실거리는 세계를 꿈꾼다. 정의를 만드는 것이 무엇이냐. 평화를 창조하는 행위이다. 정의는 가난한

---

41 같은 책, 80.
42 같은 책, 104-106.
43 같은 책, 97.

자, 약한 자, 억눌린 자의 권리를 대변하고 그들의 빼앗긴 권리를 되돌려 주는 것이다. 정의와 평화는 별개의 것이 아니라 정의와 평화는 종말론적 세계의 특징의 양면이다."[44] 정의와 공의가 실행될 때 공동체의 평화(샬롬)가 이루어진다. "사막은 법이 통하는 곳이 되고 과수원은 정의의 터전이 되리라 정의는 평화를 가져오고 법은 영원한 태평성대를 이루리라"(사 32:16-17). 공평과 의의 귀결은 평화(샬롬)이다. 이 공의와 정의가 실현될 때 기쁨과 평안의 안식이 지속되게 된다(사 48:22, 57:21).[45]

결국 예수 그리스도가 우리의 샬롬이 되며(엡 2:4), 예수 그리스도가 우리의 성만찬의 떡이 되어서 우리의 삶 속에서 그 떡을 떼는 데에서 그분이 알려지게 된다. 예수가 십자가에 달리시고 부활하시어 죽은 자의 첫 열매가 되고, 사망 권세를 이기시고 다시 오실 것이다. 그리고 모든 사람을 자기에게 모으실 것이다. 예수 그리스도가 평화의 왕이 되시어 우리의 비전을 이루실 것이다. 이 그리스도 예수가 우리의 공동체의 평화를 주시고 평화의 공동체를 이루신다. 사도행전 2:43-47의 원시 공동체 사회, 평화(샬롬) 공동체는 공산, 공동 분배의 이상적인 사회로 인류가 회복해야 할 새로운 에덴인 것이다. 토지 공유와 희년의 공동체는 이 초대교회의 공동체, 이 사회를 추구하고 있다.

구약의 공평과 정의를 추구하는 나라는 다윗의 나라이다. 다윗 나라의 특별한 것은 영토의 넓이와 나라의 강성함에 있지 않고 그 나라 안에 이루어진 공평과 정의에 있다. 다윗의 기도를 통해 보면 구약 왕들을 위한 기도로 공평과 정의를 부어 주시기를 구하는 내용이 핵심이다. 이 공의와 정의는 하나님과 건강한 관계를 맺고, 그분의 복을 우리

---

44 같은 책, 107.
45 같은 책, 111.

땅에 임하게 하기 위해서는 자비와 진리, 공의와 평화가 모두 필요하다고 본다.[46] 평화의 개념이 우리는 싸움으로부터 평화를 연상하지만, 불교에서는 인위적 조작을 떠나 생긴 그 나름대로 보는 여래관에서 온다. 모든 것을 그 나름대로 보며 정등을 되찾아 평등에 이르고, 정각을 찾게 되면 주체와 객체가 조화됨으로 평과 화, 즉 평화를 되찾게 된다고 본다.[47] 평화의 개념이 다르지만, 헤브라이즘의 평화는 공의와 정의를 실현함으로 평화가 온다고 본다. 이는 하나님의 역사로 공의와 정의가 이뤄져 평화가 도래됨을 말하고 있다.

공의란 선악의 문제를 판단하도록 공평하게 하는 하나님의 품성의 하나로서 사회와 단체의 평화와 질서를 유지하기 위해 사람들이 공감하는 법규나 원칙을 말한다.[48] 즉, 공의가 실현될 때 평화가 이루어짐을 말하고 있다. 또한 평화는 여호와를 아는 지식이 충만해질 때 구현됨을 말하고 있다. "여호와를 아는 지식이 세상에 충만하게 될 때 그 공동체의 평화의 왕국이 임하게 된다. 공평과 정의가 하나님의 성품이기 때문에 가능한 것이다."[49] 공의와 평화는 동전의 앞뒷면이나 손의 양 측면처럼 한 성격과 특성을 지닌다. 평화가 없이 공의가 없고, 공의가 없이 평화가 없는 것이다. 공의와 평화는 상호 보완 관계나 상호 필요충분조건처럼 두 개념은 상호 상승되는 윤리적 가치이다.

하나님 나라의 평화는 공평과 정의가 필요하며, 하나님 나라의 두 기둥은 공평과 정의이다. 공평과 정의를 추구하는 삶은 하나님 나라를 이루는 삶이며, 예수 그리스도를 따르며 그의 지상 명령(선교)을 행하는

---

46 대천덕, 『토지와 경제 정의』, 148; 장재명, "희년의 현재적 적용과 윤리적 연구," 148.
47 한태동, 『사유의 흐름』 (서울: 연세대학교 출판부, 2003), 93-94.
48 김신웅, 『국어대사전』, 78.
49 장재명, "희년의 현재적 적용과 윤리적 연구," 149.

삶이다. 공평과 정의를 행하는 삶은 하나님의 영이 임함으로 가능하며, 언제나 하나님께서 함께 하심으로 가능하다. 하나님을 아는 지식이 세상에 충만할 때 공동체 가운데 평화의 나라가 임하게 된다. 이는 예수 그리스도의 말씀이 충만하며, 복음으로 가득 차고, 하나님의 말씀에 순종하여 말씀의 삶을 사는 것을 말한다. 이는 예수의 왕국이 실현되어 복음을 이루는 삶이며, 하나님의 나라와 의를 실현하는 세계이다. 예수의 나라는 평화의 왕국이다. 그 나라는 예수가 우리의 왕이 되어 우리를 다스리는 세계이다. 우리의 공동체가 사랑과 정의, 공의가 실현되는 세계이다. 이 하나님 나라의 미래성은 예수 안에서 이뤄지며, 임박한 종말론적 하나님의 통치가 우리 안에 성취되고 선취 되며, 우리를 통치하는 예수의 나라, 평화의 나라인 것이다. 예수가 다스리는 희년의 자유와 해방을 선포하는 나라이다. 메시아 예수가 정의와 자비의 하나님으로 우리를 통치하는 나라이다. 예수는 사랑으로 안식일에 사람을 치유하고, 제의적으로 부정한 자들(세리, 창녀)과 친구가 되어 사귀었다. 정의는 다른 사람을 지배하거나 착취하지 않는 것이며, 억울한 사람이 없도록 하는 것이다.[50]

1974년 로잔 세계선교대회에서 "단순한 생활양식을 영위하자"라고 하나님 나라와 정의와 평화의 공동체를 위한 다짐을 한 것은 아주 고무적이었다. 청지기의 직무로 가난과 부의 문제, 국가적 경제 개발, 정의와 정치 등의 문제에서 참된 제자도에 대한 평화와 정의를 거론하고 있다. "정의가 누구보다 앞장서야 한다. 풍요로운 국가에 사는 우리는 정부가 비상식량을 쌓아 두기 위해 또는 관세 정책을 자유롭게 하기 위하여

---

50 장재명, 『희년의 현재적 적용과 윤리적 연구』, 153; 남기업 외 5인, 『희년, 한국 사회, 하나님 나라』, 250-251 재인용.

공식적인 개발과 자원을 효율적으로 실시하지 않는 것을 부끄럽게 생각한다. 하나님이 명령하신 대로 평화와 정의를 위하여 기도해야 한다. 불의의 체계를 바꾸려는 정치적인 움직임이 없으면 개인적으로 생활양식을 바꾸어 헌신하다 해도 그리 큰 반응을 일으키지 못하지만. 개인적인 헌신이 없는 정치적 행위는 통합성이 결여된다."[51]

시대가 어려워지고 묵시 문학적 상황이 도래할 때 본회퍼의 평화의 영성과 평화의 신학이 필요하기도 하다. 희년의 선포는 또 다른 희년의 선포자와 평화 예언자를 부른다. "본회퍼는 하나님 말씀에 대한 깊은 묵상과 명상을 통해 세상과 무관한 종교적 개인 영혼의 보존에 머물지 않고, 참 예언자적 양심으로 악의 세력과 맞서서 공동체의 평화와 고백 교회 추구, 역사와 실존, 값싼 은혜의 지양, 기독교의 비종교화, 비종교적 해석 등의 신학적 주제를 던지며 평화의 신학을 제시하였다. 이는 현실과 동떨어진 십자가의 신학이 아닌 철저한 말씀의 신학으로서 이 땅의 나그네로서 삶(시 119:19)을 살아갈 수 있는 신학자였다. 말씀과 신학과 삶이 분리되지 않는 행위 완전한 신앙인의 삶을 추구한 실천하는 평화 운동가였다."[52] 공동체 내의 평화와 공동체 밖의 평화를 추구하는 데 있어서 본회퍼는 역사의 공동체 안으로 들어가 평화의 주를 모신 실존자가 되었고, 거대한 악의 세력에 맞선 평화 고백자가 되었으며, 참 그리스도인으로서 진리를 증언한 평화 운동가가 되었다. 그리스도인이 된다는 것은 종교인이 아닌 피와 땀과 뼈를 가진 연약한 참 인간으로서 성육신의 평화의 화신이 되었다. 자신의 삶과 인생을 통해 시대의 성만찬의 유월절 희생양이 되고, 유월절 제사의 제물이 되었다.[53] 본회퍼의 신학이 묵시

---

51 데이빗 왓슨, 『제자도』 (서울: 두란노, 2009), 362-363.
52 박신배, 『평화학』, 167-168.

문학적 전망에서 다니엘과 노아, 엘리야 같은 영성으로 성례전의 의식과 헌신으로서 전쟁의 시대에 평화의 제물이 되어 기독교사의 순교사의 계보를 이었다. 한국의 희년을 선포해야 하는 시대에 또 다른 본회퍼의 평화 사도가 희년의 선포자로서 부르고 있다.

희년은 자유와 해방의 해를 선포하는 해이다. 이 선포를 통해 평화의 해를 도래하게 하는 것이다. 안식년을 칠 년마다 일곱 번 행하고, 그다음에 7월 10일 나팔 소리를 불면서 세 가지를 연속하여 행하는 것이다. 품꾼을 해방하고, 부채를 탕감하고, 토지를 반환하는 일을 하는 것이다. 품꾼이 자유롭게 되고, 갚아야 할 빚이 사라지고, 생활의 터전인 토지를 되찾음으로 이스라엘 민족 전체의 실질적인 자유와 해방, 진정한 평화를 누리게 된다. 이 자유와 해방이 선포된 해, 희년은 역사적 순간이며, 하나님의 카이로스 시간(평화의 시간)이 하나님의 역사로만 가능하게 하는 것이다. 이 평화는 하나님이 주시는 것이다. 희년은 바로 평화의 해이며, 하나님의 평화 사건인 것이다. 과연 우리도 이 평화의 해, 통일을 가능하게 할 것인가(2020년).

이 안식일(안식년, 희년)은 '거룩하다'(키데쉬)라는 뜻의 동사, 키데쉬는 흔히 '안식을 신성하게 하다. 거룩하게 하다'이다. 곧 (안식일을) 거룩하게 지킨다는 뜻으로 사용된다. 이 용어가 희년에 적용되고, 희년 제도가 쉽게 하기 위해서 만들어진 것인데 하나님의 선물이 그 땅을 활용할 때 도덕적 책임이 있다. 공평과 정의로 희년법 정신을 실현하는 것이 중요한 과제가 된다. 이사야서 61장에 구원을 가져오는 인물이 희년의 선포자와 완성자로 나타나게 된다(사 40:9, 41:2, 52:7). 이는 오늘 우리가 예수 그리스도, 성령의 힘입어 작은 예수로서 희년을 선포하고, 희년의

53 같은 책, 168-167.

해를 마련하는 주의 제자가 되어야 하는 과제가 또한 위임되고 파송되어
진 것이다. 누가복음 4장과 이사야 58:6에 나오는 희년 선포자(그리스도의
제자)가 되어야 하는 사명이 있는 것이다. 가난한 자, 포로된 자, 눈먼
자, 눌린 자에게 복음을 전하는 자로 부름을 받은 것이다(눅 4:18). 이
말씀을 영적으로 해석하여 복음을 전하는 자, 희년의 자유와 해방을
선포하며, 그리스도의 예수의 평화의 나라를 만드는 주의 사자가 되어야
하는 것이다. 주기도문처럼 하나님 나라가 이 땅에 이루어지게 하는
사명을 가지고, 공의와 자비를 가지고 한국교회에 영적 영향력(거룩한
영향력)을 미치며 하나님 나라와 의를 이루는 평화 사도가 되어야 하는
것이다. 또한 이 희년 제도가 성경적 원칙으로 우리 사회와 나라에
실천적인 규례가 되고, 법에 적용될 수 있도록 교회에서 실천하는 일이
필요하다.

　　희년은 자원(自願)적인 희년의 의미를 가진다(사 58:5, 61:2). 히브리어
라촌이 두 본문에 다 쓰이는데 이 뜻은 '자원의, 받아들일 만한'이라는
뜻으로서 '수용할 만한(acceptable), 환영하는, 선호하는'이라는 의미를
가진다. 이 라촌이 이사야서 두 본문에서 안식일과 희년의 이미지가
서로 평행을 이룬다. 희년은 누가복음 4장의 희년의 주제와 개념적으로
연결되어 예수가 안식일 자유를 선포하고 종말의 구원을 가져오며 기쁜
소식을 전파하게 한다. 성령을 선물로 받아들이고, 복음이 복음을 받아들
이도록 한다. 예수가 바로 메시아 역할을 하며, 평화의 왕이 되시며,
당신이 바로 희년의 자체가 되어 누구든지 그를 영접하는 자는 구원을
받고, 가난과 억눌림, 포로 됨, 눈멂에서 해방되는 역사를 가지게 된다.
이 희년이 한반도에서 다시 선포되어야 한다. 통일의 해로 복음의 빛이
비춰지고, 주님의 선포했던 그 희년이 다시 이루어지는 현재화 시간,

카이로스의 시간을 가져오게 하자. 평화의 주여, 어서 오셔서 평화의 왕이여, 이 땅에 해방을 주시러 오소서.

III. 나가는 말

우리는 지금까지 안식일에 나타난 하나님의 정의와 평화 그리고 인식일의 의미를 살펴보았다. 더 나아가 이 시대의 정의와 평화에 대하여 살펴보며, 우리 사회의 정의 문제와 평화의 문제를 다루며 하나님의 말씀과 구약성경에서 무엇을 말하는지도 살펴보았다. 구약의 안식일은 이스라엘 민족을 지금까지 생존하게 하는 중요한 요소이며, 안식일의 정신이 안식년, 희년으로 이어져 이스라엘 사회의 정의와 공의를 가져왔고, 공평하고 공의로운 사회를 유지하는 원동력이 되었음을 알게 되었다. 특히 안식일 정신이 안식년, 희년으로 이어지고, 이 희년의 정신이 인간의 한 세대에게 평화를 주는 하나님의 해방의 결실로 이루어지며, 공평과 공의를 이루는 제도임을 알게 되었다. 이처럼 헤브라이즘에 나타난 정의는 인간의 정의와 토지의 회복, 안식을 통해 나타남을 알게 되었다. 더욱이 공의로운 사회와 국가를 지향하고, 경제의 정의와 경제 민주화를 통해 성서의 평화로운 사회를 목표로 한 것임을 살필 수 있었다. 또한 구약의 정의는 하나님 말씀(토라)에 근거한 율법의 정신을 실현하는 것이며, 이는 하나님을 사랑하고 이웃을 사랑하는 계명에서 비롯되고 있다. 구약의 평화는 인간의 영혼, 육이 온전하게 이뤄진 상태이며, 인간 사회 공동체가 공의로운 사회와 평등이 실현된 공동체가 될 때 평화가 이뤄진 세계임을 말한다. 또한 우주적 평화가 이뤄지는 메시아 왕국이 예수를 통해 도래하고, 그 유토피아는 임마누엘의 역사를 통해 가능함을 보여준다.

그러므로 예수 그리스도의 평화의 통치, 메시아의 희년 선포가 곧 자유와 평화, 사랑과 정의가 이뤄진 사회로서 하나님 나라를 이 땅에 이루고자 하는 하나님 자녀, 하나님의 백성들이 기도하고 만들어가는 것이며, 그리스도의 십자가의 희생과 하나님 왕국이 될 때 이루어지는 것이다. 하나님이 그의 나라를 이룰 때 성령을 통해 헌신된 제자를 통해 이루게 되는데, 하나님이 우리를 통해 이루고자 하며, 우리의 노력과 피땀의 헌신이 있을 때 하나님 나라와 하나님의 의를 이루게 된다. 하나님의 정의와 평화가 이 땅에 이루어지고, 그 결실로 하나님 나라에 가는 초월적 역사도 일어나기를 바란다.

3장

이사야서 연구

I. 서론적 고찰 — 이사야서 살펴보기

성경을 연구한다는 것은 진리를 찾는 작업이라 본다.[1] 진리를 찾아 떠나는 이 순례의 여행에 독자와 함께 이사야서를 살펴본다는 것은 대단한 기쁨이 아닐 수 없다. 특히 이사야서를 살펴보려는 작업을 같이 하려고 한다는 것은 진리 여행으로서 이사야 연구라고 말할 수 있다. 이사야서는 구약성경의 복음서라고 할 정도로 그리스도(메시아) 예언을 잘 보여주고 있다. 특히 그리스도의 교회 성경 해석에 있어서 구약성경 중에 이사야서는 단연 중요한 책으로 꼽힌다. 환원 운동의 기준을 마련하는 성경 중에는 신약성경이 중요하다. 그 이유는 신약성경이 신약 교회의 모범이며, 교회 헌법으로서 기능을 하기 때문이다. 그렇다고 하면 구약성경 중에서 복음적인 책은 바로 이사야서라고 말할 수 있다. 따라서

---

1 이 이사야 연구는 평신도, 목회자가 보는 그리스도의 교회 잡지로서 「참빛지」에 기고하였던 글이다. 여기서는 에블린 기독대학교의 윌리스 교수가 보는 이사야서 관점을 소개하며 대화를 한다. 본 저자는 이사야서의 메시아 왕국 관점을 논의한다.

이사야서는 그리스도의 교회, 초대교회, 신약 교회의 눈에서 해석하고 바라보는 것은 아주 중요한 관점이다.

다른 한편 이사야서를 또 어떻게 보느냐 하는 것은 아주 중요한 문제이다. 이사야서의 개론적인 문제로서 이사야서를 간단히 살펴보면 이사야서(예사야후)는 이사야 예언자의 이름을 딴 예언서로서 '야웨 하나님께서는 구원이시다'라는 의미를 지닌다. 예수, 여호수아. 호세아 등 구원의 뜻을 가진 야샤(구원)의 어원을 가진 이름으로서 예수 그리스도와 연관된 것을 볼 수 있다. 이사야 선지자는 주전 742년(웃시야 죽은 해)부터 주전 701년(앗시리아 침공해)까지 활동한 것으로 보인다. 그래서 이 이사야 예언자가 이사야서를 전반적으로 저작하였고, 그의 제자들이 편집한 것으로 볼 수 있다. 기록 목적은 메시아 나라(백성), 하나님 나라를 주관하는 여호와 하나님의 뜻과 계획을 알리며, 이사야서 저자는 메시아 비전을 보여주려 기록한 것으로 보인다. 이는 구원론적으로 볼 때 이사야서가 예수 그리스도의 구원의 세계를 예언하고 있는 책으로서 구속사적 의미를 알게 된다. 좀 더 자세한 것은 앞으로 살펴보며 논의하고자 한다.

II. 그리스도의 교회 성경 해석

보링(M. Eugene Boring)은 그리스도의 교회 성경 해석 전문가로서 오늘의 신약 교회 성경 해석을 주도하고 있다. 그는 초기 스톤-캠벨 운동의 성경 해석을 다섯 단계로 나누어 설명한다.[2]

---

2 M. Eugene Boring, "성경, 해석," 『그리스도의 교회들 운동 대사전』(서울: 대한기독교서회, 2015), 347-352.

첫째, 고유한 전통의 형성 시대(1804~1866년)는 스프링필드 장로회의 유언서, 발톤 스톤에서부터 알렉산더 캠벨의 죽음에 이르는 때로서 '신약성경의 기독교' 회복과 교회의 연합과 일치를 추구하는 성경 해석의 비전을 가졌다.3 그들은 정확한 성경 번역을 통한 성경 내용의 활용을 중요시하였다. 캠벨과 스톤-캠벨 운동의 초기 지도자들은 성경 원어(히브리어, 헬라어)에 능통하였다. 캠벨은『살아 있는 말씀』(그의 성경 번역본)을 통해 흠정역(KJV)의 문제점을 밝히고 정확한 현대 어법의 번역을 출판하여 개정 표준판(RSV)의 이정표를 제공했다. 캠벨은 문법적이고 역사적 방법(역사 비평적 주해)을 사용하여 일곱 가지 규칙을 제시하였다. 곧 역사적 정황, 화자와 그 역할, 언어적 본질의 철학적 원리와 해석, 증거에 의한 상식적 용법, 수사적 비유적 언어를 규명, 상징들과 형태들, 풍유들의 해석상 규칙 규명, 하나님 말씀의 거리, 본문의 거리(경건과 도덕) 등이다. 인간의 이성과 상식을 존중하면서 불가피한 추론을 언급하며 해석의 다양성을 낳게 하였다.

둘째, 성경해석 시대(1866~1892년)는 스콜라주의 시기라고 한다. 이 시기는「그리스도인 표준」의 창간과 시카고대학교의 맥가비의『사도행전 새주석』의 출간 때까지이다.4 아이작 에레트나 로버트 밀리건, 존슨, 제임스 라마, 데이비드 던간, 데이비드 림스콤 등의 성경 해석이 주를 이루었다. 이들은 진리의 척도로서 논리와 이성, 초대교회의 신앙과 실천의 회복 등을 강조하며 침례를 강조하였다.

셋째, 환원 운동의 유산에 대한 갈등 시기(1892~1929년)는 맥가비의 『사도행전의 새주석』에서부터 허버트 윌렛 등의 성경 해석이었다.5

---

3 같은 글, 345-346.
4 같은 글, 349-350.

그들은 제자파 그리스도의 교회와 그리스도의 교회들 사이에 갈등과 분열이 있던 시대에 활동한다. 역사 비평적 방법을 추구하던 제자파 교회들과 그리스도인 교회와 그리스도의 교회들 사이에 성경 해석의 분리가 되었다. 신약성경의 교회 추구와 교회 일치 운동의 두 축은 성경 해석의 갈등을 가져왔다.

넷째 시대(1929~1968년)는 세속화와 구획화의 시기로서 윌렛과 스데반 잉글랜드 교수의 성경 해석이 제자파 교회의 생성을 낳고, 역사 비평적 방법으로 세속화를 추구하는 방향으로 나가게 되었다.6 베다니대학과 성서대학, 데이비드립스콤대학의 강의실에서 성경 해석이 그리스도의 교회들 강단과 주일학교 교실에서 동일하게 해석되었지만, 제자들 교회 학자들은 타교파의 성경 해석의 주류에 동참하였다. '대학 출판사'가 출간한 44권의 주석은 환원 운동의 전통적 해석을 강조하며 주류의 학문적 주석에 좀 더 다가서는 성경해석을 채택하였다. 특히 루무안 루이스, 아브라함 말러비, 에버렛 퍼거슨 같은 학자들이 주도하였다.

마지막으로 다섯 번째 시대(1968~현재)는 어떻게 스톤 캠벨 운동의 전통을 가지고 초대교회로 환원과 교회 일치 운동을 추구하는 성경 해석을 하는가에 주력하였다.7 그래서 전통과 성경 신학적 학문의 차이(갭)을 줄여 나가며 대학의 강단과 교회의 격차를 줄이려는 노력을 모색하는 시기이다.

우리는 여기서 간단히 그리스도의 교회 성경 해석의 전통과 해석 방법, 그 해석의 역사를 살펴보았다. 이는 이사야서를 오늘의 시점에서

---

5 같은 글, 351.
6 같은 글, 351-352.
7 같은 글, 352-353.

어떻게 해석하고, 어떻게 하나님의 말씀을 받아들여서 적용하고 진리를 추구하는 성도들이 삶의 현장에서 말씀 그대로 살아가는가 하는 데에 중요하기 때문이다. 설교자는 강단에서 어떻게 선포하는가 하는 기준과 방향을 찾아야 하기에 신약 교회를 추구하는 환원 교회들은 이러한 점을 유념해야 한다. 따라서 이사야서를 다루기 전에 그리스도의 교회 성경 해석의 차원을 생각해보았다. 이제 이사야서의 개론적 문제와 신학적 의미를 살펴보자.

III. 이사야서의 저작 시기

이사야서는 히브리 성경에서는 네 예언서 중 하나이다. 예언서는 크게 이사야서와 예레미야서, 에스겔서와 12소선지서 등 네 개의 두루마리로 형성되었다. 이 네 예언서는 '후기 예언서'(Latter Prophets)라고 불리며, 책의 분량도 거의 비슷하다. 12소선지서는 호세아와 요엘, 아모스, 오바댜, 요나, 미가, 나훔, 하박국, 스바냐, 학개, 스가랴, 말라기이며, 하나로 연결되어 있다. 이와 같이 이사야서도 한 사람의 이름으로 된 책이지만 많은 이야기와 전승이 결합되어 있음을 알 수 있다.

이사야서는 시기가 광범위하게 펼쳐져 있다. 즉, 웃시아 왕 시대(주전 750년)부터 바벨론 포로 귀환 시대(페르시아 시대, 주전 520~500년)까지의 이사야 전승이 담겨 있다.[8] 이사야 예언서가 1-66장으로 구성되어 주전 8세기 이사야 예언자의 메시지가 전체 책의 핵심을 이루고 있다. 이 방대한 예언서는 이사야 예언자가 주로 저작하였지만, 그의 제자들과

---

8 박신배, 『성서이해』 (서울: 그리스도대학교 출판국, 2010), 94-100.

후대의 해석들이 첨가되었고, 거대한 전승이 결합되었다.

오늘의 이사야서가 형성되게 된 것은 구약 정경화 때(주후 90년)에 형성된 책으로서, 그때 전승되어 온 책을 지금 그대로 가지고 있게 된 것이다. "너는 증거의 말씀을 싸매며 율법을 나의 제자 중에 봉함하라"(사 8:16). 이사야 예언자가 했던 예언의 증거를 싸매고 그 선포된 말씀(율법)을 제자 중에 봉인하는 작업이 있었음을 시사하며, 이를 이사야서는 가르쳐주고 있다.

> 이제 야곱 집에 대하여 낯을 가리우시는 여호와를 나는 기다리며 그를 바라보리라 보라 나와 및 여호와께서 내게 주신 자녀들이 이스라엘 중에 징조와 예표가 되었나니 이는 시온 산에 계신 만군의 여호와께로 말미암은 것이니라(사 8:17-18).

하나님의 말씀이 야곱의 집에 대하여 낯을 가리우고 분명하게 전해주지 못한 것을 후대의 제자들이 밝게 드러내서 해석하고 말씀을 보전하며 또 분명히 드러내게 하였다. 이사야 예언자는 이처럼 제자들에게 안전하게 말씀을 해석하고 규명한다. 이는 예수님이 제자들에게 씨 뿌리는 비유들이나 여러 비유들을 해석해주고 있는 것과 같은 이치이다. 예수님은 십자가에 달리시고 부활하신 이후에 제자들이 이해하지 못한 것을 나중에 이해하게 되었다. 또 제자들이 다시 복음서로 저작하는 과정에서 그 말씀을 이해하는 것과 같은 이치라 하겠다. 이사야서도 이러한 과정을 거쳐서 다양한 전승이 복합되었다. 이사야서 1-39장은 주전 8세기 예루살렘의 이사야 예언자가 기록하였고, 이사야서 40-66장은 그 이후에 바벨론 포로 시대와 포로 귀환 시대의 제자들이 이사야 예언자의 신탁과 예언들을 중심으로 해석하고 그 징조와 예표들을 그 시대에

맞는 해석으로 재현하고 창조적으로 적용하였다고 볼 수 있다.9

> 여호와께서 야곱을 긍휼히 여기시며 이스라엘을 다시 택하여 자기 고토에 두시리니
> 나그네 된 자가 야곱 족속에게 가입되어 그들과 연합할 것이며 민족들이 그들을
> 데리고 그들의 본토에 돌아오리니 이스라엘 족속이 여호와의 땅에서 그들을 얻어
> 노비를 삼겠고 전에 자기를 사로잡던 자를 사로잡고 자기를 압제하던 자를 주관하
> 리라(사 14:1-2).

이 시대는 바벨론 포로 시대를 반영하고 있다. 물론 우리는 흔히
이사야서 1-39장은 제1 이사야(주전 8세기 예루살렘 이사야)라고 말하는
부분이다. 하지만 이사야 14장은 제2이사야(사 40-55장, 바벨론 포로기,
바벨론 이사야), 제3이사야(사 56-66장, 페르시아, 예루살렘 3이사야) 시대를
반영하고 있음을 알게 된다. 따라서 알렉산더 캠벨의 성경 해석 방법에
의한 7가지 규칙을 따라 연구하며, 이성과 상식을 적용하여 역사 비평적
해석 방법으로 그 의미를 파악할 수 있음을 알게 된다. 여기서는 이사야
연구를 평신도들이 쉽게 이해할 수 있도록 주로 윌리스의 글 "이사야"10를
중심으로 윌리스와 대화하듯이 이사야 신학의 메시아 나라와 의를 중심으
로 논의를 진행할 것이다.

---

9 J. T. Willis, "Isaiah," M. W. Hamilton 외 4인, *The Transforming Word* (Abilene Texas:
   Abilene Christian Univ. Press, 2009), 533-576.
10 *Ibid*.

IV. 이사야서의 문학적 구조와 역사적 배경

1. 이사야서 1-39장

첫째 이사야서는 먼저 첫 부분(1-39장)을 크게 세 부분으로 나누어 볼 수 있다. ① 이사야서 1-11장으로서 예언 신탁과 예언적 기사들의 연속 이야기, 편집자가 이사야서 12장(찬양시, 시편)을 추가하며 끝맺는 다.[11] "그 날에 네가 말하기를 여호와여 주께서 전에는 내게 노하셨사오나 이제는 그 노가 쉬었고 또 나를 안위하시오니 내가 주께 감사하겠나이다 할 것이니라 보라 하나님은 나의 구원이시라 내가 의뢰하고 두려움이 없으리니 주 여호와는 나의 힘이시며 나의 노래시며 나의 구원이심이라"(사 12:1-2). ② 이사야서 13-23장은 외국에 대한 연속된 심판 신탁으로서 일부만 제1 이사야 부분이라 본다. "하늘의 별들과 별 떨기가 그 빛을 내지 아니하며 해가 돋아도 어두우며 달이 그 빛을 비추지 아니할 것이로 다. 내가 세상의 악과 죄인의 죄를 벌하며 교만한 자의 거만을 끊으며 강폭한 자의 거만을 낮출 것이며"(사 13:10-11). 이 부분을 통해 교만한 자들을 낮추시는 하나님의 모습을 보여준다. ③ 이사야서 28-32장은 예언 신탁의 연속물로서 33장은 이 부분을 완성하는 후대의 예언 의식을 반영한다: "여호와여 우리에게 은혜를 베푸소서 우리가 주를 앙망하오니 주는 아침마다 우리의 팔이 되시며 환난 때에 우리의 구원이 되소서… 대저 여호와는 우리 재판장이시요 여호와는 우리에게 율법을 세우신 자시요 여호와는 우리의 왕이시니 우리를 구원하실 것임이니라"(사 33:2, 22).

이사야서 1-11장은 초기의 이사야 시대를 반영하며, 웃시야 왕이

---

11 *Ibid.*

죽을 때부터 시로-이스라엘 동맹이 이뤄지던 10년간(주전 742-732년)의 때를 반영하고 있다. "유다 왕 웃시야와 요담과 아하스와 히스기야 시대에 아모스의 아들 이사야가 유다와 예루살렘에 대하여 본 이상이라"(사 1:1). 이사야서 28-32장은 이사야 선지자의 후기 시대를 반영한다.[12] 유다의 히스기야 왕 즉위 시대부터 앗시리아 왕 산헤립의 유다 침공으로 인한 대위기 때에 쓰여진 것이다. 대략 14년간(주전 715~701년)을 다룬다. 그중에 이사야 예언 활동의 시작을 알리는 개인적 비망록(사 6:1-8:18)의 시작으로부터 이사야 예언의 초기 활동의 신탁들을 살필 수 있다. "웃시야 왕의 죽던 해에 내가 본즉 왕께서 높이 들린 보좌에 앉으셨는데 그 옷자락은 성전에 가득하였고… 서로 창화하여 가로되 거룩하다 거룩하다 거룩하다 만군의 여호와여 그 영광이 온 땅에 충만하도다… 그때에 내가 말하되 화로다 나여 망하게 되었도다. 나는 입술이 부정한 사람이요 입술이 부정한 백성 중에 거하면서 만군의 여호와이신 왕을 뵈었음이로 다"(사 6:1, 3, 5).

2. 이사야서 40-55장

둘째 이사야서는 이사야서 40-55장 부분으로서 바벨론 포로 시대를 반영하며, 이사야의 제자들이 바벨론에서 하나님이 새 일을 행하실 것을 예언하는 내용으로 구성하고 있다. 대략 이 예언자 시대는 주전 540년경 활동하였다고 본다.[13] "보라 내가 새 일을 행하리니 이제 나타낼

---

12 *Ibid*.

13 B. W. Anderson, *Understanding The Old Testament*, 4th (New Jersey: Prentice-Hall, 1986), 474.

것이라 너희가 그것을 알지 못하겠느냐 정녕히 내가 광야에 길과 사막에 강을 내리니 장차 들짐승 곧 시랑과 및 타조도 나를 존경할 것은 내가 광야에 물들을, 사막에 강들을 내어 내 백성, 나의 택한 자로 마시게 할 것임이라"(사 43:19-20). 나라도 없고, 왕도 없고, 왕조도 사라지고, 영토도 빼앗긴 시대, 암울하고 깜깜한 시대에 제국의 영토에서 하나님을 찾고 구원을 바라는 희망을 노래하는 이사야의 제자들이 예언하는 말씀이 나온다. 이사야 예언자의 말씀을 재해석하고, 예레미야 예언서나 에스겔 예언서의 전승들을 포괄하며, 구약 전체의 맥락에서 창조적으로 해석하고 있다. 그것이 바로 메시아 비전이라고 말할 수 있다.[14]

수난의 종 메시아 본문(사 53장)은 십자가에 달리신 그리스도를 예언하고 있어서 메시아 세계를 비추어 주는 중요한 메시지임을 보여준다. "우리의 전한 것을 누가 믿었느뇨 여호와의 팔이 뉘게 나타났느뇨 그는 주 앞에서 자라나기를 연한 순 같고 마른 땅에서 나온 줄기 같아서 고운 모양도 없고 풍채도 없은 즉 우리의 보기에 흠모할 만한 아름다운 것이 없도다. 그는 멸시를 받아서 사람에게 싫어 버린 바 되었으며 간고(艱苦)를 많이 겪었으며 질고를 아는 자라 마치 사람들에게 얼굴을 가리우고 보지 않음을 받는 자 같아서 멸시를 당하였고 우리도 그를 귀히 여기지 아니하였도다"(사 53:1-3).

3. 이사야서 56-66장

셋째 이사야서는 이사야서 56-66장으로서 바벨론에서 귀환하여 예루살렘에서 성전을 지으려고 하는 때에 회복의 어려움과 종교적 나라,

---

14 J. T. Willis, *The Transforming Word*, 533.

제사장 나라를 세우려는 어려움을 표출되는 본문들이다. 이 본문들은 제3이사야서라고 불리는 메시지들로서 제2이사야의 제자들이 귀환 직후에 선포한 말씀들이다. 대략 이사야서 40-66장이 페르시아 고레스가 리디아 왕 크로수스(Croesus) 왕을 정복하고 정치적 인물로 등장하던 시대인 주후 546년부터 제2 성전을 짓던 해인 주전 520~ 515년경이라고 본다.[15] 주로 팔레스틴 공동체 갈등이 나타나고 있다.

제2이사야는 급박한 귀환의 상황을 예언하며 새 출애굽과 새로운 약속의 땅에 대한 메시지가 반영되었다고 하면, 이사야 56-66장에 있는 시들은 팔레스틴 공동체 안의 비참한 환멸의 분위기와 신랄한 논쟁들이 반영되었다고 볼 수 있다. 또 신실한 남은 자로서 종들(사 65:8-12, 13-16)과 나사렛 회당에서 성경을 읽는 예수 모습을 반영하는 이사야서 61-62장(눅 4:15-30)과 미래의 길을 준비하는 모티브(사 57:14-21; 사 40:1-4 비교)는 제2이사야 본문을 환기시켜 준다. "지존무상하며 영원히 거하며 거룩하다 이름하는 자가 이같이 말씀하시되 내가 높고 거룩한 곳에 거하며 또한 통회하고 마음이 겸손한 자와 함께 거하나니 이는 겸손한 자의 영을 소성케 하며 통회하는 자의 마음을 소성케 하려 함이라"(사 57:15), "여호와께서 이같이 말씀하시되 포도송이에는 즙이 있으므로 혹이 말하기를 그것을 상하지 말라 거기 복이 있느니라 하나니 나도 내 종들을 위하여 그같이 행하여 다 멸하지 아니하고 내가 야곱 중에서 씨를 내며 유다 중에서 나의 산들을 기업으로 얻을 자를 내리니 나의 택한 자가 이를 기업으로 얻을 것이요 나의 종들이 거기 거할 것이라"(사 65:8-9).

---

15 *Ibid.*

V. 한 권으로서 이사야서

우리는 이사야서 전체가 커다란 역사적 시대의 큰 흐름 속에 있음을 알 수 있다. 이사야서 66장은 크게 세 부분으로서 이사야서 1-39장은 앗시리아 시대의 배경 속에 있으며, 예루살렘 이사야가 주전 742~700년 경에 활동을 하고, 이사야서 40-55장은 바벨론 시대에서 페르시아 시대로 이전하는 것을 반영하는 때로서 주전 538년경에 제2이사야는 활발히 활동한다. 이사야서 56-66장은 페르시아 통치(주전 520~500)하에 초기 포로 이후 시대의 상황을 반영한다.

오늘날 성경 주석가들은 이사야서를 한 권의 책으로서 전체적인 구조에서 문학적으로 연구하려고 한다(차일즈, 클레멘츠, 브루그만). 우리는 이사야서가 크게 메시아, 그리스도의 나라 주제로 구성되었다는 사실을 알게 된다. 앞부분은 야웨가 우주의 왕으로 찬양받을 분이라는 것, '거룩한 이스라엘의 하나님'으로서 이 땅에서 다윗 왕과 시온 성전을 통해서 다스리는 분으로 나타난다. 그 후에 둘째 부분 이사야서 40-55장은 새 출애굽, 출애굽 모세 전승이 나타난다. 그래서 애굽의 해방과 광야에서 방황, 가나안 정복과 정착 이야기가 나온다. 그래서 출애굽 전승과 시온 이야기가 결합된다.

VI. 이사야서의 주제 — 메시아 나라

우리는 이사야서 안에서 모세 오경의 이야기를 찾을 수 있고, 그 중심 주제는 메시아 나라를 제시하며, 우주적 창조주와 왕으로서 여호와를 선포한다. 이는 새 출애굽이 광야를 통해서 시온의 여호와 성산에 이르게 되는 과정으로 이스라엘 백성을 이끄는 분을 말한다. 이는 메시아 왕국의 왕이 여호와 하나님이라는 사실과 메시아 왕국의 백성, 시민, 자녀들이 하나님의 자녀라는 사실을 말한다. 그래서 다윗과의 무조건적인 언약(계약)을 통해 몰락한 다윗 왕조와 다시 회복될 다윗 왕조, 메시아 나라, 메시아 백성에 적용하여 하나님의 언약을 은혜로운 약속이라 말한다. "너희는 귀를 기울이고 내게 나아와 들으라 그리하면 너희 영혼이 살리라 내가 너희에게 영원한 언약을 세우리니 곧 다윗에게 허락한 확실한 은혜니라 내가 그를 만민에게 증거로 세웠고 만민의 인도자와 명령자를 삼았나니 네가 알지 못하는 나라를 부를 것이며 너를 알지 못하는 나라가 네게 달려올 것은 나 여호와 네 하나님 곧 이스라엘의 거룩한 자를 인함이니라 내가 너를 영화롭게 하였느니라"(사 55:3-5).

따라서 이사야서의 전체 구조는 메시아 나라(백성)의 주제에 따라 이야기가 구성되었음을 알게 된다.[16] ① 이사야서 1:1-12:6 ─ 메시아의 희망, ② 이사야서 13:1-23:18 ─ 메시아 비전과 열방의 심판, ③ 이사야서 24:1-27:13 ─ 메시아의 심판(소 묵시록), ④ 이사야서 28:1-39:8 ─ 메시아 도래의 위협과 위기, ⑤ 이사야서 40:1-55:13 ─ 메시아 약속과 회복, ⑥ 이사야서 56:1-66:24 ─ 메시아 기대와 성전 건축 등이다. 이사야서는 구약 전체의 이야기를 함축적으로 담고 있고, 다윗 왕의 언약과 전승을 시온 예루살렘 전승을 통해 이어가고 있으며, 그리스도 예수의 하나님 나라를 비추어 주는 예언 전승을 말하고 있다. 또 이사야서는 신약성경의 전체의 메시지 요약을 담고 있다고 보겠다. 우리는 이러한 관점에서 메시아 나라가 어떻게 구약성경에서

---

16 *Ibid.*

예언되고 예시되었는지, 앞으로 자세히 살펴보고자 한다. "그 날에 이새의 뿌리에서 한 싹이 나서 만민의 기호로 설 것이요 열방이 그에게로 돌아오리니 그 거한 곳이 영화로우리라… 여호와께서 애굽 해역을 말리우시고 손을 유브라데 하수 위에 흔들어 뜨거운 바람을 일으켜서 그 하수를 쳐서 일곱 갈래로 나눠 신 신고 건너가게 하실 것이라 그의 남아 있는 백성을 위하여 앗수르에서부터 돌아오는 대로가 있게 하시되 이스라엘이 애굽 땅에서 나오던 날과 같게 하시리라"(사 11:10, 15-16), "하나님이 약속하신 대로 이 사람의 씨에서 이스라엘을 위하여 구주를 세우셨으니 곧 예수라"(행 13:23).

VII. 메시아 나라의 서곡

"그러므로 주께서 친히 징조로 너희에게 주실 것이라 보라 처녀가 잉태하여 아들을 낳을 것이요 그 이름은 임마누엘이라 하리라"(사 7:14). 이사야서는 메시아 나라(백성)의 특성과 비전을 보여준다. 존 윌리스 (John T. Willis)는 이사야서의 구조를 6부로 구성되었다고 본다.[17] 곧 유다와 예루살렘의 멸망과 희망(사 1:2-12:6), 열방 사이에 야웨의 사역(사 13:1-23:18), 야웨의 징벌: 사악한 사람들과 의인들의 구속(사 24:1-27:13), 야웨의 징벌과 침공과 포로를 통한 백성들의 회복(사 28:1-39:8), 야웨의 약속: 예루살렘에 유다의 남은 자 회복(사 40:1-55:13), 야웨의 포로기 이후 공동체에 대한 대상과 논쟁들(사 56:1-66:24) 등으로 나누었다. 여기서 우리는 메시아 왕국의 전망을 살펴볼 수 있다. 곧 ① 이사야서

---

17 *Ibid.*

1:1-12:6 — 메시아의 희망, ② 이사야서 13:1-23:18 — 메시아 비전과 열방의 심판, ③ 이사야서 24:1-27:13 — 메시아의 심판(소 묵시록), ④ 이사야서 28:1-39:8 — 메시아 도래의 위협과 위기, ⑤ 이사야서 40:1-55:13 — 메시아 약속과 회복, ⑥ 이사야서 56:1-66:24 — 메시아 기대와 성전 건축 등이다.

따라서 우리는 메시아의 나라가 야웨의 우주적 창조주와 왕으로서 여호와를 선포하고 있음을 알 수 있다. "그 정사와 평강의 더함이 무궁하며 또 다윗의 위에 앉아서 그 나라를 굳게 세우고 지금 이후 영원토록 공평과 정의로 그것을 보존할 것이라 만군의 여호와의 열심히 이를 이루시리라"(사 9:7). 바벨론 땅에서 이스라엘 백성을 새롭게 인도하실 것을 말한다. 이는 새 출애굽이 광야를 통해서 인도하는 과정을 후반부에 서는 설명한다(사 40-66장).

여호와는 여호와 성산 시온에 이르게 되는 과정으로 이스라엘 백성을 이끄는 분임을 말한다. "보라 나와 및 여호와께서 내게 주신 자녀들이 이스라엘 중에 징조와 예표가 되었나니 이는 시온 산에 계신 만군의 여호와께로 말미암은 것이니라"(사 8:18). 여호와가 메시아 왕국의 왕이라는 사실과 메시아 왕국의 백성과 자녀들이 그 날에 구원받은 하나님의 자녀가 될 것을 말한다. "그 날에 여호와의 싹이 아름답고 영화로울 것이요 그 땅의 소산은 이스라엘의 피난한 자를 위하여 영화롭고 아름다울 것이며 시온에 남아 있는 자, 예루살렘에 머물러 있는 자, 곧 예루살렘에 있어 생존한 자 중 녹명된 모든 사람은 거룩하다 칭함을 얻으리니 이는 주께서 그 심판하는 영과 소멸하는 영으로 시온의 딸들의 더러움을 씻으시며 예루살렘의 피를 그중에서 청결케 하실 때가 됨이라"(사 4:2-4).

그래서 남은 자들이 다윗과의 무조건적인 언약(계약)을 통해 회복될 다윗 왕조와 다시 언약을 맺게 될 것을 예언하고 있다. 그래서 메시아 나라에 다윗 왕조를 세우며, 언약은 맺은 메시아 백성에 적용하여 희망의 하나님의 언약 비전을 제시한다. "이새의 줄기에서 한 싹이 나며 그 뿌리에서 한 가지가 나서 결실할 것이요 여호와의 신 곧 지혜와 총명의 신이요 모략과 재능의 신이요 지식과 여호와를 경외하는 신이 그 위에 강림하시리니… 나의 거룩한 산 모든 곳에서 해됨도 없고 상함도 없을 것이니 이는 물이 바다를 덮음같이 여호와를 아는 지식이 세상에 충만할 것이니라. 그 날에 이새의 뿌리에서 한 싹이 나서 만민의 기호로 설 것이요 열방이 그에게로 돌아오리니 그 거한 곳이 영화로우리라"(사 11:1-10).

이 메시아가 바로 유토피아 세상을 만드는 공의와 정의의 세상을 만들고 여호와의 신이 공의의 세상을 가져오며, 젖 먹는 아이와 짐승이 같이 공존하는 세상을 만들 것이라고 말하고 있다. "그때 이리가 어린 양과 함께 거하며 표범이 어린 염소와 함께 누우며 송아지와 어린 사자와 살찐 짐승이 함께 있어 어린아이에게 끌리며 암소와 곰이 함께 먹으며 그것들의 새끼가 함께 엎드리며 사자가 소처럼 풀을 먹을 것이며 젖 먹는 아이가 독사의 구멍에서 장난하며 젖 뗀 어린아이가 독사의 굴에 손을 넣을 것이라"(사 11:6-8). 이는 아름다운 유토피아 세상을 상징적이고 은유적인 비유로 보여주고 있다. 메시아 왕국은 동물원 같은 전경 속에 아이들이 함께 노는 전원의 풍경이다.

VIII. 메시아 나라의 희망과 비전

이사야서의 메시아 나라는 첫 부분에서 희망과 비전을 보여준다. 그러나 정의와 공의가 없는 열방의 심판을 예언하며 메시아 나라의 도래를 말하고 있다. 우리는 여기서 첫 부분과 둘째 부분을 다루고자 한다. ① 이사야서 1:1-12:6 - 메시아의 희망, ② 이사야서 13:1-23:18 - 메시아 비전과 열방의 심판에 대한 부분을 살핀다. 메시아 심판의 날에 구원과 노래와 기쁨이 있으며 만국 중에 여호와의 찬송이 울려 퍼지게 됨을 말한다. "그 날에 네가 말하기를 여호와여 주께서 전에는 내게 노하셨사오나 이제는 그 노가 쉬었고 또 나를 안위하시오니 내가 주께 감사하겠나이다 할 것이니라… 그 날에 너희가 또 말하기를 여호와께 감사하라 그 이름을 부르며 그 행하심을 만국 중에 선포하며 그 이름이 높다 하라 여호와를 찬송할 것은 극히 아름다운 일을 하셨음이니 온 세계에 알게 할지어다"(사 12:1, 4, 5).

이때의 역사적 배경은 웃시야 왕이 죽던 해(주전 742년경, 사 6:1)이며, 시로-에브라임 전쟁(주전 734~732년, 사 7:1-9:7, 17:1-11) 때이다. 또 이때의 시대적 배경은 사마리아 멸망(주전 721년, 사 10:9-11)과 아스돗의 포위(주전 711년, 사 20:1-6)와 앗시리아 침공과 예루살렘 포위(주전 701년, 사 1:2-20, 28~33장, 36~39장)가 있던 상황이다.[18]

다윗의 장막에 왕위는 인자함(헤세드)으로 굳게 설 것이요 그 위에 앉을 자는 충실함(에메트)으로 판결하며 공평(미쉬파트)을 구하며 의(체데크)를 신속히

---

18 B. W. Anderson, *Understanding of The Old Testament*, 4th (New Jersey: Prentice-Hall, 1986), 331.

행하리라(사 16:5).

메시아는 하나님의 끊임없고, 변함없는 사랑으로 그의 왕위를 굳게 서게 하고, 진실함과 공평과 정의를 행하는 하나님이며, 곧 그리스도 예수가 될 것임을 말한다. 이는 구속사적 구원의 메시아가 신약의 예수 그리스도임을 예시하고 있다. 구약성경 중에 구약성경, 신약성경의 복음을 말하고 있는 이사야서는 메시아 나라와 백성, 하나님의 자녀의 특성과 비전을 잘 지시하고 있다. 그래서 첫 이사야서의 부분은 메시아 희망을 말하고 있다.

이사야서 1:1-12:6은 유다와 예루살렘에 대한 심판과 희망을 말하기보다는 거시적인 하나님의 비전, 메시아의 희망을 말하고 있다고 봐야 한다. 이는 메시아 비전을 통한 공의와 정의의 나라를 만들 것을 예언하고 있다(사 2:2-4, 7:10-15, 9:1-7, 11:1-10): "오직 만군의 여호와는 공평하므로 높임을 받으시며 거룩하신 하나님은 의로우시므로 거룩하다 함을 받으시리니 그때에는 어린 양들이 자기 초장에 있는 것같이 먹을 것이요 살찐 자의 황무한 밭의 소산은 유리하는 자들이 먹으리라"(사 5:16-17).

메시아 나라의 비전은 네 부분으로 구성되는데(사 1:2-5:30, 6:1-9:7, 9:8-10:4, 10:5-12:6),[19] 첫 부분 이사야서 1:2-5:30은 교차대구법(키아스무스, Chiasmus) 구조로 구성되어 외부 구조(1:21-31, 5:1-30)는 정의와 공평을 강조하고, 중심 부분(2:1-4:6)은 인간의 겸손과 하나님 찬양을 강조한다:[20] "예루살렘이 멸망하였고 유다가 엎드러졌음은 그들의 언어와 행위가 여호와를 거슬러서 그의 영광의 눈을 촉범하였음이라"(사 3:8).

---

19 J. T. Willis, *The Transforming Word*, 534.
20 *Ibid*.

IX. 야웨와 유다의 비유

이사야서 1:2-31은 야웨와 유다의 관계를 비유(메타포) 세 개로 표현한다고 윌리스는 본다. 다시 말해 부모와 아이(2-4절), 의사와 환자(5-6절), 남편과 부인(21절)의 관계로 말하며, 정의와 공평을 잃어버려서 결국 심판에 이르게 된 것을 말한다.[21] 그래서 하나님이 드리는 번제와 월삭과 안식일 성회를 받지 않는다고 밝힌다: "내 마음이 너희의 월삭과 정한 절기를 싫어하나니 그것이 내게 무거운 짐이라 내가 지기에 곤비하였느니라 너희가 손을 펼 때 내가 눈을 가리우고 너희가 많이 기도할지라도 내가 듣지 아니하리니 이는 너희의 손에 피가 가득함이니라… 선행을 배우며 공의를 구하며 학대받는 자를 도와주며 고아를 위하여 신원하며 과부를 위하여 변호하라 하셨느니라"(사 1:14-17).

여호와의 날, 심판의 날에 정의와 공의를 저버림으로 유다가 결국 멸망되게 되리라 말한다. "슬프다 범죄한 나라요 허물진 백성이요 행악의 종자요 행위가 부패한 자식이로다. 그들이 여호와를 버리며 이스라엘의 거룩한 자를 만홀히 여겨 멀리하고 물러갔도다"(사 1:4). 그래서 야웨가 이스라엘 백성을 소돔과 고모라가 범죄하여 멸망을 당한 것처럼 동태보상법(lex talionis)으로 징벌할 것을 말한다. "너희 소돔의 관원들아 여호와의 말씀을 들을지어다 너희 고모라의 백성아 우리 하나님의 법에 귀를 기울일지어다"(사 1:10). 결국 메시아는 고아와 과부, 피압제자들을 위해 정의를 행하고 경건한 사람들에게 향하고 있음을 보여준다. "시온은 공평으로 구속이 되고 그 귀정한 자는 의로운 구속이 되리라"(사 1:27).

---

21 *Ibid.*

X. 주의 날과 여호와의 날

주의 날, 여호와의 날은 종말의 날이 아니라 하나님의 극적인 개입으로 인해 하나님이 인간의 역사 속에 그릇된 것을 옳게 되게 하는 날이다. "그 날에 눈이 높은 자가 낮아지며 교만한 자가 굴복되고 여호와께서 홀로 높임을 받으시리라… 그 날에 자고한 자는 굴복되며 교만한 자는 낮아지고 여호와께서 홀로 높임을 받으실 것이요"(사 2:11, 17). 결국 교만한 자들이 심판을 받아 멸망하게 됨을 말한다(사 4:2-6). 야웨의 불이 시온의 더러운 여자들을 쓸어버리고, 예루살렘의 압제하는 사람들의 혈흔을 깨끗하게 하며, 이스라엘의 생존자들, 예루살렘의 남은 자를 두어 열을 피하는 쉼터와 폭풍우를 피하는 거처를 두리라고 말한다. "또 천막이 있어서 낮에는 더위를 피하는 그늘을 지으며 또 풍우를 피하여 숨는 곳이 되리라"(사 4:6).

메시아 희망은 이사야서 5장에서 극상품의 포도원 비유로 나타난다. 이사야서 5:1-7은 실망한 포도원, 부정의로 인한 6개의 저주문(8-23절), 부정의한 사람들에 대한 야웨의 징벌 선포(24-30절)가 나온다.[22] 이 실망스런 불공평과 포학과 부르짖음의 도시로 바뀐 이유가 하나님의 법, 율법을 저버렸기 때문이라 말한다. "이로 인하여 불꽃이 그루터기를 삼킴같이, 마른 풀이 불 속에 떨어짐같이 그들의 뿌리가 썩겠고 꽃이 티끌처럼 날리리니 그들이 만군의 여호와의 율법을 버리며 이스라엘의 거룩하신 자의 말씀을 멸시하였음이라"(사 5:24).

---

22 *Ibid.*, 535.

XI. 메시아 희망

메시아 희망은 토라의 말씀을 지키며 살아가는 마을과 도시, 하나님의 법을 존중하는 정의와 공의의 나라인데 그 아름다운 포도원, 에덴의 정원을 잃어버린 사람들의 땅이 있다. 그곳이 바로 에덴의 동편 땅으로서 저주의 나라임을 말한다. "거짓으로 끈을 삼아 죄악을 끌며 수레 줄로 함같이 죄악을 끄는 자는 화 있을진저(호이)"(사 5:18). 6개의 저주는 하나님의 법에 따라 평가할 때 분노를 일으키고 결국 하나님의 군대의 기를 세우신다고 말한다. "여호와께서 열방을 향하여 기호(네스)를 세우시고 이스라엘의 쫓긴 자를 모으시며 땅 사방에서 유다의 이산한 자를 모으시리니"(사 11:12). 그래서 이사야서 6:1-9:7은 신현현(顯現)의 모습이다. 곧, 하나님의 나타나심과 구원자의 환상으로 끝난다. 여기는 갈등과 구원의 신탁 이야기들 사이에 나타난다.

메시아의 희망은 그분이 나타나심으로 이뤄지며 임마누엘의 비전을 통해 성취된다. "전에 고통하던 자에게는 흑암이 없으리로다 옛적에는 여호와께서 스불론 땅과 납달리 땅으로 멸시를 당케 하셨더니 후에는 해변 길과 요단 저편 이방의 갈릴리를 영화롭게 하셨느니라 흑암에 행하던 백성이 큰 빛을 보고 사망의 그늘진 땅에 거하던 자에게 빛이 비취도다"(사 9:1-2). 이 메시아 나라는 임마누엘 그리스도가 탄생하고 역사 속에 하강(下降)하는 메시아의 강림과 성육신(成肉身) 사건으로 인류에게 평화를 주시는 것이다. "이는 한 아기가 우리에게 났고 한 아들을 우리에게 주신 바 되었는데 그 어깨에는 정사를 메었고 그 이름은 기묘자라 모사라 전능하신 하나님이라 영존하시는 아버지라 평강의 왕이라 할 것임이라"(사 9:6). 여기 메시아 나라의 서곡은 이사야서의 결론으로 이어지는 전체의 구도(構圖)를 묘사하고 있다.

메시아는 온 인류를 구원할 뿐 아니라 이스라엘 역사의 전망을 말하고 당대의 아하스 왕의 구원과 유다 멸망과 포로, 포로 귀환의 제2 성전 시대를 펼쳐가는 역사의 전망을 펼쳐준다. "그 정사와 평강의 더함이 무궁하며 또 다윗의 위에 앉아서 그 나라를 굳게 세우고 지금(自今) 이후 영원토록 공평과 정의로 그것을 보존하실 것이라 만군의 여호와의 열심히 이를 이루시리라"(사 9:7). 이사야 7장에 나오는 임마누엘은 역사적으로 누구를 말하는가? 우리는 역사적으로 여러 명의 임마누엘의 인물을 들 수 있다. 히스기야 왕이나 마할살랄 하스바스, 그 외에 들 수 있지만, 이사야 7장의 아이는 이사야의 생애 동안에 살았던 누군가를 말한 것이다. 왜냐하면 아하스 왕은 그 사인(sign)을 알지 못했기 때문이다.

초기 그리스도인은 '임마누엘' 아이가 바로 예수 그리스도라고 연결하여 인지하였다. 오늘날 우리도 그렇게 이해하고 있다. 이 메시아, 임마누엘 아이가 바로 메시아 나라의 평화 왕이며, 오늘 우리에게 희망을 주는 정의와 공의의 왕 메시아이며 그 비전이다. 역사적 상황은 아하스 왕이 두 왕(르신과 베가)의 땅이 황무하게 될 것이고, 앗시리아 왕 디글랏빌레셀 3세가 시리아와 북이스라엘을 침공하러 올라오게 된다. 그때에 유다와 아하스 왕을 멸망케 하는 압박이 있는 상황이 된다. "기를 세우시고 먼 나라들을 불러 땅 끝에서부터 오게 하실 것이라 보라 그들이 빨리 달려올 것이로되"(사 5:26). 이때의 네 개의 신탁이 나온다. 곧 그날의 침공 소리이며(Whistle), 그 임마누엘 사인(7:14-20), 인구 감소(7:15-22), 인구의 급감으로 인한 경작이 불가능해짐 등이다.[23] "보습으로 갈던 산에도 질려와 형극 까닭에 두려워서 그리로 가지 못할 것이요 그 땅은

---

23 *Ibid.*, 537.

소를 놓으며 양의 밟는 곳이 되리라"(사 7:25).

절망의 시대가 되면 종말론적 기(奇)현상이 일어난다. 오늘날 코로나 19 바이러스로 전 세계가 전염병으로 떨며 죽어가고 있다. 이사야서는 그러한 절망과 공포의 시대에 죽은 사람에게 묻는 점(占)에 대하여 말한다. "혹이 너희에게 고하기를 지절거리며 속살거리는 신접한 자와 마술사에게 물으라 하거든 백성이 자기 하나님께 구할 것이 아니냐 산 자를 위하여 죽은 자에게 구하겠느냐 하라"(사 8:19). 이러한 절망적인 상태에서 이사야 예언자는 오직 하나님만 신뢰하라고 말한다. "이제 야곱 집에 대하여 낯을 가리우시는 여호와를 나는 기다리며 그를 바라보리라 보라 나와 및 여호와께서 내게 주신 자녀들이 이스라엘 중에 징조와 예표가 되었나니 이는 시온 산에 계신 만군의 여호와께로 말미암은 것이니라"(사 8:16-17).

심판과 징벌의 시대에 회개를 촉구하는 네 개의 신탁이 반복에서 선포되며 야웨가 치시는 일을 말하고 있다(사 9:8-10:4): "포로된 자의 아래에 구부리며 죽임을 당한 자의 아래에 엎드러질 따름이니라 그럴지라도 여호와의 노가 쉬지 아니하며 그 손이 여전히 펴지리라"(사 10:4). 하나님의 심판의 몽둥이가 앗시리아 침공을 통해 이뤄진다. '엎친 데 덮친 격'이라는 말이 있다. 또한 설상가상(雪上加霜)이란 말, 곧 눈이 덮인 데 또 서리가 낀다는 것이다. 이처럼 '난처한 일이나 불행'이 잇따르는 현상이 오늘날도 일어나고 있다.

시로 · 에브라임(Syro-Ephraim) 동맹군과 유다 간에 전쟁이 일어나고 (사 7:1-10:4), 주전 701년에 앗시리아 산헤립 침공이 일어난다. 더 나아가 바벨론 포로가 일어나고, 주전 536년에 포로 귀환이 일어나는 역사적 사건들을 예언한다(사 10:5- 12:6).[24] 역사적 혼란의 소용돌이 속에 이사야 예언자는 예언자적 통찰력을 가지고 시대의 예언을 하고 있다. 앗시리아 침공이라는 심판의 메시지(사 10:5-33)와 새로운 다윗을 통한 남아 있는 백성을 회복할 것(사 10:33-12:6)을 예언한다: "그의 남아 있는 백성을 위하여 앗수르에서부터 돌아오는 대로가 있게 하시되 이스라엘이 애굽 땅에서 나오던 날과 같게 하시리라"(사 11:16).

XII. 새로운 다윗

이사야서는 새 다윗을 통한 구원의 계획, 이스라엘 역사의 대구원을 이야기하고 있지만, 거시적인 안목에서 볼 때 온 인류의 구원까지도 계획하시는 하나님의 놀라운 섭리와 예정을 보게 된다. "그 날에 이새의 뿌리에서 한 싹이 나서 만민의 기호(네스)로 설 것이요 열방이 그에게로 돌아오리니 그 거한 곳이 영화로우리라(카보드)"(사 11:10). 이 '새 다윗'은 메시아를 말한다. 앗시리아는 도끼로 사용하여 레바논의 삼림과 기름진 밭, 삼림의 질려들을 쓰러뜨린다. 레바논은 유다를 폐허케 하는 데 사용한다(사 10:33-34). 이새의 줄기의 한 싹, 그 뿌리의 한 가지가 '새로운 다윗', 메시아를 말한다.

이 싹은 지혜와 총명의 영으로 의로움과 정의를 회복하고, 사악한 사람들을 죽이고 궁핍하고 가난한 사람을 옹호하며, 이전의 적들 사이에 평화를 이룬다. 그래서 창세기 3장의 동물 왕국에서 대적자들이 죄를 낳게 하지만, 야웨가 인간들 사이에 평화를 수립하여 호전적인 악의를 없애고 평화 세상을 만들 것을 말한다(사 11:6-9). 이 유토피아, 평화

---

24 *Ibid.*, 540.

낙원은 이새의 싹에서 뿌리의 한 가지, 새 다윗에게서 이뤄진다.

메시아 나라 소망은 '동물 세계 안의 조화로운 세상'을 만들고 인간 세상의 조화를 말하는 비유로 사용되고 있다. 이러한 강력하고 역동적인 삶은 약하고 무력한 사람들과 함께 살아가는 공존의 세계를 말한다. 이는 메시아가 오면 약하고 무력한 사람들이 이전의 압제자들이 더 이상 자신을 삼키려 한다고 믿지 않기 때문이다(골딩게이, 세이츠).25 이 메시아 나라는 모든 사람이 평화롭게 공존하며 조화로운 세상이 이뤄지는 평화 세계인 것이다. 싸움이나 다툼이 없고, 생존을 위해 폭력과 압제를 하지 않는 세상이 되는 것이다. "그가 여호와를 경외함으로 즐거움을 삼을 것이며 그 눈에 보이는 대로 심판치 아니하며 귀에 들리는 대로 판단치 아니하며 공의로 빈핍한 자를 심판하며 정직으로 세상의 겸손한 자를 판단할 것이며 그 입의 막대기로 세상을 치며 입술의 기운으로 악인을 죽일 것이며 공의로 그 허리띠를 삼으며 성실로 몸의 띠를 삼으리라"(사 11:3-5). 여기에 메시아 나라 희망이 생기게 되고, 평화의 희망이 자리 잡게 되는 서곡의 나팔 소리가 울려 퍼지게 된다.

그 후에 바벨론 포로의 종식이 이뤄지고(사 11:10-16), 야웨가 이스라엘을 애굽에서 구원하시는 것처럼 제2의 출애굽을 이루신다(사 12:1-6). 그리고 열방 사이에 여호와의 사역을 이루신다(사 13:1-23:18). 메시아 비전은 열방을 심판하시는 만군의 여호와의 주권과 다스림에서 나타난다. 오직 하나님만 섬기라는 계명이 열방의 심판으로 드러나는 연유이다. 그래서 이사야서 13-23장은 14개의 신탁으로 야웨가 열방과 개인 사이에 행하시는 일들을 선포한다.26 여기는 바빌론(13:1-14:23)과 애굽

---

25 *Ibid.*, 541.
26 *Ibid.*, 542.

(19:1-20:6), 앗시리아(14:24-27)와 바빌론(21:1-10), 블레셋(14:28-32)과 에돔(21:11-12), 모압(15:1-16:13)과 아라비아(21:13-17)와 아람과 에브라임 (17:1-11), 유다(22:1-14), 앗시리아(17:12-14), 셉나와 엘리아킴(22:15-25), 에디오피아(18:1-7)와 페니키아(23:1-18) 등이다.

열방을 주관하는 하나님이 주전 8세기 후반부터 주전 6세기까지 그리고 주전 5세기에 이사야서가 편집되며 신학적 메시지가 주어진다. 야웨가 열방을 다스리며, 거룩한 목적을 성취하며, 이스라엘과 유다를 징벌하기 위해 다른 민족을 들어 쓰신다. 또 인간의 보편적 죄(교만, 자기만족, 오만, 자랑, 불평과 무감사)들이 유다와 앗시리아에 심판을 가져오고, 야웨의 계획만이 서며, 야웨의 날에 열방을 심판하여 징벌하고 구속하신다는 것을 말하고 있다. 결국 메시아의 희망과 비전이 열방의 심판을 통해 이루어짐을 보여주고 있다.

그 날에 사람이 자기를 지으신 자를 쳐다보겠으며 그 눈이 이스라엘의 거룩한 자를 바라보겠고(사 17:7).

그 날에 애굽 땅에 가나안 방언을 말하며 만군의 여호와를 가리켜 맹세하는 다섯 성읍이 있을 것이며 그중 하나를 장망성이라 칭하리라(사 19:18).

그 날에 애굽 땅 중앙에는 여호와를 위하여 제단이 있겠고 그 변경에는 여호와를 위하여 기둥이 있을 것이요(사 19:19).

그 날에 애굽에서 앗수르로 통하는 대로가 있어 앗수르 사람은 애굽으로 가겠고 애굽 사람은 앗수르로 갈 것이며 애굽 사람이 앗수르 사람과 함께 경배하리라 그

날에 이스라엘이 애굽과 앗수르로 다불어 셋이 세계 중에 복이 되리니 이는 만군의
여호와께서 복을 주어 가라사대 나의 백성 애굽이여, 나의 손으로 지은 앗수르여,
나의 산업 이스라엘이여 복이 있을지어다 하실 것임이니라(사 19:23-25).

이상의 골짜기에 주 만군의 여호와께로서 이르는 분요와 밟힘과 혼란의 날이여
성벽의 무너뜨림과 산악에 사무치는 부르짖는 소리로다(사 22:5).

여호와의 날, 심판의 날에 열방이 하나님의 주권을 인정하고 메시아
나라와 백성과 메시아 자녀들이 하나님의 복을 누리는 메시아 비전과
희망을 갖게 되리라고 말한다.[27] 새 다윗, 새 다윗의 메시아 사람이
일어나서 하나님의 세상을 열게 될 것이라고 예언하고 있다. "그 날에
내가 힐기야의 아들 내 종 엘리아김을 불러 네 옷을 그에게 입히며
네 띠를 그에게 띠워 힘있게 하고 네 정권을 그의 손에 맡기리니 그가
예루살렘 거민과 유다 집의 아비가 될 것이며 내가 또 다윗의 집의
열쇠를 그의 어깨에 두리니 그가 열면 닫을 자가 없겠고 닫으면 열
자가 없으리라 못이 단단한 곳에 박힘같이 그를 견고케 하리니 그가
그 아비의 집에 영광의 보좌가 될 것이요"(사 22:20-23).

XIII. 메시아의 심판과 위기, 구원

팬데믹 시대에 하나님의 말씀으로서 이사야서는 우리에게 놀라운
계시의 말씀을 주고 있는 하나님의 소리이다. 그래서 우리는 지금까지

---

27 *Ibid.*, 546.

이사야서의 메시아 전망을 초반부에서 다음과 같이 살펴보았다. 곧 첫째 부분과 둘째 부분에서 ① 이사야서 1:1-12:6 ― 메시아의 희망에 대해서, ② 이사야서 13:1-23:18 ― 메시아 비전과 열방의 심판에 대해서 살펴보았다. 이사야서 전체가 메시아 나라의 전망에서 메시아 나라의 서곡을 살펴볼 수 있었다. 그러면 이제 셋째와 넷째 부분에서 메시아 심판과 메시아 나라의 위협과 위기에 대해 살펴보고자 한다. 곧, ③ 이사야서 24:1-27:13 ― 메시아의 심판(소묵시록), ④ 이사야서 28:1-39:8 ― 메시아 나라의 도래의 위협과 위기 등이다.28

"세계 민족 중에 이러한 일이 있으리니 곧 감람나무를 흔듦같고 포도를 거둔 후에 그 남은 것을 주움같을 것이니라… 땅 끝에서부터 노래하는 소리가 우리에게 들리기를 의로우신 이에게 영광을 돌리세 하도다. 그러나 나는 이르기를 나는 쇠잔하였고 나는 쇠잔하였으니 내게 화가 있도다 배신자들은 배신하고 배신자들이 크게 배신하였도다… 그 날에 여호와께서 높은 데에서 높은 군대를 벌하시며 땅에서 땅의 왕들을 벌하시리니"(사 24:13, 16, 21). 이처럼 이사야서 24장은 메시아의 심판으로 인해 이 땅은 공허하게 하고, 흩어지게 하며, 쇠약해지고, 기쁨이 그치게 된다. 이사야서 기자는 도시가 황무하고, 두려움과 올무가 있고, 군대를 벌하시는 일을 말하고 있다.

결국 이러한 심판을 통해 메시아 왕국, 메시아 나라가 도래하는 것을 말하고 있다. "그 날에 유다 땅에서 이 노래를 부르리라 우리에게 견고한 성읍이 있음이여 여호와께서 구원을 성벽과 외벽으로 삼으시리로다"(사 26:1), "그 날에 큰 나팔을 불리니 앗수르 땅에서 멸망하는 자들과 애굽 땅으로 쫓겨난 자들이 돌아와서 예루살렘 성산에서 여호와께 예배하리

---

28 *Ibid.*, 549.

라"(사 27:13). 이 세상은 심판 가운데 있지만, 당신의 쫓겨난 백성들이 성산 예루살렘에서 돌아와서 하나님을 경배한다고 한다. 메시아 나라의 회복을 말하고 있다. 이는 우리에게 다시 메시아 나라의 희망과 비전을 볼 수 있는 오늘의 이사야 메시지이기도 하다.

1. 메시아 심판, 의인의 구속을 위한 하나님의 도구
: 이사야서 24:1-27:13 ─ 메시아의 심판(소묵시록)

이사야서 24-27장은 '소묵시록'이라고 불리는 책으로서 묵시문학의 초기 형태를 보여준다. 여호와의 날, 심판의 날이 '그날'(하욤)로 5번 표현되어 종말의 날을 말하며 묵시문학적 상징, 리워야단을 표현한다. "그 날에 여호와께서 그의 견고하고 크고 강한 칼로 날랜 뱀 리워야단 곧 꼬불꼬불한 뱀 리워야단을 벌하시며 바다에 있는 용(악어)을 죽이시리라"(27:1). 어둠의 세력인 리워야단과 여호와의 백성, 여호와의 자손과 대립되고 있다. 성전(聖戰)을 통해 여호와가 승리하고, 의인이 승리하며, 땅(에레츠)의 거민을 무찌르고 정직한 자, 의인과 야곱의 뿌리가 세워진다고 말한다. "악인은 은총이 있을지라도 의를 배우지 아니하며 정직한 자의 땅에서 불의를 행하고 여호와의 위엄을 돌아보지 아니하는도다"(26:10), "후일에는 야곱의 뿌리가 박히며(야쉐레쉬 야콥) 이스라엘의 움(야찌츠)이 돋고 꽃(파라흐)이 필 것이라 그들이 그 결실로 지면을 채우리로다"(27:6), "보라 여호와께서 그의 처소에서 나오사 땅(에레츠)의 거민의 죄악을 벌하실 것이라 땅이 그 위에 잦았던 피를 드러내고 그 살해당한 자를 다시는 덮지 아니하리라"(26:21).

역사적으로 주전 5세기 후반 유대 공동체가 페르시아에 지배받던 때에 여호와를 창조주와 보존자, 하늘과 땅을 다스리며 우주를 치리하시며 신앙 공동체의 투쟁을 구원하는 분으로서 본다. 존 윌리스는 이 소묵시록 공동체가 다음과 같이 고백하고 있다고 본다.[29] 그래서 윌리스는 여기서 이사야서를 여섯 부분으로 나눈다. ① 여호와가 하늘과 땅에의 사악한 존재를 벌하신다(24:1-23). ② 야웨가 땅의 속죄자를 구원하실 것이다(25:1-12). ③ 신실한 남은 자가 기도하기를 여호와가 그의 백성을 구원하실 것이다(26:1-27:1). ④ 여호와가 그의 포도원을 소생시킬 것이다(27:2-6). ⑤ 야웨가 북이스라엘을 회복하실 것이다(27:7-11). 6) 야웨가 신실한 포로민들을 모으실 것이다(27:12-13). 하지만 우리는 메시아 왕국의 전망에서 다섯 부분으로 살필 수 있다. ① 땅(에레츠)을 벌하시는 메시아(24:1-23), ② 메시아 백성들의 찬양과 잔치(25:1-8), ③ 메시아가 모압을 벌하고 그의 백성을 승리케 함(25:9-26:15), ④ 메시아 백성의 환난과 회복(26:16-27:6), ⑤ 메시아의 날, 예배(27:7-13) 등이다.

1) 땅(에레츠)을 벌하시는 메시아(사 24:1-23)

여호와가 하늘과 땅에의 사악한 존재를 벌하시는 이야기가 나온다. "그 날(바욤 하후)에 여호와께서 높은 데에서 높은 군대(체바 하마롬 바마롬)를 벌하시며 땅(하아다마)에서 땅의 왕들(말케 하아다마)을 벌하시리니… 그때에 달(할바나)이 수치를 당하고 해(하하마)가 부끄러워하리니 이는 만군의 여호와(아도나이 체바오트)께서 시온 산과 예루살렘에서 왕이 되시고 그 장로들 앞에서 영광(카보드)을 나타내실 것임이라"(24:21-23). 우주적인 하나님, 만군의 여호와는 온 세상을 다스리시며 페르시아 제국의

---

29 *Ibid.*

주권적 통치권을 가지시는 분임을 말한다. 이 만군의 하나님은 신앙적으로 고백하는 하나님의 칭호였다. 그래서 이 묵시적 이사야(소묵시록 기자)는 '만군의 여호와'(여호와 체바오트)를 부르며, 메시아의 날에 기름진 것과 맑은 포도주로 잔치를 벌이고, 자기 백성의 수치를 제하시고 모든 얼굴에서 눈물을 씻어주시리라고 노래하고 있다(25:8). 이는 마지막 날 그때에 만군의 여호와께서 하나님의 백성, 당신의 장로들에게 영광을 나타내실 것을 말씀하시는 장면이다. 이는 유토피아 세상, 하나님의 나라를 보여주는 이상적인 모습이다.

여기서 하늘의 사악한 무리들은 그 권력이나 세력이 큰 무리들로서 세상 도시들과 페르시아의 군주나 현재 어둠의 우주적 세력을 말한다. 결국 여호와의 날, 그날에 리워야단(날랜 뱀, 꼬불꼬불한 뱀)이 벌을 받고 옥에 갇히게 된다고 말한다. "그들이, 죄수가 깊은 옥에 모임 같이 모이게 되고 옥에 갇혔다가 여러 날 후에 형벌을 받을 것이라"(24:22). 만군의 여호와께서 시온 산에서 다스리시며, 이스라엘의 장로들이 그의 영광을 보게 된다고 말한다. 이들은 바로 바벨론 포로에서 환원한 조그만 공동체라고 말한다. 오늘 전염병의 팬데믹 시대에 신앙을 지키며 예배하는 의로운 공동체이며 또 다니엘과 같은 존재들이라고 해석할 수 있다. 이러한 때는 어둠과 혼돈, 공허와 황무, 저주와 슬픔, 함정과 올무, 배신자와 도망자들이 많이 나오는 시대이며, 땅이 갈라지고 흔들리는 때이다.

이때에 나타나는 심판과 저주는 하나님의 언약을 어겨서 오는 현상임을 말한다. "땅이 또한 그 주민 아래서 더럽게 되었으니 이는 그들이 율법을 범하며 율례를 어기며 영원한 언약(베리트 올람)을 깨뜨렸음이라"(24:5). 오늘도 이러한 현상이 벌어지고 있는 것은 바로 하나님의 언약을 저버린 까닭이다. "땅이 취한 자 같이 비틀비틀하며 원두막 같이 흔들리며 그 위의 죄악이 중하므로 떨어져서 다시는 일어나지 못하리라"(24:20). 그러므로 앞으로 여호와 하나님은 땅(에레츠: 세상과 어둠의 세력)을 심판하고, 시온 산과 예루살렘에서 왕이 되시고, 그 장로들 앞에서 영광을 나타내시며, 메시아 왕국을 세우실 것이다. 이스라엘 장로들을 중심으로 하는 공동체가 여호와 율법을 지키며 영원한 언약을 수립할 믿음의 새 공동체, 영광의 공동체를 하나님이 건설하실 것이다 (24:23). 이처럼 재앙과 심판을 통하여 이스라엘 자녀, 의인의 구속을 위한 도구로 사용하시는 하나님의 계획과 섭리가 있음을 말하고 있다. 하나님의 파토스(정념, 긍휼함)가 분노의 파토스에서 긍휼의 파토스로 바뀌는 것을 보게 된다(앤더슨).[30] "내 거룩한 산 모든 곳에서 해 됨도 없고 상함도 없을 것이니 이는 물이 바다를 덮음같이 여호와를 아는 지식이 세상에 충만할 것임이니라"(11:9).

2) 메시아 백성들의 찬양과 잔치(사 25:1-8)

"강한 민족이 주를 영화롭게 하며 포학한 나라들의 성읍이 주를 경외하리이다"(25:3). 종말의 날에 '만군의 여호와'가 만민을 위한 잔치를 베푸신다. "만군의 여호와께서 이 산에서 만민을 위하여 기름진 것과 오래 저장하였던 포도주로 연회(미스테)를 베푸시리니 곧 골수가 가득한 기름진 것과 오래 저장하였던 맑은 포도주(쉐마림)로 하실 것이며"(25:6). 이는 오늘날에 고대 되는 종말의 날에 어린양 메시아의 잔치이다(계

---

30 B. W. Anderson, *Understanding The Old Testament*, 4th (New Jersey: Prentice-Hall, 1986), 504-506.

19:9-10). 여호와 하나님이 하늘과 땅의 사악한 사람들을 징벌하신 후에 땅의 회개한 사람들을 구원하신다. "여호와여 주는 나의 하나님이시라 내가 주를 높이고 주의 이름을 찬송하오리니 주는 기사를 옛적에 정하신 뜻대로 성실함과 진실함으로 행하셨음이라"(25:1). 모든 만민들과 민족들을 포함하여 주의 신실한 공동체와 대표들이 여호와를 찬양하게 된다. 모든 민족의 남은 자가 그를 신뢰하는 자들을 구원하시는 하나님을 찬양하게 될 것이다(6-10): "그 날에 말하기를 이는 우리의 하나님이시라 우리가 그를 기다렸으니 그가 우리를 구원하시로다 이는 여호와시라 우리가 그를 기다렸으니 우리는 그의 구원을 기뻐하며 즐거워하리라 할 것이며"(25:9).

3) 메시아가 모압을 벌하고 그의 백성을 승리케 함(사 25:9-26:15)

동시에 여호와께서는 모압을 벌하시며, 교만하고 여호와를 반대하고 모욕하는 세력을 심판하신다. 가장 혐오하는 세력을 대표하는 나라인 모압이 도망가지도 못하고 또한 도망가기에 어려워서 할 수도 없게 된다. "그(모압)가 헤엄치는 자가 헤엄치려고 손을 폄같이 그 속에서 그의 손을 펼 것이나 여호와께서 그의 교만으로 인하여 그 손이 능숙함에도 불구하고 그를 누르실 것이라"(25:11). 오늘날의 상황도 이와 같다. 이러한 상황에서 여호와는 당신을 신뢰하는 사람을 통해 구원의 길을 여시며, 당신의 백성들이 승리하도록 인도하신다. "주께서 심지가 견고한 자를 평강하고 평강하도록 지키시리니 이는 그가 주를 신뢰함이니이다"(26:3). 이 세상의 사악한 사람들, 이 땅의 교만한 사람들이 경건한 여호와의 의인과 정직한 자를 괴롭히지만 결국 그들이 멸망하고 죽게 되리라고 말한다. "그들은 죽었을 즉 다시 살지 못하겠고 사망하였은즉 일어나지 못할 것이니 이는 주께서 벌하여 그들을 멸하사 그들의 모든 기억을 없이하셨음이니이다"(26:14).

여호와가 하늘과 땅의 사악한 사람을 벌하시고, 땅의 회개한 자들을 회복하시며(24-25장), 회복된 자들이 찬양하며(26:1-6), 존귀하게 된다. 또 그들 자신이 기도하기로 다짐하며(26:7-19), 하나님이 사악한 사람들을 징벌하시는 것을 기다리고 있다(26:20-27:1). 여기서 주목할 부분은 여호와가 땅의 속죄자를 구원하실 것이라는 것이다(25:1-12). 그것이 바로 모압을 징벌하고 메시아 나라를 크게 확장시키는 일이다. "여호와여 주께서 이 나라를 더 크게 하셨고 이 나라를 더 크게 하셨나이다 스스로 영광을 얻으시고 이 땅의 모든 경계를 확장하셨나이다"(26:15).

라틴말에 "역사는 입증하기 위해서가 아니라 말해지기 위해서 쓰여진다"(Historia scribitur adnarrandum non ad probandum)는 말이 있다. 성경의 역사는 하나님의 역사를 말하기 위해 쓰여졌고 또 하나님의 백성들이 승리하는 것을 입증하기 위해 쓰여졌다고 말할 수 있다. 바로 하나님께 나가는 자, 회개하고 속죄함을 받은 자를 구원하시며, 당신 스스로 영광을 얻으신 것을 이사야서는 말하고 있다.

4) 메시아 백성의 환난과 회복(사 26:16-27:6)

메시아 왕국의 환난은 기도를 통해 극복됨을 보여준다(26:16-27:6). 신실한 남은 자가 기도함으로 여호와가 그의 백성을 구원하신다. 그래서 이스라엘의 회복은 신실한 자의 기도를 통하여 이뤄진다. "여호와여 그들이 환난 중에 주를 앙모하였사오며 주의 징벌이 그들에게 임할 때에 그들이 간절히 주께 기도하였나이다"(26:16). 역사는 기도를 통해 이뤄지며, 하나님의 역사가 기도자에게 일어나게 된다. 여기서도 메시아 백성이 환난과 징벌 속에서 회복될 수 있는 것이 바로 기도라는 사실을 가르쳐 준다. 앞서 언급했던 기도는 간절한 기도, 탄식의 기도이다. "여호와 우리 하나님이시여 주 외에 다른 주들이 우리를 관할하였사오나 우리는 주만 의지하고 주의 이름을 부르리이다"(26:13).

인생의 문제가 기도의 문제이며, 영적인 문제라는 사실이다. 이 부분에 대한 것이 이사야서 26:16에서 언급된다. 이사야서 기자는 주를 앙모하고, 간절히 기도한다고 한다. 기도는 하나님에게서 응답되어야 하고, 이사야는 이 문제가 해결되며 응답될 것이니 기다리라고 말한다. "주의 죽은 자들은 살아나고 그들의 시체들은 일어나리이다 티끌에 누운 자들아 너희는 깨어 노래하라 주의 이슬은 빛난 이슬이니 땅이 죽은 자들을 내놓으리로다 내 백성아 갈지어다 네 밀실에 들어가서 네 문을 닫고 분노가 지나기까지 잠깐 숨을지어다"(26:19-20).

오늘날 일어나는 하나님의 심판과 징벌은 놀랍고도 무섭다. 이 전염병으로 인해 무서운 죽음으로 몰아가는 상황이다. 이러한 때에 우리는 기도하고, 잠잠히 기다리며, 깨어 있을 때에 우리는 노래하며 찬송하게 될 것이다. 하나님은 신실한 백성을 찾아 구원하고, 악한 세력들(신화적 동물 리워야단)은 멸망당하게 하신다(26:21-27:1). 결국 신실한 남은 자가 기도함으로 여호와가 그의 백성을 구원하심을 말씀하고 있다(26:1-15, 26:16-27:1).

여호와가 그의 포도원을 소생시킬 것이다(27:2-6). 하나님의 심판은 준열(峻烈)하고 엄정해서 땅의 거민의 죄악을 벌하신다. "보라 여호와께서 그의 처소에서 나오사 땅이 그 위에 잦았던 피를 드러내고 그 살해당한 자를 다시는 덮지 아니하리라"(26:21). 그리하여 하나님의 자녀들과 야곱의 뿌리들이 회개함으로 포도원을 차지하고 결실하여 지면을 차지하게 된다. "그 날에는 너희는 아름다운 포도원을 두고 노래 부를지어다… 후일에는 야곱의 뿌리가 박히며 이스라엘의 움이 돋고 꽃이 필 것이라 그들이 결실로 지면을 채우리로다"(27:2, 6).

여호와는 징벌을 돌리시고, 포도원의 회복을 약속하신다. 여러 장애와 분노의 요소를 제하고 밤낮으로 지키며, 해로움을 막고, 구름과 비가 내리지 않은 것을 막고 계속 비를 주겠다고 한다. 이제 분노가 없고, 찔레와 가시가 없게 제하여 포도원을 튼실하게 하시겠다고 약속한다(27:3-5). 오늘 우리는 이 메시아 왕국의 보호와 소생, 생존과 번영의 약속을 받게 된다. 이는 예수 그리스도를 믿어 하나님의 나라를 소유하게 되는 것과 같다. 이 어려운 시대에 우리는 다시 주님을 믿고 신실하게 전염병의 재앙의 시대에 살아남아야 한다. 그래서 하나님은 온전히 기도하며 주님께 나아가는 자를 기다리며, 오직 주님만 의지하는 자에게 희망을 약속한다. 그래서 그들이 야곱의 뿌리를 박고 움이 돋고 꽃이 피도록 한다.

5) 메시아의 날, 예배(사 27:7-13)

메시아 왕국의 결국은 하나님께 예배하기 위해 역사의 수레바퀴를 돌리고 예루살렘 성산으로 모이게 한다는 것이다. "그 날에 큰 나팔을 불리니 앗수르를 땅에서 멸망하는 자들과 애굽 땅으로 쫓겨난 자들이 돌아와서 예루살렘 성산에서 여호와께 예배하리라"(27:13). 메시아 왕국을 이루기 위해서 당신의 백성을 연단하는 시간과 기간이 필요한가.

하나님은 우리가 알 수 없는 거시적 관점에서 당신의 자녀들을 다루시고 연단하시며, 메시아 왕국의 합당한 백성으로 삼으신다. 그래서 하나님은 앗시리아 침공과 바벨론 포로 그리고 바벨론의 포로에서 회복을 통해 이스라엘을 연단시킨다. 이사야서는 이러한 긴 역사의 과정들을 거치며 하나님의 뜻을 전하고, 메시아 왕국의 프로그램과 드라마를 보여준다 (30:15, 18).

메시아의 심판을 통하여 의인을 구속하며, 재앙과 재난을 통해서 하나님의 도구로 쓰시려는 장대하고 웅대한 계획이 하나님께 있다. 이를 심판당하는 백성들은 알 수 없다. 우리는 이사야서 세 번째 부분 (24:1-27:13)을 통해 하나님의 계획을 깊이 통찰하는 것을 이사야 연구자에게 보게 된다. 그래서 여호와가 북이스라엘을 회복하실 것이라는 메시지를 듣고(27:7-11) 또 여호와가 신실한 포로민을 모으실 것이라는 말씀을 듣게 된다(27:12-13).

비록 야곱의 북이스라엘이나 요새화된 도시 사마리아에서 아세라 제단 돌이 파괴되고 죄를 제하게 되지만, 하나님의 긍휼하심은 제한되었는지 아니면 우리가 이해하기를 우리의 기도와 인내의 한계가 다 되어서 어쩔 수 없이 끝나게 된다. 그래서 앗시리아의 침공을 당해 망하는 결과가 되었다고 이해할 수 있다(27:7-11). 결국 여호와는 포로로 겨처럼 흩어서 참 이스라엘을 분리하시며, 나팔을 불어서 앗시리아와 애굽에서 그 백성을 불러 큰 축제에 참여하여 예배드리게 하신다. 성산(聖山)인 예루살렘에서 이스라엘의 회개한 자를 통해 경배를 받으신다(27:12-13). 메시아 왕국의 결론은 예배와 경배, 찬양과 감사의 제단이다.

우리는 지금까지 메시아 왕국의 심판의 전망에서 구원이 어떻게 이뤄지는지 살펴보았다. 심판과 재앙, 벌은 또 다른 구원으로 가는 과정임을 이사야서 세 번째 본문들은 보여준다.[31] 이 본문은 ① 땅(에레츠)을 벌하시는 메시아(24:1-23), ② 메시아 백성들의 찬양과 잔치(25:1-8), ③ 메시아가 모압을 벌하고 그의 백성을 승리케 함(25:9-26:15), ④ 메시아 백성의 환난과 회복(26:16-27:6), ⑤ 메시아의 날, 예배(27:7-13) 등이다. 이스라엘의 심판을 통해 메시아 왕국의 백성을 구속하시기 위한 하나님의 계획이 있음을 알게 된다. 다음으로 다섯 개의 저주 이야기가 히스기야와 유다에 대적하는 애굽과 앗시리아를 통해 나온다. 각각 그 이야기에서 저주와 징벌을 넘어서는 신실한 남은 자의 구속을 통한 하나님의 약속이 나온다.

2. 메시아 나라의 위기와 구원
: 이사야서 28:1-39:8 ― 메시아 나라의 도래의 위협과 위기

세 부분의 이사야서 전체 이야기 중 첫째 이사야서(1-39장)는 예루살렘에서 활동하던 시대 이사야 선지자가 말한다. "유다 왕 웃시야와 요담과 아하스와 히스기야 시대에 아모스의 아들 이사야가 유다와 예루살렘에 관하여 본 계시라"(1:1). 이 첫째 이사야서는 메시아 나라의 위기와 구원에 대하여 말하고 있다. 특히 이사야서는 세 번에 걸친 대위기(Great Crisis)에 대하여 언급하는데 이는 그에 대한 응답과 하나님의 말씀, 창조적 작업이 있었다.

첫 번째 위기는 이사야서 28:1-39:8에 나오는 것으로서 히스기야 왕과 앗시리아 침공의 위협이었다. 두 번째 위기는 이사야 40-55장에 나오는 바벨론 포로 시대의 나라가 없고, 왕조가 끊기고, 성전이 사라진

---

31 J. T. Willis, *The Transforming Word*, 549-550.

시대이다. 이는 커다란 공허와 허무의 시대에 있는 창조주 하나님이 하시는 창조의 응답이다. 세 번째 위기는 이사야서 55-56장에 나타난 바벨론 포로 귀환 시대의 정치적 혼란과 종교적 갈등의 상황이라 할 수 있다. 이러한 하나님 나라, 메시아 나라의 위기에 대하여 이사야서는 어떻게 그 믿음의 답변과 응답을 하고 있는지 살펴보자.

> 거기에 대로가 있어 그 길을 거룩한 길이라 일컫는바 되리니 깨끗하지 못한 자는 지나가지 못하겠고 오직 구속함을 입은 자들을 위하여 있게 될 것이라 우매한 행인은 그 길로 다니지 못할 것이며 거기에는 사자가 없고 사나운 짐승이 그리로 올라가지 아니하므로 그것을 만나지 못하겠고 오직 구속함을 받은 자만 그리로 행할 것이며(사 35:8-9).

메시아 왕국은 거룩한 길이라 칭함을 받고, 정하고 구속한 자들이 다니는 길이 있으며, 구속함을 받은 자들이 사자와 사나운 짐승이 없는 거리로 다닐 수 있는 유토피아 도시임을 이사야는 그리고 있다. 그러한 이상적 메시아 왕국이 도래하기 위해서는 겪어야 할 과정이 있다. 그것이 바로 이사야서 28:1-29에 보이는 여호와의 징벌이다.[32] ① 이사야서 28:1-9에서 하나님은 에브라임, 북이스라엘에 대한 징벌로서 남은 자를 구원하시고, ② 이사야서 28:7-22에서는 애굽에 연합한 유다는 벌하시고 여호와를 신뢰하는 사람을 구원하신다. ③ 이사야서 28:23-29에서 여호와께서는 멸망시키기 위해서가 아니라 회복하시기 위해 징벌하신다. 여기서 주목할 부분은 종교적 지도자, 제사장과 예언자들에게 술 취함과 잘못 재판하는 것에 대하여 말하며, 지식과 도를 갓난아이에게

---

32 *Ibid.*, 550-551.

가르치는 것과 같음을 말한다(28:7-10). 특히 어린 아이들에게 히브리어 알파벳 글자, 챠데와 코프 글자로 흉내 내어 가르치려는 것을 비유하고 있다.33 "대저 경계(차와)에 경계(차와)를 더하며 경계에 경계를 더하며 교훈(콰와)에 교훈(콰와)을 더하며 교훈에 교훈을 더하되 여기서도 조금(에이르), 저기서도 조금(에이르) 하는구나 하는도다"(28:10).

이사야서 28:20-21은 구원이 여호와의 기이한 행함으로 오며, 분노와 징벌을 통해 여호와의 구원을 이루심을 말한다. "대저 여호와께서 브라심 산에서와같이 일어나시며 기브온 골짜기에서와 같이 진노하사 자기의 일을 행하시리니 그의 일이 비상할 것이며 자기의 사역을 이루시리니 그의 사역이 기이할 것임이라"(28:21). 예언자는 과거에 브라심 산에서의 승리를 기억한다. 다윗이 블레셋과의 전쟁에 승리하며, 기브온에서 여호수아가 아모리 사람들의 연합군과 싸워 승리한 사건을 기억한다. 그때에 여호와가 분노하사 기이하고 이상한 행함으로써 이스라엘을 구원하였던 사건을 기억한다. 하나님의 심판(분노)은 그의 구원의 목적을 이루는 것으로서 반대 주제가 아니다. 새 백성과 새 도시를 고통케 함으로 결정적인 형태로 은혜의 남은 자로 거듭나게 하는 구원의 목적이 있는 것이다.34 그래서 신약성경에도 시온에다 새 공동체와 새 예루살렘을 세우며, 경건하고 흔들리지 않는 신앙을 가진 사람으로 세우려 한다. 그래서 메시아 왕국으로 거듭나서 새로운 하나님의 백성, 새 예루살렘을 이루고자 하는 것이다.

이사야서 29:1-14은 두 개의 저주가 나오는데, 하나는 여호와가 앗시리아 사람을 보내서 예루살렘을 포위하게 하나 결국 예루살렘 성을

---

33 *Ibid.*, 551.
34 B. W. Anderson, *Understanding the Old Testament*, 346-347.

구원하게 하신다(1-8절).35 또 다른 하나는 예루살렘의 예언자가 여호와의 길을 눈멀게 하고 거짓된 예배에 열성인 예루살렘 주민들에 대하여 비난한다(9-14절): "주께서 이르시되 이 백성이 입으로는 나를 가까이하며 입술로는 나를 공경하나 그들의 마음을 내게서 멀리 떠났나니 그들이 나를 경외함이 사람의 계명으로 가르침을 받았을 뿐이라"(29:13). 그러므로 산헤립 침공(주전 701년)을 당하게 될 것임을 예언한다(29:5-8). 세 번째 저주 신탁이 짧은 비판(15-16절)을 포함한다. 그리고 긴 믿음의 확신은 이사야서 29:17-24에 나타난다. "겸손한 자에게 여호와로 말미암아 기쁨이 더 하겠고 사람 중 가난한 자가 이스라엘의 거룩하신 이로 말미암아 즐거워하리니"(29:19).

또 한편 이사야서 30:1-33은 네 번째 저주 신탁이 나온다. 히스기야와 그의 사람들에 대한 애굽 동맹과 그에 대한 앗시리아 침공에 대한 비판을 한다(1-17절). 하지만 여호와를 신뢰하는 자는 침공에서도 살아남은 자가 될 것을 말한다(18-33절). 앗시리아 침공으로 인한 위기를 예언적 미래로 나타내며, 결국 희망은 믿음이며 온전히 주님을 믿어야 살게 됨을 예언한다(18-19절): "그러나 여호와께서 기다리시나니 이는 너희에게 은혜를 베풀려 하심이요 일어나시리니 이는 너희를 긍휼히 여기려 하심이라 대저 여호와는 정의의 하나님이심이라 그를 기다리는 자마다 복이 있도다"(30:18). 오늘도 위기의 연속이며, 죽음과 두려움의 연속의 날에 우리는 잠잠히 주님을 기다리며 기도해야 할 때이다.

다섯 번째 저주 신탁은 두 가지이다. 첫째, 히스기야와 그의 조언자들이 앗시리아의 위협으로부터 애굽의 보호를 의지하는 것이 쓸모없는 일이며, 하나님이 한 왕을 세워서 정의와 공의로 다스릴 것이다

---

35 J. T. Willis, *The Transforming Word*, 552.

(31:1-32:8). 둘째, 여호와가 예루살렘을 황폐케 하여 하나님의 영이 임해 정의와 공의를 백성 가운데 스며들 때까지 여인들로 대체하신다 (32:9-20). 여기서 메시아 왕국이 정의와 공의의 나라임을 이사야서는 계속하여 강조하고 있다. 그래서 여호와가 유다에 새로운 정부를 새워서 애굽에 의지하려는 것을 회개케 하고, 여호와께 도움을 구하고, 정의와 공의의 통치자를 세울 것을 말한다(37:8-30).

"소회향은 도리깨로 떨지 아니하며 대회향에는 수레바퀴를 굴리지 아니하고 소회향은 작대기로 떨고 대회향은 막대기로 떨며 곡식은 부수는 가, 아니라 늘 떨기만 하지 아니하고 그것에 수레바퀴를 굴리고 그것을 말굽으로 밟게 할지라도 부수지는 아니하나니 이도 만군의 여호와께로부터 난 것이라 그의 경영은 기묘하며 지혜는 광대하니라"(28:27-29). 이처럼 농사의 상징과 이미지(image)를 통해 새로운 농사, 새 경작을 통해 기쁨의 소출과 풍성한 생산을 갖게 되리라는 희망을 하게 한다. 이는 수많은 기회와 영적이고 도덕적인 회개와 정의와 공의를 위한 작업을 갖게 되리라는 것이다. 이는 비유적으로 새 희망을 말하고 있다. 비록 파괴적인 멸망의 상황이 펼쳐진다고 해도 다시 창조적 작업을 통해 풍성한 수확을 가지게 될 것이라고 말한다. 힘든 노동의 작업이 필요하듯 메시아 왕국을 건설하려는 땀과 노력, 기도와 굳은 신뢰가 새로운 정의와 공의가 실현되어 메시아 나라가 임할 수 있음을 기대하게 된다.

끝으로 이사야서 33:1-24은 여섯 번째 저주로서 예배하는 공동체 앞에 여섯 명의 훈련된 화자와 노래하는 자들에 의해 의식적 구두 대표자들로 구성된다.[36] 이러한 저주의 여섯 이야기를 통해 여호와가 원하는 것은 정의와 의로운 사람이라는 것을 말한다. 곧 의롭게 걸어가면서

---

36 *Ibid.*, 554.

불의한 수익을 거절하고, 뇌물이나 살인 음모를 거절하고, 다른 사람들을 억압하고 죽이려는 것, 악을 도모하려는 것을 피해야 한다. 이러한 사람은 여호와의 보호와 선택을 받게 되며, 여호와의 즐거움에 동참하게 된다. 한편 주승중은 이사야서 28-35장을 화와 복의 노래라는 주제 속에서 "열방에 임할 하나님의 보수"(33:1-24)로 본다.[37] 또 이사야서 34:1-35:10은 이사야서 34-35장의 배경으로서 바벨론 포로 끝(주전 540~536년)의 이야기이다. 에돔의 패망을 이야기하고(34:5-17), 바벨론 포로에서 유다에 귀환할 것을 말한다(35:3-4, 8-10). 그래서 이러한 어둠의 시대에 이사야는 희망을 이처럼 말한다. "광야와 메마른 땅이 기뻐하며 사막이 백합화같이 피어 즐거워하며 무성하게 피어 기쁜 노래로 즐거워하며 레바논의 영광과 갈멜과 샤론의 아름다움을 얻을 것이라 그것들이 여호와의 영광 곧 우리 하나님의 아름다움을 보리로다"(35:1-2). 하나님의 시간은 영원하며 하나님은 무소 부재하시며 전능하신 하나님이시기에 이사야서 안에서 예언과 성취의 사건이 미래적 과거형으로 사용된다. 마지막 이사야서 36:1-39:8에서 히스기야 본문은 첫 번째 이사야서의 결론으로 앗시리아 침공의 위기가 새로운 기회가 되며, 메시아 왕국의 특징과 믿음과 확실한 신뢰는 구원을 가져오게 됨을 가르쳐 준다.

히스기야는 바벨론 사절단 므로닥 발라단 2세(마르둑 아파다나 2세)에게 내탕고를 보여주는 실수와 교만으로 어려움을 당하는 위기를 겪지만, 다시 그가 믿음과 신뢰로 말미암아 구원을 받을 수 있음을 보여준다. 메시아 왕국의 위기와 구원은 믿음을 통하여 이뤄짐을 보여준다. 이렇게

---

37 주승중, "화와 복의 노래," 『이사야 1: 어떻게 설교할 것인가』 (서울: 두란노 아카데미, 2008), 166-168. 앗수르에 대한 화(33:1-6), 대적의 멸망과 여호와의 구원(33:7-16), 예루살렘의 평화와 이상적인 왕국의 모습(33:17-24) 등을 말한다.

히스기야 기사에서 이사야서는 구원의 결론으로 끝나게 된다. 오늘 이 어려운 시대에 주님께서 은혜를 베푸시기에 우리는 다만 주를 앙망하며 기도할 수밖에 없다. 평안과 구원과 지혜, 지식이 풍성해지는 역사가 일어날 것이다. 여호와를 경외하는 것이 진주와 같은 신앙이며, 하나님을 경외하는 것이 우리의 보배임을 다시 한번 고백하게 되리라(33:2, 6).

결론적으로 이스라엘이 메시아 왕국의 위기와 시험, 징벌과 심판을 당하지만, 결국 한 돌 시온에 둔 기초돌이 그 백성에게 구원을 일으킨다. 이는 '사망과 맺은 언약'이 아니며, '스올과 더불어 맺은 맹약'이 아니라 그의 기묘한 경영과 광대한 지혜로 말미암은 새 언약이 맺어지고, 새 예루살렘의 도시가 되며, 새 공동체의 구원이 이뤄진다. 그것이 바로 예수 그리스도의 영원한 나라, 메시아 왕국임을 알게 된다. 따라서 우리는 이 왕국을 믿고 고백하며, 그 전망에서 이사야서의 메시아 비전을 보게 된다.

> 그러므로 주 여호와께서 이같이 이르시되 보라 내가 한 돌을 시온에 두어 기초를 삼았노니 곧 시험한 돌이요 귀하고 견고한 기촛돌이라 그것을 믿는 이는 다급하게 되지 아니하리로다(사 28:16).

XIV. 메시아 약속과 회복

오늘날 팬데믹 현상이 잦아들며 전염병의 재앙이 잔잔해질 것 같았지만, 시간이 갈수록 더 악화되는 것을 본다. 사회적 거리 두기를 시행해야만 하는 위험단계로 방역 체계를 강조하며, 경제활동을 제약하고, 안전과 경계를 강화하고 있는 때에 이사야서(성경)는 우리에게 하나님의 해결책이 무엇인지 알려준다. "너희 하나님이 가라사대 너희는 위로하라(나하무) 내 백성을 위로하라"(40:1). 팬데믹의 전염병 시대에 우리는 이사야서 40:1-55:13 말씀을 통해 '하나님의 약속과 회복'의 메시지를 받게 된다.

1. 메시아 나라의 전망, 회복

우리는 계속해서 메시아 나라의 전망 속에서 이사야서를 연구하고 있다. 존 윌리스의 이사야 구조의 관점과 달리 본 저자는 이사야서가 메시아 나라(백성)의 특성과 비전을 보여준다고 보았다. 우리는 이사야 전체 관점에서 볼 때 메시아 왕국의 전망을 살피게 된다. 첫째로 메시아 나라의 서론으로 ① 이사야서 1:1-12:6 ― 메시아의 희망을 살폈고, 두 번째로 메시아의 심판과 위기 그리고 구원에 대하여 살폈다. 곧 ② 이사야서 13:1-23:18 ― 메시아 비전과 열방의 심판, ③ 이사야서 24:1-27:13 ― 메시아의 심판(소묵시록), ④ 이사야서 28:1-39:8 ― 메시아 도래의 위협과 위기 등이었다. 이제 셋째로 ⑤ 이사야서 40:1-55:13 ― 메시아 약속과 회복을 다룰 것이다. 마지막으로 ⑥ 이사야서 56:1-66:24 ― 메시아 기대와 성전 건축 등을 살피려 한다. 구약의 복음서인 이사야서는 결론부로 갈수록 신앙의 신비와 성경의 비밀 메시지를 잘 가르쳐준다.

여기서 우리는 이사야서 40:1-55:13―유다의 남은 자가 예루살렘에 되돌아오는 여호와의 약속―이 메시아 나라의 관점에서 메시아의 약속과 회복을 말하고 있음을 알게 된다. 이사야서 40-55장이 주전 540년경에 기록된 말씀으로서 이사야 선지자의 제자들이나 그의 메시지를 보존하려던 옹호자들이 수정 보완·확대하였을 것을 추정할 수 있다. 우리는 이사야서 40-66장의 전체 후반부의 관점(자이츠, 존 윌리스)에서 메시아의 약속이 포로에서 환원·회복을 약속하며, 새로운 희망을 보며, 고난을 넘어서 통합과 회복의 역사를 전망하게 된다.[38] "외치는 자의 소리여 가로되 너희는 광야에서 여호와의 길을 예비하라 사막에서 우리 하나님의 대로를 평탄케 하라"(40:3).

바벨론 포로 시대는 너무나 길어서 광복과 귀환의 희망이 사라져 갈 때 두 번째 이사야 선지자는 하나님의 희망을 보고 하나님의 말씀을 받아 대언(代言) 한다. "너는 알지 못하느냐 너는 듣지 못하였느냐 나의 하나님은 영원하신 여호와이시며 그 땅끝까지 창조하시며 피곤치 아니하시며 지치지 아니하시고 그의 분별이 한이 없으시도다. 피곤한 자에게 능력을 주시며 권능이 없는 자에게는 힘을 증가시켜 주시나니 젊은이라도 피곤하며 지치며 청년이라도 넘어지고 떨어지지만, 여호와를 기다리는 자들은 새 힘을 얻어 다시 새로워지며 독수리같이 날개 치며 올라가며 그들이 달려갈지라도 지치지 아니하고 그들이 걸어간즉 피곤치 아니하리로다"(40:28-31). 하나님의 능력이 한이 없으심과 당신을 기다리고 고대하는 자는 새 힘을 얻어 독수리가 날개 치며 올라가듯이 힘 있고 피곤하지 않으리라는 약속을 한다.

이사야서 40:1-11에는 4개의 소리가 있다.[39] 바벨론 포로민들에게 '위로하라'(나하무)는 메시지이다. "그 복역의 때가 끝났고 그 죄악의 사함을 입었느니라"(40:2). 죗값을 치렀고 하나님의 용서함을 받았다는 것이다. "그 모든 죄로 인하여 여호와의 손에서 배나 받았느니라"(40:2). 또한 두 번째 목소리는 천사의 '천상 회의'장면으로서 그의 동료 천사를

38 J. T. Willis, *The Transforming Word*, 558.
39 *Ibid.*

고무하여 우리 하나님의 대로를 사막에서 준비하라는 것이다. 하나님이 바벨론을 패배케 하고, 이스라엘이 바벨론에서 귀환하게 함으로써 하나님의 영광이 온 인류에게 미치게 된다고 한다. "목소리를 높여서 외쳐라 광야에서 너희는 여호와의 길을 준비하라 우리의 하나님을 위해 광야에 대로를 곧게 하라 모든 골짜기가 높여질 것이요 모든 산과 언덕이 낮아질 것이요 굽어진 것이 곧아질 것이요 거친 곳들이 평평한 평지가 되리라 그래서 여호와의 영광이 드러나며 모든 육체가 그것과 함께 보리니 여호와의 입에서 말씀하신 것을 보게 되리라"(40:3-5).

그리고 또 다른 천사의 세 번째 목소리는 6-8절에 나오듯 하나님의 말씀은 영원하리라는 소리이다. "말하는 자의 소리여 외치라 그래서 그가 말씀하시기를 내가 무엇이라 외치리이까? 모든 육체는 풀이요 그의 모든 아름다움은 그 들의 꽃과 같으니라 풀은 마르고 꽃은 시듦은 여호와의 영이 그것에 붊이라 그 백성은 참으로 풀이로다 풀은 마르고 꽃은 시드나 우리 하나님의 말씀은 영원히 서리라"(40:6-8).

네 번째 목소리는 "여호와가 바벨론에서 오시며, 예루살렘으로, 승리의 왕으로 오신다"이다. 그는 목자같이 왕으로 상징되며, 양 떼를 돌보고 옮기고 인도하여 좋은 초장으로 인도하는 자이다. "그가 목자처럼 그의 양 떼를 먹이며 그가 그의 팔로 양들을 모으며 그가 그 품으로 젖먹이 어린 것을 옮기며 이끌리로다"(40:11). 이는 오늘 팬데믹 상태의 재앙에서 우리를 예수님이 안전하게 인도하신다는 메시아 회복의 약속과 유사하다. 세상은 바벨론 제국과 같은 힘과 우상(마르둑)을 자랑하지만, 그것은 한시적이고 또 그리 중요하지 않음을 이사야서는 말한다. 여호와 하나님 외에는 모든 것은 풀과 같이 마르고 시들어진다는 사실을 말하고 있다. 그래서 창조주 하나님과 비교할 수 있는 존재는 없다고 말하며(40:12),

물과 하늘, 땅과 산, 언덕(우주) 등은 하나님을 지도하고 가르칠 수 없으며, 의논하고 교훈하며 지식과 통달의 도(데렉 테부노트)를 보일 수 없음을 말한다(13-14절).

더 나아가 열방의 존재는 미미하고 아무것도 아니며, 여호와를 우상이나 형상으로 상징화할 수 없다는 것을 말한다(40:15-20). 여호와는 천지를 창조하신 분이시며, 만물이 그의 위대한 힘과 능력으로 보존되며, 왕위에 앉아 이 땅을 다스리며, 열방의 통치자가 되어 세상의 귀인과 사사들을 폐하신다(21-23절). 세상의 거민들은 메뚜기와 같다고 한다.

그러므로 27-31절 결론부에서 이사야서 기자는 하나님은 천지를 창조하셔서 지치지도 피곤하지도 않으신 분으로서 영원한 하나님이시며, 땅끝까지 창조하신 분이시기에 주님을 기다리는 자에게 희망과 새 힘을 주셔서 걸어가고 달려가고 상승하게 하신다고 한다. 이처럼 이사야서 40장은 이사야서의 정미(精美)의 말씀으로서 이스라엘의 회복과 고국으로 환원을 말하는 절정(絶頂)의 메시지이다. 이전 전반부(제1 이사야)와 후반부 이사야서(제2, 3 이사야)를 가르는 메시지이다. "모든 골짜기가 높여질 것이요 모든 산과 언덕이 낮아질 것이요 굽어진 것이 곧아질 것이요 거친 곳들이 평평한 평지가 되리라"(40:4).

2. 메시아 나라를 위한 열방과 우상에 대한 바벨론 포로에 대한 예언 : 이사야서 41:1-42:17

이사야서 40-55장은 수난의 종 메시아 본문(53장)을 중심으로 형성된다. 곧 여기서 는 '여호와의 팔' 능력으로 바벨론 포로에서 구원할 주님의 행하심을 말한다(51:5, 9, 11, 52:1, 53:1).[40] 두 번째 이사야서는 이스라엘 나라가 없고, 예루살렘 시온 성이 없으며, 다윗 왕 후손의 왕좌가 없는 황폐한 상태에서 구원자로서 하나님이 포로에서 귀환케 하고 회복하리라는 희망의 메시지를 전한다. "내가 비로소 시온에 이르기를 너희는 보라 그들을 보라 하였노라 내가 기쁜 소식 전할 자를 예루살렘에 주리라"(41:27), "보라 전에 예언한 일이 이미 이루었느니라 이제 내가 새 일을 고하노라 그 일이 시작되기 전이라도 너희에게 이르노라"(42:9).

"네가 물 가운데로 지날 때에 내가 함께 할 것이라 강을 건널 때에 물이 너를 침몰치 못할 것이며 네가 불 가운데로 행할 때에 타지도 아니할 것이요 불꽃이 너를 사르지도 못하리니… 보라 내가 새 일을 행하리니 이제 나타낼 것이라 너희가 그것을 알지 못하겠느냐 정녕히 내가 광야에 길과 사막에 강을 내리니"(43:2, 19), "내가 잡혀 있는 자에게 이르기를 나오라 하며 흑암에 있는 자에게 나타나라 하리라 그들이 길에서 먹겠고 모든 자산에도 그들의 풀밭이 있을 것인즉"(49:9). 이스라엘에게 포로 생활 70년의 세월은 길고도 험한 기간이었다(오늘 우리에게도 또 얼마나 남북 통일의 때가 이토록 긴가). 그런데 하나님이 이사야 선지자를 통해서 포로에서 해방하신다는 말씀을 선포한다. 두 번째 이사야의 메시지는 그 해방 메시지이다.

이사야서 41:2에 포로 귀환의 도구가 고레스 왕인 것을 말한다. "누가 동방에서 사람을 일으키며 의로 불러서 자기 발 앞에 이르게 하였느뇨 열국으로 그 앞에 굴복케 하며 그로 왕들을 치리하게 하되 그들로 그의 칼에 티끌 같게, 그의 활에 불리는 초개 같게 하매"(41:2). 그 동방의 사람이 고레스이며, 페르시아 초대 왕인 그를 통해 포로 귀환 칙령을

---

40 *Ibid.*

선포하게 된다. "나 여호와는 나의 기름 받은 고레스의 오른손을 잡고 열국으로 그 앞에 항복하게 하며 열왕의 허리를 풀며 성문을 그 앞에 열어서 닫지 못하게 하리라 내가 고레스에게 이르기를… 네게 흑암 중의 보화와 은밀한 곳에 숨은 재물을 주어서 네 이름을 부르는 자가 나 여호와 이스라엘의 하나님인 줄 네가 알게 되리라"(45:1-3).

또 이사야서 41:25에서는 "북방에서 한 사람을 일으켜 오게 하여 방백들을 회삼물(호메르)같이, 토기장이(요체르)의 진흙(티트)을 밟음같이 밟을 것이니" 그 사람이 바로 고레스 왕이다. 과거 출애굽하게 하신 하나님이 용기를 주어서 힘을 주어 도와주리라고 말한다(41:8-20, 40:17). 결국 이사야 선지자는 하나님 외에 다른 우상은 다 헛것이며 거짓이라고 밝힌다(41:21-29).

"내가 붙드는 나의 종, 내 마음에 기뻐하는 자 곧 내가 택한 사람을 보라 내가 나의 신을 그에게 주었을 즉 그가 이방에 공의를 베풀리라"(42:1). 이 종은 고레스 왕을 말하지만, 궁극적으로는 메시아, 수난받는 종인 그리스도를 말한다. 그는 믿음이 있고 부드러우며, 조용하여 드러나지 않으면서 사회적인 약자(고아와 과부)를 도와주고, 위엄과 안전, 복지의 삶을 살도록 이끄는 분이시다(브루그만).[41] 천지를 지으신 분이 이스라엘을 보호하고, 이방인들에게 빛을 주시고, 눈먼 자들을 보게 하고, 감옥에서 해방하신다(42:5-9).

또한 땅끝에서 여호와께 새 노래를 부르며 영광을 돌리게 하고, 그가 전사와 같이 행진하여 적(바벨론)들을 이기고 승리하기 때문에 찬양을 선포한다. 그리고 오랫동안 침묵하던 주님이 마른 못과 같은 바벨론을 황무케 하며 눈먼 자(유대의 포로)를 인도하여 알지 못하는 길로 인도하여

---

41 *Ibid.*, 559.

그의 앞에 흑암이 광명이 되게 하여 예루살렘으로 귀향하게 한다. 동시에 그는 우상을 신뢰하는 사람을 물리치게 될 것이다(41:10-17). 이처럼 선지자 이사야는 구체적인 역사적 정황을 이야기하며, 미래의 메시아 왕국과 역사적 실제를 동시에 언급한다. 오늘날도 우리는 팬데믹 현상 속에서 거짓된 우상의 세계는 다 멸망당하는 현실을 목도하고 있다.

3. 메시아 나라 회복을 위한 결심과 다짐(두려워하지 말라)
: 이사야서 42:18-44:8

야곱아 너를 창조하신 여호와께서 이제 말씀하시느니라 이스라엘아 너를 조성하신 자가 이제 말씀하시느니라 너는 두려워 말라(알 티라) 내가 너를 구속하였고 내가 너를 지명하여 불렀나니 너는 내 것이라… 두려워 말라(알 티라) 내가 너와 함께 하여 네 자손을 동방에서부터 오게 하며 서방에서부터 너를 모을 것이며… 보라 내가 새 일을 행하리니(사 43:1, 5).

이러한 예루살렘으로의 환원을 위한 용기의 메시지 배경에는 두 번째 이사야서에서 본다. 이는 바벨론 포로로 붙잡혀 가게 된 동기가 무엇인지 선지자가 언급한 데에서 알게 된다. 또 선지자는 그 포로의 배경 속에서 포로의 원인으로 인해 하나님의 징벌을 말한다. 하나님께 범죄하고 율법에 순종하지 않았기 때문이다. 그래서 여호와께서 이스라엘이 회개하도록 징벌하였다(42:24). 이스라엘 백성이 무지하여 눈먼 자와 귀먹은 자와 같이 영적으로 우둔한 것을 말한다.

다시 말해 이사야서는 6단계로 말한다.[42] ① 선지자가 포로에서

---

42 Ibid., 560.

가르침을 받지 못해서 깨닫지 못한다(42:18-25). ② 여호와께서 다시 회복할 것이니 두려워하지 말라고 권고한다(43:1-7). ③ 여호와께서 열방을 불러서 유대의 포로에서 귀환케 함으로 여호와가 참신인 것을 입증한다(43:-13). ④ 여호와께서 바벨론을 무너뜨리고 회개한 유대인들을 예루살렘으로 회복케 하신다(43:14-21). 과거 출애굽의 기적을 일으킨 하나님이 또 이스라엘을 바벨론에서도 해방시키신다는 것이다. "바다 가운데 길을, 큰 물 가운데 첩경을 내고"(43:16). ⑤ 결국 바벨론 포로의 불행은 계속되는 죄로 인하여 멸망케 된 것이다(43:22-28). "나 곧 나는 나를 위하여 네 허물을 도말(모헤)하는 자니 네 죄를 전혀 기억치 아니하리라(로 에즈코르)"(43:25). 전능하시고 무죄하신 하나님께서 죄를 도말하고 기억하지 않으시겠다고 선포하신다. ⑥ 마침내 여호와는 참회한 포로민들에게 두려워하지 말라고 권면한다. 이는 하나님이 열국들을 하나 되게 하여 예배하도록 그들의 자손들을 번성하게 하는 까닭이다(44:1-8).

"너희는 두려워 말며 겁내지 말라 내가 예로부터 너희에게 들리지 아니하였느냐 고하지 아니하였느냐 너희는 나의 증인이라 나 외에 신이 있겠느냐 과연 반석이 없나니 다른 신이 있음을 알지 못하노라"(44:8). 새로운 출애굽, 이전의 출애굽과 같은 놀라운 기적을 일으킬 것이라는 희망의 메시지를 두 번째 이사야 선지자는 선포한다. 가장 중요한 것은 그것을 믿는 바벨론에 있는 신앙인으로서 귀환 공동체의 신자들이었다. 그들이 새로운 출애굽의 사건을 믿을 수 있느냐 하는 것이 관건(關鍵)이다. "너를 지으며 너를 모태에서 조성하고 너를 도와줄 여호와가 말하노라 나의 종 야곱, 나의 택한 여수룬아 두려워 말라"(44:2).

새 출애굽의 기적을 이루기 위한 대가는 용기와 믿음이 전제되어야 한다. 새 출애굽의 믿음이 요구되는 과제가 수반되었다.[43] 이는 신실한 포로민들에게 그의 영(생명의 원리)이 임하고, 축복되며, 그들의 후손에게 그의 영을 불어넣어서 마른 땅에 물이 솟아나서 생명의 길로 인도하신다는 것이다. "대저 내가 갈한 자에게 물을 주며 마른 땅에 시내가 흐르게 하며 나의 신을 네 자손에게, 나의 복을 네 후손에게 내리리니 그들이 풀 가운데서 솟아나기를 시냇가의 버들같이 할 것이라"(44:3-4). 그래서 마침내 경건하고 충성된 여호와의 나라와 백성이 되게 하실 것이다(44:5).

4. 메시아 나라의 약속은 오직 여호와 하나님(배타적 하나님 신앙으로만 가능하다): 사 44:9-48:22 — 고레스와 남은 자의 구원

이스라엘 사람들이 바벨론에서의 살아가는 삶은 어떤가. 그들은 우상 문화 속에 살아가는 생활이었다. 고대 근동의 신상(神像)은 높은 수준의 예술이었다. 예술가들이 그들의 작업을 마친 후에 제사장들은 그 우상의 입을 닦고, 수많은 기도와 주문을 한다. 그 우상은 종종 정원에 있거나 신전으로 그 우상을 옮긴다. 많은 시간을 들여 종교적 행위를 함으로써 그들은 종교적 영매 사건을 가진다.

이사야서는 우주를 다스리는 만주의 주를 상징화할 수 있는 어떤 상도 있을 수 없고, 창조주를 대신하여 창조상(創造像)을 만들어 예배한다는 것은 있을 수 없다고 말한다. "우상을 만드는 자는 다 허망하도다 그들의 기뻐하는 우상은 무익할 것이어늘 그것의 증인들은 보지도 못하며 알지도 못하니 그러므로 수치를 당하리라 신상을 만들며 무익한 우상을 부어 만든 자가 누구뇨 보라 그 동류가 다 수치를 당할 것이라 그 장색들은 사람이라 그들이 다 모여 서서 두려워하며 함께 수치를 당할 것이니

---

43 *Ibid.*, 561.

라"(44:9-11).

오늘날 일어나고 있는 재앙은 바로 그 원인이 되고 있는 것으로서 우상 숭배이다. 현대인의 삶은 우상을 섬기는 생활이다. 이사야서는 우상을 만들고, 절하고, 경배하는 삶을 언급한다. 이사야는 알지도 못하고, 깨닫지도 못하는 우상을 의지하고 사는 바벨론의 문화를 언급한다 (44:12-20). 이사야 선지자는 이사야서 44:21-45:25에 야웨는 오직 한 분 하나님이시며 다른 신이 없다는 사실을 선포한다(45:5, 6, 14, 18, 21, 22). 그리고 여호와가 메데, 페르시아의 왕 고레스를 보내서 바벨론을 무너뜨리고 유대인의 포로를 해방하시니 열방 중에서 유일하신 하나님을 믿고 그분께 돌아서라고 말한다(44:28, 45:1-23).[44]

"너희는 고하며 진술하고 또 피차 상의하여 보라 이 일을 이전부터 보인자가 누구냐 예로부터 고한 자가 누구냐 나 여호와가 아니냐 나 외에 다른 신이 없나니 나는 공의를 행하며 구원을 베푸는 하나님이라 나 외에 다른 이가 없느니라 땅 끝의 모든 백성아 나를 앙망하라 그리하면 구원을 얻으리라 나는 하나님이라 다른 이가 없음이니라"(45:21-22). 우상 문화가 지배적인 제국에서 천지를 창조하신 분이 여호와 하나님이시며, 역사를 주관하시는 분이 하나님이시며, 고레스를 세워서 열 왕을 다스리는 통치자로 세웠다고 선포한다. "나 여호와는 나의 기름부음 받은 고레스의 오른손을 잡고 열국으로 그 앞에 항복하게 하며 열 왕의 허리를 풀며 성문을 그 앞에 열어서 닫지 못하게 하리라 내가 고레스에게 이르기를 내가 네 앞서가서 험한 곳을 평탄케 하며 놋문을 쳐서 부수며 쇠빗장을 꺾고"(45:1).

고레스는 조로아스터교를 믿는 사람이었을 것이다. 하지만 이사야서

---

44 *Ibid.*

에서는 여호와 신앙 고백을 하는 기사를 말하고 있다. 이는 이사야 기자가 역사적인 사실(고레스가 여호와를 믿었다는 사실)이 아닌 신학적인 주장(여호와는 정치적 질서의 통치를 주관하는 통치자임)을 하고 있다.[45] "고레스에 대하여는 이르기를 그는 나의 목자라 나의 모든 기쁨을 성취하리라 하며 예루살렘에 대하여는 이르기를 중건되리라 하며 성전에 대하여는 이르기를 네 기초가 세움이 되리라 하는 자니라"(44:28). 이사야서는 어려운 신학적 문제를 제기한다. 고레스가 여호와를 믿지 않았는데 그를 목자라고 하고, 종이라고 하는 데는 문제가 있다. 하지만 이사야는 여호와의 독특성과 하나님의 주권성을 주장한다. "나는 빛도 짓고 어두움도 창조하며 나는 평안도 짓고 환난도 창조하나니 나는 여호와라 이 모든 일을 행하는 자니라 하였노라"(45:7).

여호와 하나님은 천지를 창조하신 분으로서 빛과 어둠, 번영과 재난, 선악을 주관하시는 분이시다. 선민사상에서 볼 때는 이방인인 고레스왕을 들어 쓴다는 것은 이해할 수 없는 부분이다. 또 이사야서는 기꺼이 외국 지배를 수용하는 표현을 한다. "나는 여호와라 나 외에 다른 이가 없나니 나밖에 신이 없느니라 너(고레스)는 나를 알지 못하였을지라도 나는 네(고레스) 띠를 동일 것이요"(45:5). 고레스는 여호와가 기름 부음(메시아) 받은 자로서 열방을 다스리도록 선택한 자였다.

"내가 땅을 만들고 그 위에 사람을 창조하였으며 내가 친수(親手)로 하늘을 펴고 그 만상을 명하였노라 내가 의로 그(고레스)를 일으킨지라 그의 모든 길을 곧게 하리니 그가 나의 성읍을 건축할 것이며 나의 사로잡힌 자들을 값이나 갚음 없이 놓으리라 만군의 여호와의 말이니라 하셨느니라"(45:12-13). 하나님은 고레스를 지명하여 예루살렘을 재건하

---

45 *Ibid*.

고 포로에서 해방하게 하였다.

다른 한편 다른 신들이 고레스의 승리로서 새 시대를 가져올 것이라고 예언한다(41:21-29). 그러나 여호와는 두 번째 그의 종을 통해 구원을 가져오게 한다(사41:1-42:4). 이스라엘의 선택은 책임이 있다. 고레스와 같이 종은 역시 여호와의 역사적 목적을 위한 대리인이 되어 정복하며, 군사적 정복자의 방법으로 고레스와 같이 자애로운 사람으로 묘사된다(사41:10, 42:1). 이 종은 계약 공동체와 함께 하는 존재로서 심한 고통을 받으며 큰일을 위해 고난의 풀무불에서 연단을 받고(48:11), 이스라엘 백성의 어리석음과 불순종으로 인해 민족적인 재난으로 고난을 받는다(42:18-25). 과거에는 고난을 받았지만, 이제 용서를 받아 새롭게 갱신된다(40:1-2, 43:22-44:5).[46]

그리하여 하나님은 고레스를 사용하시든 고난 받는 종을 통해서든 주님은 역사 속에서 숨어서 일하시며, 보이는 우상의 제국을 무너뜨린다. 또 우상을 만드는 자들을 부끄럽게 하고 이스라엘을 구원하여 결코 수치를 당하지 않게 하신다(45:15-17). "구원자 이스라엘의 하나님이여 진실로 주는 스스로 숨어 계시는 하나님이시니이다"(45:15). 그래서 주님만이 의로우시고 능력 있는 분이심을 선포한다. 여호와는 모든 대적자들을 부끄럽게 하고 모든 이스라엘 후손들이 의롭다 함을 얻게 하신다(45:24-25).

결국 이사야서 46:1-48:22은 신실한 남은 자를 통해 시온을 회복케 한다는 것이다(46:1-13).[47] "내가 나의 의를 가깝게 할 것인즉 상거가

---

46 B. W. Anderson, *Understanding the Old Testament*, 3th (New Jersey: Prentice-Hall, 1975), 458-459.

47 J. T. Willis, *The Transforming Word*, 562.

멀지 아니하니 나의 구원이 지체치 아니할 것이라 내가 나의 영광인 이스라엘을 위하여 구원을 시온에 베풀리라"(46:13). 이사야서 46-48장은 세 부분으로 나뉘는데 여호와가 고레스를 불러 바벨론을 무너뜨리고, 신실한 남은 자를 통해 시온을 회복하며, 여호와가 바벨론에 알려서 매력적인 바벨론이 무너질 것을 말한다(47:1-15). 그리고 여호와가 회개한 유대인들을 불러서 바벨론 포로에서 떠나 고국으로 돌아오게 할 것이다(48:1-22). 이사야서 46장 전체는 '남은 자' 모두 야곱(이스라엘) 집에게 말한다.

바벨론의 신인 벨(마르둑)과 느보(마르둑의 아들)가 짐승과 가축에 실려 가는 존재가 됨을 말하며, 전능하신 하나님이 이스라엘 백성을 구원하여 바벨론 우상의 나라에서 하나님을 섬기는 나라, 시온으로 옮기게 하는 것과 우상 신상이 짐이 되어 동물의 등에 실려가는 존재가 되는 것을 대조적으로 비교한다(46:1, 5). "그것을 들어 어깨에 메어다가 그의 처소에 두면 그것이 서서 있고 거기서 능히 움직이지 못하며 그에게 부르짖어도 능히 응답지 못하며 고난에서 구하여 내지도 못하느니라"(46:7). 바벨론은 우상의 퍼레이드가 있는 것처럼 축제 때마다 신들의 신상이 순회를 하며 움직이지만, 결국 인간이 그것들을 이동하게 하는 것처럼 도움이 없는 존재, 우상일 뿐임을 말한다.

두 번째 남은 자에 대한 말은 반란(8절)을 말한다. 정권을 찬탈하는 것이 반란(패역)을 통해 이뤄지며, 바벨론 제국이 메데-페르시아에게 멸망되는 사실을 말한다. 이로써 이사야는 여호와 하나님께 패역하게 반란했던 이전 일을 기억하라고 말한다(8-10절). 세 번째 남은 자 연설은 완고하고 정의로움에서 멀리 떠나 있는데 고레스를 통해 여호와의 의로움과 이스라엘의 구원을 위해 그를 불러서 경건한 유대의 포로민을 시온으로 돌아가게 하며, 그의 백성을 통해 여호와의 사역을 다시 시작한다.

이사야서 47:1-15는 우상의 나라인 바벨론(갈대아)에 대한 예언이다.[48] 여호와가 바벨론을 부수게 할 것이라 말한다(3절). 바벨론의 교만에 대하여 이사야는 여호와의 배타적인 유일신의 말을 사용하여 말한다. "네가 평안히 앉아서 마음속으로 이르기를 '나보다 더 높은 이'가 없다. 나는 과부가 되지 않을 것이며 자식을 잃는 일도 없을 것이다 하였지만… 너의 마음속으로 '나보다 더 높은 이가 없다'라고 생각하게 하였다"(47:9-10). 열방의 우상 나라들은 '여왕'처럼 군림하여(7절) 주술과 마술의 힘(9절)을 의지하고 별을 보고 점침(13절)으로 말미암아 여호와의 분노를 사게 된다. 그래서 바벨론은 무너지고 노예로 쫓겨 가게 되고, 결국 보좌를 잃으며 열방 통치자의 자리를 잃게 된다(1, 5절).

바벨론은 알몸이 되어 부끄러움을 당하게 되고 멸망케 되어 자식을 잃고 과부가 되는 불행을 겪는다(1-2, 8-9절). 한편 이사야서 48:1-22은 바벨론에 있는 야곱의 집, 유다 자손에 대하여 예언한다.[49] 그들 일부는 이스라엘의 하나님을 의지하는 체하지만, 진실과 공의가 없다(1-2절). 거룩한 도시의 백성이라는 이름만 있을 뿐 완고함과 사기, 반란과 하나님의 명령을 무시하는 것뿐이다(2, 4, 8, 18절). 그러나 소수의 경건한 사람(역사적 소수의 창조자)은 신실하여 진정 회개한다. 그들은 이 바벨론의 포로 경험을 통해 단련되고, 정련되며, 고난의 용광로에서 시험을 받게 된다(10절). 바벨론에서 포로 생활의 시간은 그들의 단련 기간이 된 것이다.

포로 생활의 큰 장애는 우상이었다. 유다가 섬기려는 것은 우상이었다(5, 14절). 오래전에도 행했던 우상 숭배를 언급한다(3, 18-19절). 그러나

---

48 *Ibid.*
49 *Ibid,* 563.

하나님은 새 일 행하실 것을 말한다(7절). 이 새 일은 새 출애굽, 출바벨론의 기적이다. "내 이름 때문에 내가 분노를 참고, 내 영예 때문에 내가 자제하여 너를 파멸하지 않겠다"(48:9). 그래서 창조주, 천지를 보존하시는 분이 고레스를 보내서 바벨론을 무너뜨리고 이스라엘을 해방시킨다 (13, 14, 15절). "너희는 바벨론에서 나오너라 바벨로니아 사람들에게서 도망하여라. 그리고 '주님께서 그의 종 야곱을 속량하셨다' 하고 즐겁게 소리를 높여서 알려라. 이 소식이 땅 끝까지 미치도록 들려주어라"(48:20).

두 번째 이사야는 메시아 나라(공의, 진리가 베풀어짐)가 실현될 것을 약속한다(48:17). 여호와께서 그의 종, 예언자가 여호와의 약속을 하여 이스라엘 백성을 유익하도록 가르치고, 그들이 마땅히 가야 할 길을 인도하실 것을 선포한다(17절). 불순종했던 출애굽의 조상들에게 교훈으로 다시 배워서 바벨론 포로에서 해방하며, 주님이 그의 종 야곱을 속량함으로써 포로에서 떠나 도망가라 한다. 창조적 소수, 신실한 포로민들이 귀국하는 길에는 사막에서 이스라엘이 전에 행했던 것처럼 어려움과 고난이 있지만, 여호와께서 반석에서 물을 내고 구원하신다. 모든 유대인이 출바벨론의 여호와의 부르심에 응하지 않는다. 부름의 응하지 않는 이들은 악인들이 된다. "주님께서 말씀하신다 '악인들에게는 평화'가 없다"(48:22).

XV. 메시아 나라의 약속은 포로민 중 소수의 신실한 남은 자, 여호와의 종에게만 허락됨
  ― 이사야 53장의 고난 받는 메시아를 중심으로[50]

이사야서 49-53장은 미래의 메시아에 대한 약속을 한다.[51] 이사야서 53장의 고난 받는 종이 모세(밧쩨)라고 보는 것과 미래의 위대한 구세주 (Koole)라고 보는 견해가 있다.[52] 또 이사야서 54-55장 후반부는 창조적 소수, 신실한 포로민의 남은 자들이 두려워하지 말라(54:4, 14)는 신앙의 용기가 필요함을 역설하고 있다. 또 아이를 낳아 보지 못한 여인이 많은 자녀를 갖게 될 것이라는 예언을 선언한다(54:1-3). 이는 산고를 겪는 여인의 고통처럼 출바벨론의 과정이 힘들지만 앞으로 많은 자녀를 낳은 여인이 될 것이다. 이 여인의 고난은 필요한 것임을 비유적으로 말하고 있다. 이사야서 55장은 여호와가 포로민에게 나무를 제공하는데 좋고 풍부한 음료와 음식을 제공해서 만족케 한다고 예언하며 또 여호와 의 길과 생각은 높아서 포로민들이 찾고 부르고 돌아서게 한다고 권고한 다. 삶의 소망이 없고 자유와 해방이 없는 암울한 포로 생활에서 자유와 해방이 있는 예루살렘으로 인도하신다는 구원과 희망의 약속을 하고 있는 것이다.

그래서 이사야서 55장 후반부(6-11절)는 비와 눈이 식물에 영양을 공급하여 곡식과 빵을 제공하듯이 여호와의 말씀이 유대인을 포로에서 구원하고 그들의 땅으로 인도하여 회복케 한다고 말한다. 그래서 이사야

---

50 사 49:1-53:12 ― 여호와의 종과 창조석 소수의 남은 자, 사 54:1-55:13 ― 시온의 자녀 들과 남은 자의 예루살렘 건설 비전.
51 *Ibid.*
52 *Ibid.*

선지자는 결론 내리기를 마치 이스라엘이 과거 애굽에서 나왔듯이 신실한 유대 포로민들이 기쁨으로 바벨론에서 빠져나가게 된다고 약속한다 (52:1-2). 다시 말해 그들은 새 출애굽을 경험하게 될 것이다. 특별히 모든 피조물, 산들과 언덕, 나무들이 여호와께서 그의 백성을 구원하는 웅장한 구원을 보고 기뻐하게 될 것이다(55:12).

이사야서 49-53장은 '여호와의 종'을 사용하여 이스라엘을 구원하는 것을 다음과 같이 말한다.53 ① 여호와의 종이 하나님이 주신 사명을 여러 나라들에게 말한다(49:1-6). ② 여호와가 종을 격려하여 유대인 포로민이 가나안에 이르도록 한다(49:7-13). ③ 여호와가 버려진 예루살렘을 회복하도록 약속한다(49:14-50:3). ④ 여호와의 종이 여호와를 성실히 신뢰하게 됨을 선포하며 신실한 자를 이와 같이 행하도록 부른다 (50:4-11). ⑤ 여호와가 신실한 포로민이 포로지에서 포로민을 구원한 것을 약속한다(51:1-8). ⑥ 여호와의 종이 여호와를 찾아서 바벨론에서 신실한 소수의 포로민이 되어 구원받도록 한다(51:9-11). ⑦ 마침내 경건한 포로민을 불러 바벨론을 떠나 유다로 돌아가게 한다(51:12-52:12). 하나님의 역사는 역사적 소수, 신실한 소수의 경건한 사람을 택해서 수난받는 메시아를 리더로 모시고, 새 출애굽의 사명을 감당하게 하신다. 한편 이 구원 계획을 약속하는 것은 바로 미래의 인류 구원 계획(예수 그리스도)으로 예언하고 있다.

이사야서 49:1-6에서 메시아 나라의 하나님 종은 신실한 여호와의 종이며, 그 종이 바로 '소수의 남은 자'이다. "주님께서 이렇게 말씀하신다. 네가 내 종이 되어서 야곱의 지파들을 일으키고 이스라엘 가운데 살아남은 자들을 돌아오게 하는 것은 네게 오히려 가벼운 일이다. 땅 끝까지

---

53 *Ibid.*, 563-564.

나의 구원이 미치게 하려고, 내가 너를 '뭇 민족의 빛'으로 삼았다"(49:6).
신실한 종에게 약속하여 하나님이 그를 도와줘서 그의 백성들과 언약을
맺게 한다. 하나님은 구체적으로 양식을 제공하고 보호하며, 광야 길을
인도한다. 하나님은 양 떼를 이끄는 목자처럼 이스라엘을 이끄신다.

오늘날 전염병 시대에 이 어두움의 터널을 지나도록 하나님은 우리를
새로운 해방지로 인도하시는 것이다. 또 한편 이사야서 49:14- 51:11은
시온을 말한다. 시온을 인격화해서 예루살렘의 아들들, 그의 백성과
자녀들을 인도하여 시온으로 급히 돌아오게 하신다(17절). 예루살렘이
신부와 같이 장식된 아름다운 옷을 입게 될 것이다(18절). 새로운 도시가
되어 휘황찬란한 멋진 곳이 될 것이다. 그래서 하나님의 아들과 딸들이
안전하게 유다로 돌아올 것이다(49:22-23). 시온 자녀들이 과거 죄 때문에
포로로 잡혀갔지만, 여호와께서 다시 속량하시고 구원하신다.

창조적 소수, 곧 신실하고 경건한 믿음의 소수가 여호와의 종이다(6:13
- 남아 있는 그루터기, 거룩한 씨). 이스라엘의 신실한 남은 자(50:1-11,
49:1-9 비교), 여호와의 종이 포로에서 귀환하여 정의와 공의를 추구하고,
주님을 추구하며 시온에게 위로하라고 한다(19절). 폐허가 된 이전 예루
살렘이 다시 에덴 정원으로 변화되어 이스라엘이 기쁨과 환희, 감사와
노래를 부르게 될 것이다. 신실한 포로민을 통하여 여호와의 강한 팔이
깨실 것을(3번 언급), 이사야는 이스라엘의 구원을 위하여 하나님의 깨어
나심을 촉구하고, 여호와의 정의와 공의, 구원이 신속히 이뤄질 것을
말한다. 이로써 열방이 빛으로 나오게 된다(51:1-8). 그러므로 이사야서
51:3에서 이스라엘이 속량케 되고, 시온의 노래를 하며, 기쁨과 감사와
노래를 하게 될 것을 이사야는 말한다.

이사야서 51:12-52:12은 여호와가 종들의 호소에 반응한다. ①

여호와가 유다 백성을 구원하시고, 모든 나라들과 땅의 모든 끝이 여호와의 구원을 보게 될 것이다(52:7-10). ② 예언자가 포로민들이 떠나도록 재촉하며, 주의 성전 도구를 가지고 바벨론을 떠날 것을 말한다(스 1:7, 6:5). 이사야는 출애굽 때처럼 급히 바벨론을 빠져나가게 될 것을 예언한다(52:11-12). 이사야서 52:13-53:12은 여호와의 종의 굴욕과 고양(수치와 영광)을 보여준다. 여호와의 종에 대한 영광은 여호와 종이 열방에 빛이 된다고 말한다(52:13-15, 53:11-12). 소수의 남은 자의 고난이 이스라엘이 범죄와 죄악과 완고함으로 말미암아 당하게 되는데 그 고난은 그들이 회개하지 않으며, 멸시받고 거절 받음을 통해 생긴다(53:1-3). 수난받는 종의 이야기를 통해 보다 큰 포로 그룹이 있어서 여호와의 종으로 매 맞고 찔리고 고난당하고(53:4-6), 징계와 상처를 받는다(윌리스).[54]

이 신실한 남은 자인 여호와의 종은 도살장에 끌려가는 양처럼 희생제물이 되어 입을 열지 않는 모습을 보이며, 악인들과 부자의 무덤에 묻히는 것을 본다. 주의 뜻이 여호와의 종의 손에 의해 번성하게 된다(7-9절). 이 메시아, 수난받는 종의 이야기는 의롭고 신실한 포로민을 말하며, 선한 죄인의 중재자로서 "열방을 위한 개인적인 종의 고통과 죽음이 이스라엘의 것이 되었다"(자이츠)고 한다.[55] 우리는 이 이사야 53장에서 예수 그리스도의 고난의 모습을 생생하게 보게 된다. 이사야에서 십자가의 고난과 고통이 이렇게 생생하게 미리 보도될 수 있을까?

끝으로 이사야서 54:1-55:13 결론부는 신실한 포로민, 참 회개한 경건한 유대인을 불러서 바벨론을 떠나서 예루살렘에 이르게 된다(12절).

---

54 *Ibid.*, 566.
55 *Ibid.*, 565.

열방을 인도하시며, 여호와께서 인도하게 하신다(55:1-3). 이사야서 54:1-17은 아이 낳지 못한 여인의 비유를 말하며, 하나님은 두려워하지 말라는 메시지(창조주가 남편이 되어 평화의 언약을 맺는다, 1-3, 10절), 결혼 관계를 통해 깊은 긍휼함(7-8, 10절)과 영원한 친절(8절), 실패가 없는 사랑(10절)을 말한다. 수난받는 종은 전에 버림받고 포기었으며, 얼굴을 숨긴 채 이혼당하였다(4-6절). 또 인류 멸망을 이끈 노아 홍수의 처벌처럼 이스라엘은 바벨론 포로됨은 여호와의 분노(8-9절)의 결과이지만, 이제 는 하나님이 홍수로 다시 심판하지 않는 것처럼 다시는 이스라엘을 결코 포로로 심판하지 않으신다고 약속한다. 또 하나님이 포기했던 예루살렘을 세우겠다고 약속한다.

하나님은 기초와 성과 문, 벽을 세워서 거주민들에게 의의 도시가 되도록 가르친다고 한다. 하나님은 모든 대적을 폐하게 하고, 두려움에서 해방한다. 여호와의 신실한 종의 유산은 동료 포로민을 여호와께 돌아오 도록 재촉하는 핵심 그룹이다(윌리스).[56] 여호와의 정당성으로 인해 앞으 로 미래는 밝다(11-17절). 마지막으로 이사야서 55장은 이스라엘 땅과 백성이 치유될 것이다. 포로에서 자유롭게 되어 만족케 하는 무료의 음료와 음식을 먹게 될 것이며, 멋있는 예루살렘을 여호와의 말씀으로 건설하게 될 것이다. 이사야는 경제적으로는 페르시아에 의존적이지만, 이스라엘이 페르시아의 조공을 가져오고, 성전 기물을 가져가서 세울 것이다. 이스라엘은 여호와의 말씀으로 구원받아 땅이 회복되고, 하나님 이 원하시는 대로 회복된다(6-11절). 바벨론을 떠나지 않은 사람은 악한 사람이며, 제국의 삶의 방식에 젖어서 귀국하라는 여호와의 초대에 응하지 않는다고 지적한다(7절).

---

56 *Ibid.*, 566.

결론적으로 신실한 유대인, 소수의 창조적 포로민들이 즐겁게 바벨론을 빠져나올 것이다(52:11-12). 마치 애굽에서 나왔던 것처럼 하나님의 구원을 본 사람들이 나온다. 이처럼 바벨론의 포로는 깊은 심연이나 무저갱 같은 절망의 상태이다. 곧 포로는 혼돈과 공허, 깊음과 흑암의 상태로서 무질서이며, 어둠이 짙은 상태이다. 이 죽음의 어둠에서 하나님은 "두려워하지 말라", 희망의 약속을 하며 새 창조의 상태로 인도하신다. 출바벨론을 하는 데는 믿음이 필요하다고 강조한다.

이스라엘은 메시아의 약속을 믿고, 하나님은 메시아 나라의 공의와 정의, 사랑을 다시 세울 사명과 비전을 이스라엘에게 주신다. 두려워하지 말고 우상을 버리고, 신실한 믿음을 가지고 소수의 남은 자가 되라고 말한다. 출바벨론은 하나님의 소리를 듣는 데에서부터 시작되니 급히 나가라는 음성을 들어야 한다. 또 두려워하지 말라. 창조적 소수, 의로운 남은 자가 되라. 약속을 기억하라. 고난받는 종(메시아)이여, 시온을 공의와 정의로 건설하라. 오늘날 이 전염병 시대에 이 소리에 응답하는 독자가 되기를 바란다. 할렐루야.

XVI. 메시아 기대와 성전 건축

이제 이사야서 연구의 대단원을 맺고자 한다. 전염병의 시대에 우리는 구원의 메시아를 기대하며 새로운 주의 성전을 건축하는 작업이 오늘 주어졌다. 거룩한 주의 성전을 짓는 길이 무엇인가. 곧 우리 마음 가운데 그 마음의 성전을 잘 지어서 우리가 구원의 길로 들어서기를 기대하며 시작한다.

1. 예루살렘 성전과 예루살렘 성벽 수축, 메시아 나라의 근간
  : 사 58:1-59:21, 60:1-62:12

이사야서 58-59장은 느헤미야가 예루살렘 성벽을 재건하기 직전의 상황을 반영한다(주전 445년). "네게서 날 자들이 오래 황폐된 곳들을 다시 세울 것이며 너는 역대의 파괴된 기초를 쌓으리니 너를 일컬어 무너진 데를 보수하는 자라 할 것이며 길을 수축하여 거할 곳이 되게 하는 자라 하리라"(58:12). 여기서 금식과 안식일 그리고 선지자의 공의와 평강을 강조함을 통해 새로운 언약의 관계 맺기를 원하는 하나님이심을 말한다. 이사야는 여호와 하나님의 언약을 후손과 세운다고 약속한다 (59:21). 귀환한 포로민들은 서로 억압하고 싸우는 상황이었다. 이로 말미암아 여호와 하나님은 그들을 징벌한다고 한다. 그리하여 그들은 금식하며 안식일을 엄격히 지키면서 하나님께 징벌을 멈추어 달라고 설득한다.

그러나 하나님이 기뻐하시는 금식은 정의를 행하는 것이다(58:6). 하나님은 정의와 공의를 요구하시는 분이며, 동료에게 바르게 대하고, 단순히 외적인 종교적인 금식이나 안식일을 지키는 것이 아님을 강조한다 (58:1-14). 그래서 포로 귀환 백성들이 폭력과 억압과 불의를 떠나는 것임을 말한다. "우리가 여호와를 배반하고 속였으며 우리 하나님을 따르는 데에서 돌이켜 포학과 패역을 말하며 거짓말을 마음에 잉태하여 낳으니 정의(미쉬파트)가 뒤로 물리침이 되고 공의(체다카)가 멀리 섰으며 성실(에메트)이 거리에 엎드러지고 정직(네코하)이 나타나지 못하는도 다"(59:13-14). 이사야 선지자는 일인칭 복수 주어로서 표현하며 포로 귀환 백성들의 상황을 보도한다. 하나님과 백성과의 대화의 모습이 아니라 선지자와 죄악 된 백성 사이에 대화이다(59장).

따라서 이사야서 58장은 하나님께서 받으시는 참된 예배에 대하여 말한다. 이사야서 59장은 하나님으로부터 떠난 죄악(59:1-8), 죄의 고백 (59:9-15a)을 말하며, 하나님이 그의 충성된 종들을 구속하심에 대하여 말한다(59:15b-21). 참된 예배가 종교적인 안식일이나 금식을 행하는 것이 아닌 공의를 행하여 하나님과 가까이하는 것임을 말한다(58:2). 이스라엘이 하나님께 부르짖을 때에 응답하시겠다고 한다(58:8-9). 그래서 포로 귀환 공동체는 제2의 성전, 새 성전을 세워야 하는 과제가 있었지만, 동시에 그들은 참다운 마음의 성전과 새 언약 공동체 건립인 이웃 성전을 세워야 하는 중요한 내적 과제가 필요했다.

"또 주린 자에게 네 양식을 나누어 주며 유리하는 빈민을 집에 들이며 헐벗은 자를 보면 입히며 또 네 골육을 피하여 스스로 숨지 아니하는 것이 아니겠느냐"(58:7). 우리나라도 과거 보릿고개를 넘을 때의 상황이 이러했다. 이러한 때에 사회 공동체의 공의와 정의를 세운다는 것은 중요한 일이다. 어둠의 죄악된 공동체가 빛의 공동체가 되는 것이 하나님 이 원하시는 것이다(58:8, 10). 주린 자를 동정하고 돕는 것이 필요하다 (58:10). 어떻게 빛의 공동체가 되는가? 이는 성전 건축이며 또한 귀환 공동체에게 예루살렘 성벽 재건과 더불어 중요한 과제가 되었다. 그래서 이사야 58:1-14은 백성들의 죄(자랑과 교만, 이기심)를 선포하며, 백성들 이 금식을 하면서도 오락을 한다. 논쟁하고 다투며, 주먹으로 서로 치며, 서로 상대에게 악한 말을 하는 것 등을 고발한다(1, 3-4절). 참된 금식은 흉악의 결박을 풀어 주고, 압제당하는 자를 풀어 주고, 가난한 자를 먹이고, 가난한 나그네에게 쉼터를 제공하고, 벗은 자를 입히고, 양식을 나누어 주는 것임을 말한다(58:5-7). 이렇게 할 때 어둠의 공동체가 빛의 공동체로 바뀌며, 진정한 성전 건축, 메시아 나라가 도래함을 역설한다. 이를 실현함이 여호와로 인하여 즐거워하는 것이다(58:14).

더 나아가 선지자는 그 백성들과의 대화에서 여호와 하나님이 백성을 구원하려고 준비하고 계심을 말한다. 여호와는 구원하실 수 있는 분이시다(59:1). 하지만 백성들이 죄악을 짓고. 근본적인 죄들인 거짓과 악행, 불의를 행하며, 그들의 마음에는 사악한 계획과 다른 사람을 상하게 하는 일들을 일삼는다(59:4, 8). 그들의 입술은 거짓되고 허망한 주장을 하고, 거짓으로 판결하고, 사악한 것을 말하고, 죄된 행동을 하며 특히 폭력을 일삼는다. 악한 행위와 포학으로 하나님 백성 사이에 평강이 없다. "그들은 평강(샬롬)의 길을 알지 못하며 그들이 행하는 곳에는 정의(미쉬파트)가 없으며 굽은 길을 스스로 만드나니 무릇 이 길을 밟는 자는 평강(샬롬)을 알지 못하느니라"(59:8).

선지자의 말씀을 듣는 청중 중에 일부는 이에 반응을 하며 자신의 죄를 고백한다(1인칭 복수 사용). 우리의 허물, 우리의 죄, 우리의 죄악, 배반, 포학과 패역, 거짓말, 정의와 공의가 멀리 선다. 이사야는 성실과 정직이 나타나지 못하고, 탈취를 당함이 여호와 하나님을 떠나서 오는 것임을 고백한다(59:9-11, 12-15). 또한 선지자는 탄원하는 자들에게 반응하며, 여호와가 기뻐하지 않으니 귀환한 공동체가 하나님의 백성 사이에 정의를 증진할 것을 촉구하지만, 아무도 공의를 행하지 못함을 슬퍼한다(15-17절).

그래서 여호와께서 전사들의 갑옷을 주며, 그의 대적자들을 징벌하며, 억압하는 공동체의 동료 유대인들을 나무라신다. 그리고 서쪽에서 여호와의 이름을 두려워하고, 여호와의 영광을 두려워하는 것이 일어나고, 하나님이 회개한 야곱의 후손들을 구속하리라 말한다(59:20). 그래서

메시아 공동체인 언약 공동체에게 새 영을 주시어 그의 언약을 맺게
하며 능력과 말씀(율법)이 그들의 후손들에게 영원히 함께할 것을 약속한
다(21절). 이처럼 메시아 나라의 근간은 공의와 정의임을 밝히고 있다.
메시아는 성전 건축과 예루살렘 성벽 수축의 역사적 과제를 수행하는
자로서, 정의와 공의를 이루시는 자로서 제시된다. 오늘 우리는 역사를
뛰어넘는 영적 메시아를 고대하게 된다.

2. 메시아 나라의 회복: 사 60:1-62:12

이사야 선지자는 세 가지 요소를 선포한다. 곧 여호와께서 열방을
선용하시고, 회개한 유대 공동체의 남은 자들이 돌아오게 하며, 선지자들
의 사람들이 여호와께 시온을 회복하게 구한다(60:1-62:12). 시온은 이사
야서 60-62장의 핵심 주제이다.[57] 스룹바벨과 동료들이 주전 516년
성전 건축을 완성한다. 또 예루살렘 성벽이 느헤미야에 의해서 주전
445년 완공된다(60:10, 18). 이방인과 왕들이 성벽을 쌓고 도울 것이다
(60:10).

그러나 본문에서는 아직 성벽을 쌓지 못한다. 이사야서 60-62장은
여호와께서 다른 회개한 포로 귀환민들(회개한 외국인들)이 시온으로 돌아
올 것을 선포한다. 어둠이 세상을 덮지만, 여호와가 영광으로 나타나리라
(60:2). 시온은 상징적 이름으로서 주의 도성과 거룩한 이스라엘 사람의
시온이다(60:14). 이것은 성벽이 완성될 것을 말하며, 구원의 도시임을
말한다. "다시는 강포한 일이 네 땅에 들리지 않을 것이요 황폐와 파멸이
네 국경 안에 다시없을 것이며 네가 네 성벽을 구원이라, 네 성문을

---

57 *Ibid.*, 569.

찬송이라 부를 것이라"(60:18).

메시아 나라가 복음의 실체인 그리스도로서 임하며, 복음의 주님이 여호와의 영으로 임할 때에 복음의 사역을 통하여 이뤄질 것임을 선포한다. "주 여호와의 영(루아흐 아도나이 아도나이)이 내게 내리셨으니 이는 여호와께서 내게 기름을 부으사 가난한 자에게 아름다운 소식(르바쉐르)을 전하게 하려 하심이라 나를 보내사 마음이 상한 자를 고치며 포로된 자에게 자유를, 갇힌 자에게 놓임을 선포하며 여호와의 은혜의 해(희년, 쉐나트 라쫀 하아도나이)와 우리 하나님의 보복의 날(욤 나캄)을 선포하여 모든 슬픈 자를 위로하되"(61:1-2).

복음이 선포되는데 그것이 바로 예수 그리스도의 도래와 공생애, 복음 사역임을 말하고 있다. 여기에 메시아(오메가 포인트), 희년의 선포가 이루어진다. 역사적으로 바벨론 포로 귀환 공동체의 신실한 남은 자가 와서 여호와의 영이 임하여 큰 축복의 물결을 이루며 예루살렘 도성이 새 회개한 사람으로 채워진다. 곧 "의의 나무, 곧 여호와께서 심으신 그 영광을 나타낼 자"라고 할 것이다(61:3).

그래서 새로운 개종자들이 재건되고 회복되고 갱신될 것이다. 이방인들과 외국인들이 유다의 양 떼가 되며, 포도원지기로 참여하고, 그들이 여호와의 제사장과 하나님의 봉사자가 될 것이다(61:5-6). 결국 여호와의 신실한 백성들이 즐거워하고, 땅을 기업으로 차지하고, 모든 백성과 더불어 갑절의 수확을 얻고, 영원한 기쁨이 있을 것이다(61:7). 여호와의 신실한 남은 자인 백성이 영원한 언약을 맺고 뭇 나라와 모든 민족 가운데 복 받은 자손이라고 인정받게 될 것이다(61:9). 구원의 옷을 입고 신랑과 같이 기뻐하게 될 것이며, 모든 나라에 뿌린 새싹처럼 공의와 찬송으로 솟아나게 할 것이다(61:10-11). 역사적으로는 신실한 포로 귀환민들의 나라이지만 영적으로는 새로운 메시아 나라의 기쁨으로 이사야는 모든 민족과 나라에 열려진 복음의 수용자들을 제시한다.

이사야서 62장은 선지자와 여호와의 대화로서 주님이 맹세하시고 선포하신다(62:8, 11). 여호와께서 이르되 "네 구원이 이르렀다"(62:11). 시온 예루살렘은 기쁨의 도시요 용서와 회복(4-5절), 빛나는 면류관과 아름다운 관(3절), 신랑의 상징(5절)으로 나타난다. 예루살렘 회복과 환원을 강조하는 데에 있어서 새 이름과 거주민에게 거룩한 백성과 주의 구원받은 자라고 하며, 더 이상 황폐한 땅이라 하지 않을 것이다(62:2, 4). 이러한 상징적 이름은 하나님이 돌보신다는 의미를 강화한다. "사람들이 너를 일컬어 거룩한 백성이라 여호와께서 구속하신 자라 하겠고 또 너를 일컬어 찾은 바 된 자요 버림받지 아니한 성읍이라 하리라"(62:12). 그 메시아 나라는 아직도 수축해야 하는 과정에 있고 또 메시아 나라가 도래하고 있기에 성전 건축과 성벽 수축을 촉구한다. "성문(바쉐아림)으로 나아가라 나아가라 백성이 올 길을 닦으라(파누, 준비하라) 큰 길을 수축하고(솔루) 수축하라 돌을 제하라(사쿼루) 만민(하아밈)을 위하여 기치를 들라"(62:10). 새 하늘과 새 땅을 향한 계속된 수축은 메시아 나라 회복과 메시아 도래에 있었다.

3. 에돔의 방해, 이사야 예언자의 호소: 사 63:1-6, 63:7-64:12

에돔은 이스라엘과의 관계에 있어서 역사적으로 대적자 관계였다. 야곱과 형제 관계인 에서는 형이며, 에서의 후손인 민족으로서 에돔이 이스라엘이 망할 때에 가장 반기며 바벨론 편에 서서 유다를 전복하는 쪽에 참가한다(시 137:7-8). 그래서 야웨가 이스라엘을 위해 에돔에게 복수하는 날이 선포된다(63:4).58 구원이 대적자 에돔을 누르고 구원자가 온다고 말한다. 에돔에서 오는 이, 붉은 옷을 입고 보스라에서 오는 이가 구원의 능력이 있다(63:1). 의복이 붉은 것(아돔)이나 에돔(붉은 땅, 팥죽)이라는 말이 언어(말) 놀이를 하며, 포도즙이 밟히며, 노함과 피가 흩어져 옷에 뛴 것이 붉음과 연상되며 말하고 있다(63:2-3). 여호와의 승리를 통해 메시아 나라가 세워지게 됨을 말하고 있다.

새 하늘과 새 땅의 우주적 세계는 묵시문학의 전망에서 펼쳐지는 세계이다. 이는 하나님의 강권적 역사 속에서 대적자 에돔의 관계를 평화로 인도하여야 펼쳐질 수 있다. 이는 "오늘을 즐기라", 카르페 디엠(Carpe diem)의 지혜로서 현재에 충실하며, 오늘에 최선을 다하며, 주님을 바라는 삶이 요구된다. 어거스틴은 과거와 미래는 존재하지 않는다고 한다. 기억과 기대로 존재하는 과거와 미래는 존재하지 않는다. 다만 현재만이 있는 세상이라는 사실이다. 그래서 이사야는 우리가 오늘을 잘 살아야 한다고 말한다. 우리에게 도래할 메시아 나라, 새 하늘과 새 땅의 세계도 오늘 우리가 오늘을 어떻게 사느냐에 따라 우리가 바라는 새 예루살렘이 도래하는 것이다. 이사야서는 그 오늘의 바른 삶은 바로 정의와 공의의 삶이라고 말한다. 하나님이 공의이시고(63:1), 공의를 행하고 주를 기억하는 자라는 사실을 말하며, 하나님은 그런 자를 잘 대해 주리라고 하신다(64:5).

예언자 이사야는 신실한 백성을 위해 예언한다. 예언자는 야웨의 백성에게 행한 과거의 놀라운 행위(63:7-14)를 언급하고 또 여호와가 백성을 다시 구속할 것을 말한다(63:15-64:12). 이사야 예언자의 호소는 여섯 번에 걸쳐 선포된다. 첫째, 포로지 유대인의 하나님 성품의 부재

---

58 *Ibid.*, 571.

(63:15)와 둘째, 하나님의 백성이 여호와를 떠나게 된다(63:16-17). 셋째, 원수의 성소가 유린되게 된다(63:18-19). 넷째, 여호와의 백성이 해결할 수 없는 딜레마에 빠진다(64:4-7). 다섯째, 여호와가 토기장이로서 이스라엘을 토기로 빚으신다(64:8-9). 하나님이 용서하시고 회복케 하신다. 여섯째, 선지자는 거룩한 유다의 도시, 시온(예루살렘)과 성전이 바벨론의 손에서 파괴된 것을 말하며, 그런 경험을 한 것에 대하여 말하며, 왜 선택한 백성이 고난 받는지를 묻는다(64:10-12). 주님이 고난 중에서 인도하실 것이다(64:12).

이러한 예언자의 호소는 회개한 백성들이 잃어버린 것을 문제 삼으며 하나님과 관계를 통해 구속받은 백성이 다시 구출되며, 그들이 소망하는 바 다시 구속될 것을 말한다. 결국 하나님의 영이 이 백성을 구원의 길로 인도함을 지시해준다. 주는 이스라엘을 편히 인도하신다(63:14). 그래서 메시아는 영적으로 오시며, 하여 오늘도 그리스도가 오시게 됨을 기대하게 된다.

4. 새 하늘과 새 땅의 창조: 사 65:1-66:24

이사야서 전체는 새 하늘과 새 땅의 창조를 향해 나간다. 하나님은 새 하늘과 새 땅을 창조하신다(65:17). "내가 지을 새 하늘과 새 땅이 내 앞에 항상 있는 것 같이 너희 자손과 너희 이름이 항상 있으리라 여호와의 말이니라"(66:22). 이 우주적 새 하늘과 새 땅의 창조는 묵시문학적 전망에서 본 새 차원의 창조이다. 하지만 세 번째 이사야의 역사적 상황이 어렵고 힘든 나라 재건의 과제가 요구되며, 혼돈과 공허한 세계에서 해야 함을 보여준다. 이사야서 65:1-66:24은 여호와께 도움을 구했지만 대답이 없는 것을 불평한다(65:1, 12, 24, 66:4). 그들은 악을 행하고, 하나님이 기뻐하지 않는 것을 선택하였다(66:4). 그래서 적은 수의 남은 자들이 주께 돌아오며, 결국 주가 그들을 회복하며 모든 민족을 여호와께 불러서 그의 참된 종들과 원수들을 구별할 것을 말한다(65:8-10, 17-25, 66:18-23; 65:8-16, 66:5). 이사야서 65-66장은 세 부분으로 나뉘어 남은 자 회복, 참된 종의 축복, 우상 숭배자의 징벌을 말한다.[59]

새 하늘과 새 땅이 펼쳐져야 하는 상황은 어려운 환경에서 일어난다. 그래서 전적으로 하나님의 역사가 일어나야 하는 환경이다. 이는 마치 우리나라가 해방되어 일제시대가 끝나던 때와 유사하다. 곧 혼돈과 무질서, 새로운 건설과 헤게모니 쟁투가 펼쳐지는 때이다. 마지막 부분은 그러한 혼란의 끝에 우상 숭배와 그 제물(65:1-5) 문제로 인해 칼의 심판이 있을 것을 말한다(65:12). 포도송이의 즙과 샤론과 아골 골짜기의 복이 갓과 므니(고대 신, '바베와 스와트의 술탄')에게 섞은 술을 붓고 우상 숭배하는 죄로 인해 칼의 심판으로 변할 것을 언급한다(65:8, 10). 그러나 소수의 참된 종들은 새 하늘과 새 땅의 창조에서 기뻐하고 즐거워할 것을 말한다. 주의 종은 기뻐하지만, 너희는 수치를 당한다(65:13). 또 참된 종들은 부르짖기 전에 기도에 대해 응답받을 것이며, 주가 그들에게 먹을거리를 제공하고 사회의 적대자들과 개인들 사이에 평화가 증진될 것이다. 나의 성산에는 상함도 해함도 없는 세계로서 평화가 공존하는 세상이다(65:25). 새 하늘과 새 땅의 창조는 이러한 유토피아 세상임을 말한다.

이사야서 66장은 이사야서의 결론으로서 소수의 참된 종을 통해 유대 공동체가 존속된다. 우상 숭배하는 자들이 제물을 바치지만, 수치를

---

59 *Ibid.*, 572-573.

당하게 된다(66:3-5). 또 하나님은 원수를 보응하신다(66:6). 시온에서 수많은 아이들이 태어나겠고, 번성하며 평강이 강같이 모든 나라의 영광이 넘치는 시내같이 주어져서 예루살렘 공동체가 위로를 받게 될 것이다(66:13). 마지막으로 이사야서는 여호와의 비전으로 끝맺는다. 열방이 때가 되면 주의 영광을 보고 전하게 된다(66:18-19). 마침내 모든 유대인들이 예루살렘의 주의 성전에 되돌아와서 예물을 드리며, 일부 외국인 중에서 선택하여 제사장과 레위인으로 삼게 될 것이다. 또 예루살렘의 이름과 후손이 여러 세대를 거쳐 있을 것이며, 모든 민족들이 와서 여호와께 예배하게 되리라(66:17-23).

　이사야서는 이처럼 보편주의와 여호와의 우주적 통치를 말하며, 모든 나라와 민족을 포괄하여 보호하고 축복하며 이스라엘을 언약 공동체로 삼고 있다. 이는 새 하늘과 새 땅의 창조로서 예수 그리스도의 메시아 나라를 이르는 것으로서 복음의 세계를 말한다. 그 세계는 정의와 공의가 실현된 곳이다. 주 예수 그리스도를 믿음으로 온 인류가 구원받는 세상을 말한다. 메시아 나라는 이제도 열려 있어서 구원의 미래가 언제든지 예수 그리스도를 고백함으로 열려지게 된다. "주 예수를 믿으라 그리하면 너와 네 집이 구원을 받으리라"(행 16:31). 또 주님의 지상 대명령이 수행되어 모든 민족이 제자가 되고 삼위일체 이름으로 침례를 주고 분부한 것을 가르쳐 지키게 하는 일이 행해지게 되리라(마 28:18-20). 할렐루야!

4장

팬데믹 시대 구약신학

I. 팬데믹 시대 선교 동향[1]

팬데믹 이후 세계 선교는 어떻게 변화될까? 오늘날 일어나는 세계 선교지의 상황은 아주 불확실하고 어둡다. 먼저 선교지에서 일어나는 현상적인 상황을 보면서 선교 동향을 타진해보고자 한다. 한국 선교사들이만 명 정도 세계에서 활동하며 보이지 않는 선교사로서 전도하는 것을 추산해보면 많은 선교사들이 복음의 씨앗을 많이 뿌리고 있다. 한국 선교사들이 세계에 나가서 선교하는 기간이 50년 이상 된다고 볼 때 그분들은 2세대에 걸쳐서 선교를 계속하고 있는 것이다.

그래서 이제 남미 볼리비아에서는 대통령 후보로서 선교사 자녀가 나와서 영향력을 미치고 있는 것을 볼 수 있다. 팬데믹 전염병의 재난과 재앙으로 각 나라가 어려움을 겪고 있고, 이동 금지의 봉쇄로 말미암아 어려워진 환경에서 선교사들이 십자가를 지는 경우가 생기면서 순교를 당하는 현실도 보게 된다. 한편 선교지에서 안전지대인 고국으로 돌아왔

---

1 이 글들은 월간 신문 「더 미션 타임즈」에 기고한 "팬데믹 시대 선교" 컬럼임.

다가 발이 묶이면서 새로운 선교 형태를 찾아 애를 쓰는 모습도 볼수 있다. 또 다른 한편 선교사들이 하루속히 선교지로 갈 수 있는 길을 모색하는 모습을 볼 수 있다.

이 어려운 전염병 시대에 어떻게 하나님의 선교를 감당해야 할 지 선교사들은 기도하면서 그 뜻과 새로운 길을 찾으려 한다. 먼저 선교 동력을 얻기 위해 기도하면서 선교 동지를 찾으려 할 것이다. 안디옥교회에서 바나바와 사울을 세워서 구브로, 비시디아 안디옥, 이고니온, 루스드라에 전도하고 선교하는 모습을 본다. 이처럼 선교지는 성령의 역사가 일어나기를 기대하고 있다. "주를 섬겨 금식할 때에 성령이 이르시되 내가 불러 시키는 일을 위하여 바나바와 사울을 따로 세우라 하시니 이에 금식하며 기도하고 두 사람에게 안수하여 보내니라"(행 13:2-3).

이처럼 선교는 성령이 하시는 것을 볼 수 있다. 거기에 바나바와 니게르라 하는 시므온, 구레네 사람 루기오와 분봉왕 헤롯의 젖동생 마나엔과 사울 등이 안디옥교회에서 성령 충만하여 바나바와 사울을 선교사로 파송하는 역사를 보게 된다(행 13:1). 오늘 어려운 전염병 시대에 우리는 하나님의 선교가 성령을 통해 일어날 것을 알고 준비하고, 예측하고, 금식하며 기도해야 한다.

믿음의 사람들은 어려운 시대에도 하나님의 선교를 감당하며 지혜롭게 선교 역사를 이어가는 것을 보게 된다. 인도차이나 5개국 선교사들이 "태국에서 21차 선교 대회를 열며 협력 선교를 어떻게 지혜롭게 열어갈 것인가" 하며 논의하는 모습을 보게 된다. 하나님의 선교는 멈추어지지 않기에 우리는 성령의 음성을 듣고 기도하면서 주의 선교를 행해야 한다. "두 사람이 성령의 보내심을 받아 실루기아에 내려가 거기서 배 타고 구브로에 가서 살라미에 이르러 하나님의 말씀을 유대인의 여러 회당에서 전할 새 요한을 수행원으로 두었더라"(행 13:4-5). 바로 우리는 성령의 선교를 통해 선교의 길을 열어야 한다. 앞으로 선교의 동향은 어떤가. 패러다임의 엄청난 변화가 일어나며 대부흥의 역사를 일으킬 것이다. 그리하여 세계 복음화의 열매가 놀랍게도 크게 있을 것이다. 팬데믹 이후의 하나님의 선교를 예측하고 준비하며, 선교 대국의 역사를 예비하여 준비하는 기회를 가져야 할 것이다.

현재 선교지에서 고통받으면서 묵묵히 선교를 감당하는 종들을 위해 기도해야 할 것이다. 그들은 십자가 선교를 감당하는 선교사이다. 한편 국내에 있다가도 선교지에서 이미 잔뼈가 굳었기에 그곳에 있는 것이 오히려 편하고 사는 맛이 낫다고 한다. 그래서 다시 어려운 가운데도 선교지로 가는 종들을 보게 된다. 이는 고난 받는 곳에 선교지 자녀들이 있기에 선교지를 향해 또 들어가는 선교사들인 것을 본다. "즐거워하는 자들과 함께 즐거워하고 우는 자들과 함께 울라"(롬 12:15). 오늘의 선교 동향은 포스트 코로나 이후 변화가 있는 쪽으로 변하는 경향이다. 이러한 엄청난 변화의 시기에 우리는 놓여 있다. 이때에 성령의 선교로 돌파를 하며 하나님의 선교를 이루는 귀한 선교사와 선교 마인드가 투철한 독자가 되기를 바란다.

그의 성령을 우리에게 주시므로 우리가 그 안에 거하고 그가 우리 안에 거하시는 줄을 아느니라(요일 4:13).

II. 갈대 상자

더 숨길 수 없게 되매 그를 위하여 갈대 상자(테바트 고메)를 가져다가 역청과
나무진을 칠하고 아기를 거기 담아 나일 강 가 갈대 사이에 두고(출 2:3).

오늘날 우리는 선교의 대위기 시대에 살아가고 있다. 선교사만이
선교의 위기가 아니라 모든 사람들이 큰 고통 가운데 살아가고 있다.
이러한 때에 우리는 하나님의 선교(Missio Dei)를 위해 깊이 생각하며
하나님의 뜻을 물어야 한다. 이 글을 통해 팬데믹 코로나19 전염병
시대에 어떻게 선교의 시대를 다시 열어 갈지 모색하고자 한다. 이
위기 극복을 통한 선교의 세계를 더 왕성하게 펼칠 수 있는 길이 무엇인지,
그 해결책이 무엇인지 살피며 우리는 하나님의 지혜를 묻고자 한다.
먼저 우리는 갈대 상자의 비전을 봐야 한다.

갈대 상자는 모세의 부모가 받은 비전이다. 바로의 유아 살해 정책으로
모든 아이들이 죽어가는 시대이다. 오늘날 전 세계가 팬데믹 전염병으로
인해 많은 사람이 죽어가고 있다. 이 죽음의 시대에 죽지 않고 하나님의
영광을 드러낼 수 있을까? "레위 가족 중 한 사람이 가서 레위 여자에게
장가들어 그 여자가 임신하여 아들을 낳으니 그가 잘생긴 것(키 토브
후)을 보고 석 달 동안 그를 숨겼으나"(출 2:2). 하나님의 사람, 하나님의
종(유아)은 유아 살해 정책의 희생양이 되어서는 안 된다. 이 잘생긴
아이는 모세였다. 그는 이스라엘을 출애굽 시켜야 하는 사명이 있다.
그는 그 위대한 사명을 감당해야 하는 인생이었다. "그 아기가 자라매
바로의 딸에게로 데려가니 그가 그의 아들이 되니라 그가 그의 이름을
모세(건져냄)라 하여 이르되 이는 내가 그를 물에서 건져내었음이라

하였더라"(출 2:10).

팬데믹 시대에 우리는 갈대 상자(테바트)를 만드는 작업을 해야 한다. 출애굽기 1-2장의 하나님이 부재하시는 상황처럼 보여도 믿음의 눈으로 바라보아야 한다.[2] 갈대 상자, 이 상자는 노아 방주(테바)와 같은 말로 '테바'이다. 노아는 홍수 시대, 전멸하는 인류의 파멸 시대에도 믿음으로 방주를 만들어 살아남았다. 이처럼 우리도 노아 가족 공동체 8인처럼 방주 공동체를 이뤄서 구원의 사건을 만들어야 한다. 이는 신앙의 교회 공동체와 더불어 방주(테바) 공동체를 만들어야 한다는 것이다. 우리는 갈대 상자 공동체를 만들어 모세를 구원시켰던 것처럼 선교 공동체를 만들어야 하는 사명이 있다. 이는 출애굽기 2장 본문을 통해 지혜를 얻을 수 있다. 우리는 갈대 상자를 만들어야 하고, 역청(헤마르)과 나무 진(자페트병)을 바르는 작업을 해야 한다. 이것이 영적으로 무엇인지 생각해보자.

모세의 누이가 멀리 서서 그 갈대 상자를 지켜보아야 했다. 우리도 주위를 돌아보며 하나님의 역사와 하나님의 사람을 살펴보아야 한다. 또 바로의 딸이 목욕하고 있는 나일강으로 그 누이 미리암을 내려보내야 한다. 모세의 누이가 다가가 공주에게 유모를 구해 젖을 먹여야 한다고 설득해야 한다. 그리고 유모를 통해 젖을 주도록 하여야 한다면서 모세의 친엄마가 유모가 되도록 하는 지혜를 구해야 한다. 출애굽의 공동체와 미리암을 통해 모세가 바로 딸의 양자가 되는 역사가 일어나도록 기도하며 역사하게 해야 한다. 이는 하나님의 도우심과 기도가 아니면 불가능한 일이다. 우리는 이 시대에 하나님의 기적적인 역사(役事)를 고대하며, 이 갈대 상자의 비전을 보며 그 기적을 재현하도록 하자. 이 전염병

---

2 도널드 고원/박호용 역, 『출애굽기 신학』(서울: 성지출판사, 1994), 31-76.

시대에 하나님 선교를 지혜롭게 하는 선교사와 종이 되기를 기대한다.

III. 노아 방주

여호와께서 노아에게 이르시되 너와 네 온 집은 방주(하테바)로 들어가라 이 세대에서 네가 내 앞에 의로움(차디크)을 내가 보았음이니라(창 7:1).

우리는 이 재앙의 시대에 어떻게 살아남으며, 어떻게 생존할까? 우리의 선교가 유지되고, 선교 사업이 활발해서 오히려 생존할 뿐 아니라 더 번성할 수 있을까? 일차적으로는 생존이지만, 이차적으로는 번영과 발전, 성장을 계속할 수 있을까? 최근 경제인들은 이 팬데믹 전염병이 멈출 것이라는 예측을 하고 있다. 백신 접종이 되고, 모든 국민이 주사를 맞게 되면 집단 항체가 형성되어 곧 팬데믹이 종식될 것이라고 예측한다. 과연 우리의 생각대로 멈출지는 알 수 없다. 하나님은 이러한 때에 우리에게 생존의 비밀을 가르쳐 주고 있다. 하나님은 노아에게 방주를 만들라고 지시하며 다가올 홍수의 재앙을 준비하여 생존케 하며, 새 인류를 보존할 것을 계획하였다. "너는 고페르 나무로 너를 위하여 방주(테바트)를 만들되 그(하테바) 안에 칸들을 막고 역청(코페르)을 그 안팎에 칠하라"(창 6:14).

오늘날 이 재앙의 시대에 우리는 노아 방주를 만드는 작업을 해야 한다. 이 재앙은 사람의 죄악이 세상에 가득하고, 마음의 생각하는 모든 계획이 항상 악할 뿐임을 보고 한탄하시고 사람과 가축과 공중의 새까지 쓸어버리겠다고 한다(창 6:5-7). 오늘 우리 시대의 재앙을 통하여 보는바 하나님의 심판 계획은 또 어떠한가? 우리는 하나님께 은혜를 받을 수 있도록 노아처럼 의인(차디크)이요 당대에 완전한 자(타밈)가 되며 또 하나님과 동행하는 자(하엘로힘 히트할레크 노아)인가 살펴봐야 한다. 노아 홍수의 이야기가 네피림의 죄악이 관영하면서 하나님의 심판이 시작되었다.[3]

우리는 말씀과 기도로서 방주의 역청과 진을 바르며 또 자신을 점검하고 회개하는 작업을 끊임없이 하여야 한다. 먼저 우리는 십자가 보혈로 회개함으로 의인이 되도록 하며, 주의 은혜를 입어야 한다. 그래야 하나님의 사람으로서 변화된 새 실존이 되어 의로운 노아가 될 수 있다. 세상은 하나님 앞에 부패(티샤헤트)하고 포악함(하마스)이 가득하였다(창 6:11). 이 시대에도 그렇지 않은가? 우리는 현재 일어나는 현실을 보면서 출애굽의 열 가지 재앙이 일어나고 있는 현장을 보아야 한다. 노아의 홍수는 많은 피를 흘리게 하는 사건이 되었다. "다른 사람의 피를 흘리면 그 사람의 피도 흘릴 것이니 이는 하나님이 자기 형상대로 사람을 지으셨음이니라"(창9:6). 노아와 맺은 하나님의 언약은 어떠한 상황에서도 살해자의 생명을 취하는 경우를 보게 된다.[4] 하지만 이 재앙의 현장에서 우리가 하나님의 구원의 손길이 되고, 하나님의 선교에 도구가 되어 이 어려운 시대에 주님의 사명을 감당하는 종이 되어야 한다.

노아는 주의 명령을 그대로 준행하는 종이었다. "노아가 그와 같이하여 하나님이 자기에게 명하신(치와) 대로 다 준행하였더라(켄 아사)"(창

---

3 John Skinner, *Genesis*, ICC (Edinburgh: T&T Clark, 1980), 146-147. 야웨 문서(J)의 창조 이야기(6:5-22)와 제사장 문서(P) 이야기(6:9-12, 노아의 경건성), 9:18-27(포도 재배자 노아, 노아의 축복과 저주)은 J문서로 보고, 창세기 10장(족보)은 P와 J의 결합 이야기로 본다.

4 O. Palmer Robertson, *The Christ of The Covenants* (New Jersey: P&R Publishing Co., 1980), 117-118.

6:22). 이 전염병 시대에는 선교 사역을 확대하고 시행하는 것보다 하나님의 명령이 무엇인지 분별하여 그 명령을 준행하는 것이 급선무이다. 선교사들이 자국으로 돌아와서 전염병이 멈추기만 기다리는 경우가 대부분이지만, 아직도 선교지에 있으면서 주의 종으로서 서서 선교지 교우들을 지키며, 함께 고난당하며 기도하고 있다(롬 12:15).

이 팬데믹 시대에 노아의 방주를 만들며, 구원의 공동체가 누구인지 점검하고, 우리는 믿음의 공동체를 만들어야 한다. 또 한편 어떻게 고페르 나무를 구해야 할지, 어떤 동물(정한 것, 부정한 것)들은 암수 한 쌍씩, 암수 일곱씩을 들여야 하는지 따지며 교회 공동체를 만들어야 한다. 한편 방주처럼 먹을 모든 양식을 저축해야 할지 준비하고 또 매뉴얼을 짜서 이 시대의 방주를 준비하는 작업을 해야 할 것이다.

노아는 어떻게 오백 세에 셈, 함, 야벳을 낳고 방주를 만들었을까? 홍수 후에 350세를 더 살았고, 950세를 살았다. 그래서 100년의 기간에 방주 제조가 이뤄지고 홍수의 심판이 일어났다고 하면 노아는 족히 장시간 노아 방주를 만드는 시간이 필요했고, 홍수 심판에 대비하는 시간들을 가졌다. 오늘 우리에게도 노아와 같이 홍수로부터 구원받기 위한 방주 제조의 구원 계획을 마련해야 하는 것에 관한 많은 생각을 하게 한다. 이 어려운 시대에 우리가 바르고 정직하고 완전하게 살며, 하나님과 동행하며 살라고 가르쳐 주고 있다. 노아와 같은 믿음의 사람이 되며 선교사가 되어 하나님의 축복을 받은 자가 되기를 바란다.

IV. 바벨탑

여호와께서 거기서 그들을 온 지면에 흩으신 고로 그들이 성 쌓기를 그쳤더라(창 11:8).

전염병의 어두운 터널이 어디쯤 지나왔을까? 지루한 장마처럼 코로나 19 바이러스는 우리의 일상을 무너뜨리고, 불안한 세월을 보내게 하고 있다. 이러한 때에 우리는 하나님의 손길을 바라며 하나님의 뜻이 무엇인지 묻지 않을 수 없다. 우리 시대는 바벨탑을 쌓던 원역사 시대의 우리 조상들과 같은 행태를 다시 벌이고 있지 않은가? 현대의 바벨탑을 쌓는 문화가 우상이라고 하면 우리는 그것이 해체되는 시간들을 맞이하고 있다. 하나님이 기뻐하지 않는 바벨탑 문화는 흩으신다.

바벨탑의 인류는 온 땅의 언어(사파)가 하나이고, 말(데바림)이 하나가 되는 세상을 추구하는 시대였다. 문명의 발전을 위해서 선조들은 동방(미쿠덴)으로 옮겨(베나스암)가다가 시날 평지를 만나서 거기서 정착하고 살았다. 그리고 그들은 벽돌을 굽고, 벽돌과 역청(하헤마르, 하호메르)을 칠하는 건축 기술을 개발하고, 집을 짓고 건물을 지어서 도시를 건설한다. "성(이르)과 대(믹달)를 쌓아 대 꼭대기(로쇼)를 하늘에 닿게 하여"(창 11:4) 하늘에 건물이 닿을 정도로 거대한 건물을 만들려고 한 과학 문명을 추구하는 사람들이었다. 그들은 고대 시대의 발전된 건축 기술과 문명을 만들어 내었다. 오늘 한국의 롯데 빌딩(123층)을 만드는 기술처럼 그들은 고대 시대 당시의 최고의 건축 기술과 문명을 보여주며 발달된 문명을 뽐내었다. 하지만 여기까지는 하나님이 노여워하지 않으셨다. 바벨탑 문명과 그 시대 인간의 사회성을 가지고 뭉쳐서 문명을 발전시키며 과학과 건축 기술을 발전시키는 것에 대해서 하나님은 문제를 삼으시지 않으셨다. 다만 하나님은 그들의 교만과 하나님의 영광이 아닌 인간의 영광을 추구하는 것을 문제로 삼으신 것이다.

"대 꼭대기를 하늘에 닿게 하여 우리(라누) 이름(쉠)을 내고(나아쉐) 온 지면에 흩어짐을 면하자 하였더니"(창 11:4). 하늘의 꼭대기, 최정상 하늘에 닿게 하는 것은 바로 오늘날에는 인간이 하나님의 영역, 거룩의 영역에 도전하는 것을 의미한다.[5] 우리가 인간의 성을 변환하거나 창조 질서를 거스르는 일, 창조 질서의 우주를 침범하는 것, 유전자 조작 등의 일들이 바로 창조 질서를 어기고, 거룩의 영역에 도전하는 것이 아닐까? 바벨탑의 문화인은 하나님의 창조 질서를 어기고, 하나님의 영역을 침범하는 일을 시도했다. 또 그들이 교만하여 하나님의 이름이 아닌 인간의 이름을 내려 하는 것을 하나님이 문제 삼으셨던 것이다.

따라서 오늘 우리 문명의 문제점이 무엇인지 점검하게 된다. 바벨탑 사건은 우리에게 많은 것을 돌아보도록 시사해주고 있다. 결국 하나님의 심판이 언어를 혼잡케 하여 사람들을 흩어지게 한 것이다. 이 혼잡케(나벨라) 하는 것이 언어를 소통하지 못하게 하는 것이고, 도시가 건설되는 것을 막는 것이었다. 이는 하나님을 아는 공동체, 하나님의 문화를 거역하는 문화인인 까닭이었다. 오늘도 바로 이 코로나19 바이러스, 전염병이 하나님의 바벨(혼잡)을 일으키는 것이다. 출애굽의 10가지 재앙을 통해 애굽을 파괴하는 것처럼 애굽의 우상들이 무너지는 현상이 일어나는 것이다. 열 가지 재앙 중 첫 재앙인 피 재앙으로부터, 개구리, 이, 파리, 악질, 독종, 우박, 메뚜기, 흑암, 초태생의 재앙에 이르기까지 총체적 파멸에 이르게 된다. 이를 통해 우리는 애굽 종교의 허황(虛荒)된 문화와

---

5 박신배, 『구약이야기』 (서울: KC대학교 출판국, 2020), 30.

성질을 알게 되고, 그 애굽 우상들이 무너지게 지는 되는 일을 통해 아무것도 아닌 피조물임을 알게 된다.

오늘의 시대에도 이러한 바벨탑 문화가 붕괴되고, 애굽의 열 가지 신상들이 무너지고 있는 때임을 알게 된다. 그래서 결국 그 하나님의 재앙과 우상 파괴 일을 통해 하나님의 영광이 드높이는 일들이 일어난다. 곧 반대로 이스라엘에게는 구원의 사건이 일어난다. 다시 말해 역 현상이 일어나며, 하나님을 아는 일(야웨 인지[認知])들이 일어나게 되는 때이다. 이러한 때에 우리는 하나님의 영광을 알리는 도구가 되고, 하나님을 알게 하는 일에 쓰임 받는 종이 되어야 한다.

다시 말해 우리는 하나님의 선교사가 되도록 하나님 앞에 엎드려 기도하며 순종하며 나가야 한다. 우리의 팬데믹 시대 선교는 하나님의 뜻을 알고 일어나는 재앙의 사건들을 보면서 바벨탑 문명의 본질을 보아야 한다. 또 우리 시대에 혼잡케 된 언어들 속에서 성령의 역사, 오순절 마가 다락방의 성령의 언어를 들어야 한다. 우리는 하나님의 뜻에 순종하고, 이에 헌신하고 결단하여 복음 전도의 행렬을 만들어가야 할 것이다. 하나님의 말씀을 들을 귀가 있고, 하나님의 뜻과 비전을 볼 수 있는 눈을 가진 주의 종들이여, 일어나라. 출애굽의 역사를 위해 일어나라.

저희가 다 성령(프뉴마토스 하기우)의 충만함을 받고 성령(토 프뉴마)이 말하게 하심을 따라 다른 방언으로 말하기를 시작하니라 그때에 경건한 유대인이 천하 각국으로부터 와서 예루살렘에 우거하더니(행 2:4-5).

V. 잠언 1장

오직 나를 듣는 자는 안연히(베타흐) 살며 재앙(라아)의 두려움이 없이 평안하리라 (잠 1:33).

팬데믹의 재앙은 계속 고조되고 있다. 6차 대유행이 진행되고 있어서 전염병이 급속히 퍼지며 확대되는 모습이다. 이러한 상황에서 우리는 매일 불안한 일상을 살고 있다. 어떻게 이 위기와 재앙을 극복할 수 있을까? 우리는 여기서 잠언 1장에서 지혜의 말씀을 받고자 한다. 하나님을 경외하는 것이 지혜의 세계관에 있어서 중요한 하나님 지혜를 얻는 길이다. 그 하나님을 두려워함이 바로 하나님의 지식이자 신비인 것이다.[6]

"나의 책망(토카흐티)을 듣고 돌이키라 보라 내가 나의 영(루히)을 너희에게 부어 주며 내 말을 너희에게 보이리라"(잠 1:23). 이런 환난의 시대에는 하나님의 영이 임하여서 주의 말씀을 들어야 한다. 주님이 꾸짖고 있는 말씀을 들어야 한다. 그동안 우리는 하나님의 말씀을 들으며 '지혜롭게, 공의롭게, 정의롭게, 정직하게' 행할 일에 대한 가르침을 받아야 한다. 왜냐하면 이 지혜를 통해 재앙의 시대를 슬기롭게 헤쳐 나갈 수 있기 때문이다. 오늘의 전염병 재앙은 왜 이렇게 비참한 결과를 가지며 우리를 괴롭게 하는가? "대저 너희가 지식(다아트)을 미워하며(사네우) 여호와 경외하기를(이르아트) 즐거워하지 아니하며 나의 교훈(아차티)을 받지 아니하고 나의 모든 책망(토카흐티)을 업신여겼음이니라"(잠 1:29-30). 오늘의 재앙은 하나님의 말씀을 떠남으로 인해 오는 현상임을

---

6 Daniel J. Estes, *Hear, My Son: Teaching and learning in Proverbs 1-9* (Leicester: Apollos, 1997), 19-39.

알고 우리는 회개하며 주님 앞에 나가야 한다.

우리는 그동안 아비의 훈계와 어미의 법을 떠났다(잠 1:8). 악한 자가 우리를 꾀고 사람의 피를 흘리는 것에 동조하며, 그들의 악한 길에 다니며 악으로 달려가며 피를 흘리는 일에 빨랐던 것이다(잠 1:10, 11, 15, 16). 이익을 탐하는 사람들의 길이 결국 자기의 생명을 잃게 하는 길임을 보게 된다(19절). 팬데믹 현상은 다른 차원에서 지구가 한 가족, 한 식구라는 사실을 우리에게 알려주었다. 인류 역사상 전염병이 온 세상에 퍼져서 사람을 괴롭게 하는 것을 처음 경험한다. 이 전염병으로 인해 세계의 정치와 경제, 문화와 경계가 새롭게 바뀌는 시대가 되었다. 우리는 이에 따라 비대면, 온라인 중심 사회를 살아가면서 세기의 전환점이자 문명의 전기(轉機)를 바라보게 된다. 이러한 놀라운 변화의 시기에 우리는 새로운 하나님의 역사를 보게 된다. 결국 하나님의 말씀과 지혜의 소리를 듣고 변화의 계기를 바라보면서 하나님의 이끄심에 따라 움직여야 한다.

오늘의 팬데믹 비극이 하나님의 말씀을 떠나서 오는 현상이라는 것을 깨닫고 주님 앞에 나가야 한다. "내가 불렀으나 너희가 듣기 싫어하였고 내가 손을 폈으나 돌아보는 자가 없었고 도리어 나의 모든 교훈을 멸시하며 나의 책망을 받지 아니 하였을 즉 너희가 재앙을 만날 때에 내가 웃을 것이며 너희에게 두려움이 임할 때에 내가 비웃으리라"(잠 1:24-26). 그동안 하나님과 그의 말씀을 떠난 어리석은 자의 길을 걸어간 것이다. 그러므로 우리가 지금의 재앙 상태에서 돌이켜서 주님 앞으로 나와야 한다(잠 1:30-32).

이제라도 늦지 않았다. 재앙과 심판의 한 가운데서 우리는 잠언 1장 결론에서 말하는 그 말씀을 귀 기울여야 한다. 주의 말을 듣는 자는 평안히 살며, 재앙의 두려움이 없이 안전하리라고 약속하신다. 팬데믹 시대 선교는 바로 말씀을 듣는 데서부터 시작된다. 길거리와 광장에서 소리를 높여야 한다. 구원받은 종들이 시끄러운 길목과 성중 어귀와 성중에서 전도자는 지혜와 말씀의 소리를 발하여야 한다. 오늘 전염병 시대에도 이러한 선교의 외침을 외치며 살아가는 주의 종이 되며, 귀한 선교사가 되기를 바란다.

VI. 창세기 18장(소돔과 고모라)

코로나19 전염병은 전 세계를 공포로 몰아넣었고, 오랜 기간 사람을 괴롭게 하고 있다. 이는 절대자 하나님이 인간에게 재앙을 통해 회개를 촉구하고 있는 것이다. 이 재앙의 심판에서 우리는 하나님의 뜻을 찾으라는 경고를 본다. 소돔과 고모라 성의 멸망을 보듯이 오늘 롯의 후예들이 사는 우리 시대에도 시사하는 바가 크다. 음란한 도시가 멸망당하는 교훈을 우리는 깨달아야 한다.

롯이 사는 도시에는 의인 10명이 없어서 멸망당하는 도시가 되었다. 곧 롯의 처는 그 향락의 도시, 쾌락의 도시를 다시 바라보다가, 아니 뒤돌아보다가 소금 인간이 되었고, 소돔과 고모라는 유황불의 심판이 있었다. 이는 우리가 사는 도시에도 똑같이 그 심판이 있기에 우리는 그 불행한 심판을 피하도록 회개가 요구된다. "여호와께서 또 가라사대 소돔과 고모라에 대한 부르짖음이 크고 그 죄악이 심히 중하니 내가 이제 내려가서 그 모든 행한 것이 과연 내게 들린 부르짖음과 같은지 그렇지 않은지 내가 보고 알려 하노라"(창 18:20-21). 소돔과 고모라에서 아브라함은 중재자로 서서 도시가 멸망되는 것을 멈추려 한다. "가까이 나아가 가로되 주께서 의인을 악인과 함께 멸하시려나이까"(22절). 아브라함은 중보기도(Intercession)를 통하여 소돔 고모라 성의 롯, 공동체에 속한 롯과 가족, 그 죄악의 사람들 가운데 긍휼히 여김을 받을 사람을 위해 중보기도를 한다.7

오늘 일어나는 전염병의 재앙은 소돔과 고모라 성에 일어나는 현상과 아주 유사하다. 부르짖음이 크고 죄악이 심히 중한 상태이다. 이러한 상황에서 하나님의 심판이 전염병으로 말미암아 사람들을 치고 도시를 멸망케 하였다. 중재자이자 의인인 아브라함은 의인과 악인을 함께 멸하려 하시느냐고 하나님께 묻고 있다. 그러자 하나님은 이 성에 의인 오십 명을 찾으면 그들을 위하여 온 지경을 용서하리라고 하신다. 아무리 찾아도 의인 사십오 명, 사십 명, 삼십 명, 이십 명을 찾을 수 없는 도시가 소돔과 고모라 성이 되었다고 한다. 끝내 하나님은 10명의 의인을 찾으시는 마지막 대화를 하신다. "아브라함이 또 가로되 주는 노하지 마옵소서 내가 이번만 더 말씀하리이다 거기서 십 인을 찾으시면 어찌 하시려나이까 가라사대 내가 십 인을 인하여도 멸하지 아니하리라"(창 18:33). 오늘날 의로운 주의 종, 예언자, 아브라함과 같은 중재자가 있을까? 우리는 각 성에 있는 좋은 선교사, 의인으로 서서 아브라함처럼 중보기도를 하며 이 성을 멸하지 말라고 기도해야 한다.

세계는 불행한 사고와 사건들이 연일 보도되고 있고, 사람들이 죽어가는 일들이 일상이 되고 있다. 이러한 때에 성경이 말하는 일들과 이야기를 통하여 하나님의 말씀에 주목해야 한다. 그래야 우리가 살 수 있고

---

7 George W. Coats, *Genesis* (Michigan: William B. Eerdmans Pub. Company, 1983), 139-142.

여전히 생존하며, 하나님의 뜻에 맞는 사람들로서 하나님 영광의 도구가 되어 이 시대에 빛이 될 것이다. 구약은 도시의 구원을 위해 10명의 의인을 찾는다. 이는 공동체의 생존과 유지를 위해 개인보다는 공동체의 정의와 공의를 문제 삼는다. "세상을 심판하시는 이(하쇼페트)가 공의(미쉬파트)를 행하실 것이 아니니이까?"(25절) 아간의 죄로 인해 출애굽의 공동체가 출애굽의 진행을 하지 못하고 시내산의 언약 공동체의 지도자 모세가 율법을 받고 내려온 순간 아론과 백성들의 금송아지 상을 만든 것으로 인해 십계명의 돌 판이 깨지는 것을 본다. 예레미야서 5:1은 한 사람의 의인만 찾아도 예루살렘을 멸망하지 않으신다고 한다. 한 명의 의인이 없는 유다의 상태가 되었다. 그래서 유다는 역사 속에 사라지는 결과를 가지게 된다. 곧 주전 587년 이스라엘은 멸망되고 역사의 무대에서 사라진다.

이 비극의 이야기는 인류 구원을 위한 구세주의 희망 이야기로서 해석될 수 있다. 곧 신약성경에서 한 사람의 구원 이야기, 예수 그리스도의 십자가 희생의 대속의 제물과 인류 구원의 십자가 구원의 인물로서 예시하며 그 구세주 1인의 의인 이야기로 재탄생, 해석으로 나온다. 구원의 기회가 다시 열려 한 사람의 의인이 인류를 구원하는 메시지의 근거로서 예수 그리스도의 십자가 구원으로 열린다. 예수 그리스도에게서 참 이스라엘이 되며 희망적으로 제시되어 영적 이스라엘로 거듭나게 된다. 이처럼 구원이 열려서 우리에게 희망의 이야기를 전하고 있다. "한 사람의 범죄로 인하여 사망이 그 한 사람으로 말미암아 왕 노릇 하였을즉 더욱 은혜와 의의 선물을 넘치게 받는 자들이 한 분 예수 그리스도로 말미암아 생명 안에서 왕 노릇 하리로다"(롬 5:17).

오늘 우리는 한 사람 의인, 예수 그리스도를 통해서 그분을 믿는 의인으로 서서 팬데믹의 재앙으로 신음하고 고통하며 죽어가는 사람들에게 빛을 전하며, 복음을 전하여야 한다. 또 진리를 전하는 나팔수가 되어 이 시대의 등대가 되기를 바란다. 이제 우리는 팬데믹 시대의 전도자와 선교사로서 서며, 한 명의 의인이 되어서 10명을 구원하고 다시 20, 30, 40, 45, 50명을 전도하여 구원받는 손길들이 많아지기를 간절히 바란다.

VII. 창세기 19장(소돔과 고모라)

하나님이 그 지역의 성을 멸하실 때(베샤헤트) 곧 롯이 거주하는 성을 엎으실 때(바하포크)에 하나님이 아브라함을 생각하사(와이제코르) 롯을 그 엎으시는 중(하하페카)에서 내보내셨더라(창 19:20).

인류 역사상 지구 전 지역에서 한 번에 모두 이처럼 몸살을 앓으며 이렇게 많은 사람이 전염병으로 죽어 간 적이 있는가? 이는 지구촌이 한 가족이라는 사실을 보여주며 인류의 죄의 문제를 가지고 하나님께서 우리 모두에게 물으시는 것이다. 무슨 죄를 지었는지 공동체와 민족과 국가에게 물으시는 것이다. 소돔과 고모라는 물질적인 번영을 누리던 도시였다. 오늘 한국과 같은 나라에 해당하지 않는가 한다. 우리나라는 몇십 년 만에 경제적 부흥을 이뤄서 세계 경제 대국 10대 나라에 들어갔다. 이제 한국은 세계 반도체 시장을 선두에서 이끌어 가며 경제적 번영을 누리는 나라가 되었다. 하지만 출산율, 자살률 등에는 비극적인 수치를 보이며, 정신적이고 영적인 피폐가 심해서 소돔과 고모라 성과 같은 상태가 되었음을 보여준다.

소돔과 고모라 성에 처음으로 롯이 들어간 때는 언젠가 아브라함과의 대화를 통해서 목장 목초지 분리건 때문에 들어가게 된다. "아브람이 롯에게 이르되 우리는 한 친족이라 나나 너나 내 목자나 네 목자나 서로 다투게 하지 말라 네 앞에 온 땅이 있지 아니하냐 나를 떠나가라 네가 좌하면 나는 우하고 네가 우하면 나는 좌하리라"(창 13:8-9). 아브라함을 떠나 롯이 요단 지역을 볼 때 물이 넉넉하고, 여호와의 동산과 같고, 애굽 땅과 같이 좋았다고 한다(10절). 롯이 선택한 땅은 요단 온 지역이었다. 롯은 장막을 옮겨 소돔까지 이르렀다(11-12절). 인간은 왜 물질적 번성과 번영을 이루면 하나님과 대적할까? "소돔 사람은 여호와 앞에 악하며(라임) 큰 죄인(하타임 메오드)이었더라"(13절).

오늘날 한국은 보릿고개를 넘으며 먹을 양식이 없어서 어렵게 살던 때와는 다르게 풍요롭게 잘살고 있다. 사람의 욕심이 끝이 없다는 것을 알려주는 한 우화가 있다. 한 사람이 초가집에서 살다가 소원 성취를 이루게 해주는 이야기가 있다. 이 동화 속에 나오는 사람에게 소원을 청한다. 그래서 또 나중 기와집을 달라고 하고 또 소원이 이뤄지니 왕이 사는 궁궐과 같은 집을 달라고 한다. 그리고 더 욕심이 나서 세상에서 제일 좋은 집을 달라고 하여 그곳 파라다이스에 살다가 마지막에는 신과 같이 되게 해달라고 요구했다. 그래서 결국 나중에 소원을 들어주는 자가 그러하겠다고 하여서 기대하고 다시 집에 가니 그만 원래 초가집으로 바뀌었다는 것이다.

이 이야기를 통해서 우리에게 크게 시사하는 바가 있다. 인간의 욕심은 커서 물질적 번영이 최고조로 달하니 이제는 사람들이 신과 같이 되고자 한다. 바벨탑의 인류는 바로 이 신을 지향하는 인간의 모습이다. 우리가 성과 대를 쌓고 하늘에 이르자 "자, 성읍과 탑을 건설하여 그 탑 꼭대기를 하늘에 닿게 하여 우리 이름을 내고 온 지면에 흩어짐을 면하게 하였더니"(창 11:4) 하였다. 바벨탑의 인류가 하늘에 닿으려는 욕심, 하나님의 영역에 대한 침범(유전자 조작이나 코로나19 바이러스의 미생물 전파 등) 등으로 하나님의 이름이 아닌 인간의 이름을 내려는 우상 숭배가 문제가 된다. 오늘 바벨탑의 인류가 흩어지고 멸망당한 소돔과 고모라가 된 원인이 우상 공동체인데 이러한 모습이 바로 우리의 모습이 아닌가?

창세기 19장은 소돔에 성적 문란함이 커진 것을 보도하고 있다. 두 천사가 롯의 집에 방문하여 쉬어 가려는데 소돔 사람들이 그 손님과 상관하겠다고 난리를 치는 모습을 본다(창 19:5). 하나님은 소돔의 죄가 관영하여서 소돔 성을 멸하려는 계획이 구체화 되었다. "그들에 대한 부르짖음이 여호와 앞에 크므로 여호와께서 이곳을 멸하시려고 우리를 보내셨나니 우리가 멸하리라"(창 19:13). 하나님은 소돔에서 하나님의 사람 롯을 탈출시키려는 계획을 갖고 계셨고, 이를 안 롯은 사위들에게 이를 전했으나 그 사위들은 그의 말을 농담으로 여겼다. 롯의 사위들은 영적 어둠으로 인해 소돔과 고모라를 멸망케 하는 하나님의 계획을 못 알아들었다.

오늘도 우리는 영적인 둔감함으로 멸망하고 있는 도시의 모습을 못 보고 있다. 이러한 둔감함으로 말미암아 전염병으로 하나님이 심판하고 있는 사실과 그 본질을 보지 못하고 있다. 점점 세상은 전염병이 확산되어 심판과 징벌의 장소가 되었다. 결국 롯은 아내와 두 딸을 데리고 소돔을 벗어나서 소알(작음)산으로 들어가려고 길을 떠나 밤새 걸어서 소알에 이른다(창19:16-23). 롯이라는 말에서 6번 단어를 반복하며 멸망의 시기가 다가왔으니 우물쭈물하거나 망설이지 말고 또 지체하지

말고 빨리 도망하라고 명령한다.[8]

"여호와께서 하늘 곧 여호와께로부터 유황과 불을 소돔과 고모라에 비같이 내리사 그 성들과 온 들과 성에 거주하는 모든 백성과 땅에 난 것을 다 엎어 멸하였더라"(24-25절). 이때 롯의 아내는 뒤를 돌아보았다가 소금 기둥이 되었다(26절). 왜 뒤를 돌아보는가? 우리가 살아온 날들의 고정화된 문화 습득과 그 세상 문화에 익숙한 관성으로 인해 영적으로 예민하여 거룩한 하나님의 문화를 가지려 하지 못한다. 하나님의 심판에 대한 무감각과 영적인 우둔한 태도로 멸망당하는 모습이다.[9] 우리가 하나님의 거룩성을 유지하지 못하면 이 세상 문화의 타성에 젖어 멸망당하는 모습을 답습할 수 있다. 소돔과 고모라 성의 멸망 이야기는 아브라함과 롯의 관계를 말하며 끝난다. 아브라함의 중보기도가 롯의 집안을 구원한다. "하나님이 그 지역의 성을 멸하실 때 곧 롯이 거주하는 성을 엎으실 때에 하나님이 아브라함을 생각하사(와이제코르) 롯을 그 엎으시는 중에서(미토크 하하페카 바하포크) 내보내셨더라"(창 19:29). 아브라함의 의로움과 기도를 통해 하나님은 아브라함을 생각하신다. 아브라함의 기도로 말미암아 바로 롯과 두 딸의 구원 사건이 일어나게 되었다.

오늘 일어나는 전염병의 사건들 속에서 우리는 소돔과 고모라의 본질을 봐야 한다. 죄악이 관영된 도시의 상태를 보아야 한다. 그 죄악들 중에 나의 죄악된 모습이 있는지 보아야 한다. 회개하고, 통회(痛悔)하고, 나의 구원을 위해 아브라함과 같은 믿음의 사람을 찾아야 한다. 우리는 믿음을 가지고 구원의 길로 가야 한다. 이제 회개만이 이 전염병에서 구원되며, 오늘날 이 소돔과 고모라 성과 같이 된 현대 사회에서 구원받는

---

8 이상호, 『히브리어 원전분해 및 강해성경: 창세기』 (서울: 동해출판사, 1999), 314.
9 박호용, 『창세기 강해 설교: 차원이 다른 행복』 (서울: 통전치유, 2021), 444-460.

길이 여기에 영적 메시지로 제시된다. 어서 속히 빠져나와라! 오늘 영적인 소리를 들으시는 선교사와 독자가 되길 바란다.

VIII. 창세기 22장(모리아산의 이삭)

하나님의 재앙 같이 팬데믹, 코로나19 바이러스 전염병이 전 세계를 강타한 지 3년이 다 되어 가고 있다. 백신 접종이 되면 집단 면역성이 형성되어 멈추리라 기대하였지만, 델타 변이 바이러스로 변신하여 전염병이 우리를 더 무섭게 공격해 들어오고 있다. 하나님의 뜻은 인간을 향해 겸손하게 회개하고, 하나님은 주의 뜻을 좇으라고 하며 지금도 결단의 요구를 하고 있다. 우리가 인간적인 방법으로 하나님의 심판을 모면하려고 하면 하나님의 몽둥이는 더 강하게 우리를 향해 다가온다는 것이며 지금 결단의 요구를 하고 있다. 팬데믹은 회개를 촉구하는 사인(sign)이다. 오늘 우리는 하나님의 말씀에서 이 재앙을 멈출 수 있는 말씀을 찾으려 한다. 창세기 22장은 모리아산 번제에서 아브라함이 아들인 귀한 독생자 이삭을 바치려 했던 장면이다. "여호와께서 이르시되 네 아들 네 사랑하는 독자 이삭을 데리고 모리아 땅으로 가서 내가 네게 일러 준 한 거기서 그를 번제(레올라)로 드리라"(창 22:2). 모리아산은 아브라함에게는 오직 하나님만 의지하며 살라는 절대적 순종을 요구하는 하나님의 시험이었다.

아브라함은 그랄(가자) 지역의 번성했던 고대 도시의 왕 아비멜렉에게 어려움을 당하고, 하나님의 특별한 은혜로 아내 사라를 보호받는다. 그 후에 아브라함은 이삭을 기적적으로 낳고, 아비멜렉과 언약을 맺은 후에 이삭을 바치라는 명령을 받는다. 아브라함은 아무런 이유나 대꾸를 하지 않고 묵묵히 지시한 모리아산으로 떠난다(창 22:3). 안장한 나귀와 두 종을 데리고, 아들 이삭과 번제에 쓸 나무를 가지고 지시한 곳으로 간다. 아브라함에게 아들 이삭을 바치라는 하나님의 요구는 '하나님의 경외'에 있었다. "사자가 이르시되 그 아이에게 네 손을 대지 말라 그에게 아무 일도 하지 말라 네가 네 아들 네 독자까지도 내게 아끼지 아니하였으니 내가 이제야 네가 하나님을 경외(예레 엘로힘)하는 줄을 아노라"(창 22:12). 이 엄청난 시험은 바로 '하나님을 사랑하고 경외(敬畏)하는가'였다. 오늘 일어나는 팬데믹의 재앙은 바로 하나님을 경외하라는 시험이다. 이 시험을 이기는 방법은 믿음이다. 오늘 본문의 아브라함의 믿음과 같이 불가능의 가능성을 믿는 신앙이다.

아브라함은 아무런 조건이나 이유를 묻지 않았다. 그저 하나님의 명령이었기에 단순히 순종하며 백 세에 낳은 귀한 아들을 왜 데려가려고 하시냐고 묻지 않았다. 그저 믿음으로 하나님의 명령이니 순종하였다. 오늘도 이 시험과 재앙이 왔는데 왜 그러냐고 불평불만지 않고 주의 뜻이 무엇인지 헤아리며, 주어진 심판에 임하여 주의 뜻을 물으며, 겸손히 회개하면서 주님 앞에 서야 한다. "손을 내밀어 칼을 잡고 그 아들을 잡으려 하니 여호와의 사자가 하늘에서부터 그를 불러 이르시되 아브라함아 아브라함아 하시는지라 아브라함이 이르되 내가 여기 있나이다 하매"(창 22:10-11).

우리는 상상도 못 할 아들 번제, 인신 제사를 드리려고 하는 장면이다. 아케다(묶임)의 상처는 이삭에게 남겨두었지만, 아브라함은 하나님 신앙의 대가(大家), 믿음의 아버지이다.[10] 믿음의 시련을 겪으면서 아브라함

---

10 박신배, 『구약이야기』, 36.

의 열국의 아버지가 되어야 한다. 그래서 우리도 아브라함의 후예로서 신앙의 사람이 되어야 한다. 따라서 이는 신앙사적인 면에서 우리에게 믿음으로써 불가능한 상황에도 도전해야 한다. 그래서 하나님의 시험이 있는 경우에도 어려움을 극복해야 한다. 곧 가장 귀한 아들을 바치게 하는 일들이 인생에서 벌어지는 경우가 있다. 이때에도 아브라함처럼 순종해야 하는 과제가 요구된다. 이 모리아산의 이삭 제물을 바치는 이야기는 본받아야 할 믿음을 보여주면서 우리에게 시사하는 바가 크다.

오늘 팬데믹의 상황도 이와 유사하다. 주위에서 벌어지는 일들 속에서 재앙을 멈추기 위해 하나님은 다윗과 같이 우리에게 아라우나 타작마당에서 희생 제사를 요구할 수 있다. 다윗 왕이 인구 조사로 인해 징벌을 받아야 할 때 하나님이 세 가지 벌 중에 하나를 다윗에게 선택하게 하였다. 칠 년 기근, 원수에 삼 개월 쫓기는 도망, 사흘 동안의 전염병의 징벌 중에 다윗은 하나님의 벌을 택하였다. 그리하여 백성 칠만 명의 사람들이 전염병으로 죽임을 당하게 되었다. 다윗은 아라우나 타작마당의 값으로 은 오십 세겔을 땅값으로 주고 산다. 이 값을 치름으로써 하나님의 용서가 이뤄진다. 아라우나에게 타작마당과 소를 사고 화목제물을 드림으로써 재앙이 멈춰지게 된다(삼하 24:24-25). 오늘 우리는 예수 그리스도의 십자가의 피로 우리의 죄가 깨끗해져서 이 전염병에서 벗어날 수 있다. 주님의 대속의 은혜로 이 전염병을 멈출 수 있다. 주님께로 회개하며 돌아가야 한다. 회개의 미스바 대각성 성회를 선포하고 주님의 피를 부르짖어야 한다.

여호와 이레(여호와께서 준비하심)의 하나님께서 오늘도 준비하신다. 아브라함은 아들 이삭의 번제물 대신 숫양이 수풀에 걸려 있는 것을 보고 번제로 드리게 된다. "내가 나를 가리켜 맹세하노니 네가 이같이

행하여 네 아들 네 독자도 아끼지 아니하였은즉 내가 네게 큰 복을
주고 네 씨가 크게 번성하여 하늘의 별과 같고 바닷가의 모래와 같게
하리니 네 씨가 그 대적의 성문을 차지하리라 또 네 씨로 말미암아
천하 만민이 복을 받으리니 이는 네가 나의 말을 준행하였음이니라
하셨다 하니라"(창 22:16-18). 오늘 우리는 하나님이 또다시 독생자 아들
그리스도 예수를 우리에게 보내셔서 십자가 대속 제물로 우리의 죄를
속량하셨다. 우리는 그 피의 공로를 의지하고 회개하며 주님 앞으로
나가야 한다. "오직 그리스도는 죄를 위하여 한 영원한 제사를 드리시고
하나님 우편 앉으사 그 후에 자기 원수들을 자기 발등상이 되게 하실
때까지 기다리시나니 그가 거룩하게 된 자들을 한 번의 제사로 영원히
온전하게 하셨느니라"(히 10:12-14).

IX. 요나서

주께서 나를 깊음 속 바다 가운데 던지셨으므로 큰 물이 나를 둘렀고 주의 파도와
큰 물결이 다 내 위에 넘쳤나이다… 나는 감사하는 목소리로 주께 제사를 드리며
나의 서원을 주께 제사를 드리며 나의 서원을 주께 갚겠나이다 구원은 여호와께로
서 말미암나이다 하니라(욘 2:3, 9).

    팬데믹 전염병의 시대가 삼 년이 다 되어 간다. 사회적 거리 두기와
집회 제한으로 인한 경제적 공황 상태가 되어가고 있다. 마스크 착용으로
인해 사람들의 불편함과 어려움은 가중되고 있다. 자영업을 하는 사람이
나 기업하는 사람들의 경제적 상태는 말할 수 없을 정도로 어려운 상태가

되었다. 이러한 때에 우리는 하나님의 뜻이 무엇인지 또 어떻게 우리가 하나님의 뜻을 물어야 하는지 알아야 한다. 사람들은 거룩한 주의 종에게 묻고 있고, 신실한 하나님의 사람에게 묻게 될 것이다. 우리는 요나의 표적으로 이 시대를 말하며, 멸망의 도시가 된 앗시리아의 수도 니느웨의 상황처럼 이 시대를 말할 수밖에 없다. 요나의 시대적 배경이 앗시리아 시대를 반영하지만, 포로기 이후의 혼돈의 상황과도 연관되어 살필 수 있다.[11] 흑암, 혼돈과 공허, 무질서의 오늘날도 이와 같은 상황이리라.

"너는 일어나 저 큰 성읍 니느웨로 가서 그것을 쳐서 외치라 그 악독(라아탐)이 내 앞에 상달하였음니라 하시니라"(욘 1:2). 이 전염병의 재앙이 누구를 향한 심판인가? 전 세계를 향한 하나님 심판의 초점은 어디에 있는가? 우리는 이 질문을 하지 않을 수 없고, 하나님의 뜻이 무엇인지 묻지 않을 수 없는 상태에 처해 있다. 주의 종으로 살아간다는 것은 바로 하나님의 음성을 듣고, 그의 뜻을 헤아리며 살 수밖에 없는 상태가 된다. 우리는 무엇을 잊고, 무슨 사명과 비전을 잃어버렸는지 먼저 물어야 한다. 요나는 앗시리아 수도 니느웨에 가서 그들의 죄악의 상황과 악독이 하늘에 달하였다고 전해야 했다. 그러나 그는 하나님의 사명을 잊어버리고 자신의 뜻과 자신의 생각, 자신의 향락을 추구하는 인생을 살아갔다. 이제 팬데믹의 재앙을 당하는 상태에서 나의 사명을 생각하고 잃어버린 주의 뜻이 무엇인지 반성하는 시간을 가져야 한다.

"그가 대답하되 나를 들어 바다에 던지라 그리하면 바다가 너희를 위하여 잔잔하리라 너희가 이 큰 폭풍을 만난 것이 나의 연고인 줄을 내가 아노라 하니라"(욘 1:12). 요나는 풍랑이 이는 바다, 큰 파도를 만나 배가 뒤집히게 되는 상황에 이른 것이 바로 자신 때문이라는 것을 알았다.

---

11 박신배, 『새로운 예언서 연구』(서울: 그리스도대학교 출판국, 2011), 19.

잔잔하던 바다에 큰 폭풍이 일어나서 점점 흉용해지는 까닭이 자신의 사명 망각에 있음을 알았다. 그래서 하나님이 가라고 명하셨던 곳인 니느웨로 가지 않고 다시스 항으로 가려고 하는 자신의 행선 노정이 문제가 되며, 그 때문에 바다가 흉흉하게 되었다는 것을 알았다.[12] 그래서 뱃사람들에게 고백하였다. 그러자 사람들은 바다에 요나를 던졌다. 그랬더니 배가 조용해졌고, 요나는 미리 예비한 큰 물고기 배 속에 들어가서 3일 동안 회개 과정을 통해 다시 살아나서 니느웨 성에 가는 장면이 나온다. 이는 요나서를 통해 오늘의 상황도 이와 같다는 것을 알게 된다. 곧 오늘의 팬데믹 상황도 이와 유사하지 않은가?

회개를 촉구하는 하룻길의 요나의 외침은 죄악에서 돌아서라는 것이다. "사십일이 지나면 니느웨가 무너지리라 하였더니"(욘 3:4). 니느웨 백성이 하나님을 믿고, 금식을 하고, 무론 대소하고 굵은 베를 입었다고 한다(욘 3:5). 니느웨 성이 회개한 것처럼 오늘 우리 시대의 팬데믹의 재앙에서 회개함으로 살아나는 역사가 일어나야 한다. 악한 길에서 떠나 회개함으로 하나님이 내리시기로 말씀하신 재앙을 니느웨에 내리지 아니하였다. 니느웨 성은 바로 예정되었던 재앙이 미치지 않았고, 하나님이 회개한 니느웨 성 사람들로 인해 재앙을 거두어 갔다. 오늘 우리에게도 이러한 은혜의 사건이 일어나야 하리라고 본다.

요나의 사명은 그 심판의 나팔수가 되었고, 회개한 니느웨 사람으로 말미암아 구원의 복음 전도자가 되었다. 그래서 그의 중재적 역할로 말미암아 니느웨 성이 다시 살아날 수 있었으며, 구원의 기적을 받게 되었던 것이다. 오늘 이 재앙의 전염병 시대에 우리는 바로 요나와

---

12 J. T. Willis, "Jonah," *The Transforming Word*, 689-692. 요나는 다시스(Tartessos, 남스페인)로, 하나님의 뜻을 거역하여 아래로 내려간다.

같은 또 다른 전도자로서 세움을 받았다. 이러한 팬데믹 심판의 시대에 우리는 하나님의 종으로 서서 구원의 방주를 만들고, 또 다른 사람들에게도 만들게 하면서 하나님의 구원을 선포하는 선교적 사명을 감당하기를 바란다.

> 주께서는 은혜로우시며(하눈) 자비로우시며(라홈) 노하기를 더디하시며(에레크 아파임) 인애가 크시사(라브-헤세드) 뜻을 돌이켜 재앙(하라아)을 내리지 아니하시는 하나님이신 줄을 내가 알았음이니이다(욘 4:2).

X. 시편 91편

과연 이 팬데믹 전염병이 언제 멈출 것인가? 누구도 정확한 예측을 할 수 없는 상태이다. 이제는 정부도 위드 코로나(With Corona 19)라고 하여 전염병과 함께 생활하는 시대를 선포하고 사회적 거리 두기를 완화하고 있다. 어찌 보면 경제적 공황 상태를 더 이상 막지 못해 방역 체제보다는 위축된 경제적 활동에 숨통을 트고자 더 치중한 상태이다. 하지만 이는 그동안 취한 조치가 인간의 정책으로 하나님의 재앙을 막으려는 미봉책(彌縫策)이라고 봐야 할 것이다. 점점 세상은 악해지고, 종말적인 현상이 펼쳐지며, 어둠의 그늘이 짙어지고 있다. 이러한 때에 하나님의 말씀은 우리의 초미(焦眉)의 관심사이며, 하나님께서 우리에게 무엇이라 하는지 주의를 기울이며 듣고 싶어 한다. 생명의 말씀이 무엇인지 알고 싶다. 누가 그 예언의 말씀을 하는지 알고 싶어 한다. 따라서 참 예언의 말씀을 듣고자 하는 것이 바로 우리의 과제이자 생명의 길로 들어서는 것이다.

시편 91편은 이 시대를 향하여 하나님의 말씀을 바르게 보여준다. 하나님과 동행하는 자들은 바로 "그는 나의 피난처(마흐시)요 나의 요새(메추다티)요 내가 의뢰하는(에브타흐) 하나님이라 하리니"(시 91:2)라는 고백처럼 주님이 참 신뢰하실 분이시며, 지존자의 쉼터(Shelter)가 되시며, 성전에 체류하는 자에게 전능자와 지존자가 되신다.[13] 이 재앙의 시대에는 바로 하나님을 부르고 의지하는가 아니면 그렇지 않은가 하는 두 가지 갈림길에 있는 것이다. 교만한 사람들은 지금까지 살아오던 자신들의 방식과 생각대로 그대로 행하며 살면서 현실에서 일어나는 현상을 이해하지 못하고 방자(放恣)하고 교만하게 행하다가 그만 불행을 자초(自招)하고 만다. 그러나 하나님을 신뢰하고 하나님과 동행하는 자는 바로 시편 91:1에 가리키고 있는 자로서, "지존자의 은밀한 곳에 거주하며 전능자의 그늘 아래에 사는 자"이다. 오늘 하나님과 깊이 사귀고 하나님의 그늘 아래에 살려고 하는 자는 이 재앙의 전염병에서 벗어나서 안전한 삶을 살아가게 된다.

이는 그가 너를 새 사냥꾼의 올무(미파흐)에서와 심한(하요트) 전염병(미데베르)에서 건지실 것임이로다(시 91:3).

이 '심한 전염병'은 어떤 것인가? 성경에서 '심하다'라는 하요트는 '시끄럽다'라는 말로, 재난과 죄악과 불행과 불행한 사건들과 헛된 것과

---

13 Artur Weiser, *The Psalms 2*, OTL (London: SCM Press, 1962), 605-606. 시편 91편은 제의 시편으로서 제의적인 문체로 일반적인 약속을 말하며, 하나님의 집에서 쉬며 하나님의 보호, 하나님을 신뢰하는 것을 표현하고 있다.

헛됨과 시끄러움, 왜곡된 것, 비본질적인 것(내용), 매우 사악함 등을
말한다. 오늘 일어나고 있는 현상이 이러한 모습들이 아닌가? 뉴스와
TV를 통해 연일 보도되고 있는 사고와 사건들이 이러한 모습이 아니고
무엇인가. 시편 91편은 계속하여 이 전염병의 현상을 말한다. "밤에
찾아오는 공포(미파하드)와 낮에 날아드는 화살(메헤츠)과 어두울 때 퍼지
는 전염병(미데베르)과 밝을 때 닥쳐오는 재앙(미케테브)"을 말한다(시
91:5-6). 이 전염병이 심해져서 천 명이 쓰러지고, 만 명이 쓰러지게
된다. 이제 확진자의 수가 2천 명에서 만 명으로 늘어나는 추세이다.
2년 동안 끌어오던 방역 체제가 이제 더 이상 막을 수 없는 상태로
인해 경제적 위기가 커지니 그 앞에 손을 들고 있다. 이제 이 재앙이
신의 영역으로 돌려야 하는 상태가 되고 있다. 만 명을 향하여 가는
상태가 된 것이다.[14]

> 천 명(에레프)이 네 왼쪽에서, 만 명(레바바)이 네 오른쪽에서 엎드러지나 이 재앙
> 이 네게 가까이하지 못하리로다(시 91:7).

이러한 전염병 재앙으로 사람들이 죽어가고 상상치도 못할 비참한
현실이 닥쳐온다 하더라도 주님만을 의지하는 자에게는 방패와 손방패가
된다. 재앙에서 건지시기에 그는 그 전염병을 두려워하지 않게 된다고
말한다. 또 전염병이 하나님의 사람에게는 가까이 오지 못한다. 왜냐하면
그의 장막을 보호하며, 천사가 모든 길에서 그를 지키며 붙들어서 발이

---

14 Artur Weiser, *The Psalms 2*, 609. 전염병과 전쟁을 통해 많은 사람들이 죽어가는 모습
을 그린다. 이 표현은 신앙의 기적을 말하며 상상할 수 없는 구원으로 기적적인 구원을
말한다. 이는 하나님과 밀접하게 연결되었을 때 가능한 것이다.

돌에 부딪히지 않게 하시기 때문이다(시 91:10-12). 이 전염병의 환난이 심하고, 죽음의 위협이 크고 또 옆에서 수많은 사람이 죽어가더라도 주의 사람들과 하나님을 믿는 자는 하나님이 보호하신다고 말씀하신다. 시편 91편은 이러한 위기와 죽음의 시대에 어떻게 살아야 할지를 잘 가르쳐 준다. 하나님을 사랑하고 살며, 하나님의 이름을 알고 그에게 간구하여야 한다. 우리가 어려운 환난을 받을 때도 하나님이 함께하셔서 건지시며 또 경건한 자를 영광스럽게 한다고 하신다. 그리하여 하나님을 믿는 자는 장수하게 하고 삶에 만족하게 하며, 구원을 보여주시겠다고 말씀하신다(시 91:14-16).

오늘날 불확실하고 불안한 시대에도 하나님을 믿고 의지하는 자에게 는 놀라운 구원과 은혜로 함께 하신다고 시편은 결론짓는다. 이 위험한 시대에 오히려 우리는 믿음으로 승리하며 두려워하지 않고 살아간다. 그래서 우리는 이 환난의 어려운 때에 하나님이 우리를 건지시고 높이시 고 영광스럽게 하여 행복한 시간을 보내게 된다. 이 불안과 환난의 때에 우리는 하나님만 바라보고, 하나님이 구원하는 놀라운 시간을 보내며, 그러한 광경을 즐겨 보기를 바란다. 우리는 이 전염병의 시절에 출애굽의 기적과 같은 열 가지 재앙과 홍해 도하 사건을 목격하게 된다. 따라서 사랑하는 독자 여러분과 가족들은 끝까지 주만 바라보고 의지하며 이 전염병의 시기를 잘 보내기를 바라며 글을 맺는다.

XI. 사무엘하 24장(인구 조사)

이에 여호와께서 그 아침부터 정하신 때까지 전염병을 이스라엘에게 내리시니 단에

서부터 브엘세바까지 백성의 죽은 자가 칠만 명이라(삼하 24:15).

전 세계가 전염병으로 오랜 기간 고생을 하고 있다. 2년간 코로나 19(covid-19) 전염병으로 대면 수업을 못 하고, 대면 활동을 못 하는 상태가 되었다. 팬데믹은 전대미문(前代未聞)의 기현상으로서 전 세계가 모두 이 코로나19 전염병에 노출되어 고통을 받고 있다. 세계는 2억 6천만 명이 확진자가 생겼고, 5백만 명이 죽어가고 있다. 인류가 앞으로 닥칠 일들을 생각해보면 예상할 수 없는 상태가 되었다. 이러한 때에 우리는 성경이 말하는 전염병의 현상을 보면서 하나님의 뜻을 묻지 않을 수 없다.

사무엘하 24장은 다윗 왕이 인구 조사를 통해서 하나님의 징벌을 받는 장면이다. "다윗이 갓에게 이르되 내가 고통 중에 있도다 청하건대 여호와께서는 긍휼히 크시니 우리가 여호와의 손에 빠지고 내가 사람의 손에 빠지지 아니하기를 원하노라 하는지라"(삼하 24:14).

다윗은 이스라엘 나라의 통치 말에 자신이 치적(治績)을 과시하기 위해 인구 조사를 행한다. 다윗이 인구 조사를 하고자 하는 뜻은 자기 과시와 그 공과(功課)를 드러내고자 하였다. 그래서 다윗은 그에 따라 인구 조사를 요압 장군에게 명령한다. "다윗을 격동시키사(와야세트) 가서 이스라엘과 유다의 인구를 조사하라(메네) 하신지라"(삼하 24:1). 다윗은 역대상 21장에 나오듯이 자신의 통치 말에 이같이 지시하였다. 이는 솔로몬에게 성전을 건축하라 지시한 후에 자신의 업적을 정리하면서 그동안 다스린 다윗 왕국의 세력과 위세가 얼마나 큰지를 구체적으로 확인하고 싶었다. 그래서 신하들의 만류에도 불구하고 억지로 인구 조사를 강행한다. 이는 순전히 인간적이고 교만한 행위에서 비롯된 발상이었다. 하나님이 보시기에 그 행위가 온전하지 못하였고, 다윗의 동기가 불순한 것이었다.

그러자 하나님의 징벌이 즉각적으로 내렸다. "다윗이 백성을 조사한 후에 그의 마음에 자책하고 다윗이 여호와께 아뢰되 내가 이 일을 행함으로 큰 죄를 범하였나이다. 여호와여 이제 간구하옵나니 종의 죄를 사하여 주옵소서 내가 심히 미련하게 행하였나이다 하니라"(삼하 24:10). 다윗은 자신이 행한 일이 잘못된 처사였다는 것을 바로 깨달았다. 그러나 아뿔싸, 후회하기에는 늦었다. 다윗은 그 죗값을 치러야 했다. "가서 다윗에게 말하기를 여호와께서 이와 같이 말씀하시기를 내가 네게 세 가지를 보이노니 너를 위하여 너는 그중에서 하나를 택하라 내가 그것을 네게 행하리라 하셨다 하라 하시니"(12절). 성경은 다윗과 다윗의 나라에 대하여 행한 인구 조사의 죗값을 인격적으로 물으시고 징벌을 선택하여 받게 한다(11절). 다윗의 인격과 의지를 존중하고 있다. 다윗은 선견자 된 선지자 갓을 통해 벌을 받게 된다. 곧 칠 년 기근의 벌과 왕의 원수에게 석 달 동안 쫓기는 벌과 왕국의 영토에 사흘 동안의 전염병의 벌 중에 택하라는 것이다(13절). 그러면 오늘날 일어나고 있는 이 팬데믹의 상황은 어떤가?

다윗의 교만과 인구 조사를 통하여 우리는 다윗과 이스라엘 백성들이 선택적 징벌과 온역(瘟疫)의 징벌을 받게 되는 사실을 보게 된다. 우리는 오늘 일어나고 있는 코로나19의 팬데믹 현상의 본질을 봐야 할 것이다. 여기에서 우리의 교만한 행위가 무엇인지, 인류가 하나님 앞에서 겸손하지 못한 것이 무엇인지, 그것을 찾고 회개하며 다윗처럼 하나님께 나가야 한다. 우리 모두 회개의 행위를 가져야 한다. 이제 칠 년의 기근이 일어나고 있는 현실을 우리는 목도하여야 한다. 또 우리는 대적에게 석 달을

쫓기는 벌은 없는지 살펴야 한다. 다윗 시대는 사흘간 7만 명이 죽지만 오늘날 한국 땅에서는 얼마나 많은 사람들이 죽는지 살펴야 한다.

통계에 잡히지 않는 사망자가 얼마나 많은가? 우리 주위에 죽어가는 사람들이 얼마나 많은가? 세계는 600만 명이 죽었다고 하지만 계속 확진자가 늘어나고 있고, 확진자가 우리나라는 삼천 명에서 만 명으로 급속도로 증가하고 있다. 6차 대유행으로 18만 명의 확진자가 발생한 것을 최근 보도하고 있다. 이러한 때에 우리는 하나님과 화해하며 아라우나 타작마당에서 화목제를 드리며 희생 제사를 드려야 한다.

그 곳에서 여호와를 위하여 제단을 쌓고 번제와 화목제를 드렸더니 이에 여호와께서 그 땅을 위한 기도를 들으시매 이스라엘에게 내리는 재앙이 그쳤더라(삼하 24:25).

XII. 역대기 21장(인구 조사)

오늘 이 시대를 가리켜서 불확실성의 시대라 하고, 종말론적 시대라고 말한다. 우리는 '코로나와 함께'(위드 코로나)라는 캠페인과 함께 하는 불안한 시대에 살아가고 있다. 점점 코로나 전염병의 공격이 우리에게 가까이 다가오고 있다. 그래서 이 전염병의 어려움이 가증(加增)되고 있다. 얼마 전 외국인 한 제자에게서 들은 이야기가 있다. 일가족들 전체 4명이 전염병에 걸려서 2주간 격리되며 치료를 받았는데 자신은 그 가족들과 같이 생활하였는데도 코로나 음성으로 판정되었다고 한다. 그래서 자신에게는 알 수 없는 기적과 같은 은혜가 있었다고 말한다.

또 한 외국인 제자는 같이 식구들과 사는데 자신 빼고 모두 코로나19 바이러스에 감염되어 병상에서 계속 일 년 육 개월간 치료를 받고 있는 모습을 본다. 우리 주위에 일어나는 코로나19 전염병은 꼭 폐렴의 증세를 가진 호흡기 전염병으로 인해 죽지 않더라도 젊은 사람은 치명적인 상태에 이른다. 하지만 나이 드신 분들은 많이 돌아가고 계셔서 우리는 죽음의 시절을 맞이하고 있다고 말해도 과언이 아니다.

이러한 때에 우리는 하나님의 말씀에 주목하고 귀 기울이지 않을 수 없다. 사무엘하 24장의 다윗 인구 조사로 인해서 다윗 시대 사람들은 하나님의 징벌로서 전염병으로 말미암아 7만 명의 생명이 죽임을 받았다. 한편 역대기상 21장에도 똑같은 다윗의 교만으로 인해 똑같이 사흘간에 전염병으로 사람들이 죽어갔다. 오늘은 역대기 역사의 이야기를 통해 이 전염병의 사건을 통해 팬데믹 시대의 선교와 하나님의 뜻을 찾고자 한다. 여기서는 사탄이 일어나서 다윗을 충동하였다고 보도한다. "사탄이 일어나(야아모드) 이스라엘을 대적하고(와야세트) 다윗을 충동하여 이스라엘을 계수하게(리메노트) 하니라"(대상 21:1). 역대기에서는 사탄의 존재가 다윗을 교만하게 하고 이스라엘을 대적하였다고 보도한다. 오늘 일어나는 전염병도 사탄의 세력, 귀신들이 움직이는 것으로서 보이지 않는 악령의 출동과 출현이라고 말해도 틀린 말은 아닐 것이다.

요압은 인구 조사를 하러 가면서 상반된 이야기, 아이러니한 말을 한다. "요압이 아뢰되 여호와께서 그 백성을 지금보다 백 배(메아 페아밈)나 더하시기를(요세프) 원하나이다 내 주 왕이여 이 백성이 다 내 주의 종이 아니니이까 내 주께서 어찌하여 이 일을 명령하시니이까(여바퀘시) 어찌하여 이스라엘이 범죄하게 (레아쉬마) 하시나이까 하나"(대상 21:3). 인구 조사에 대해 요압이나 하나님은 마땅치 않게 생각하였고, 하나님은 악하게 여기셨다(5-6절)고 말씀하신다. 군인의 수가 이스라엘은 110만, 유다는 47만 명이라고 요압이 보도하고 있다. 여기에는 레위인과 베냐민 군사는 포함하지 않았다고 말한다. 바로 역대기는 다윗이 큰 죄를 범하였다고 고백하고, 하나님의 용서를 구하며 회개하였다고 한다(8절).

오늘 이 팬데믹 시대는 전 지구촌 모두가 재앙에 들어가서 하나님의 모든 백성들과 모든 사람들이 회개해야 하는 대상이 되었다. 다윗은 이스라엘의 지도자로서 세 가지 징벌(삼 년의 기근, 석 달의 적군에게 패배하고 쫓김, 사흘의 전염병) 중에 하나를 선택하여 벌을 받게 된다. 그 선택적 벌은 "여호와의 손에 빠지고 사람의 손에 빠지지 아니하기를 원하는" 징벌이었다. 전염병의 징벌이 하나님의 손에 이끌리어 천사들이 재앙을 내리게 한다.

다윗은 백성들에게 벌을 내리지 말고 자신과 자신의 집에 내리라고 부탁한다(17절). 역대기는 전염병과 천사의 존재를 연결하여 말하여 천사가 전염병의 칼을 침으로 하여 이스라엘 백성이 죽게 되는 것으로 보도한다. 결국 하나님의 구제책은 여부스 사람 오르난의 타작마당에서 제단을 쌓고, 번제와 화목제를 드리게 함으로써 천사의 칼을 칼집에 꽂게 하는 것으로 종결짓는다. 다윗은 교만의 인구 조사, 그 죄의 대가를 치르고, 금 육백 세겔에 전체 타작마당을 사서 앞으로 지을 성전 터를 미리 넓게 구입한다(삼하 24:24은 타작마당과 소 값만 해당하는 은 50 세겔이다). 이는 우리의 성전된 예수 그리스도의 구속의 사건을 말하고 있다.

오늘 역대기 21장은 팬데믹 시대의 번제와 화목제가 중요함을 말하고 있다. 곧 하나님께 예배드리는 삶과 천사의 칼을 통하여 영적 생활을 잘해야 함을 우리에게 교훈하고 있다. 결국 성령 충만하여 사탄의 충동이 일어나지 않게 해야 하며 또 우리는 사탄의 공격이 우리의 교만함에 있다는 사실을 알게 된다. 따라서 우리의 삶이 겸손한 생활이 되어야 하고, 곧 그것이 예배드리는 삶이 되어야 함을 깨닫게 된다. 더욱이 신앙과 겸손함이 전염병에서 구원받은 일임을 깨닫게 된다. 또한 오르난의 타작마당을 값을 주고 사서 희생의 대가를 치러야 함을 알려준다. 우리는 여기서 영적으로 십자가 보혈의 은총으로 값비싼 대속이 필요하며 우리의 생명이 십자가의 은혜로써 구원을 받아야 함을 알게 된다. 다시 말해 모든 인류가 예수 그리스도의 보혈의 은총을 받아야 함을 알려주고 있다. 이 팬데믹 시대는 구원이 온 인류의 구세주가 예수 그리스도의 십자가 보혈임을 알려준다. 복음으로의 초대가 이 팬데믹 시대에 선포되고 있다는 사실을 알린다. 우리 모두는 이에 나팔수 역할을 하며, 복음 전도자로서의 삶을 요구한다는 것을 주지하자. "주 예수를 믿으라 그리하면 너와 네 가족이 구원을 얻으리라"(행 16:31).

XIII. 에스겔서 14장

우리는 지금 인류 역사상 처음 당하는 현상으로서 전 지구의 퍼진 전염병으로 말미암은 환난 시대에 살고 있다. 우리가 사는 세상의 환경이 바뀌었고, 새로운 문화 형태와 전자 세상이 보편화되는 전환의 시대를 살고 있다. 전자 세상으로 바뀐 우리나라는 크게 교육 환경의 변화를 초래하였다. 비록 팬데믹 사태로 어려움이 있었지만 인터넷 시설이 발전하고, 컴퓨터 보급이 잘된 관계로 인해 세상의 큰 변화에 따른 교육의 혼돈을 심하게 겪으면서도 크게 수업의 결손은 없다. 하지만 다른 나라들은 큰 어려움을 당하고 있다. 이러한 때에 우리는 성경이 말하는 전염병의 재앙을 생각해보고자 한다. 특히 에스겔서 14장에 나타난 메시지를 중심으로 살펴보고자 한다. 코로나는 신앙인들에게는 믿음의 시험을 할 수 있는 신앙의 리트머스 종이처럼 믿음의 측정 시험 도구가 된다. 따라서 우리는 에스겔의 메시지를 통해 지혜를 얻고 이 믿음의 시련을 통과하기를 바란다.

이스라엘 장로 두 사람이 에스겔에게 와서 앉으니 여호와의 말씀이 임하였다(14:1). "인자(벤 아담)야 이 사람들이 자기 우상(길루레헴)을 마음에 들이며 죄악의 거치는 것을 자기 앞에 두었으니 그들이 내게 묻기를 내가 조금인들 용납하랴"(3절). 이스라엘이 우상 죄로 인하여 재앙을 당하였다고 말하며 우상을 떠나서 모든 가증한 것을 떠나라고 촉구한다. 오늘 일어나는 코비드(Covid) 19, 코로나 변이 델타, 오미크론 변종 등은 우상 숭배에서 기인한 재앙의 현상이라고 말할 수 있다. 더욱이 종교 지도자의 잘못으로 인한 것이니 그의 책임을 묻고 죄를 뉘우치면 용서하겠다고 말한다. "만일 선지자(하나비)가 유혹을 받고 말을 하면 나 여호와가 그 선지자로 유혹을 받게 하였음이어니와 내가 손을 펴서 내 백성 이스라엘 가운데서 그를 멸할 것이라"(9절).

그러나 에스겔은 지도자의 잘못도 있지만, 본인 자신의 책임도 있다는 것을 말한다. 선지자의 죄악과 그에 묻는 자의 죄악이 같다고 말하며, 자신의 판단으로 미혹 당하지 않고 모든 범죄함에서 스스로 더럽히지 않게 하며, 다시 모든 범죄함으로 스스로 더럽히지 않게 하여야 한다고 말한다(10-11절). 어언 2년간 지속되고 있는 코로나 전염병은 사회적 거리 두기와 마스크 착용 생활화, 백신 3차 접종, 백신 패스 등으로 말미암아 사회적 생활의 불편함이 가속화되고 있다. 이러할 때에 우리는 우리의 영적인 상태를 점검하며, 공동체의 회개와 신앙 공동체 회복에 집중하며, 하나님께 돌아가는 일에 전념해야 할 것이다.

다음으로 에스겔서 14장은 하나님의 재앙이 기근과 짐승, 칼과 온역 (전염병) 등으로 인한 4중 처벌 재앙이 일어나는 현상을 말한다. "인자야 가령 어느 나라가 불법(리메알)하여 내게 범죄하므로(테헤타) 내가 손을 그 위에 펴서 그 의뢰하는 양식(라헴)을 끊어 기근을 내려서 사람과 짐승을 그 나라에서 끊는다 하자"(13절). 하나님의 법을 어기고 죄를 지으면 식량난에 빠지게 되고, 짐승으로 인해 통행을 하지 못하게 되며, 땅이 황무해지리라고 말한다(16절). 또 "가령(이오) 내가 그 땅에 온역(테 베르)을 내려 죽임으로 내 분을 그 위에 쏟아 사람과 짐승을 거기서 끊는다 하자 비록 노아, 다니엘, 욥이 거기 있을지라도 나의 삶을 두고 맹세하노니 그들은 자녀도 건지지 못하고 자기의 의(베지트콰탐)로 자기 의 생명(나프샴)만 건지리라 나 주 여호와의 말이니라 하시니라"(겔 14:19-20).

여기서는 전염병의 피해가 마지막에 나타난다. 이는 재앙의 결정체가 전염병으로 나타나서 사람을 힘들게 함을 보여준다. 이러한 재앙에서 살아남을 수 있는 자가 바로 노아와 다니엘, 욥과 같은 의인임을 암시하고 있다. 또한 재앙의 대상과 처벌의 기준은 당대의 개별적인 인간의 책임 여하에 있음을 밝혀 준다. 의인의 자녀 구원 문제는 자녀 자신들의 행위와 믿음에 달려 있음을 밝힌다. 여기서 의인들의 신앙이 거론되고 있어서 우리는 우리로 하여금 얼마나 깊이 믿음 생활을 하며, 노아처럼 8명의 가족 구원을 위해 살아야 함을 말한다. 곧 세상을 따르지 않고 올곧게 신앙생활을 해야 함을 보여준다. 또 다니엘처럼 불굴의 신앙을 가지고 우상 숭배를 하지 말아야 함을 보여준다. 한편 욥처럼 온갖 고난 속에서도 믿음을 잃지 않고 이 어려운 전염병 환난의 시대를 이겨내야 함을 교훈해 준다.

오늘의 팬데믹 시대에 의로운 자녀들이 살아남은 것을 보고서 우리는 위로를 삼을 수 있다. 에스겔서 14:22에서 자녀를 통해서 위로를 받을 수 있다고 말한다. "그러나 그 가운데 면하는 자가 남아 있어 끌려 나오리니 너희가 그 행동(다르캄)과 소위(행위, 알리로탐)를 보면 내가 예루살렘에 내린 재앙 곧 그 내린 모든 일에 대하여 너희가 위로(니하메템)를 받을 것이라." 이 시대에 살아남아서 구원의 방주(교회) 속에서 하나님을 찬양하여야 할 것이다. 또 다니엘처럼 종말적인 상황에도 불구하고 감사하고 찬양하는 인생이 되어야 한다. 또한 계속 지속적으로 생존하는 다니엘과 같은 지혜인이 되며, 욥처럼 환난과 고난의 연속에서도 믿음을 잃지 않는 사람이 되며, 주의 의로운 신앙인 되어야 한다. 그래서 생존한 자녀들을 통해 우리는 크게 위로받는 삶이 되기를 결론적으로 기원한다.

XIV. 민수기 19장(붉은 송아지)

> 여호와의 명하는 법의 율례를 이제 이르노니 이스라엘 자손에게 일러서 온전하여 흠이 없고 아직 멍에 메지 아니한 붉은 암송아지를 네게로 끌어오게 하고 너는 그것을 제사장 엘르아살에게 줄 것이요 그는 그것을 진 밖으로 끌어내어서 자기 목전에서 잡게 할 것이며(민 19:2-3).

팬데믹이 오래가고 있다. 이로 인해서 인류의 새로운 혁명이 일어나고 있다. 3차 산업에서 4차 산업 시대인 메타버스 시대가 오고 있다. 아! 이 거대한 변화의 물결이 우리를 두렵게 하고 불안하게 한다. 이는 변화된 미래가 불확실하고, 미래에 대해 무지한 까닭이다. 미래의 불확실한 시대는 우리가 하나님의 손길에 의해 준비하지 않으면 시대의 물결에 의한 변화에 따라가지 못하고 도태될 수 있기 때문이다. 이러한 때에 우리는 기도하면서 하나님의 소리를 들으며 미래를 준비해야 할 것이다. 바로 하나님의 말씀을 들으며 미래를 어떻게 준비해야 할지 기도의 손을 모아야 할 것이다.

유명한 미국의 구약성경 학자 올브라이트(W. F. Albright)는 이스라엘의 역사를 요약적으로 표현해서 카리스마(은사, 영, 선물, 지도력)와 카타르시스(자기 정화) 시대라고 하며 크게 이분된다고 말한다.[15] 곧 다윗 · 솔로몬 시대의 통일 국가가 형성되기 전까지는 카리스마 시대이다. 곧 하나님의 영(카리스마)이 임한 지도자들(모세, 여호수아, 엘리야, 엘리사, 선지자들)을 통하여 역사를 형성하였다. 분열 왕국 시대와 그 이후 바벨론 포로 시대와 제2 성전 시대, 신약성경 시대까지는 자기 정화(카타르시스) 시대라고 본다. 이렇게 본 올브라이트의 견해는 놀랍고 참신하며 통찰력이 있다. 왜냐하면 그는 역사의 방향이 역사 결정론자에게 향하며, 그 오메가 포인트로서 그리스도를 지시하고 하나님의 구속자의 목적으로 파악했기 때문이다. 이는 예수 그리스도를 만나기 위해 망국의 시대, 포로 시대, 암흑적인 묵시문학의 시대를 거쳤다는 것이다. 오늘 전염병의 시대는 구원의 계획을 보여주는 바로 카타르시스 시대임을 암시해주고 있다.

이 시대를 지나기 위해 우리는 붉은 암송아지의 속죄제가 필요하다. 대제사장 엘리아살이 붉은 암송아지(정화 제물, 하타아트)를 가지고 오게

---

15 W. F. Albright, *From the Stone Age to Chritianity* (New York: John Hopkins Press, 1957), 273-333.

해서 이스라엘 백성을 정화하게 해서 속죄를 받게 한다. 이는 오늘 전염병 시대가 바로 부정하여 우리 모두가 전염병의 재앙에서 고통을 받고 있기에 우리에게 부정을 씻는 붉은 암송아지의 속죄제가 동일하게 필요한 것이다. "제사장은 그 옷을 빨고 물로 그 몸을 씻을 것이라 그도 저녁까지 부정하리라"(민 19:7). 민수기 19장은 부정한 자의 결례를 말하고 있다. 암소 자체가 부정하다고 여겼기 때문에 그 부정을 제거해야 했다. 부정의 전파가 제사장에게 미쳤다고 간주하고 정결함을 요구한다.16 따라서 이처럼 철저한 정화와 정결의 모습이 필요하다. 이 정화 제사, 정화 의식을 통해 우리는 이 시대의 부정한 것을 씻는 지혜를 얻고 속죄의 삶을 살아가야 할 것이다.

> 그 정한 자가 제 삼일과 제 칠일에 그 부정한 자에게 뿌려서 제 칠일에 그를 정결케 할 것이며 그는 자기 옷을 빨고 물로 몸을 씻을 것이라 저녁이면 정하리라(민19:19).

부정과의 전쟁은 시간과의 전쟁이다. 그 시간을 놓치게 되면 심각한 전염병의 오염과 부정에서 벗어날 수가 없다. 오늘날 격리는 성경의 원리를 따르는 것이라 볼 수 있다. 셋째 날과 일곱째 날의 정결례는 너무도 중요하며, 정화 제사를 지낸 사람은 세탁하고 목욕함으로 저녁까지 부정하게 된 것을 정화하게 된다는 것이다. 오늘 우리는 이 성경 이야기를 통해 얼마나 치열하게 전염병의 부정과 싸워야 하는지를 알게 된다. 또 신앙의 카타르시스 작업을 영적으로 예민하게 해야 하는지 알게 된다.

오늘날 전염병이 일어나는 현상을 보면서 출애굽기의 10가지 재앙을

---

16 필립 J. 붓드/박신배 역, 『민수기』 (서울: 솔로몬, 2004), 361-362.

다시 자신에게 비춰 보고 유월절의 해방을 기대해야 한다. 또 우리는 속죄제와 말씀과 기도, 예배와 찬양의 카타르시스 작업을 통해 순금과 같이 정화되어야 한다. 다시 말해 영적 해방의 출애굽을 행하는 주의 백성, 거룩한 하나님의 제자들이 되며, 천국 시민이 되기를 바란다. 이 재앙의 시대에 코로나19, 오미크론 전염병에서 해방되는 길은 정결례와 속죄제를 통해 하나님과의 관계를 바로 세우는 길이다. 또 여호와의 성소, 하나님의 성소를 정결하게 하며, 하나님의 총회(거룩한 공동체)를 거룩하게 유지하며, 거룩한 공동체 일원이 되는 길이다. 주여, 우리를 지켜주소서(민 6:24-26). 할렐루야!

사람이 부정하고도 스스로 정결케 아니하면 여호와의 성소를 더럽힘이니 그러므로 총회 중에서 끊쳐질 것이니라 그는 정결케 하는 물로 뿌리움을 받지 아니 하였을즉 부정하리라(민 19:20).

XV. 예레미야서 14-15장

이제 코로나19 팬데믹, 오미크론 팬데믹이 끝나 가고 있다고 한다. 이제는 감기의 한 현상으로 약화될 것이라고 보고 있다. 이는 너무 많은 사람들이 감염되고 병실이 없는 상태가 이르게 된다는 것이다. 이미 하루 확진자가 5만 명, 재택 치료자 20만 명이 넘었다. 곧 하루 20만 명이 전염병자가 생길 것이고, 나중에는 사람 3명당 2명이 감염되는 상태가 이른다는 것이다. 이미 백신을 접종케 하여 3차 부스터샷까지 맞은 사람들이 대부분이어서 팬데믹이 기승을 부려도 사람들이 격리 상태에 들어가게 하여 자택에서 자력으로 치유케 한다는 것이다. 이렇게 자연 상태로 놔둘 수밖에 없는 상태가 되어서 면역력이 생긴 사람들이 치유될 수 있을 것이라고 낙관하고 있다. 그래도 우리는 불안한 상태에서 연일 뉴스의 소식을 들으며 두려움에 빠져 있다. 이미 자영업자나 집합 업소들은 치명적인 상태가 되었고, 폐업된 곳이 여러 곳이 있음을 볼 수 있다. 이제 경제적인 활동에서 망함이 대세가 되었고, 어둡고 삶에 희망이 없는 상태가 되었다.

우리는 이러한 상태에서 하나님의 말씀에 주목하지 않을 수 없다. 오늘은 예레미야서 14장이 주는 말씀의 교훈에 주시하고자 한다. 예레미야 14장은 칼과 기근, 전염병으로 이스라엘을 심판하신다고 말씀하신다.[17] "그들이 금식(야쭈무)할지라도 내가 그 부르짖음(리나탐)을 듣지 아니하겠고 번제(올람)와 소제(민하)를 드릴지라도 내가 그것을 받지 아니할 뿐 아니라 칼(헤레브)과 기근(라아브)과 전염병(데베르)으로 내가 그들을 멸하리라(메카레)"(렘 14:12). 예레미야 선지자는 이스라엘의 심판과 재앙의 원인이 거짓 선지자 때문이라고 말한다. "여호와께서 내게 이르시되 선지자들이 내 이름으로 거짓(쉐케르) 예언을 하도다 나는 그들을 보내지 아니하였고 그들에게 명령하거나 이르지 아니하였거늘 그들이 거짓 계시(하존 쉐케르)와 점술(케셈)과 헛된 것(웨에릴)과 자기 마음의 거짓(웨타르미트 리밤)으로 너희에게 예언하는도다"(렘 14:14).

이 심판은 갈증과 굶주림으로 오랫동안 잘 견디는 들나귀도 뜨거운 열기로 인해 호흡마저 제대로 할 수 없을 정도로 위기에 빠지고, 극심한

---

17 K. N. Schoville, "Jeremiah," *The Transforming Word*, 587. 예레미야 14-15장은 주로 가뭄과 관련되어 말한다. 땅과 도시, 사람들의 비인간성을 지적하며 애도하고 부르짖는 상황을 보여주며 거의 비가 내리지 않아 동물이 물이 없어서 심각한 상태에 이른다. 예레미야의 탄식은 15:15-18에서 그 고통이 극에 달한다.

가뭄이 계속되며, 대기근이 닥쳐오고 있음을 말한다. "들 나귀들은 벗은 산 위에 서서 승냥이 같이(카타님) 헐떡이며 풀이(에세브) 없으므로 눈이 (에네헴) 흐려지는도다(카루)"(렘 14:6). 오늘 일어나는 오미크론 전염병의 현상도 이렇게 숨쉬기 힘든 상태가 되고 있고, 독감처럼 몸이 무력한 상태가 된다. 주위에 많은 사람들이 이 전염병으로 고통받으며 집에서 격리 생활을 하는 것을 볼 수 있다. 가뭄과 칼의 재앙이 바로 하나님께 범죄를 저지른 결과임을 선지자는 지적한다(렘 14:7). 선지자는 거짓 예언을 하며, 어그러진 길을 사랑한 연고라고 말한다(렘 14:10, 14).

예레미야서는 칼과 기근을 강조하고 있지만 전염병(데베르, 1회)과 더불어 유대는 총체적 환난을 이르고 있다. 거짓 예언자나 거짓 예언을 받은 백성이나 동일하게 칼과 기근에 멸망되고 죽음에 노출되어 장사할 자도 없는 비극적 상태가 된다고 말한다(렘 14:15, 16). 그래서 이스라엘(남유다)은 결국 종말적으로 망하게 된다. "너는 이 말로 그들에게 이르라 내 눈이 밤낮으로 그치지 아니하고 눈물을 흘리리니 이는 처녀 딸(베투라트) 내 백성이 큰 파멸(쉐베르 가돌), 중한 상처(나헤라 메오드)로 말미암아 망함이라"(14:17).

예레미야서 14장과 15장은 오늘 일어나는 팬데믹 상황을 잘 보여주고 있다. 왜 이런 재앙이 일어났는지 또 어떤 현상이 일어나는지 잘 보여준다. 기근(대가뭄)과 칼(전쟁)이 전염병과 같이 일어나고, 삼중 처벌에서 사중 처벌로 재앙이 확대되고 있는 것을 본다. "여호와의 말씀이니라 내가 그들을 네 가지로 벌하리니 곧 죽이는 칼과 찢는 개와 삼켜 멸하는 공중의 새와 땅의 짐승으로 할 것이며"(렘 15:3). 세계는 점점 인플레이션 과 경제난, 이상 기후 변화로 인한 환경 재난이 이어지고 있다. 사람들이 점점 재앙으로 많이 죽어가고 있고, 전쟁과 기근으로 비참함에 이른 사람들의 모습을 보게 된다. "죽을 자는 죽음으로(라마웨트) 나아가고 칼을 받을 자는 칼로(라헤레브) 나아가고 기근을 당할 자는 기근으로(라라아브) 나아가고 포로될 자는 포로됨으로(라쉐비) 나아갈지니라 하셨다 하라"(렘 15:2).

오늘 이러한 재앙의 한복판에서 우리는 하나님의 영광을 보여주는 하나님의 자녀이다. 하나님의 영광과 그의 보좌를 보여주기 위해 우리는 하나님의 은혜를 통해 구원받아야 한다. 그래서 우리는 이 어려운 시절에 살아서 주의 나라와 살아 계신 하나님을 보여줄 때이다. 계속되는 재앙의 연속과 환난의 중한 상처와 큰 파멸이 일어나는 때에 우리는 주의 말씀과 영광을 보여줄 수 있어야 한다.

> 주의 이름을 위하여 우리를 미워하지 마옵소서(알 티브아츠) 주의 영광의 보좌(키세 케보데카)를 욕되게 마옵소서(알 테나벨) 주께서 우리와 세우신(이타누) 언약(베리트카)을 기억하시고(제코르) 폐하지 마옵소서(알 타페르)(렘 14:21).

이러한 파국의 상태에서 우리는 하나님의 선교를 보면서 우리 주위의 선한 이웃과 선교사들을 도우며 주의 사명으로 가까운 이웃을 찾아가는 선교적 삶을 살아가야 하리라 본다. 할렐루야, 하나님의 선교에 동참하는 독자 여러분이 되길 바란다.

XVI. 창세기 6장(홍수)

팬데믹 시대를 가리켜서 '혼돈의 시대'라고 말할 수 있다. 거의 2년을 지나 3년을 향해 가며 이 전염병 시대가 멈추지 않고 절망의 터널을 지나고 있다. 코로나19가 이제 오미크론 변종으로 변해 많은 사람들이 죽어가고 있다. 이 전염병으로 우리나라가 세계에서 두 번째로 많은 사람들이 죽었다고 보도되고 있다. 알 수 없는 현실이 우리 앞에 펼쳐지고 있었던 것을 알 수 있다.

구약학자 중에 헤르만 궁켈이라는 사람은 『창조와 혼돈』(Creation and Chaos)이라는 책을 통해 고대 근동의 창조 신화는 혼돈의 모티브에서 창조 신화를 썼지만, 구약 이스라엘 백성은 혼돈으로부터 창조 신앙으로 풀며 해석하고, 창조 이야기를 기록했다고 말한다.[18] 여기에 버나드 앤더슨 교수는 『창조 대 혼돈』(Creation Versus Chaos)에서 구약의 신앙은 창조 신앙인 데 비해서 고대 근동의 신화는 혼돈의 주제에서 창조 설화를 만든 것이라 하며 대조하였다.[19] 오늘 일어나는 혼돈의 세상 가운데서 우리는 창조 세계의 빛을 볼 수 있어야 하고, 거룩의 창조 신앙과 거룩한 성전 신학으로 이 어려운 혼돈의 시대를 극복할 수 있어야 한다. "땅이 혼돈하고(토우) 공허하며(와보후) 흑암이(웨호세크) 깊음(테홈) 위에 있고 하나님의 영은 수면 위에 운행하시니라 하나님이 이르시되 빛이 있으라 (여히 오르) 하시니 빛이 있었고(와여히 오르)"(창 1:2-3). 하나님의 창조 세계는 빛의 창조로부터 시작하는 제사장 기자의 창조 이야기를 듣게 된다. 빛과 광명체, 궁창과 위 궁창과 아래 궁창의 피조물들, 바다와 육지 창조와 식물과 동물계의 창조 등 6일의 창조 후에 7일 안식일

---

18 Hermann Gunkel, *Schoepfung und Chaos in Urzeit und Endzeit* (1895) 재인용; B. W. Anderson, *Creation Versus Chaos: The Reinterpretation of Mythical Symbolism in the Bible* (New York: Association Press, 1967), 15

19 B. W. Anderson, *Creation Versus Chaos: The Reinterpretation of Mythical Symbolism in the Bible* (New York: Association Press, 1967), 11-178. 앤더슨 교수는 창조와 역사, 창조와 언약, 창조와 예배, 창조와 완성, 창조와 갈등을 다룬다.

창조로 하나님의 창조가 질서와 균형, 빛의 창조 세계가 열린 것이다.

오늘의 혼돈은 전염병으로 인해 보이지 않는 세균이 우리의 기식을 공격함으로 말미암아 질병을 일으키고 두통과 가래와 폐렴을 일으켜서 죽임에 이르게 하는 치명적 상태를 가져오게 한다. 이 팬데믹 현상으로 세계는 온라인 현실이 대세가 이뤄지며, 실제가 아닌 가상 세계가 주류가 되는 세상으로 돌입하게 하였다. 전자 세상이 더 빠르게 열리게 된 것이다. 하지만 성경은 이 혼돈의 세상에서 질서를 가져다주는 것이 바로 거룩의 세계이며, 공간의 거룩으로서의 성전 신학을 제시한다. 노아의 방주나 솔로몬의 성전과 제2 성전, 에스겔의 성전 조감도(겔 40-48장) 등이 바로 빛의 공간으로 혼돈의 세력과 대립된 하나님의 임재 공간으로 제시되고 있다. "내가 홍수(하마불)를 땅에 일으켜 무릇 생명의 기운(루아흐 하임)이 있는 모든 육체를 천하에서 멸절하리니 땅에 있는 것들이 다 죽으리라"(창 6:17). 이 멸망의 홍수에서 구원하는 노아의 가족들과 방주를 예비하신다. "그러나 너와는 내가 내 언약(브리티)을 세우리니 너는 네 아들들과 네 아내와 네 며느리들과 함께 그 방주로(하테 바) 들어가고"(창 6:18).

여기서 우리는 성전의 구조(출 25-27장)를 보면 성소와 증거궤, 진설병 두는 상, 등잔대와 기구들, 성막, 제단, 성막의 뜰에 대한 자세한 규정들을 살필 수 있다. 모세에게 지시한 하나님의 성막 크기와 규정을 말하고 있다. 거룩의 공간 중에 제일 거룩한 공간인 지성소에는 언약궤가 있고, 거기에는 십계명 돌판과 만나 항아리, 아론의 지팡이가 있는 언약궤가 있어서 하나님의 발등상이 있는 하나님의 보좌로 여겨졌다. 성소와 지성소에 제사장이 하루에 두 번씩 들어가서 등불을 켜고, 향을 살랐으며, 안식일마다 진설병을 새로 올렸는데 언약궤가 있는 지성소에는 일 년에

한 번(대속죄일) 대제사장이 들어갔다. 구약의 성전 신학에 담긴 구속의 역사를 보게 된다. 이는 우리가 제사장의 속죄 사역을 통해 십자가 예수 보혈의 피를 이해하고, 대속주 그리스도 예수를 영접해야 함을 알게 되며 또 창조 신학이 성전에서 계시되었음을 알게 된다.

이 혼돈의 전염병 시대에 우리는 창조의 빛이신 주님을 만남으로써 구원의 길에 들어서서 하나님 나라를 경험하는 기회가 되길 바란다.

제사장마다 매일 서서 섬기며 자주 같은 제사를 드리되 이 제사는 언제나 죄를 없게 하지 못하거니와 오직 그리스도는 죄를 위하여 한 영원한 제사를 드리시고 하나님 우편에 앉으사… 그가 거룩하게 된 자들을 한 번의 제사로 영원히 온전하게 하셨느니라(히 10:11-14).

XVII. 신명기 12장(제의 중앙화 개혁)

너희가 쫓아낼 민족들이 그들의 신들을 섬기는 곳은 높은 산이든지 작은 산이든지 푸른 나무 아래든지(타하트 콜 에츠 라아난)를 막론하고 그 모든 곳(콜 하메코모트)을 너희가 마땅히 파멸하며(아베드 테아베둔) 그 제단(미즈보호탐)을 헐며 주상(마체보탐)을 깨뜨리며 아세라 상(아쉐레헴)을 불사르고 또 그 조각한 신상(페시레)들을 찍어 그 이름(쉐맘)을 그곳에서 멸하라(신 12:2-3).

팬데믹 시대가 거의 저물어 가는데 바이러스 변종으로 전염병이 아직도 사람들을 괴롭히고 있다. 그로 인해 죽음의 그늘이 드리워져서 우리를 힘들게 하고 있다. 이러한 때에 우리는 하나님의 말씀에 주목하며,

하나님의 도우심과 인도하심, 보호하심을 간절히 간구할 수밖에 없는 상태이다. 오늘은 우리가 하나님의 구원하심을 신명기 12장의 본문에서 찾고 그 지혜를 얻고자 한다.

이 본문은 신명기 12-26장 속에 있는 것으로서, 신명기 법전이 시작되는 서론의 메시지로서 제의 중앙화(Cult Centralization)를 말하는 본문이다. 이 말씀은 예배(제사)는 예루살렘 성전에서만 드리라는 하나님의 명령이다. "오직 너희의 하나님 여호와께서 자기의 이름을 두시려고 너희 모든 지파 중에서 택하신 곳(하마콤 아쉐르 이브하르 아도나이 엘로헤켐 미콜 쉬브테켐 라슘 에트 쉐모 샴)인 그 계실 곳으로 찾아 나아가서"(5절). 현실적으로 불가능한 명령을 오경의 결론부이자 신명기의 중심부에서 강조하고 있는 이유가 무엇인가?

오늘 우리 시대의 팬데믹 재앙은 출애굽기의 10가지 재앙이 일어나는 현장에 있는 것과 유사하다.[20] 우리는 그 심판의 와중(渦中)에 있으면서 여러 가지 심판을 받는 사람들의 모습을 살펴보고 있다. 이 시대에 그 심판의 모습을 보면서 우리는 우리의 죄과와 사람들의 죄를 보고 깨닫게 된다. 또 우리도 하나님 앞에 지은 죄를 살피며, 옷깃을 여미며, 마음의 죄된 것들을 찾아서 부지런히 회개해야 할 것이다. 신명기 기자가 이 예루살렘 제의 중앙화를 강조하는 이유는 무엇인가? 요시아 종교개혁 때에 성전에서 발견한 두루마리가 이 본문이라는 것이다(드 베테).[21]

대제사장 힐기야가 성전을 수리하다가 발견한 두루마리 율법책을 서기관 사반에게 주었고, 사반은 왕 앞에서 율법책을 읽으니 왕이 듣고

---

20 박신배, "코로나19시대, 성서(구약) 속 전염병의 신학적 의미: 기독교교육적 전망에서," 『코로나19를 넘어서는 기독교 교육』 (서울: 동연, 2020), 26-36.
21 박신배, 『구약의 개혁신학』 (서울: 크리스천 헤럴드: 2006), 231.

옷을 찢으며 회개하였던 것이다(왕하 22:8-11). 그 후에 이 발견한 책이 무엇인지 여호와께 물으라고 하여 신령한 여선지 훌다에게 물으니 그녀가 예언하게 된다(왕하 22:12-15). "여호와의 말씀이 내가 이곳과 그 주민에게 재앙(라아)을 내리되 곧 유다 왕이 읽은 책의 모든 말대로 하리니 이는 이 백성이 나를 버리고(아자부니) 다른 신에게 분향하며(에카테루 레로힘 아헤림) 그들의 손의 모든 행위로 나를 격노하게 하였음이라(하케이세니) 그러므로 내가 이곳을 향하여 내린 진노(니체타 하마티)가 꺼지지 아니하리라 하라 하셨느니라"(왕하 22:16-17).

오늘 일어나는 팬데믹의 재앙은 우상 숭배로 말미암아 온 세상을 향한 하나님의 진노와 분노라는 사실을 우리는 알게 된다. 그래서 우리는 이 제의 중앙화, 제의 순수화(Cult Purification)를 통한 하나님의 종교개혁과 종교 혁명을 해야 한다. 또 우리는 이 시대에 종교개혁과 혁신을 해야 할 과제가 있으며, 회개하며 예배 순수화를 도모해야 하는 절체절명의 순간을 맞이하고 있다. 이 코로나19, 오미크론 변종 재앙으로 죽임의 시간을 맞이할 것인가? 회개하여 다시 생명을 구원할 기회를 가질 것인가? 우리는 오늘 생사기로의 순간을 맞이하게 된 것이다. "거기 곧 너희의 하나님 여호와 앞에서 먹고 너희의 하나님 여호와께서 너희의 손으로 수고한 일에 복 주심으로 말미암아 너희와 너희의 가족이 즐거워할지니라"(신 12:7), "오직 네 성물(라크 콰다쉐이카)과 서원물(네다레이카)을 여호와께서 택하신 곳(하마콤 아쉐르 이브하르 아도나이)으로 가지고 가라… 내게 네게 명령하는 이 모든 말을 너는 듣고 지키라 네 하나님 여호와의 목전에 선과 의(하토브 웨하야샤르)를 행하면 너와 네 후손에게 영구히 복이 있으리라(위이타브… 아드 올람)"(신 12:26, 28). 한 성소로 나가야 한다.22 예배 처소로 나가서 주님의 음성을 들어야 한다.

오늘 일어나고 있는 팬데믹의 재앙은 우리가 하나님과의 관계를 다시 묻고 있는 계기가 된다는 사실이다. 우리가 하나님을 믿을 것인가 아니면 세상과 우상, 맘몬(돈, 자본)을 믿을 것인가 하는 두 가지 선택 앞에 있는 것이다. 우리는 오직 여호와 하나님을 믿고 선택함으로 이 재앙의 사슬에서 벗어나서 생명의 길로 들어서서 하나님의 말씀만을 지키기로 결단하고, 예배의 중앙화, 예배의 순수화를 행하며, 주의 복과 주의 의(하야사르, 올바름, 정의)를 행함으로 나가야 한다. 그리하여 독자 여러분은 영원히 하나님께 복을 받는 사람과 자녀들과 함께 믿음의 가정과 공동체 교회가 되길 축원한다.

XVIII. 에스겔 37장(에스골 골짜기 마른 뼈 환상)

또 이르시되 인자(벤 아담)야 너는 생기(하루아흐)를 향하여 대언하라(히나베) 생기에게 대언하여 이르기(아마르타)를 주 여호와께서 이같이 말씀하시기를(코 아마르 아도나이 아도나이) 생기야 사방에서부터(메아르바) 와서 이 죽음을 당한 자에게(바하루김) 불어서 살아나게 하라 하셨다 하라(웨이혜유)(겔 37:9).

현대는 지구 온난화의 문제, 생태계 보존과 전쟁과 핵 위협의 문제, 팬데믹 전염병의 문제 등으로 어려운 때이다. 이때에 사람들은 삼중고(三重苦)로 고통을 받고 있으며 또 종말을 향해 가는 역사의 시점에 있다.

---

22 S. K. Sherwood, C. M. F. *Leviticus, Numbers, Deuteronomy, Berit Olam* (Minnesota: The Liturgical Press, 2002), 260. 셔우드는 신명기 12장의 수사적 구조를 언급하며 (런드범, 1996년), 한 성소(12:1, 2, 12)와 비희생제사적 살육(12:15-18), 가나안 사람들이 어떻게 예배드릴 수 있는가(12:29-31) 등을 말한다.

이제 코로나19, 오미크론 변종이 잦아들고 있다. 그래도 여전히 전염병의 균은 우리의 폐를 공격하며 위협하고 있다. 이러한 때에 팬데믹의 경고가 하나님의 어떤 메시지를 주는지 헤아리며, 이 시대의 우리의 사명을 돌아보자. 그리고 우리는 그 메시아의 종으로서 그 사명을 감당하는 종이 되어야 한다.

여호와께서 권능으로(야드 아도나이) 내게 임재하시고 그의 영으로(베루아흐 아도나이) 나를 데리고 가서 골짜기 가운데(베토크 하비크아) 두셨는데 거기 뼈가 가득하더라(메레아 아차모트)(겔 37:1).

오늘의 전염병의 시대를 가리켜 우리는 에스겔 37장의 '마른 뼈가 가득한 시대'라고 말할 수 있다. 곧 송장들이 썩어서 악취가 나는 상태, 시체들이 쌓여서 마른 공동묘지와 같은 황량한 모습, 버려진 공동묘지의 뼈들이 널려진 곳의 황폐함 같은 상황이다. 이러한 때에 우리는 에스겔과 같은 파수꾼이 되어 부활의 소식을 알리며 회개와 성령의 임재를 선포하는 대언자(나비, 선지자)가 된 것이다. 우리는 파수꾼으로서 사명을 부여받게 된 것이다. 하나님은 이 뼈들이 살아날 수 있는지 물으며, 죽어 있는 모든 뼈들에게 대언하라 하며, 생기를 불어넣으라고 한다(겔 37:3-5). 오늘의 시대를 향하여 이것은 주님이 하시는 말씀과 모습이라 본다. 지금 영적으로 죽어 있는 사람들의 전염병 재앙의 시대에 우리는 하나님의 말씀에 주목하게 된다.

"이에 내가 그 명령대로(카아세르 찌와니) 대언하였더니(하나베티) 생기(하루아흐)가 그들에게 들어가매 그들이 살아나서 일어나 서는데(와아메두) 극히(메오드 메오드) 큰 군대(하일 가돌)더라"(10절). 에스겔서 37:1-14

은 이스라엘의 생명의 회복을 말한다. 주의 손이 에스겔에게 임함으로 발생한다(37:1).[23] 이 환상적 체험에 나오는 이 말씀은 놀라운 말씀이 아닐 수 없다. 매우 심히 큰 군대가 뼈들에게서 일어나는 것이다. 시체 더미로 역겨운 냄새가 나서 근접할 수 없는 곳에서 우리는 생명의 부활을 보는 것이다. 또 우리는 그 뼈들이 군대가 되는 역사가 일어난 것을 목격하게 된다. 이는 오늘 이 시대에 영적 묘지 터가 된 한반도의 거대한 공동묘지 터에서 성령의 금수강산으로 변하고, 앞으로 세계 선교 나라로 변화되리라는 예언의 메시지를 듣게 되는 것이다.

또 세계의 공동묘지 터와 같은 예수 불신의 나라와 공간에서 생명과 부활의 터전으로 변화될 것을 보여준다. 이 과정은 생기가 들어가고, 여호와 인지 공식("내가 여호와인 줄 너희가 알리라")이 인식되고, 뼈들이 연결되고, 힘줄이 살아나고, 가죽이 덮여서 하나님의 명령이 울려 퍼지니 하나님의 군대가 된 것이다. 큰 군대의 변화는 오늘 우리가 성령의 역사로 변화되어야 할 새로운 실체들이다(10절). 이 존재의 변화는 바벨론 포로지의 사람들의 모습이다. 이처럼 죽어 있는 뼈다귀들의 골(骨) 더미상(像)에서 새로운 실존으로서 생명의 삶과 사람이 되어야 하는 것을 보여준다.

하나님의 상징적 메시지에 대한 해설에서 이 뼈들이 바로 온 백성의 모습이요, 이스라엘의 소망이 없고 멸절된 상태라고 말씀하신다(11절). 주님이 무덤에서 그 무덤을 열고 거기서 나오게 하고 이스라엘 땅으로 환원하게 하시겠다고 하신다. 주님이 무덤에서 나오게 함으로 여호와 인지("너희는 내가 여호와인 줄을 알리라")를 알게 된다고 한다(13절). 오늘

---

23 L. E. Cooper, Sr. *Ezekiel*, The New American Commentary (Nashiville: Broadman, 1994), 323.

우리도 주위에서 그리고 또 내게서 일어나는 죽음의 사건들과 소식들이 바로 무덤에서부터 살아나는 구원 이야기들이요, 죽음의 상태임을 알게 된다. 거기서 소망과 부활의 소식은 바로 여호와 하나님에게 있음을 알게 된다. 하나님의 영이 들어갈 때의 생명의 존재가 되는 것이다. "내가 또 내 영(루히)을 너희 속에 두어 너희가 살아나게 하고(위헤위이템) 내가 또 너희를 너희 고국 땅에 두리니(아드마트켐) 나 여호와가 이 일을 말하고 이룬 줄을(키 아니 아도나이 디마르티 웨아시티) 너희가 알리라(위다템) 여호와의 말씀이니라"(14절).

팬데믹 시대를 살아오면서 우리는 많은 일들을 겪었다. 소망이 없고 죽음의 일들만이 연속되는 일상에서 우리는 무기력해지며, 마스크 낀 인류를 보면서 침묵을 강요하는 시대가 되었음을 보면서 그만 말을 잃어버렸다. 그런데 선지자의 사명을 받은 우리는 에스겔 37장에서 부활과 소생, 생명과 군대 비전을 보았다. 더 나아가 두 막대기의 결합, 통일의 비전까지 약속을 받게 된다. 우리가 우상 숭배를 버리고 정결한 백성이 될 때(23절) 지도자를 통해 영원한 언약, 화평의 언약을 맺게 된다고 약속받는다(24-26절).

"내 처소(미쉬카니)가 그들 가운데에 있을 것이며 나는 그들의 하나님이 되고(웨하이티 라헴 레로힘) 그들은 내 백성이 되리라(웨헤마 이헤이유 리 레암) 내 성소(메카디쉬)가 영원토록 그들 가운데에(베토캄) 있으리니 내가 이스라엘을 거룩하게 하는 여호와인 줄을 열국이 알리라(웨아드우하고임) 하셨다 하라"(27-28절). 이제 팬데믹 시대가 막을 내리고 있다. 남은 회개 거리를 가지고 기도하면서 이 시대를 향한 주님의 에스골 골짜기 환상을 마음에 새기면서 이 비전을 놓고 우리는 사람의 심령을 꿰뚫는 깊은 기도, 하나님의 뜻을 아는 높은 기도, 인류 구원의 십자가

구속의 사랑을 터득하는 넓은 기도를 해야 할 때이다. 그때에 하나님의
영(루아흐, 나페[숨이 들어간다]), 성령이 임해서 시체에 들어가서 살아서
방대한 사람들, 살아 움직이는 새로운 군대를 보게 된다(겔 37:1-10).[24]

"내 종 다윗이 그들의 왕이 되리니 그들 모두에게 한 목자가 있을
것이라"(24절), "내가 그들과 화평의 언약(브리트 샬롬)을 세워서 영원한
언약(브리트 올람)이 되게 하고 또 그들을 견고하고 번성하게 하며 내
성소(미크다쉬)를 그 가운데에 세워서 영원히 이르게 하리니"(26절). 예수
그리스도가 우리의 왕이 되셔서 화평의 언약, 영원한 언약을 맺으신다.
이 소망을 품고 이 시대의 복음 전도자로 서는 신실한 독자가 되기를
바란다.

XIX. 시편 40편

세월은 참으로 빠르다. 전염병의 위협도 한풀 꺾인 것 같고, 점차로
사라질 기미가 보인다. 하지만 미국은 아직도 아이들 백신 접종을 실시하
고 있고, 유럽은 다시 전염병이 퍼지고 있으며, 오늘 한국은 새롭게
원숭이 두창이 들어와서 또 다른 새로운 전염병이 밀접 접촉을 통해
확산될 것을 예고하고 있다. 이러한 팬데믹 시대에 우리는 하나님의
선교를 생각하며 복음을 전하는 기회로 삼아야 할 것이다. 오늘은 시편
40편의 말씀으로 팬데믹 시대 선교를 생각해보고자 한다. "수많은 재앙
(라오트)이 나를 둘러싸고 나의 죄악이 나를 덮치므로 우러러볼 수도
없으며 죄가 나의 머리털보다 많으므로 내가 낙심하였음이니이다"(시

---

24 L. E. Cooper, Sr. *Ezekiel*, The New American Commentary, 324.

40:12). 팬데믹의 재앙은 전염병으로 말미암아 비롯된 어려움과 환난이 전쟁과 기근으로 확산되고, 인플레이션과 스테그플레이션으로 세계는 혼돈의 아수라장이 되고 있다.

이러한 때에 우리는 시편 40편의 기자가 고백하는 시인의 심정으로 이 팬데믹 시대를 헤쳐 나가며 주님께 응답을 기다리는 기도와 이를 위해 부르짖어야 하는 절박한 상태이다. "내가 여호와를 기다리고 기다렸더니(콰우 퀴위티) 귀를 기울이사 나의 부르짖음을 들으셨도다(와이쉬마 샤웨아티)"(1절). 오늘 일어나는 재앙의 모습이나 경제적, 정치적 혼란은 우리에게 하나님의 도우심과 기적을 요구하고 있다. "여호와 나의 하나님이여 주께서 행하신 기적이 많고 우리를 향하신 주의 생각도 많아 누구도 주와 견줄 수가 없나이다 내가 널리 알려 말하고자 하나 너무 많아 그 수를 셀 수도 없나이다"(5절). 참된 신앙은 자연을 깨닫게 하고 불신의 궁극적 동기를 깨닫게 하는 눈을 열게 한다. 대적자에 대한 편견을 버리게 하고 그들의 비난을 극복하게 한다. 시인은 하나님을 찬양하게 되고 신앙의 공동체에게 축도(Beatitude)하게 된다.[25]

코로나19 전염병으로 인해 백신 접종을 하였지만, 주위에 많은 분들이 돌아가셨다. 물가와 유가가 올라가고, 식료품이 기근으로 인해 가격이 올라가면서 시민들의 생활은 힘들어지고 있는 현실이다. 우리는 성경이 말하는 삶의 자세와 하나님의 소리에 귀를 기울여야 한다. "그때에(아즈) 내가 말하기를 내가 왔나이다 나를 가리켜 기록한 것(카투브 알라이)이 두루마리 책에 있나이다 나의 하나님이여 내가 주의 뜻 행하기를 즐기오니 주의 법이(토라테카) 나의 심중에 있나이다(베토크 메아이) 하였나이다"(7-8절). 인생의 문제, 우리의 삶의 문제에 해결은 주의 법이 내 마음의

---

25 Artur Weiser, *The Psalms 1*, OTL (London: SCM Press, 1962), 336.

중심에 있을 때임을 시편 기자는 말하고 있다.

더욱이 문제 해결은 신앙을 통해 일어난다. 곧 의의 기쁜 소식을 입으로 선포하는 일, 주의 공의를 심중에서 말하는 일, 주의 성실과 진리를 많은 회중 가운데에서 감추지 아니하는 일, 주의 긍휼과 주의 인자와 진리로 보호받는 일 등에 있다(9-11절). 시편 40편은 오늘 답답하고 어렵고 힘든 팬데믹 시대에 어떻게 살아야 하는지를 잘 보여준다. 하나님은 은총을 베푸시고 도우시는 분이시며, 주를 찾는 자에게 구원을 주시는 분이심을 알려준다(13, 16절). "주를 찾는 자는(메바크쉐이카) 다 주 안에서 즐거워하고 기뻐하게 하시며 주의 구원을 사랑하는 자(오하베 테슈아테카)는 항상 말하기를 여호와는 위대하시다 하게 하소서"(16절). 시인은 하나님의 구원을 사랑하는 경건한 사람을 위한 중보기도를 말한다. 악한 사람들은 하나님을 무시하고 경건한 사람을 돕는 사람을 대적하나 경건한 사람은 하나님의 능력 안에서 은혜를 체험하며 기뻐하고 즐거워한다. 경건한 사람과 공동체는 하나님의 위대함과 구원을 깨닫고 하나님의 공의로움을 인식한다.[26]

팬데믹은 우리에게 새로운 출발을 가능하게 한다. 곧 이스라엘이 출애굽의 10가지 재앙 사건을 통해 구원으로 나가게 하는 사건과 같다. 이는 하나님의 백성이 출애굽하여 광야 땅으로 나가서 예배를 드리게 하였던 것처럼 또 가나안 땅으로 향하는 운동이 오늘 새롭게 일어나게 한다. 곧 이는 자유를 찾아 움직이는 거대한 행진이며, 이를 가능하게 하는 것이 바로 오늘의 팬데믹 재앙으로 말미암은 것이다. 곧 이 불행한 재앙의 일들이 하나님의 징계라는 사실이다. 우리의 내면의 죄와 공동체의 죄를 살펴보고 열심히 회개할 일이다.

---

26 Artur Weiser, *The Psalms 1*, OTL (London: SCM Press, 1962), 341.

오늘 일어나는 현상들은 바로 우리에게 신앙의 눈으로 출애굽 사건을 보게 하며 열 가지 재앙의 사건들을 통한 구원의 역사를 보게 한다. 우리는 시편 40편의 기자가 마지막 절에서 고백하는 말씀처럼 주의 도움을 간절히 간구하게 된다. "나는 가난하고 궁핍하오나(아니 웨에브욘) 주께서는 나를 생각하시오니 주는 나의 도움이시요 나를 건지시는 이시라 나의 하나님이여 지체하지 마소서(알 테하르)"(17절). 팬데믹의 시대에 새로운 하나님의 구원 역사와 새 시대를 열어 가시는 하나님의 구원 사건을 기대하면서 우리는 새 노래로 찬양하며 주님께 나가는 주의 백성이 되기를 바란다.

"새 노래(쉬르 하다샤) 곧 우리 하나님께 올릴 찬송(테힐라 레로헤누)을 내 입에 두셨으니 많은 사람이 보고 두려워하여(웨위라우) 여호와를 의지하리로다(위베트후 바아도나이)"(시 40:3). 우리는 이 재앙의 심판을 보면서 경외심을 가지고 하나님을 바라보아야 한다. 우리가 체험하는 구원의 사건을 두고 찬송하며 새 노래를 불려야 한다. 또 우리는 이 고난의 세월을 기도하면서 거친 세파와 파도를 넘어가며 간증하고 또 복음을 전하며 살아가야 할 것이다. 고난은 우리의 유익이며, 하나님을 만나는 계기가 된다. 따라서 우리는 감사하며 팬데믹 시대를 살아갈 것이다. 할렐루야!

XX. 다니엘서 5장(메네 메네 데겔 우바르신)

기록된 글자(케타바)는 이것이니(우데나) 곧 메네 메네 데겔 우바르신(우파르신) 이라 그 글을 해석하건대(페샤르 밀레타) 메네는 하나님이 이미 왕의 나라(엘라하

말쿠타크)의 시대를 세어서 그것을 끝나게 하셨다(웨하쉬레마흐) 함이라(단 5:24-25).

세상은 점점 알 수 없는 수렁으로 빠져드는 듯한 느낌이다. 전염병이 또다시 창궐하여 4차 대유행을 예고하고 있고, 사람들은 느슨한 방역에 해외 여행이다, 휴가다 하여 휴양지로 떠나는 모습이다. 하지만 여전히 우리는 불안과 위협감을 가지고 움직이는 형편이다. 오늘 세계가 변화하는 모습을 바벨론의 궁전에서 일어난 사건의 말씀을 통해 볼 수 있고 또 그 말씀에서 우리는 하나님의 지혜를 얻을 수 있다. 다니엘서는 묵시문학으로서 종말의 메시지이다. 그 이야기의 배경은 바벨론 식민지인 포로지의 핍박 속에서 신앙을 지키는 의로운 하나님의 자녀 이야기를 보여준다. 오늘 이 시대를 살아가면서 믿음을 순수히 지키고 살아가는 사람들에게 희망의 말씀을 주는 성경이다. 다니엘서 5장에서는 벨사살 왕과 왕의 지혜자와 왕비 등의 등장인물 속에서 우리는 다니엘의 인물됨과 신앙의 모습을 살필 수 있다.

벨사살 왕이 그의 귀족 천 명을 위하여 큰 잔치를 베풀고 그 천 명 앞에서 술을 마시니라(비테엠 하메라) 벨사살이 술을 마실 때에 명하여(아마르) 그의 부친 느부갓네살이 예루살렘 성전에서(헤케라 디 비루세렘) 탈취하여 온 금, 은그릇(레마네 다하바 웨카세파 디 하네페크 네부카드네짜르 아부히)을 가져오라고 명하였으니 이는 왕과 귀족들과 왕후들과 후궁들이 다 그것으로 마시라 함이었더라(단 5:2-3).

벨사살 왕은 느부갓네살 왕의 아들로서 자신의 제국의 위용을 자랑하려고 정복하여 탈취하여 온 예루살렘 성전의 금은 기물을 가지고 잔치를 베푼다. 그는 귀인들과 함께 술을 마시는 중에 제국의 정복을 자랑하려고 금은보석의 예루살렘 성전 기물을 보이며, 그것으로 연회를 즐기는 모습이다. 바벨론 제국의 황제인 그는 전 세계를 호령하고, 쥐었다 폈다 할 수 있는 힘이 있었다. 그의 한마디에 한 나라의 운명이 좌지우지할 정도로 절대 권력의 상징이자 그는 권력의 자리에서 정상(頂上)이었다.[27] "그에게 큰 권세를 주셨으므로(레부타 디 헤하브 레흐 콜) 백성들과 나라들과 언어가 다른 모든 사람들이 그의 앞에서 떨며 두려워하였으며(자에인 웨다하린) 그는 임의로 죽이며 임의로 살리며(디 하와 짜베 하와 카텔 웨디 하와 짜베 하와 마헤) 임의로 높이며 임의로 낮추었더니"(단 5:19). 그 벨사살 왕이 천 명을 위한 잔치를 베풀며 제국의 잔치를 통해 더 큰 제국을 만들려는 회의를 하며, 결속을 다지는 회식을 하였다. 다니엘서는 마카비 전쟁 후 무명의 하시딤의 저자가 기록하였다고 본다.[28] 다니엘서는 묵시문학으로서 종말의 때를 말하며, 느부갓네살의 후계자로서 벨사살은 천 명이 귀족을 위해 예루살렘 성전에서 가져온 금잔으로 술을 마시게 한다. 그들은 진탕만탕 회음(會飮)하고 있었던 것이다.

그러나 다니엘은 하나님의 말씀을 전하며 그의 마음속에 교만을 지적한다. 벨사살이 본 '메네 메네 데겔 우바르신'이라는 근심에 가득한 글자를 보면서 그는 번뇌에 빠지게 되었다. "그때에(바흐 샤아타) 사람의 손가락들이(에츠베안 디 야드 에노쉬) 나타나서 왕궁 촛대 맞은편 석회벽에 (네베라쉬타 알기라 디 케탈 헤케라 디 말카) 글자를 쓰는데 왕이 그 글자

---

27 김은규, 『종교권력으로 보는 구약신학』(서울: 동연, 2019), 243-282. 페르시아와 바벨론 제국의 권력과 신권 권력, 종교 권력에 대하여 참고하라.

28 B. W. Anderson, *Understanding the Old Testament*, 3th (New Jersey: Prentice-Hall, 1975), 576-584.

쓰는 손가락(파스 에다 디 카트바)을 본지라 이에 왕의 즐기던 얼굴빛이 변하고(말카 지요히 쉐노히)그 생각이 번민하여(웨라요노히 에바하루네흐) 넓적다리 마디가 녹는 듯하고 그의 무릎이 서로 부딪친지라(웨아르쿠바테흐 디 레다 나크샨)"(단 5:5-6).

아무리 절대 권력을 휘두르는 강대국의 일인자라 할지라도 하나님의 힘과 역사 앞에는 한 개의 풀잎과 같은 존재라는 사실이다. 곧 초개(草芥)와 같은 존재로서 우리는 불과(不過) 풀과 지푸라기와 같은 존재라는 사실을 잘 가르쳐 준다. 결국 벨사살은 그날 저녁에 살해당하고, 메데의 다리오 왕이 왕위를 계승한다.[29] 다니엘서 5장은 가르쳐준다.

> 그가(느부갓네살) 마음이 높아지며(림 리브베흐) 뜻이 완악하여(루헤흐 티크파트) 교만을 행하므로(라하자다) 그의 왕위가 폐한 바 되며(하네하트 민 카르세 말쿠테흐) 그의 영광을 빼앗기고 사람들 중에서 쫓겨나서 그의 마음이 들짐승의 마음과 같았고 또 들나귀와 함께 살며 또 소처럼 풀을 먹으며 그의 몸이 하늘 이슬에 젖었으며 지극히 높으신 하나님이 사람 나라를 다스리시며 자기의 뜻대로 누구든지(우레만 디 이츠베 여하켐) 그 자리에 세우시는 줄을 알기에 이르렀나이다 (에다 디 샬리트 엘라하 일라아 베말쿠트 아나샤)(단 5:20-21).

오늘날도 옛날에 세상을 주름잡던 사람들이 나이가 들어서 과거의 회상에만 머물고 하나님을 찾지 않는 사람들이 이러한 벨사살과 같이 추락의 인생을 살아간다고 말할 수 있다. 이 팬데믹 시대는 느부갓네살의 7년 풀을 뜯어 먹고 사는 인생과 벨사살이 본 '그 글자 쓰는 손가락'을 보는 시대가 된 것이다. 우리도 죽음의 사형 선고를 받을 수 있으며

---

29 *Ibid.*, 584.

또한 우리 모두 이러한 하나님의 심판의 선고가 선포되는 시대를 맞는 것이다.

우리는 이 팬데믹의 재앙이 바로 벨사살이 본 '메네 메네 데겔 우바르신'이라는 손가락 글씨를 본 것처럼 심판에 이르게 된다. 우리는 이 손가락 글씨가 이상하게 우리의 가슴에 깊이 박히어 괴롭히는 벨사살의 경우처럼 이상한 환상과 꿈이 반복되어 나타나게 된 것이다. 교만하여 살아온 지난날의 잘못과 우상 숭배의 죄가 우리가 심판을 받을 수밖에 없는 상태가 된 것이다.

> 벨사살이여 왕은 그의 아들이 되어서 이것을 다 알고도 아직도 마음을 낮추지 아니하고(라 하쉬펠테 리브바크) 도리어 자신을 하늘의 주재보다 높이며(알 마레 쉐마야) 그의 성전 그릇을 왕 앞으로 가져다가 왕과 귀족들과 왕후들과 후궁들이 다 그것으로 술을 마시고 왕이 또 보지도 듣지도 알지도 못하는 금, 은, 구리, 쇠와 나무, 돌로 만든 신상들을 찬양하고 도리어 왕의 호흡을 주장하시고 왕의 모든 길을 작정하시는 하나님께는(웨레하 디 니쉬메타크 비데흐 웨콜 오르하타크 레흐) 영광을 돌리지 아니한지라(라 하다르타) 이러므로 그의 앞에서 이 손가락이 나와서 이 글을 기록하였나이다(우케타바 데나 레쉽)(단 5:22-24).

그 큰 글자로 쓴 하나님의 왕궁 촛대 맞은편에 쓴 심판의 글씨는 나라 전체의 중심, 왕궁에서 쓰여졌고, 제국의 운명을 바꾸어 높은 사건이 되었다. 벨사살의 교만과 우상 숭배, 성전 그릇으로(창조주 하나님의 성전 기물) 술을 마시는 행위에 대한 벌과 더불어 총체적인 그의 죗값의 형벌이 죽음이었다. 곧바로 그날 밤에 벨사살 왕이 죽임을 당하게 된다(30절).

우리는 여기서 왕비의 글자 해석의 달인(達人)인 벨드사살(다니엘)을 추천하는 이야기나 셋째 통치자로 삼겠다는 벨사살의 이야기를 하지 않더라도 '메네 메네 데겔 우바르신'의 시대가 바로 우리에게 지금 바로 놓여 있다는 사실을 주목해야 한다. "메네는 하나님이 이미 왕의 나라의 시대를 세어서 그것을 끝나게 하셨다 함이요 데겔은 왕을 저울에 달아 보니 부족함이 보였다 함이요 우바르신은 왕의 나라가 나뉘어서 메대와 바사 사람에게 준 바 되었다 함이니이다 하니"(단 5:26-28). 오늘 우리도 똑같이 이 심판 선고를 받고 있지 않은가? 부족한 저울은 우리 죄과의 세어 봄, 가정과 친지들과 공동체, 나라와 민족이 나뉘는 비극 등을 가리킨다. 이것이 오늘 우리의 모습이라고 하면 우리는 이 팬데믹 심판 때에 철저히 회개하며, 눈물을 흘리며, 예레미야 말씀의 회개가 있기를 축원한다.

2부

구약과
한국 신학

1장

풍류 신학과 태극 신학
― 성서 신학의 관점에서*

I. 서론

한국적 신학을 위한 작업은 기독교가 한국에 들어오면서 계속되었다. 선교사들이 한국인의 마음에 맞추어 복음을 전하려고 시도하였고, 복음을 받아들인 초기 기독교인들이 우리식의 신앙과 신학 운동을 벌였다. 신학 1세대와 2세대에 선구적 학자들이 이러한 작업의 초석을 놓는 일을 했다. 소금 유동식 교수는 그것이 바로 풍류도에서 기원한다고 풍류 신학을 제창하였다. 한국의 마음이 바로 풍류의 마음이라는 인식에서 풍류 신학은 시작되었다.[1]

이 장에서는 "풍류 신학이 태극 신학인가?" 이 질문을 하면서 풍류 신학과 태극 신학의 대화와 풍류 신학의 근원과 그 시작, 전개를 살피며

---

* 이 글은 김상근 외 11명,『풍류 신학 백년』(서울: 동연, 2022), 201-226에 실렸던 글이다.
1 유동식, "한국 종교가 제시한 이상과 과제: 한국의 마음과 종교,"『소금 유동식 전집』2권 (서울: 한들출판사, 2009), 210. 한국인의 마음이 '한'이라는 말이 담을 수 있다고 보고 한의 의미를 규정한다. 그리고 '한·멋진·삶'의 신학의 기초를 전개한다.

소금 유동식 전집을 통하여 연구하고자 한다. 이전 '풍류 신학과 성서'의 글에서 풍류 신학의 전개와 성서, 종교 문화와 성서, 예술 신학과 성서 등으로 살피며 한국 문화신학의 좌표가 되었다고 하였다.[2] 저자는 태극 신학과 한국문화라는 책에서 서론에서 태극 사상과 태극의 영성으로 시작하며 유동식의 풍류 신학이 삼태극의 신학(허호익, 천지인 신학)에서 출발함을 언급하였다.[3] 그 책 일부에서 한국문화적 성서 해석 방법론, 한국 문화신학자 김교신, 한국 신학의 새로운 가능성으로서 태극 신학, 토착화신학과 성서, 풍류 신학과 성서 등을 다루었다.[4]

이미 한국 신학이 대표적으로 민중신학과 토착화신학(김광식, 언행일 치의 신학, 신토불이 신학)으로 세계에 알리었고, 한국 신학과 문화신학이 서구의 이분법의 구조를 극복할 수 있는 신학으로서 많은 한국 학자들이 작업을 많이 하였다.[5] 윤성범의 성(誠)의 신학, 허호익 교수의 천지인(天地人) 신학이나 박원돈의 물(物)의 신학과 박종천의 상생의 신학 등 연구되었다.[6] 앞으로 한국 신학, 한국 문화신학적 작업이 많이 연구되고, 동서양의 신학을 통합하며 신학의 한계를 초월하고 극복하는 신학적 대안이 많이 제시되기를 바란다.

---

2 박신배, "풍류 신학과 성서,"『태극 신학과 한국문화』(서울: 동연, 2009), 178.

3 박신배, "태극 신학과 태극의 영성,"『태극 신학과 한국문화』, 18.

4 이 글은 유동식 교수님의 백수(白壽)를 기념하여 논문집을 만든다고 해서 제자로서 쓴 글이다. 성서학자로서 풍류 신학을 태극 신학의 구도에서 다시 기억하고 그분을 기리려는 뜻에서 글을 시작한다.

5 윤성범, 문익환, 김재준, 김정준, 변선환, 이신, 김경재, 길희성, 김흡영, 허호익, 최인식, 이정배 등 기라성 같은 많은 한국 문화신학자들이 선구적 신학 작업을 하였다.

6 박신배, "한국문화적 성서 해석 방법론,"『태극 신학과 한국문화』, 51. 서남동, 김재준, 안병무의 민중신학, 박종천의 상생의 신학, 변선환의 다원론 신학, 유영모·김흥호의 유교적 기독교 신학 등을 언급한다. 아울러 곽노순의 동양 신학과 한국 문화신학과 김경재의 한국 문화신학과 박정세의 민담의 문화신학도 소개한다.

아울러 여기서는 생존해 계시는 연세 신학의 어른들의 신학을 소개하며 선생님의 백수를 기념하면 모두 좋아하시리라 생각하며 간단히 언급만 하려고 한다. 연세 신학의 통전적 신학으로 한국 신학의 기념비적 작업을 하였던 선구자들이시다. 한태동의 인식을 넘어서는 신학, 한국 지성사의 거두로서 기독교 인식론의 개벽과 한국 교회사와 세계 교회사의 인식론적 신학을 정립하였다.7 민경배의 민족 교회 형성론을 통한 한국 기독교회사의 금자탑을 이뤄놓았고, 박준서 교수의 한국 구약학자들의 아버지로서 '복음적 구약신학'을 교육하여 한국 구약학의 지형을 마련했다. 지금은 『시편 촬요』를 다시 출판해서 처음으로 구약성경으로 번역했던 알버트 피터스(A. A. Pieters) 선교사의 기념사업을 하며 구약학의 기초를 세웠던 분의 뜻을 기리는 일을 하고 계시다.

한편 멋있는 기독교 교육학자로서 한국 기독교 교육의 현장에서 교회를 건강하게 하고, 교육의 신학이 한국 땅에서 어떻게 펼쳐야 하는지 친히 좌표가 된 은준관 교수님의 교육 신학은 오늘날에도 팬데믹 시대에 봐야 할 교육 신학책이다.8 교회와 함께, 교회를 직접 개척하여 복음적 신학자로서 길을 보여주시는 기독교 윤리학자 김중기 교수의 현장 신학, 교목실에서 선교 신학을 펼쳤던 한국 문화신학의 선비 이계준 교수 등이 백수를 기념하는 후배 연세 학자들이 아닌가 생각한다.9

---

7 한태동, 『사유의 흐름』 (서울: 연세대학교출판부, 2003), 3-373

8 은준관, 『교육신학』 (서울: 기독교서회, 1997), 11-468.

9 최근에 연세 신학의 맥을 이어가고 있는 천명(天命) 박호용은 자신의 신학 세계(天命學)를 '뿌리로서의 예수학(Jesustics)', '줄기로서의 성서학(Biblics)', '꽃잎으로서의 요한학(Johannics)' 및 '열매로서의 한국학(Coreanics)'이라고 명명하였다. 그러면서 한국학으로서 『조선의 최후와 하나님의 최선: 아빠가 아들에게 들려주는 한일근대사』 (서울: 통전치유, 2021)라는 책(다시 동연에서 다른 관점에서 씀, 『하나님의 시나리오 조선의 최후』, 서울: 동연, 2022)을 통해 성서 신학을 바탕으로 한 한국적 신학을 전개해 가고 있다.

이제 "풍류 신학은 한국 문화신학이며 태극 신학인가?"라는 글을 시작하기에 앞서 풍류 신학은 이 모두를 한국적 신학의 지평에서 아우르는 신학이요, 이 신학은 동서양 신학의 융합할 수 있는 신학이다. 풍류 신학은 태극 신학의 원형을 제시하며, 동서양의 신학의 융합을 말하는 신학이요, 이 풍류 신학은 융합적이고 통합적인 신학 프레임을 제공한 것이라는 전제를 가지고 성서 신학의 입장에서 살펴보려고 한다.

II. 본론

1. 소금 유동식 전집에 나타난 성서 신학

유동식은 선교 방법론으로서 토착화신학을 말한다. 이 선교 방법론은 복음의 토착화론이라고 말한다. 예수는 일정한 역사적 · 문화적 상황에서 태어났다. 곧 유대의 종교, 문화, 전통 속에 태어나셔서 새로운 종교 문화를 창조하였다. 그는 유대교의 유월절 전통에서 그리스도의 복음의 유대를 갖고 성만찬의 종교를 창조하였다. 이처럼 한국적 기독교도 한국의 재래 종교의 전통을 이해하고, 한국인의 심성을 통해 복음의 토착화 작업을 이뤄야 한다고 본다.[10]

복음의 존재 양식과 그 방법론적 의미를 물으며 성육신의 로고스가 문화와 역사의 옷을 입고 이 땅에 거하면서 전적 타자이신 하나님께서 인간과의 사귐을 가졌다고 말한다(빌 2:7). 그래서 유대인의 하나님이시

---

10 유동식, "전통문화와 복음의 토착화,"『소금 유동식 전집』2권 (서울: 한들출판사, 2009), 307-310.

자 이방인의 하나님이신 그분이 인류의 하나님이자 우주의 하나님으로 우리에게 오셔서 우리와 사귐을 가졌다는 것이다(롬 3:29). 이 과정의 토착화 작업을 통한 초월적인 진리가 일정한 역사적 상황 속에 적용하도록 자신을 변화하였다.

복음은 하나님께서 그리스도로 말미암아 인간과 사귐을 가지셨고, 그리스도는 하나님의 말씀이 육신이 되어 오신 하나님의 아들이시다(빌 2:6-11). 자기를 비어 종의 형체로 오신 메시아에 대한 신앙은 바로 자기를 부인하고 자기 십자가를 지는 신앙을 통해서다(막 8:34). 그리스도와 교제(코이노니아)를 갖는 것이 바로 하나님의 아들을 받아들이는 것이요 하나님의 자녀가 되는 길이다. 그래서 복음에 접촉한 사람의 고백이 있게 된다. "그런즉 누구든지 그리스도 안에 있으면 새로운 피조물이라. 이전 것은 지나갔으니 보라, 새 것이 되었도다"(고후 5:17).

유동식은 선교와 토착화를 복음에 대한 바울과 요한의 선교적 토착화를 가지고 설명하며 묵시 문학적 희망과 종말론에서 어떻게 헬레니즘 세계에서 복음의 토착화 작업을 하였는지, 요한은 희랍적인 로고스 개념을 유대적 메시아 개념과 융합하여 복음의 토착화 작업을 하였다고 본다.[11]

복음의 한국적 이해는 한국교회 생활의 신앙 표현에 있어서 자기의 인격과 본심의 바닥에서 나온 것이어야 하며 또 그것이면 된다. 다윗 왕은 하나님 앞에 있는 즐거움을 표현하기 위해 체면 없이 춤을 추며 뛰놀았던 것이다(삼하 6장). 따라서 서구 사회에서 그들의 생활 풍습에서 형성된 신앙생활 양식이 있는 것처럼 우리에게도 마땅히 한국인다운 표현 양식이 있어야 한다고 주장한다.[12]

---

11 유동식, "복음의 토착화와 선교적 과제,"『소금 유동식 전집』 2권, 280-289.

한 학자의 세계는 우주적 연구를 한 지식의 보고(寶庫)라고 할 수 있다. 곧 소금 유동식의 신학은 일본 유학에서부터 시작된다. 거기서 일본 역사와 재일 동포의 역사, 일본 YMCA의 역사를 통해 한국 신학 연구의 뿌리를 내린다. 조선 기독청년회가 윤치호와 서재필, 최병헌, 이상재, 조만식, 이승만, 김정훈, 백남훈 등이 중심이 되어 일본 기독교 운동을 벌이고, 뒤에 존 모트나, 언더우드 메서, 펠프스, 클린톤, 브로크만, 벅스, 세인트 존, 아펜젤러, 피셔 등이 뒷받침을 하며 2.8 독립운동도 전개한다. 그는 민족운동의 보루로서 YMCA라고 제목을 달고 역사를 기술한다.[13]

소금 전집 6권에서는 교회사, 재일본 한국기독교청년회사와 한국 그리스도교(일본어)를 수록한다. 일제 식민지의 시대 젊은 신학도로서 그는 한국의 독립과 주체적 한국 신학을 수립할 선구적 노력을 하며, 민족의 역사 속에 몸부림치는 존재와 실존이었다. 그것이 구약의 출애굽을 구약의 중심 사건으로 보며 이스라엘 해방이 우리 민족의 해방인 것을 태극도의 삼중 복합구도로 그려간다. 인류 해방이 그리스도의 복음에서 신약의 인격 해방으로 나타나고, 그것이 교회의 자리에서 복음 신앙으로 해방되는 세계를 그린다.

복음 원리와 구원사가 우주적 해방으로서 영성 우주와 삼태극도에서 하나님과 성령, 말씀(子)으로 표현하고, 그것이 더 큰 삼태극도에서는 중심이 도(道, 로고스)이고, 그것이 아래 삼태극도에서는 영과 이성, 감성, 사람과 육체로 그리며 시공 우주의 세계를 말한다. 그것이 처음 육체의

---

12 유동식, "복음의 한국적 이해,"『소금 유동식 전집』2권, 238.
13 유동식, "소금선생 노트 중에서," (교회사2, 재일본 한국교청년회사, 한국 그리스도 교[일어]),『소금 유동식전집 6권』(서울: 한들출판사, 2009), 22-299.

인간 영성과 이성, 감성의 존재에서 기초, 발아, 발전된다는 그림을 통전적 우주와 도(道, 그리스도)의 구조를 그린 것이다.[14]

더 나아가 김상근이 언급하듯 유동식은 세계화 신학의 관점을 견지하였다.[15] 그는 풍류 신학이 세계화의 신학으로서 세계 신학의 지평에서 선교신학으로 발전되기를 바랐고, 세계화를 향한 풍류 신학의 시도를 하였다. 이는 그가 교회사와 하와이의 한인과 교회 역사를 쓰면서 독립운동과 세계화의 기치를 말하고 있다.[16]

2. 풍류 신학에서 본 요한 신학, 로고스 신학

유동식은 초기 선교 70주년 기념 주석으로 요한서신 주석을 쓴다.[17] 그는 요한서신의 일반적인 신학 내용을 서론에서 다루고, 본문 주석을 한다. 뒤에 덧풀이 차례를 소개하여 요한서신의 중심을 다룬다. 본문 주석을 다룬 이후에 덧풀이 설명에서 다시 정리하여 복음의 진수를 당신의 말로 풀어서 말씀을 다시 한번 잘 이해할 수 있도록 한다. 덧풀이를 하는 주제는 다음과 같다.

그는 첫째, 말씀 예수로부터 시작하여 영생의 개념, 예수 피의 의미, 요한의 십자가 이해, 종말론에 대하여 설명한다. 또 새로운 자기 이해와 종말론적 실존, 요한의 인간 이해, 하나님의 아들 예수, 예수의 재림에

---

14 유동식, "소금선생 노트 중에서,"『소금 유동식전집 6권』(서울: 한들출판사, 2009), 8.

15 김상근, "1980년대의 풍류 신학과 21세기 선교신학,"『유동식의 풍류 신학』, 문화와 신학 1권 (서울: 한국 문화신학회, 2007), 165-183.

16 유동식, "하와이 이민과 교회창립, 조국상실과 한인감리교회," (교회사1, 하와이의 한인과 교회),『소금 유동식전집』6권 (서울: 한들출판사, 2009), 29-234.

17 선교 70주년 기념 신약성서 주석, 요한서신 주석 책으로 대한기독교서회에서 1962년 출판되었다.

대하여 설명하며, 요한의 죄 개념, 사랑의 개념, 그리스도인의 본질, 육체로 오신 예수, 그리스도인의 사명, 하나됨에 대하여 설명한다. 마지막으로 믿음의 본질, 세상(kosmos)의 이해 등 17가지 주제를 다룬다.

> 요한일서 1:1에 사용된 '생명의 말씀'이라는 '말씀'에는 요한복음 1:1의 인격적인 말씀(로고스)과는 달리 무인격적인 일반적인 '말'의 뜻이 있다. 그러나 이것은 인격적인 말씀과 같은 관념을 가지고 있다. 이와는 반대로 요한복음 1:1 이하에서 사용하고 있는 인격적인 존재로서 '말씀'은 또한 그 배후에 일반적인 용어로서의 무인격적인 '말'의 개념이 내포되어 있다고 볼 수 있을 것이다.[18]

요한복음 1:1의 로고스와 요한일서 1:1의 로고스의 의미가 다르다고 밝히고 있다. 인격적 말씀과 비인격적인 말로서 구분하고 있다. 이 인격적인 말씀, 로고스는 창세기 1:1과 연관되었고, 하나님이 말씀하시는 그 말씀은 하나님 자신과 분리되어 있지 않다고 한다. "하나님이 말씀하시고 자기를 나타내시는 한에 있어서 그 말씀은 곧 하나님 자신이다. 이와 같은 관계는 예수의 말씀과 예수 자신과의 관계에서도 볼 수 있다."[19] 이처럼 풍류 신학이 하나님의 말씀, 로고스에 바탕을 두고 있음을 알게 된다.

"성서에서 말하는 영적 생명과 육적 생명이란 인간의 존재 구조에 따르는 개념이 아니라 신앙적 결단에 의한 존재 양식에 따르는 개념이다."[20]

---

18 유동식, 『성서학: 택함 받은 나그네들에게, 예수의 근본문제, 요한서신, 예수바울·요한』 소금 유동식 전집 1권 (서울: 한들출판사, 2009), 151.
19 같은 책, 151-152.
20 유동식, 『성서학』, 153.

유동식은 영생의 개념을 요한복음과 요한일서를 결합하여 명쾌하게 요약하여 설명한다. "영생은 본래 아버지 하나님의 생명이며 또한 아들 예수 그리스도 안에 있는 생명이다."[21]

아버지의 생명이 아들에게 주심(요 5:26), 예수 그리스도의 오심(요일 1:2), 그리스도의 오심은 영생을 주어 살리려 하심(요일 4:9), 영생의 떡으로 십자가에서 그의 살을 주심(요 6:51), 그의 십자가로 영생에 이름 (요 12:23), 내 살을 먹고 내 피를 마시는 자는 영생을 소유(요 6:34), 그리스도 안에 거하고 그리스도를 소유하는 것은 곧 하나님 안에 거하고 하나님과 하나 되는 사람이다(요 6:56-59, 17:21; 요일 2:24-25). 하나님 안에 거하고 하나님이 우리 안에 거하시는 사귐이 영생이다. 하나님의 독자적인 사랑의 행위(요일 4:10), 하나님과의 사귐은 영생이다(요한 3:16). 이 사랑이 기독교 신앙의 중심이고, 기독교 고전의 요체(要諦)임을 알게 된다.[22]

더 나아가 유동식은 신학자(C. H. Dodd)의 이론을 섭렵하여 시의적절하게 표현한다. "영생이란 양적인 개념이 아니라 질적인 개념이다. 목숨의 연장을 말하는 시간의 개념으로 측정할 수 있는 생명이 아니라 하나님의 영원한 현재(God's eternal Today) 안에서 사는 생명이다"[23]

또한 '예수의 피'의 의미를 다루면서 구약성경을 배경으로 이해하지 않으면 안 된다고 말한다. 구약성경에 의하면 피는 생명이 있는 곳이며(레위 17:11), 피와 생명은 일체요(레 17:14). 피는 곧 생명이다(창 9:4). 피가 육체를 떠났을 때에도 피 안에 있는 생명은 살아 있다(창 4:10). 그러므로

---

21 같은 책, 154.
22 고광필, 『고전 속에 비친 하나님과 나』 (광주: 광신대학교 출판부, 1997), 21-46.
23 유동식, 『성서학』, 155.

피를 먹는 것을 금하였다(창 9:4; 레 7:26f., 17:11f. 등). 남의 생명을 자기 육신을 위한 수단으로 사용할 수는 없는 것이다. 생명의 희생에는 거기 중요한 의미가 있어야 한다.

여기 희생의 제사의 의미가 있다.[24] 유동식은 복음을 정확하게 설명하며 성서의 기록과 내용을 그대로 전달한다. "예수의 피가 우리를 모든 죄에서 깨끗하게 하실 것이요"(요일 1:7). 십자가에 달리신 예수의 피로 말미암아 하나님은 "우리 죄를 사하시며 모든 불의에서 우리를 깨끗하게 하실 것이다(요일 1:9)."[25]

놀랍게도 유동식은 요한복음과 요한서신이 같은 저자라는 입장에서 요한의 종말론을 설명한다. 김교신도 같은 입장에서 "요한복음에는 신앙과 불신, 빛과 어둠, 생명과 사각(死殼)이 새끼 꼬인 것처럼 나선형으로 출몰하는데 그 강도가 층일층, 단일단으로 높아간다."[26]

유동식은 그와의 대화를 하듯 요한복음을 풀어나간다. "그러므로 바울에게 있어서나 요한에게 있어서나 그리스도인이 처하여 있는 현재는 이미 실현된 종말과 미래에 기대되는 종말 사이의 중간의 때(time-between, Bultmann)로 이해된다. 바울에게는 초대교회와 함께 그리스도의 부활과 세상의 종말에 기대되는 재림과 사이의 중간의 때이다. 그러나 요한에게는 예수의 영광된 십자가와 신앙인들이 이 세상 삶의 종말 사이에 중간의 때로 이해되어 있다. 물론 여기 중간의 때라는 것은 시간적인 의미에서가 아니라 이미(no longer)와 아직(not yet) 사이에 변증법적인 긴장 관계의 중간에 있는 그리스도인의 종말론적인 실존이라

---

24 같은 책, 165.
25 같은 책, 166.
26 김교신, "신약성서 개요," 노평구 편, 『김교신 전집』 3권 (서울: 부키, 2001), 335.

는 의미에서이다."[27] 이렇게 신학적으로 잘 실현된 종말론을 설명한 이후에 말씀으로 주석을 읽는 사람에게 다시 복음적으로 말씀 그 자체에서 깨닫게 한다.

"요한이 그 서신에서 '하나님께로서 난 자마다 죄를 짓지 아니하나니'라고 하면서도 한편 우리가 죄 없다고 하면 거짓이요, 따라서 범죄할 때엔 고백함으로 용서를 받는다고 한 것은(요일 1:8-10, 3:9) 이러한 중간의 때에 살고 있는 그리스도인의 모습을 그리고 있는 것이다."[28] 더 나아가 유동식은 육체로 오신 예수가 구원을 주시는 분임을 확고히 말한다.

"하나님이 인간을 구원하시는 길은 인간에게 도덕적인 완성을 요구하는 교훈이나 또는 자기 해탈의 신비경을 요구하는 명령이 아니었다. 하나님이 인간을 구원하시는 길은 하나님이 육신이 되어 이 세상에 오셔서 구원의 손을 펴고 자기의 생명을 우리에게 주시는 길이었던 것이다. 육체로 오신 예수가 곧 우리의 신앙의 중심이다."[29] 신앙의 중심에 예수 그리스도의 성육신 사건이 있음을 강조한다.

유동식은 "복음의 입장에서 본 한국 종교의 위치와 의미" 논문에서 우주적 그리스도 사건과 복음의 보편주의를 다루고, 다음 성속(聖俗)을 꿰뚫는 복음의 진리에서 그리스도인이 된다는 것은 본회퍼의 말과 같이 종교적인 인간(homo religiosus)이 아니라 단순한 보통 인간을 말한다. 단순한 인간이 아니라 십자가와 부활을 매개로 거듭난 보통 범인(凡人)이다. 그리스도는 교회의 주인인 동시에 또한 종교와 모든 세계의 주인이시

---

27 유동식, 『성서학』, 183-184.
28 같은 책, 184.
29 같은 책, 250-269.

다. 그리스도가 추구한 세계는 하나님의 것인 동시에 인간의 것이 되어야 한다. 성서의 개념에서 보면 의(義)와 사랑을 요구하시는 하나님이시다.

하나님이 바라신 것은 희생의 제물이나 아름다운 찬미가 아니라 "오직 공법을 물같이, 정의를 하수같이" 흐르게 하는 것이었다(암 5:21-24). 하나님의 계명은 모두 하나님을 사랑하고 이웃을 사랑하라는 것이었다 (막 12:29-31). 이 정의와 사랑이 바로 평화의 길로 가는 디딤돌이요 기둥이 되는 것이다.[30]

그래서 구약의 로고스, 하나님의 말씀이 창세기(1:3, 6, 9)와 시편(32:6, 33:6)의 창조적 말씀으로 사용되고 또한 하나님께서 자기의 뜻을 인간에 게 전하는 예언자들의 메시지가 곧 로고스였다(렘 1:4). 이처럼 하나된 새로운 세계 안에서 보편적 로고스와 인간이 되신 로고스가 하나가 된다. 그래서 이 복음의 중심이 그리스도의 성육신과 십자가와 부활로 나타난다.[31]

동방 교회 신학은 요한복음의 신학을 기조로 하여 인간의 성화(聖化) 가능성을 긍정한다. 하지만 하나님의 은총에 의한 '득의'를 주제로 한 바울의 신학을 도외시하는 경향이 있다.[32] 거기에 어거스틴의 신학의 기여가 있다. 아울러 슐라이어마허는 말씀이 육신이 되었다는 성육신의 신학으로서 다원주의 종교관을 거부하였다. 그리스도 안에 계신 하나님 과 요한복음의 성육신 말씀을 중심으로 신학을 전개한다.[33] 이처럼 중요

30 박신배, "구약의 평화와 샬롬신학," 『평화학』 (서울: 프라미스 키퍼스, 2011), 103-114.
31 유동식, "복음의 입장에서 본 한국 종교의 위치와 의미," 『소금 유동식 전집』 2권, 154-161.
32 한스 퀑/이양호 · 이명권 역, 『위대한 그리스도교 사상가들』 (서울: 크리스천 헤럴드, 2006), 116.
33 같은 책, 240.

한 신학적 주제가 되고 있다.

안병무는 유동식의 요한 신학과 대화하며, 요한 저자는 12사도 중에 하나라기보다 '사랑하는 제자'라고 불린 그 목격자의 다음 세대일 것이라고 본다.[34] 요한 기자는 로고스라는 말을 사용하며 저자의 정신적 풍토와 더불어 새로운 언어로 예수를 새롭게 해석해야 할 사명을 가졌다고 본다. 요한에게서 예수의 부름에 응하는 사람은 낡은 세계에의 운명을 박차고 새 세계에 참여하고 결단한 것이라고 역사의 결단을 촉구한다. 그리스도는 인간의 낡은 가치관에 따라 모든 것을 결정하는 이가 아니라 인간에게 하나님에 의한 새로운 세계의 문을 열어놓은 분이다. 그 문은 모든 사람에게 열려 있다. 그러나 거기로 들어갈 것을 거부하는 자는 스스로 자기를 심판하는 것이라고 말한다.[35] 여기서 우리는 안병무의 민중신학과 유동식의 풍류 신학이 대화하는 장면을 살필 수 있다.

유동식은 풍류 신학에서 로고스가 성육신하신 예수 그리스도이며 우리 안에 계시지만 이 세상에 속한 존재가 아니라고 한다(요 17:14). 그 로고스 예수는 인간이 되어 오셨고, 그는 하나님께 속한 진리요 길이요 생명 그 자체이며(요 14:6), 부활이고 생명이라 영원히 사는 존재라고 고백된다. "나를 믿는 자는 죽어도 살겠고 살아서 믿는 자는 영원히 죽지 아니하리라"(요 11:26). 풍류도의 결론이 하나님 말씀, 육신으로 오신 예수 그리스도, 부활과 생명, 사랑의 조화라고 강조한다. 그래서 영생과 부활 생명, 부활은 평화를 주는 생명이라 하며, 풍류도가 추구하는 삶의 본질은 하나님의 자녀로서의 삶, 무애의 자유와 사랑의 기쁨과

---

34 안병무, "새로운 개벽 — 요한의 증언,"『역사와 해석』(서울: 대한기독교출판사, 1981), 279, 292.
35 같은 책, 292.

평화 공동체로 구성된 삶이다.

이러한 생명은 끊임없는 창조 작업 속에 유지되는 것이다. 이것이 부활의 생명 세계요, 그리스도가 주시는 영생의 모습이다.[36] 이를 유동식은 삼태극도에서 부활의 구조를 말하며, 부활과 새로운 존재(요 14:20)를 그림으로써 부활 신학을 강조한다. 이는 곧 하나님과 그리스도, 그리스도인(성령)의 삼태극도를 그리며 십자가의 유출선으로 표현해준다.[37] 이처럼 부활과 승천은 교회의 존재를 만들어 내고, 교회를 위한, 교회의 신학일 때 의미 있음을 가르쳐 준다.[38]

3. 태극 신학과 풍류 신학

필자는 한국 문화적 성서 방법론을 주창하면서 한국 문화신학이라는 거대한 거시적 담론과 조직신학적 차원을 포괄하여 성서 신학적인 성서 해석을 구조주의 방법과 그 창조적 해석을 통해 해석한다. 구조주의적 방법으로 본문 분석과 문화적 이해를 병행해서 한국 문화적 성서 방법론을 제시한다. 곧 "거시적 관점에서 성서와 신학 전반에 걸쳐 논의하는 과정에서 성서를 인용하거나 성서의 사상을 포괄적으로 사용하여 한국 문화신학적으로 성서 해석을 하는 작업을 방법론이라 말할 수 있다."[39]

---

36 유동식, "한국인과 요한복음,"『소금 유동식 전집』7권 (서울: 한들출판사, 2009), 277-293.

37 유동식, "십자가와 복음원리," 풍류도와 요한복음(유동식 신학수첩 2), 『소금 유동식 전집』9권(풍류 신학 3, 영혼의 노래, 풍류도와 예술신학, 풍류도와 요한복음, 한국문화와 기독교, 봄 여름 가을 겨울) (서울: 한들출판사, 2009), 361.

38 필립 얀시/김동완·이주엽 역, 『내가 알지 못했던 예수』 (서울: 요단, 2003), 282-321.

39 박신배, "한국문화적 성서 해석 방법론," 『태극 신학과 한국문화』 (서울: 동연, 2009), 55-56.

이 방법론으로 성서 해석을 하고, 한국 문화적 신학 작업을 하는 이유를 말했다. "한국 문화적 성서 해석은 아시아적 성서 해석과 맥을 같이하면서 한국이라는 독특한 문화가 가진 동양적 사유와 문화의 배경에서 특수하고 의미 있는 창조적 해석이 가능하다. 이 해석은 그동안 서구 신학 방법론이나 성서 해석 방법으로 풀지 못한 문제를 해결할 수 있는 가능성이 있다."[40]

그 창조적 해석은 성서 본문 이해와 해석 작업을 통해 결론부에 도출할 수 있다고 보았다. 이는 구조주의 비평, 기호학에서 설화적 구조(통사론)와 언화적 구조(의미론), 두 부분을 연구하고 나서 마지막 기호학적 사각형 도식을 통하여 마지막 단계에서 새로운 의미 생성을 한다. 그것이 바로 창조적 해석으로 구조주의 방법론에서 이 해석을 도출하는 것을 의미한다. 이러한 기초적인 작업을 통해 한국문화 이야기와 성서 본문을 비교하며 상통 본문 이야기들에 관한 연구를 통하여 창조적 해석을 하며, 현대 문화에서 이해될 수 없는 문제를 해결할 수 있는 통찰력을 새롭게 얻을 수 있게 된다.[41]

태극 신학이란 무엇인가? 간단하게 이미 언급한 대로 다시 한번 말하면 다음과 같다. 기독교 진리를 동양적 사유로 말하라고 하면 태극의 구조와 같은 9가지 단어로 표현할 수 있다. 삼위일체이신 성부 하나님과 그의 아들 예수 그리스도, 성령님을 셋을 말할 수 있다. 그리스도 자신을 표현한 말로 길과 진리, 생명(요 14:6) 등 여섯이 중심을 이루고 또 하나님이 무엇이며, 진리, 생명이 무엇인가? 그것이 로고스, 아가페, 카이로스 등으로 말할 수 있다고 보았다. 이미 저자는 김광식의 신토불이 신학,

---

40 같은 책, 58.
41 같은 책, 58-59.

언행일치의 신학에서 시작된 토착화의 신학에서 로고스의 개념을 언급하였다.

로고스는 말씀과 빛, 진리로서 인격적 하나님, 즉 하나님의 만남을 통해서 말씀이 육신이 되는 인격적 하나님과의 만남을 갖게 되고, 빛과 진리의 세계에 이르게 된다. 이 로고스는 하나님의 사랑, 아가페의 차원과 보응의 관계를 갖게 된다. 로고스와 아가페의 중간 태극선은 카이로스(하나님의 결정적인 구원의 시간), 역사의 종말, 결정적인 사건을 가진다. 이 카이로스는 크로노스(chronos)의 일반적인 시간, 연대기적 시간 속에 사탄의 공격에 그리스도인이 모욕당하고 위협당하는 상황을 본다. 십자가 사건이 카이로스 시간에서 빛나게 된다.[42]

기독교 진리는 이 언술에서 기독교 이념을 표현할 수 있다고 보았다. 성부, 성자, 성령 삼위일체 하나님과 길·진리·생명으로 말하는 기독교 가치와 로고스·아가페·카이로스의 기독교 사상과 신학적 개념이 연결되었음을 말했다. 그래서 이것이 무궁과 태극(황극, 무극)의 구조에서 9개념이 서로 통하는 세계이고, 성서가 바로 이 9가지 개념의 진리를 이야기하고 있다.[43] 이 태극 신학이 통일 신학과 흔의 신학, 무궁화 신학(무궁, 카이로스)으로 나타날 수 있다고 제안한 바가 있다.[44]

이미 유동식은 이 문화신학을 로고스 신학과 한의 신학으로 맛깔스럽게 풀어냈다. 풍류도와 신앙의 예술에서 풍류도의 한의 신학을 전개하며 시무언 이용도의 삶과 예수 유일주의 신학을 소개한다. 이용도의 한의

---

42 박신배, "토착화신학과 성서: 태극 신학의 관점,"『영성과 신학』청파 김광식 교수 고희 기념 논총 (서울: 강남출판사, 2009), 337.

43 박신배, "태극 신학, 한국 신학의 새로운 모색,"『태극 신학과 한국문화』(서울: 동연, 2009), 102.

44 같은 책, 107-123.

자리에 참을 추구한 구도자였다고 말한다. "이러한 한의 극치에 도달할 수 있는 길은 '한'님이신 하나님과 하나가 되는 데 있다. 그것은 곧 하나님과 하나이신 예수 그리스도와 하나가 되는 데 있는 것이다. 그리스도와 하나가 되는 길은 다름 아닌 예수 신앙이었다.

신앙의 참뜻은 예수를 믿고 받아들이는 것이요, 영의 나라를 승인하고 받아들이는 것이다. 예수를 믿고 받아들인다는 말에는 두 가지 뜻이 들어있다. 하나는 그의 십자가와 부활에 내가 동참한다는 뜻이요, 또 하나는 그러므로 인해 예수와 내가 하나된다는 뜻이다. 그와 하나될 때 우리는 하나님과 하나되는 것이다. 그때에 우리는 하나님과 함께 이 세상을 초월하고 일체를 포용하는 한의 자리에 서게 되며, 거기에서 우리는 자유와 평화와 환희를 누리며 살게 된다."[45]

이처럼 소금 유동식의 신학은 한 멋진 삶의 신학이요 태극 신학이다. 화가이자 예술 신학자이신 유동식은 풍류도와 종교 문화에서 그림으로 태극 신학, 풍류 신학의 구조를 간단하게 그린다. 민족의 꿈-한 멋진 삶-풍류 문화가 연결되었고, 민족적 꿈은 집단 무의식과 보편적 영성의 태극도로 표시하고, 그것이 한 멋진 삶에서 민족적 영성-풍류도(멋 X), 포함삼교(한 Y), 접화군생(삶 Z)으로 말한다. 마지막으로 풍류 문화는 우주적이고 역사적으로 고대, 중세, 근대, 현대 역사의 순으로 태극 원추꼴로 발전한다고 도해해준다. 그는 다음과 같이 종교 문화사를 설명한다.

원시 고대 시대의 한 멋진 삶(X, Y, Z)의 무교 문화, 불교 문화, 유교 문화로 전개되어 마지막 기독교 문화가 꽃을 피우고 한국적 기독교로 거듭났다고 그린다. 이것이 고대의 멋-한-삶-멋으로 순환하는 구조를

---

45 유동식, "풍류도와 신앙의 예술," 소금 유동식 전집 8권 (서울: 한들출판사, 2009), 322.

도표로 보여준다.[46] 소금 유동식은 율곡 이이의 풍류와 다산 정약용의 실학 사상, 불교의 원효 사상, 동학의 수운의 풍류도 등을 연구해서 한국 정신과 얼을 찾아서 종교 신학 작업을 한 것이다.[47] 한국인의 얼을 중심으로 한 문화적 선교, 선교학적 토착화 작업, 영혼의 선교를 제창한 것이다. 이처럼 문화신학은 한민족의 심성에 맞는 종교심을 찾으려고 하는 노력임을 알 수 있다.

그는 우주와 한국의 종교 문화에서는 한국의 종교 문화 속에서 성육신 하신 하나님의 아들 예수 그리스도의 세계와 복음의 의미가 무엇인가를 설명한다. 그 그림에서는 우주 창조 137억만 년, 삼태극도(三太極圖)에서 는 처음(알파)에서 영, 사랑, 빛을 그리고 있다. 이는 태초의 말씀의 창조를 의미하는 것이다. 그것이 46억만 년의 지구에서 30억만 년에서 생명화를 창조의 진화론적 질서를 설명하며 200만 년, 양태극도에서 인간화를 이루고, 3만 년 때에 인류의 사회화를 이뤄서 타원형의 태극도 단면에서 중심에 신, 그리스도(시간), 사람이 융합되어(요 14:20) 한 멋진 삶의 삼태극도에서 자유·사랑·평화의 영화 세상을 유불도(유교, 불교, 도교)의 한국 종교 문화, 심성의 유전적 생태적 무의식의 종교성을 기반으로 하는 세계를 도해한다.

이미 김경재는 유동식의 문화신학이 삼태극적 구조론이라는 사실을 밝혔다. 우주론과 삼위일체론에 나타난 삼태극적 구조나 신학적 인간학에서 삼태극적 구조, 종교사 속에서 삼태극적 구조론의 발현에 대한 해석학적 제3의 눈 등을 말하며, 삼태극적 구조론을 정리하여 태극 신학이라는 사실을 강조한다.[48] 유동식은 풍류 신학의 의미를 언급한다.

46 유동식, "한국인의 영성 풍류도," 『소금 유동식 전집 8권』, 86.
47 유동식, "한국의 종교사상," 『소금 유동식 전집 8권』, 93-181.

"문화 예술의 생명은 창조성에 있다. 풍류 신학의 중심을 풍류도와 창조적 성령과의 만남에 두는 것은 이 때문이다. 성령은 현존하는 창조적 하나님의 영이며, 새로운 세계를 전개한 부활하신 그리스도의 영이시다. 그러므로 성령과의 만남을 기초로 한 풍류 신학은 성령의 신학이며, 문화의 신학이며, 예술의 신학이다."[49]

그것이 타원형 태극단면도의 후반부에 한 멋진 삶의 종교 세계가 무교 문화(샤머니즘)와 불교 문화로 진화되고 유교 문화, 기독교 문화가 전래되면서 역사 속에서 태극의 바람이 순환되는 그림을 보여준다. 또 그것이 자유와 평화, 사랑이라는 삼태극도의 그림으로 종말론(오메가) 신국(하나님 나라)의 도래를 상징화한다. 그 타원형의 태극도 밑에는 동양 종교 문화의 전개를, 타원형 태극도 바로 밑에 접한 부분에는 한국 종교 문화의 전개를 그리고, 한편 위에는 서구 기독교 문화의 전개를 말한다.

끝으로 맨 위에 타원형 태극도 그림 위에 영화(자유·사랑·평화)의 실현 과정사라고 제목을 붙인다. 이는 그리스도 예수의 메시아 역사가 가장 고귀한 가치로 실현되는 보편사의 역사 정신을 표현해준다.[50] 이처럼 유동식은 태극 신학으로서 풍류 신학을 상상력이 뛰어나고 멋지게 말하며 경이롭게 표현해낸다. 여기서 그는 왜 한국 신학이 동서양을

---

48 김경재, "유동식의 문화신학에서 삼태극적 구조론의 의미,"『유동식의 풍류 신학』문화와 신학 1권 (서울: 한국문화신학회, 2007), 31-53.

49 유동식, "풍류 신학의 여로,"『소금 유동식 전집』10권(소금과 그의 신학, 종교와 예술의 뒤안길에서, 한국문화와 풍류 신학, 소금 신학에 대한 연구 논문) (서울: 한들출판사, 2009), 173. 유동식은 이 책에서 세계적 신학자인 헨드릭 크래머, 폴 틸리히, 불트만, 칼 바르트 등을 직접 만났던 것이 풍류 신학에 도움이 되었음을 밝힌다. 위의 책 120-128쪽을 참조하라.

50 유동식, "우주의 신비와 종교,"『소금 유동식 전집』8권, 89.

아우르는 융합의 신학, 통합의 신학인지를 삼태극도와 타원형의 태극으로 표현해주고 있다.

유동식은 풍류 신학(태극 신학)이 샤머니즘에서 기원하는 것을 포착하여 무교를 연구하며 우리의 정체성을 파악하고, "한국문화의 실체를 이해하려면 불교 · 유교 · 기독교와 함께 무교를 이해해야 한다"라고 말한다.[51] 그는 한국 무교와 화랑도와 풍류도와 한국 신학을 다룬다. "화랑의 역사를 모르고 조선사를 말하려 하면 골을 빼고 그 사람의 정신을 찾음과 한가지인 우책이다(신채호, 『조선상고사』하). 여기서 말하는 화랑이란 인물을 뜻하는 것이 아니라 한인으로 하여금 한인(韓人)되게 하는 민족적 얼로서의 화랑도 곧 풍류도를 뜻한다. 그리고 이 화랑도의 뿌리는 무교에 있다."[52] 이러한 구조에서 소금 유동식은 풍류 신학을 전개한다. 여기서 유동식은 샤머니즘이 영적으로 문제 있는 것임을 인식하고 있는지 후에 인지하고 있는지 모른다.

"풍류 신학은 풍류도의 구조를 따라 포함삼교하는 종교신학과 접화군생하는 윤리적 신학 그리고 이 둘을 수렴한 풍류도적 예술 신학으로 구성된다. 그리고 그 중심 과제는 예술 신학의 전개에 있다."[53] 유동식은 고대 신앙과 무교의 원형을 설명하면서 천신강림과 산신 신앙, 지모-인간의 승화와 곡신 신앙, 천지융합과 창조 신앙을 삼태극도로 설명한다. 태극도의 중앙선에서 외부로 유출, 성장하고 발전하는 그림에 생명(시조) 문화(국가) 창조를 풍년기원과 현실 세계로 표현하고 도해한다. 이것을 통해 유동식의 풍류 신학의 구조가 태극 신학임을 보여준다. 한국인의

51 유동식, "한국무교의 역사와 구조," 『소금 유동식 전집』 3권 (서울: 한들출판사, 2009), 8.
52 같은 책, 9-12.
53 같은 책, 12.

원시종교부터 민간에서 행하는 샤머니즘의 원형에 있어서 한국인의 심성과 문화, 종교의 뿌리가 있음을 알고 무교를 연구하며 삼태극도의 풍류 신학으로 전개한다. 그래서 유동식은 무교가 외래 종교와 융합되어 하나의 새로운 종교 문화를 창조하였다고 말하며, 이를 태극도로 설명한다.

고대에는 천신강림의 북면과 지모승화의 남면이 태극도의 중앙선에 위치하여 신인융합하며, 신라시대에는 위에 산천제, 중앙에 화랑도, 아래에 용신 신앙으로 전개되고, 고려시대에는 조령제, 팔관연등제로 융합되어 복합전승이 이뤄지며, 아래는 무격 신앙으로 병용전승이 이뤄진다고 도해(圖解)한다. 이조 시대와 현대로 가면서 위에는 기우제와 부락제로 나타나 단순 전승되어 나가고, 중간선에는 동학과 신흥 종교로 나가며, 아래는 가무입신, 무당굿으로 전개된다고 보았다.[54] 이러한 무교 전승의 전개는 한국인의 전통문화의 뿌리를 형성하며 민간의 신앙으로 자리 잡아서 기독교 신앙이 전래되었을 때는 크게 마찰을 빚으며 영적 전쟁이 일어나서 우상 숭배라는 점에서 기독교 시각에서는 배척되는 결과를 가지며 대립된다. 이래서 이 분야는 영적 예민함을 가지고 연구해야 하는 분야임을 암시한다.

이는 전통문화와 종교와 연관되어 한국의 심성 이해도 같이 연구하는 것이 사라지는 현상을 가지게 되었다. 종교적 문제를 가지고 무속신앙으로 생사화복, 장수연명의 문제를 풀려 했던 민중들은 기복신앙으로서 종교 행사를 하였던 것이다. 이러한 무격의 기능으로 무당은 사제적 기능, 의무적 기능, 예언적 기능, 오락적 기능, 사령저주의 기능, 사령공창의 기능, 신탁의 기능 등 수행하며 한국 사회의 무형문화제로서 민중문화를 이끌었다. 유동식은 이 굿의 기능과 내용, 세계관과 가택신을

---

54 같은 책, 92.

연결하여 태극도로 풀어 설명한다.55 신화에서 천신과 지모가 태극도의 위아래를 형성하고 중간은 시조로 구성된다. 여기서 그 대상들의 굿에는 대감거리(재복)와 제석거리(수복), 성주거리(평강)로 구성되며, 가택신에 서는 성조(천신)와 제석(帝釋, 자손), 대감(지신)으로 도해하여 유동식은 태극 신학적 이해를 하고 있다.

이 무교를 다루는 부분에는 어려운 영적 문제가 있는지, 소금 유동식 전집은 "인간의 본성의 유기적 견해"라는 논문을 1978년 내필 엘우드 (Naepil and Elwood)에서 발표했는데, "인간과 거룩 ― 기독교 신학의 아시아적 관점"의 제목으로 발표되었다. 여기서 맥쾌리(John Macquarrie) 의 견해로서 하나님과 세계의 관계를 두 가지 개념으로 말한다. 하나는 군주적 모델, 또 하나는 유기적 모델로 설명한다. 군주적 모델에서는 하나님은 자기 충족성과 초월적 존재로서 세상을 당신의 의지의 행위로서 창조하신다. 창세기의 창조 이야기는 분명히 보이는 세계로서 이 개념을 보여주고, 인간은 창조의 중심이요 창조의 마지막 완성 존재이다. 곧 그가 땅을 정복하게 명령하였다. 이 모델은 예언적 종교의 특성상 인류 중심적 사상이다.

그러나 또 한편 유기적 견해는 하나님과 세계는 날카롭게 분리되어 각각 서로 유기적 관계를 가진다. 이는 홍수 후에 하나님의 언약 이야기 안에서 발견되는 현상이다(창 9:10). 하나님은 노아와 인류의 관계에서 언약을 맺을 뿐만 아니라 살아 있는 모든 피조물들과도 언약을 맺으신다. 이 언약에서 시편 기자는 자연 속에 하나님을 노래한다. "하늘이 하나님의

---

55 유동식, "민간신앙으로서의 무교," 『소금 유동식 전집 3권』(종교학, 한국무교의 역사와 구조, 그 외 논문), 387. 엘리아드, 영원한 회귀의 신화, 1장 참조. 財福과 壽命과 平安을 얻는 기복의 내용은 삼대복을 주관하는 신들, 가택신으로 모시는데 집은 '우주의 모 형'(imago mundi)이라고도 한다. 여기에 무교의 일관된 신통과 가치 체계가 있다.

영광을 선포하고 궁창이 그의 손으로 하신 일을 나타내는도다"(시 19:1).
편재하는 자연주의는 제사장적 종교의 구체적 특성들 중에 하나가 된다.

군주적 모델이 존 칼뱅이나 칼 바르트의 신학에서도 나타난다. 서양
신학의 전통적 견해가 첫째, 초월적 존재로서 인간과 자연 속에서 양자택
일의 선택으로 연결되지 않고, 하나님이 인간에게 자신을 계시해주는
것으로 말미암아 우리가 알게 된다. 둘째, 하나님은 자신을 계시해주는
것이 인격적 존재로서 보여준다. 그는 살아계신 하나님이시며 우리에게
그리스도와 예언자를 통해서 주권적 실체로서 말한다. 하나님의 인격을
가장 잘 표현하는 것이 바로 '하나님 아버지'이다. 셋째, 하나님의 인격성
과 초월성이다. 하나님은 하늘과 땅을 창조하신 한 분이며, 자연과 함께
똑같이 창조하시는 분이다. "믿음으로 모든 세계가 하나님의 말씀으로
지어진 줄을 우리가 아나니 보이는 것은 나타난 것으로 말미암아 된
것이 아니니라"(히 11:3).

하나님에 대한 신정통주의 신학의 표현으로서 하나님은 인간과 자연
둘 다 실존의 근거이시며, 이 근거는 또한 창조주 하나님이라는 고백으로
서 존재가 실존의 근거로 여겨질 수 있다. 유동식은 인간과 자연, 하나님의
전망에 대하여 창세기 1-2장을 통해서 설명한다. 이는 무교의 세계관과
다른 성경적 세계관을 말하고 있는 것이다. "인간과 자연의 전망은 하나님
에 대한 전망의 다른 측면으로서 나타난다. 그리고 특징적으로 자연과
분리되어서 유독 인간이 피조물로서 묘사된다. 이는 분명한 신앙적
표현으로서 이러한 표현이 하나님이 인간을 자신의 형상으로 창조했다는
것이다(창 1:27). 하나님은 인간을 그 자신의 생명으로서 생령을 불어넣었
다(창 2:7). 창세기 창조와 요한복음 1장의 창조 빛이 연관되어 읽혀야
한다. 이 창조 세계 안에 로고스의 빛이 하나님의 자녀로 이어지는

생명 세계를 우리는 보게 된다."[56]

그리고 하나님은 인간에게 신적 생활과 형상을 주어서 자연을 다스리는 통치력(주관력)을 주었다. "하나님이 그들에게 복을 주시며 하나님이 그들에게 이르시되 생육하고 번성하여 땅에 충만하라 땅을 정복하라 바다의 물고기와 하늘의 새와 땅에 움직이는 모든 생물을 다스리라 하시니라"(창 1:28). 여기서 우리는 하나님의 초월성에 대한 신앙과 인류 중심의 세계관을 역시 발견하게 된다. 이것은 자연 과학적 발전을 위한 근거를 제공하는 것으로서 자연에 대한 태도이다.[57]

유동식은 한국 신학의 과제로서 사회·정치적 신학에서 비롯되어 종교·우주적 신학으로 전개되고 더불어 영적 종교로 발전되어 자유와 사랑과 평화를 추구하는 신앙적 행위를 해야 한다고 본다. 언급한 유기적 자연과 우주적 역사관으로 동양의 사상과 종교 사상을 포괄한 신학 방향을 가져야 한다고 주장한다.

천병석은 토착화신학의 두 축이 윤성범과 김광식에게 있다고 말하며, 동양적 사유의 본질을 밝히며 천인합일과 동양의 우주관, 동양의 인간관을 언급한다. 그 동양의 우주관은 무궁 시간, 시간의 반복(순환), 공간은 시간과 함께 움직이는 상호 협조 평등의 관계라고 본다. 결국 그는 성육신의 개념을 통해 예수 그리스도를 수용해야 함을 역설한다.[58]

따라서 유동식은 우주적 존재와 자유, 평화, 사랑의 영체로의 진화, 하나님 자녀의 영광, 부활의 신앙을 강조한다. "성서에는 인간 구원이라

---

56 한태동, 『성서로 본 신학』 (서울: 연세대학교출판부, 2003), 55-76.

57 Tongsik Ryu, "Man in Nature: An Organic View," 소금 유동식 전집 3권(종교학, 한국 무교의 역사와 구조, 그 외 논문) (서울: 한들출판사, 2009), 500-501.

58 천병석, "동양적 사유와 토착화신학," 『영성과 신학』청파 김광식 교수 고희기념 논총 (서울: 강남출판사, 2009), 378-387.

는 지배적인 사상과 함께 이른바 우주적 본문들이 있어 우주적 견해를 가진 성숙한 인간들이 나타나기를 기다리고 있다. 그리스도는 우주적 존재이다. 만물은 그로 말미암아 창조되고, 그의 실존 안에서 유지되고 있으며, 그의 부활로써 나타난 자유와 평화와 사랑의 영체를 향해 진화되어 가고 있다.

만물이 이제는 신의 자녀들의 영광된 자유로까지 성장 되어 가기를 기다리고 있는 것이다(롬 8:18-25; 골 1:15-20; 엡 1:22 이하)."[59] 기독교 신앙은 그리스도와 함께 십자가에서 죽고 또 그의 부활에 동참하는 것이다(롬 6:3-5). 이 신앙의 바탕에서 종교-우주적 신학을 해야 한다고 말하며, 그것이 오늘의 민중신학과 종교 신학이라고 역설한다.[60]

III. 결론

우리는 유동식의 신학, 풍류 신학이 태극 신학인 것을 이 장에서 살펴보았다. 삼태극의 신학이 '한 멋진 삶'으로 구현되어서 나중에 예술 신학으로 꽃피우는 단계를 살펴보았다. 풍류 신학은 신학의 기초를 내리고, 동양 신학의 미래를 제시한 우리 민족의 종교 신학으로서 큰 이정표를 마련한 신학이 되었다.

그의 풍류 신학의 여로는 소금 유동식 전집 10권에 담겨 있어서 한국 신학을 연구하는 후학들에게는 너무도 훌륭한 자료가 되어 삼태극

---

59 유동식, "한국신학으로서의 종교·우주적 신학형성의 과제,"『소금 유동식전집』4권 (서울: 한들출판사, 2009), 525-526.
60 같은 책, 523-527.

신학의 기본 내용에서 풍류 신학으로 전개되는 변화의 과정을 읽을 수 있고, 태극 신학이 한국 신학과 동양의 신학을 담을 수 있는 도구임에 이미 충분한 연구를 제시하였다. 이제 우리가 이 풍류 신학이 세계 신학의 중심에 우뚝 서는 작업을 하리라 기대하며 우리 세대와 후학들이 맡을 몫이 되었다.

앞으로 유동식 교수의 풍류 신학 전망은 한 멋진 삶을 어떻게 신학과 실천, 신학적 본문과 삶의 현장에서 체현해 내는가 하는 점이 문제가 된다. 한국 신학의 광맥에서부터 한국 신학의 흐름을 분석하였고, 그것이 보수, 진보, 문화자유주의 신학 흐름으로 나타난다고 보았다.[61]

유동식은 한국 신학의 세 흐름을 포괄하는 신학으로서 에큐메니컬(일치와 연합)을 강조한다. 그것이 시대마다 민족 해방의 신학으로, 자유민주주의 신학으로, 민족 통일의 신학으로 발현되어 하나님 나라를 이루는 신학으로 발전되어야 할 것을 말한다. 이는 예술 신학으로서 인생의 후반 신학으로서 최근에 발표하였다.

이처럼 한 멋진 삶의 풍류 신학은 한국 신학의 중심에서 좌표가 되는 삼태극 신학이며, 한국인의 심성과 문화, 역사를 통해 한국 신학자들의 신학 작업을 종합 분석, 자신의 신학으로 체화한 예술 신학이며, 멋의 신학이다. 이 신학을 앞으로 태극 신학으로 더 발전시켜야 할 과제가 우리에게 있다. 이를 위해 소금 유동식 전집은 큰 역할을 하며, 좋은 자료로서 한국 신학자들에게 보배와 같은 역할을 할 것이다. 이제 소금 유동식의 저작은 한국 신학과 문화신학의 '언지록'(言志錄)과 같은 책이 되지 않았나 본다.[62] 영적인 순수함과 성령 충만함 가운데 연구될

---

61 유동식, "한국사상과 신학사조(서설), 한국신학의 광맥,"『소금 유동식 전집』 4권 (서울: 한들출판사, 2009), 39.

때 또 선교적 관점에서 연구될 때 의미 있는 연구임을 시사한다. 앞으로 소금 선생님이 110세의 천수, 요셉의 연세를 누리시기를 기원하며 글을 맺는다.

---

62 사토 잇사이/노만수 역, 『언지록』 (서울: 알렙, 2012), 4-19, 670-710. 사토 잇사이는 일본 유학의 아버지로서 양명학과 주자학의 양대 산맥을 아우르는 동양학을 연구하고 후대의 근대화를 이끈 학자이다.

2장

김찬국의 구약 역사 신학
— 구약 역사서를 중심으로*

I. 들어가는 말

한국 민주화의 화신(化身)인 김찬국 선생이 서거(逝去)하신 지 10주년을 맞고 있다. 이제 그의 신학이 재평가되고 있는 시점에 있다. 한국 민중신학의 거목인 스승을 기리는 글들이 이어지고 있어서 뜻깊은 일이라 본다. 그가 진리의 삶을 살고 갈릴리 민중을 위한 삶을 살았던 것이 이 시대 사표(師表)가 되었다. 이에 후학들이 이를 기리는 글을 쓸 수 있게 하며, 그 예수 정신으로 돌아가서 강단이든 삶의 현장에서 갈릴리 민중의 삶을 산 선배들을 따라 믿음의 행진을 할 수 있게 하였다. 그래서 후학들이 그 전통을 잇고 또 그것이 예수를 이 시대에 다시 살아내는 삶의 모델이 되는 것이다.[1]

---

* 박신배 외 11명, 『구약 민중신학자 김찬국의 신학과 사상』 (서울: 동연, 2019), 236-266에 기고했던 글임.
1 안병무(Ahn Byung-Mu), *Jesus of Galilee* (Hong Kong: CCA, 2004), 6-262.

254 | 2부_ 구약과 한국 신학

시대의 스승이 된다는 것은 바로 예수처럼 살면서 가난한 사람, 억압받는 민중을 대변하며 살 때 그 예수 정신은 계속 살아남아 십자가를 향한 행진을 하게 한다. 여기서는 구약의 역사에서부터 신약 갈릴리 예수로 이어지는 역사는 무엇인가 질문하며 그 의미를 연구하고자 한다. 한마디로 구약성서는 구약 시대 정의의 역사서로서 우리에게 역사의 거울을 보여주며, 모든 역사의 잣대로서 오늘도 말하고 있다고 볼 수 있다.

이 글에서 역사와 예언이라는 차원에서 연구하였던 이사야 전공자인 김찬국은 예언 역사 속에서 구약 역사를 추출하였다. 그는 예언자의 눈을 가지고 연구하며 그것이 구약 역사서 연구의 중심이라 보며 독특한 예언자의 시각을 가졌다. 그는 구약 전체를 연구하는 방법론을 가지고 연구한다. 또한 저자는 구약 전반에 흐르는 구약의 역사와 구약 역사서(신명기 역사서와 역대기 역사서)에 대한 이해를 그가 어떻게 하였는지 살펴보며 구약신학에서는 어떻게 나타나며, 그의 삶의 현실에서 어떻게 적용되었는지 연구하고자 한다.

김찬국은 성서 본문과 역사 현장, 역사적 배경이라는 세 가지 축과 그것이 종교적, 정치적, 사회적 배경에 어떻게 영향을 주는지 살핀다. 또 예언자들이 역사를 풀어가며 당시의 백성들에게 선포했던 메시지 연구를 통해 그는 자신의 시대에 적용하고 실천하는 삶의 모습을 보여준다. 그의 구약신학의 중심 개념으로서 무엇을 보았는지, 과연 정의 예언자 아모스처럼 한국 사회의 불의와 부정과 불법이 있는 세상에서 하나님의 정의 예언자로서 어떻게 구약성서를 풀어 가는지 추적하고자 한다.

또한 구약 역사서의 중심 주제를 어떻게 연구하고 있는지 살피며, 끝으로 구약 역사서 해석과 구약신학의 중심으로 민중신학을 전개하며 성서 해석 방법론으로 어떻게 적용하는지 다시 한번 살펴보고자 한다. 이미 선행 연구로 발표했던 논문에 뒤이어 한국 민중 구약신학자와 민중신학의 3대 신학자인 김찬국의 신학은 오늘도 우리에게 지시하고 암시하는 것이 아직도 많이 있다.[2] 따라서 이 장에서 구약 역사서를 해석하는 김찬국의 구약 역사 신학을 새롭게 연구하고자 한다.

II. 본론

1. 역사와 예언, 정의

역사와 예언은 어떻게 연결이 되는가? 브라이언 펙함(Brian Peckham)은 그의 책 『역사와 예언』에서 신앙의 근거와 예언 패러다임(이사야, 아모스, 호세아)을 다루며 개혁(미가, 예레미야)과 쇠퇴와 몰락(나훔, 하박국, 스바냐, 에스겔) 등을 말한다. 또한 신명기 역사와 "수정과 반응"이라는 제목으로 요엘과 오바댜, 요나를 다룬다. 마지막 장에서는 "새 시대의 정치"라는 주제로 학개와 스가랴와 역대기, 말라기를 말하며 예언과 역사가 밀접하게 연결되어 있음을 주장하고 있다.[3] "역사와 예언은 상호 연관이 있다. 역사는 문학적 산문 전승이며 예언은 학파의 시적 전승이다. 역사는 시대마다 삶의 정황에 합리적 근거를 드러내고 있고, 예언은 미래성을 가지며 변혁의 의지와 역사변화의 의미를 가진 과거의 전승을 모아서 역사 기록에 투사하고 있다."[4]

---

2 박신배, "구약 민중신학의 재발견," 「신학사상」 154 (2011): 37-65.
3 Brian Peckham, *History and Prophecy* (New York: Doubleday, 1993), 1-24.

그래서 브라이언 펙함은 역사는 "만족스럽고 교훈적이며 비인간적인 것일 수 있다"라고 말한다. 곧 예언은 이스라엘 백성에게 결단을 요구하는 측면에서 특별하며 단호하며 행동을 요구하는 윤리의 촉구성이 있다. 그 둘은 함께 점차적으로 해석의 갈등을 빚으며 역사적 이론의 요구에 굴복하는 예언이 신명기 기자에 의해 그 역사적 틀이 짜여지고, 율법에 의해 정리되고 존중될 때에만 그 의미가 있게 되어서 예언과 역사의 관계가 균형을 잡게 된다고 한다. 역사는 그 역사 지향의 프로그램을 향하게 되고 또 그것의 실제적인 세부 사항을 줄여가게 된다. 이처럼 펙함은 구약 전반에 대한 구조를 역사와 예언의 전승 과정을 생각하며 두 개의 개념, 역사와 예언이라는 차원이 밀접하게 연관되었다고 본다. 그리고 이 상호관계의 유사성이 있는 것으로서 보고, 밀접한 연관성을 지닌 것으로 해석하는 것을 볼 수 있다.

이처럼 역사와 예언이 하나의 신앙적 입장으로 재해석되어 역사를 해석하고 또 예언자의 예언 전승이 역사의 과정에서 배태된다. 최근에 정중호는 유다의 역사 속에서 하나님의 이동성을 추적하여 다문화의 한국 사회 현상을 읽어내고 있다. 이는 역사와 전승, 오늘의 역사해석이라는 차원을 생각하고 있어서 새로운 역사해석 의미를 제시한다고 볼 수 있다.[5]

김찬국은 역사를 '약속과 해석 그리고 신앙과 자유의 사건'이라고 본다. "약속은 인간을 미래에 연결시켜(역사의식) 역사를 향한 감각을 주는 것이다. 약속은 인간을 희망 속에서 약속 자체의 역사로 들어 올리고 그렇게 함으로써 인간 실존 안에 특수한 종류의 역사적 특성으로

---

4 *Ibid.*, 1.
5 정중호, "하나님의 이동성과 이스라엘의 다문화 사회,"「신학사상」171 (2015): 33-37.

특징된다. 약속으로 시작하고 결정된 역사는 순환적 반복과 재기에 있지 않다. 그 약속의 성취는 현저한 완성을 향해서 결정적으로 기울어진다. 몽롱한 힘이나 그 방향 자체의 법의 출현으로 그 방향이 결정되지 않고, 하나님의 자유로운 힘과 진실로 우리를 지적하는 방향의 말로 결정된다. 참된 의미의 역사란 역사 그 자체의 방향 감각을 알아내고 그것을 믿고 있는 사람에게만 기록이 된다.6 역사 안에서 나의 역사적 의미를 발견하려면 책임적 자아의 실존적 결단을 요청해야 한다. 그리스도 구원의 은총에 접촉하여 나 개인이 죄를 회개하고 갱신한 사람이 되어서 역사 무대에 깔려 있는 모든 혼돈과 무질서에 신앙을 가지고 신앙적 대결을 하여 하나님의 질서를 세울 때 인류의 미래는 구원을 향하는 역사가 되고, 구원의 성취를 향한 전진을 기대할 수 있을 것이다. 여기에서 역사는 의미를 가진 사건이 되는 것이다."7

더 나아가 그는 역사에 대한 해석(사건과 그 해석)이 중요함을 앤더슨(B. W. Anderson)의 책 『성서의 재발견』에서 언급하고 있다. 앤더슨은 말하기를 "사건들은 어떤 역사적인 공백 상태에서는 일어나지 않는다. 역사적 사건들은 인간의 체험 가운데에서 일어나는 것이다. 즉, 그들은 언제나 어떤 설명이나 의미를 가지고 일어난다. 만약 이 사건이 창조적이며 역사를 구성하는 사건이라면 그것은 오랫동안 기억에 남을 것이며, 결국에 있어서는 역사적인 기록의 한 부분이 될 것이다. 그와 반대로 만일 그 사건이 무의미한 것으로 체험되어 졌다면 하루의 일과 중에 일어나는 여러 가지 사건들처럼 빨리 잊혀 버려질 것이다."8 이처럼

---

6 카르(E. H. Carr)/김택현 옮김, 『역사란 무엇인가』 (서울: 까치, 1997). 카는 역사란 과거와 현재의 끊임없는 대화라고 한다.

7 김찬국, "역사의식과 신앙," 『성서와 역사의식』 (서울: 평민서당, 1986), 53-64.

8 B. W. Anderson/김찬국·조찬선 옮김, 『성서의 재발견』 (서울: 대한 기독교교육협회편,

김찬국은 역사는 그 해석이 중요함을 인지하고 있다.

김찬국의 신학에 있어 이스라엘의 역사 중에 그는 '역사와 예언'에 주목한다. 그의 석사 논문은 "구약에 나타난 계약의 하나님의 구속적 의를 논함"(구약의 정의, chedeka)인데 연세대에서 1954년 2월 15일 제출하였다. 그는 구약 역사에 있어서 정의의 문제에 관심이 있고, 그 역사적 관심은 바로 한국 역사의 현장에서 하나님의 의(義)가 이루어지는 가에 그 초점이 있었다. 그는 구약의 역사 속에서 교회사의 종교개혁에 관심을 가지게 되었다. "중세 종교개혁의 신학적 발단은 하나님 의(義)의 재발견에 기인한 것이고, 그 하나님의 의가 생성도상에 있던 프로테스탄트의 근원과 근저가 되었다 함"은 위대한 종교개혁자 마르틴 루터의 영적 경험에서 찾아볼 수 있다."9

장공 김재준이 구약의 중심이 자유라고 보았다고 하면, 김찬국은 그 구약의 핵심이 정의라고 보았다.10 그래서 김찬국은 구약의 정의(義)에 얼마나 천착하고 있는지 그 논문의 목차를 보면 알 수 있다. 1장 하나님의 의(義)의 개념, 2장 하나님의 의의 본질, 3장 하나님의 의와 계약, 4장 하나님의 의와 심판, 5장 하나님의 의와 속죄, 6장 하나님의 의와 구속 등이다. 무엇보다도 놀라운 것은 구약의 계약 신학에 대해 그는 구약 전체를 꿰뚫는 핵심으로 정의의 문제로 보았다는 것이다. 구약의 계약이 바로 구약신학의 중심이라고 볼 때 그 중심에 정의가 있다는 사실을 통해 구약신학의 통찰력을 가지고 보는 것은 구약학자의 혜안이라 말할

---

9 김찬국, "구약에 나타난 계약의 하나님의 구속적 의를 논함" (서울: 연세대학교 대학원 석사학위논문, 1954), 1 재인용. 북삼씨가 오토 쉴,『마르틴 루터』2집, 335에서 인용한 것임; 동경신학대학편, 「신학」 제2호(1950).

10 김동환, "김재준의 정치사상," 「신학사상」 164 (2014): 123-150.

수 있다.

더 나아가 김찬국은 서문에서 루터 이야기를 계속하면서 자신이 '마르틴 루터와 같은 종교개혁가'의 심정으로 나라의 부정을 개선하는 정의감을 가지고 살겠다는 의지를 가진다. 이는 예언자의 삶과 고백을 석사 논문에서 이미 이렇게 말하고 있다. "루터는 1540년 9월 2~17일의 탁상일기에서 다음과 같이 적었다고 한다. '내가 처음에 시편 중에서 주의 의로 나를 건지소서(시편 31:1)란 구절을 읽고 노래했을 때 나는 전율하고 하나님의 의, 하나님의 심판, 하나님의 역사에 원한을 품었었다. 왜냐하면 나는 하나님의 의(義)란 여기에서 하나님의 엄숙한 심판이라고 생각했기 때문이다. 하나님은 지금 나를 그의 엄숙한 심판으로서 구원한다는 말일까? 그렇다면 나는 영원히 버림받을 것이다. 그러나 하나님의 자비와 하나님의 도우심이라는 말씀을 상상해 보았다. 감사하다. 내가 사리(事理)를 이해하고, 하나님의 의란 그것이 예수 그리스도에 의해서 주어진 의로서 우리를 의롭게 하는 의(義)라는 것을 알았을 때 그 어법을 이해하고 처음으로 시편 시인이 이해되었다.'"[11]

더 나아가 김찬국은 시편 23편을 다루고, 암브로시우스 감독 예언 정신을 소개하며 3.1절의 의미를 출애굽 시편으로 펼친다.[12] 이와 같은 루터의 기록을 통해서 알 수 있는 것은 그가 시편 강해시에 "주의 의로 나를 도우소서"란 구약의 심판적인 하나님의 의를 인식하고 있다는 점이다. "의인은 믿음으로 말미암아 살리라"(롬 1:17)란 신약의 구속적인 하나님의 의를 이해함으로 비로소 정의의 개념을 올바르게 이해하였다는 것이다. 이러한 하나님의 심판적이면서 구속적인 의의 재발견이 루터로

---

11 김찬국, "구약에 나타난 계약의 하나님의 구속적 의를 논함," 3-5.
12 박신배, "시편과 한국문화,"『태극 신학과 한국문화』(서울: 동연, 2009), 307-310.

하여금 확고한 복음적인 신앙을 갖게 했으며, 그러한 신앙 태도가 당시의 외면적이고 형식적이며 의식적인 로마 교회의 신앙 태도에 반기를 들 수 있게 하였다. 따라서 진정으로 하나님의 구속적인 의의 역사를 믿는 참된 신앙도(信仰道)를 후세에 밝히 보여준 것이다. 이후 루터의 위대한 신학적 공헌이 나타났으며, 실로 종교개혁의 내면적 영적 근원이 된 것이다.[13]

김찬국은 루터의 신앙의 인, 칭의의 문제를 다루며 하나님의 심판에서 하나님의 구속적 의를 찾고 있으며, 로마 교회의 부패하고 부정한 것에 대하여 반기를 든 종교개혁의 사건을 거론하고 있다. 바로 루터가 하나님의 정의를 인식하고, 그 믿음의 의를 깨닫고 행동하는 양심으로 그 시대에 바로 서 있었음을 논문의 서문에서 언급하며 쓰고 있다. 이는 김찬국이 이 시대 종교개혁가로서 이 같은 정염(情炎)을 가지고 있다는 사실을 보게 된다. 그는 루터를 통해 시대의 우상을 파괴하는 정의감을 가지게 되는 계기가 되었다고 볼 수 있다.[14] 안병무도 그러한 권위의 우상을 파괴해야 한다고 본다.[15]

루터의 이런 신학적 사상은 루터의 종교개혁 후 수세기를 지난 오늘에도 영향을 주고 있으며, 그 신학 사상은 현대 신학 사상의 주류를 차지하며, 우리 기독교의 구원의 진리가 되고 있다는 것이다. 이러한 하나님의 심판과 그 구속적인 의라는 측면은 역설적인 진리의 관계가 있다고 보며, 그 개념과 실체와 윤리의 적용을 우리의 신앙 태도로 삼을 수 있다고 기술한다. 여기서 그와 같은 하나님의 의의 관념이 다만 루터에

13 김찬국, "구약에 나타난 계약의 하나님의 구속적 의를 논함," 3-5.
14 강승일, "성경의 증거로 본 이스라엘의 반형상주의," 「한국기독교신학논총」 104 (2017): 9-25.
15 안병무, "행동과 권위," 『성서적 실존』 (서울: 한국신학연구소, 1977), 278-287.

의해서 재발견되고, 재고되며, 재인식된 것에 그치지 않고, 오늘에도 이어질 수 있는 것이 하나님의 정의라는 사실을 말하고 있다.

김찬국은 하나님의 의를 논하며 루터와 로마 교회와의 관계를 연관하여 설명한다. "실은 그런 역리적인 의의 관념이 구약성서에서 벌써 나타나 있음을 발견할 수 있고 증명할 수 있다. 그러므로 루터의 하나님의 의의 재발견이라 함은 결국 그가 성경을 다시 발견한 것이고, 당시 로마 교회가 제한한 성경 해석과 제정된 교리 외의 것을 논하는 성경해석을 금지한 데에 대한 반대로서 성경 주석에의 문화를 새로 개방했다는 사실의 결과라고 생각할 수 있다. 그래서 직접 성경의 원(原) 진리를 주석해서 확고한 복음적 신앙을 수립하려고 한 '성경으로 돌아가자'는 혁신적 태도를 실천하였다고 볼 수 있다."16

김찬국은 여기서 로마 교회에 정면 도전할 뿐만 아니라 정의에 반(反)하는 성경해석의 문제를 파헤치며 하나님의 의에 도달하려면 바로 성경해석의 문제와 그 본질을 알아야 하고, 이를 통해 진리를 알기 위해 성경주석을 바로 해야 함을 지적하고 있다. 구약 계약의 정의를 파헤치기 위해 루터의 성경해석의 문제를 깊이 다루며, 로마 교회와 루터의 관계에 깊이 천착해서 진리와 정의, 하나님의 의에 대하여 다루고 있다. 이러한 거시적 교회사의 구조 속에서 하나님의 정의를 포착하여 삶의 현장까지 연결하여 민중의 삶의 신학으로 실천한 학자였다.

김찬국의 인생은 정의를 위해 하나님을 두려워하며 살았던 인물이 되었다. "그 후 나는 사람을 두려워하지 않고 하나님을 두려워하며 살았다. 하나님 편에서 정의와 진리를 선택했을 때 핍박과 고통을 받았지만, 마음에는 담대함과 기쁨이 있었다. 불의를 택해 안일함을 추구할 수

---

16 김찬국, "구약에 나타난 계약의 하나님의 구속적 의를 논함," 6-7.

있었으나 하나님께서는 그것을 허용하지 않으셨다. 인간적인 두려움은 한순간, 하나님 편에서는 두려움이 없었다."17

김찬국은 성경과 하나님의 의에 대한 연관 관계를 말한다. "성경으로 돌아가자는 태도는 19세기 과학적 비평주의적 성경 연구 태도에서 하나님의 진리의 말씀을 찾지 못한 탓으로 오늘날 다시 요청되고 있다. 성경을 어디까지나 하나님의 말씀으로 받아들임으로써 올바른 의미의 신앙적 진리를 해석해 낼 수 있다. 이런 뜻에서 하나님의 의의 진실한 의의(意義)를 발견하려고 특히 구약성경으로 올라가서 살펴보아야 하겠다.

하나님의 의에 대한 재발견은 루터 시대 때에 국한(局限)한 것이 아니라 오늘날 세계적으로 인류가 고뇌하는 도의(道義) 재건을 부르짖는 이 순간에도 하나님의 의는 재발견되어야 하며, 실제로 하나님의 의가 이 땅에 충만해야 할 것이다. 이런 요청은 오늘의 세계뿐 아니라 우리 한국 사회에도 긴급히 요청되어야 할 것이다. 이것은 이 시대의 요청이고 하나님께서 우리 민족에게 뜻하는 요청이라 믿는다. 이런 뜻에 이 소논문은 하나님의 의를 구약성서에서 찾아 그 의미를 밝히는 데 그 목적이 있다."18

김찬국은 구약성서가 역사서라고 하는 생각을 하였으며, 거기에 중심 주제는 정의(체다카) 사상이라는 사실을 인지하고 '예언과 정치'를 풀어간다. "구약성서의 역사 기록들은 오늘날 우리가 생각하는바 과학적 근거를 가진 틀림없는 객관성을 가진 기록들은 아니다. 이스라엘 왕국의 왕실 중심의 실록들은 확실한 역사적 사실들을 기록하고 있지만, 모세오경의 역사 기록들은 사실(史實)로서의 사실(fact)들을 정확히 기록한 것이라기

---

17 김찬국, "금관의 예수," 『역경의 열매』 (서울: 국민일보, 1993), 46
18 김찬국, "구약에 나타난 계약의 하나님의 구속적 의를 논함," 8-9.

보다도 성서 기자들이 자기들이 본 우주관, 인간관, 역사 전망, 죄관, 윤리관을 가지고 신앙 고백적으로 해석한 '해석된 사건(event)'들을 주로 다루고 있다."19

김찬국은 진리에 이르는 과정을 위해 성서 해석 방법론과 성서 해석, 역사의식까지 두루 언급하고 논의하고 있다. 이는 마치 루터의 종교개혁과 같은 개혁이 바로 하나님의 의를 위해 오늘의 한국과 이 세계에서도 다시 일어나야 함을 언급하고 있다. 이는 오늘의 한국 사회에서도 정의가 실현되어야 함을 역설하고 있다.20 그는 어려운 시대에 하나님의 정의가 하수처럼 흘러넘치게 하는 혁명을 꿈꾸는 예언자였다. 이처럼 김찬국은 하나님의 의에 관한 연구를 통해 한국의 종교개혁가, 새 루터로서 한국 사회를 바라보며 정의의 예언자요 종교개혁가로서 정의 추구에 대하여 세상에 타협하거나 양보하지 않고 민주화를 위해 올곧게 행동하는 양심인이자 학자로서 또 정의의 예언자 아모스로서 역사의 현장에 서 있었다. 그는 정의로운 한 사람에게서 시작하여 공동체의 정의를 추구하는 구약학자로서 또 오늘 이 세대의 예언자로서 지평을 넓혀간 것이었다.

2. 구약 역사서의 중심과 방법론, 민중신학

김찬국의 역사의식에서부터 시작되어 구약 역사의 중심 신학이 무엇인가 그리고 구약신학적 역사 신학의 주제는 언제부터 연구되었는가. 그는 구약 역사 신학의 중심이 정의라고 보고 있다. 그는 제2이사야의 창조 전승 연구를 박사 논문으로 제출하며, 창조 전승을 구원사적으로

---

19 김찬국, 『예언과 정치』 (서울: 정우사, 1978), 10.
20 김찬국, "구약의 하나님과 혁명적 변화," 『인간을 찾아서』 (서울: 한길사, 1982), 75-84.

보는 연구와 종교사적으로 보는 연구의 연구사를 정리하였다. 그리고 바벨론 포로의 삶에서 창조 이야기를 전개하는 과정을 포착하고, 이를 역사적 학문적 연구를 통해 한국의 역사를 염두에 두고 연구해 나갔다.[21]

그는 구약의 제2이사야 전공 분야에서 창조 신학을 연구한다. 한국의 어두운 상황을 이론적으로 밝히며 새로운 창조 신학을 해야 할 것을 암시하고 있었다. 한국의 어두운 시대에 창조 신학자로서 신학한다는 것이 어떤 의미이며, 구약학 연구의 분야에서 묵시문학적 본문을 연구하는 것이 무엇인지 보여준다. 그는 삶의 실천을 중시하며, 민중신학의 자리에서 올곧게 산 고난받는 예언자가 되었고, 야웨의 수난받는 종으로서 살며 제2이사야 신학을 깊이 연구하고, 한국의 민중신학을 실천하여 살아 있는 신학이 되게 하였다.[22]

김찬국의 신학 작업을 보면, 그가 구약 연구 방법을 강조하고 있지는 않으나, 제자들에게 논문 지도를 하면서 구약 역사 신학을 가르친 것을 알 수 있다. 김찬국의 구약 연구 방법론에서는 세 가지 카테고리가 중심에 있다. 그것이 바로 구약 본문의 정치적 상황과 종교적 배경과 사회적·경제적 상황 등이다. 그 세 개의 범주로 본문에 대한 구조 분석이 이뤄지면 본문(Text)과 현실(삶의 자리, Sitz im Leben) 문제 파악인데, 즉 그것이 현실 세계와 성서의 세계를 푸는 열쇠(key)가 된다. 이스라엘의 야웨 하나님에 대한 백성들의 신앙의 상태가 어떠한지를 종교적인 면에서 고찰하고, 고대 이스라엘 사회의 구조에 있어서 지배자와 피지배자의 관계가 어떠한지 연구하며, 그곳에 정의로운 사회가 형성되고

---

21 김찬국, 『제 2이사야의 창조전승 연구』 (서울: 연세대학교 대학원, 1980), 1-14.

22 박신배, "구약 민중신학의 재발견," 『구약신학의 새로운 모색: 한국적 구약신학하기』 (서울: 동연, 2016), 52.

실현되는지, 불평등의 요소가 없었는지 물으며, 그때의 경제적 상황은 백성들이 정의롭고 공의로우며 안전하게 생활할 수 있었는지 등을 탐구하며 세 분야로 나누어 연구하는 것이었다.

그는 이 세 구조로 나누어 분석하는 방법을 사용하였다. 저자는 '유다의 종교개혁 연구'를 하는데, 히스기야 종교개혁과 요시야 왕의 종교개혁 연구에 있어서 이 정치적 상황, 종교적 경향, 사회적 현실 등 세 가지 나누어 연구하도록 지도하여서 석사 논문을 썼다.[23] 또한 석사과정의 구약학 세미나(신명기와 신명기 역사, 예언서 연구)는 학생들이 주도하여 발표하게 하였는데, 이는 하브루타(유대인 교육법) 공부 방법으로 학생들의 기억에 가장 많이 남고, 학습효과가 뛰어나다. 그래서 학생들은 발표하고, 교수는 구약학의 핵심을 정리하여 말씀해서 종합적으로 파악하도록 유도하였다. 많은 정보를 제공하여 세계의 구약학의 동향을 알게 하였고, 많은 책을 읽고 연구하도록 하며 스스로 찾아가는 학문적 방법을 제시하였던 것이다.[24]

"김찬국의 민중신학과 구약"이라는 글을 처음으로 「문화신학지」 (2011년 8집)에 기고할 때 "민중신학의 새로운 모색 2"이라는 주제로 책을 묶었다. 그때의 선생님을 기리는 글을 써야겠다고 생각하고 민중신학과 구약이라는 관계를 두고 쓰게 되었다. 연세 신학의 민중신학자 서남동과 더불어 대중과 더불어 호흡하였던 구약 민중신학자 김찬국을 넣어서 삼 대의 민중신학자의 반열에 드는 것은 뜻깊은 일이라 생각하고 안병무와 함께 거론하였다. 그로 인해 구약 민중신학자 김찬국 정신은

---

23 박신배, 『구약의 개혁신학』(서울: 크리스천 헤럴드, 2006), 45-99; "유다왕국의 종교 개혁연구: 신명기 역사에서 히스기야·요시야 왕을 중심으로," (연세대학교 연합신학대 학원, 1986), 4-94.
24 박신배, "구약 민중신학의 재발견," 51.

다시 거론되는 계기가 되었다. 그 첫 논문의 결론부에서 소개한 글은 왜 김찬국의 구약 민중신학인지를 말하고 있다. 그는 가난한 자들을 대변하는 신학을 기반으로 전개하고 있다.[25] 거기에 복음이 정의와 사랑과 함께 나타난다는 공동체 신학을 그가 염두에 두고 있다고 할 수 있다.[26]

김찬국의 신학은 구약 민중신학이라고 말할 수 있다. 그의 신학의 구조는 한국 신학의 세계화를 위한 신학으로서 민중신학을 펼쳤고, 삶의 신학이 연결되어 민주화 작업을 하였으며 또한 한국 정치 현실과 노동 현장 속에 민중과 민족과 함께하며 실천하는 신학으로서, 풀뿌리 정신으로 삶의 현장으로 들어가 고난당한 예언자가 되었다. 그는 민청학련 사건의 피해를 통해 민주화운동의 큰 지평으로 우연히 나가게 된 계기가 되었다. 그 이후의 나그네와 같은 순례자로서 민주주의 실현화를 위해 실천적 운동을 벌여나가게 되었다. 이 뒤에는 구약의 정의 예언자들의 메시지가 있었으며, 그 정의가 신학의 중심이 되었다. 한편 그는 구약의 세계와 현실과의 사이에서 하늘 뜻이 펼쳐지는 삶, 어려운 묵시문학적 상황에서 민중의 삶을 살았다. 그리고 하나님의 법의 차원에서 앞서 연구했던 신학적 결실로서 이 땅에서 정의를 실천하여 보여주었다.

그의 신학의 배경에는 인간 사랑이 기본에 있고, 한민족의 얼을 강조하는 수업과 제자들의 가르침에서 한글 사랑이 있었다. 이수정의 사진이 그의 연구실에 있는데 청년 교육과 민족 교육에 있어서 민중신학의

---

25 알로이스 피어리스/성염 옮김, "아시아 종교들과 지역 교회의 선교,"『아시아의 해방신학』(서울: 분도출판사, 1990), 69-98; 김찬국, "눌린자의 편에 서는 교회,"『인간을 찾아서』(서울: 한길사, 1982), 95-102.

26 리까르도 안똔시크 · 호세 미구엘 무나리스/김수복 옮김,『그리스도와 공동체 사회』(광주: 일과놀이, 1990), 315-336; 김찬국, "패배한 정의,"『인간을 찾아서』, 103-110.

중심축이라고 말할 수 있다. 그는 에세이로 쉽게 풀어쓴 행동의 언어로 표현하며, 시대의 양심으로서 서서 행동하는 상징적 행위로서 예언자의 삶을 보여주었다. 여기서 김찬국은 민중신학을 삶으로 살며 보여준다. 인간 김찬국은 작은 예수의 모습으로 살며, 신학을 한다는 것이 무엇인지 보여준 시대의 스승이 되었다. 고희 기념 저서에서 지인들이 그를 기리며 벗에게 한마디 말하는 글에서 그의 인생 전반이 어떻게 살았는지 보여주며, 참 인간의 삶이 무엇이었는지 알게 한다.[27]

그가 구약 역사서를 이해하고 해석하는 두 개의 개념은 정의와 자유라고 말할 수 있다. 이는 구약의 종교와 정치와 경제의 삼면에 걸쳐 거기에 비친 구약적인 자유주의를 연구한 글에서도 잘 알 수 있다.[28] 그는 시대마다 여호와 신앙에 따른 성전 시대와 바벨론 포로 시대, 귀환 시대의 자유주의 형태를 설명한다.

> 포로기 후 귀환에서도 오랫동안 교직 정치(Hierarchy)가 실시되었는데 그 때에도 자유 사상은 잊혀지지 않았다. 이스라엘의 일반 백성은 누구나 다 제사장이 될 수 있다는 제사직의 이상(출 19:6)이 제3이사야로 인해서 재강조되었다. 원래 제사 기자들은 거룩한 국민의회를 옹호하기 위해서 제사장의 대표인 모세, 아론에 반대한 고라당의 반역 사건을 기술하였던 바 있는데(민 16:1) 귀환 후의 이스라엘에는 비록 국가적 독립은 없었을지라도 일종의 종교적, 제사적인, 다시 말하면 종교 정치를 하게 되었던 것이다. 그래서 백성들은 그들의 장로와 국민의회를 통해서 중요한 사건들을 처리 결정하였다(스

---

27 박신배, "김찬국의 민중신학과 구약," 「문화와 신학」 8 (2011), 30.
28 김찬국, "구약성서에 나타난 자유주의," 『성서와 역사의식』 (서울: 평민서당, 1986), 34-35.

10장, 느 9장, 욜 1:14, 사 24:23). 그러므로 이 교직 정치란 것은 국민의회의 정치이었으므로 전제정치가 될 수 없었다.[29]

이처럼 김찬국의 신학에는 항상 예언자 신학의 정의가 중심에 자리 잡고 있었다. 이는 안병무의 민중신학에서도 자유를 중요한 윤리적 가치로 주장하는 것과 같은 선상에 있다.[30]

3. 구약 역사서와 구약신학의 중심으로서 역사의식

여기서는 먼저 김찬국의 구약신학 노트에 있는 신명기 역사서에 대한 학문적 논의를 살펴보고자 한다. 그리고 어떻게 구약 역사서의 학문적 논의가 구약신학으로 전개되고 있는지 추론하고자 한다. "신명기 학파의 편집 ― 열왕기는 솔로몬 치세부터 바벨론 포로 시대까지 역사를 기록해 나가는 데 있어서 두 왕국에 왕들의 한 사람의 행적을 종교적으로 비판하며 일정한 종교적 신앙을 가지고 기술하고 있는 신명기적 편집과 가필을 발견하게 된다.

사무엘서에서는 신명기적 신학과 기록의 전승을 정의하면서 약간의 신학적 설명으로 첨가하는 정도로 만족하였으나 열왕기에서는 어떤 작업과 기준으로 신명기 역사 전체를 편집하였다고 한다. 열왕기는 주전 561년에 여호야긴이 포로가 되어 기록되어 나오기 전까지는 현재 형태로 기록될 수 있었다고 저술된다. 쿠에넨의 역사 비평적 방법(1887), 윌더버거의 문학적 비평(1893), 열왕기의 두 편집설을 받아들이면서

---

29 같은 책, 같은 곳.
30 안병무, "현존하는 하나님," 『성서적 실존』, 320-334.

다음과 같이 기술하고 있다."31 열왕기는 주전 600년경에 편집 기록되었으며, 치세 기록에 재편집 가필되었다고 주장한다.

젤린(Sellin)은 열왕기에 두 사람의 신명기적 역사가(편집자)의 편집 가필을 구별할 수 있다고 하였으며, 파이퍼(Pfeiffer)는 이 두 편집자의 구별을 하여서 첫째 사람은 편집자이고 주전 586년 후에 일어난 예루살렘 멸망은 모르고 있으며, 둘째 편집자는 그 비극적 사건들에 대해서 언급하고 있는 것으로 안다고 하였다.32 이처럼 김찬국의 구약신학 노트에서 현대의 구약신학적 학문논의를 따라가며, 그 구약 역사 신학적 방법을 섭렵하고 있고 또 이해하여 자신의 구약신학적 입장으로 더 나갈 수 있는 토대로 삼았다.33

김찬국은 신명기 역사의 첫째 편집자가 이 열왕기 문서의 저자로서 신명기의 포로기에 기록하기 시작하였으며, 신명기 역사로서 국가의 회복을 기대하고 있다고 보았다. 이 신명기 역사 문서의 첫째 편집자는 솔로몬 성전 건축 시대에 예루살렘 성전을 수축하는 것은 합당하다고 보았으나(왕상 3:3) 둘째 신명기 역사 편집자는 기브온에서 솔로몬이 제사 드리는 것은 정당하다고 본다(왕상 3:4).

신명기 문서 편집 시대는 요시야 왕의 신명기 편집 때부터(주전 621년) 해서 예루살렘 멸망의 해(주전 586년) 사이로 잡으면 된다고 보며, 좀 더 신명기 역사 연대를 따지고 보면 요시야 왕이 죽은 후(주전 609년)에 유다가 망해서 바빌론 포로(주전 587년, 예루살렘 성전 멸망) 생활을 했다.

---

31 김찬국, 『구약신학』 노트, 강의록, 7-120.

32 같은 책, 같은 곳.

33 김찬국의 『구약신학』 노트는 1956년 1학기(4~9월)였다. 이는 6.25전쟁 이후 나라가 어려운 시기에 유학하며 세계 신학의 중심에서 세계적인 석학들의 학문을 배우고 우리의 신학을 할 수 있는 학문적 사유를 하고 있었던 것이다.

그래서 신명기 역사 편집 시기는 그 시대의 중간을 잡아서 주전 600년으로 잡는 것이 좋다고 본다. 젤린(Sellin)은 이 문서를 쓴 것은 요시야 왕 때 서기관(Shaphan) 혹은 아론의 아들 아히감(Ahikam)이라고 소개한다.[34] 이처럼 김찬국은 신명기 역사의 저작 연대와 이중 편집설과 그 역사적 배경을 논의하며 젤린의 편집설을 소개하고 있으며, 깊이 있는 학문적 논의를 하고 있다.

더 나아가 이 신명기 역사가의 본 저작은 신명기의 신학을 비교하여 설명하고 있다. 또 역사 연대를 기록하였으며, 유대인들로 하여금 성서의 신 중심의 약속을 지키면 백성과 국가가 망하지 않으리라는 것을 확신케 하였다고 말한다.[35] 신명기 역사 신학을 언급하며 토라에 순종하면 복을 받는다는 것과 토라에 불순종하여 저주를 당한다는 신학적 이야기를 하고 있다.

"그런데 이 처음의 신명기 역사가의 기술이며 열왕기 기록의 편집자인 둘째 신명기적 역사가는 바벨론 포로 치하에 기록하였다. 그가 경험한 포로 생활은 열왕기하 25장에 나타나고 있는 여호야긴의 석방(주전 561년)은 그 전 포로 회복이다. 주전 538년의 바벨론 포로로부터의 귀환은 모르고 있다. 이와 같이 신명기적인 문서의 특징적인 기사가 열왕기에 기술되어 나타난 특징을 보면 다음과 같다(왕상 2:1-4, 8:22-66, 11:9-13, 12:26-31, 14:1-24, 15:1-15; 왕하 17:21-23, 22장, 23:1-15, 21-28)"[36] 김찬국은 열왕기하 25장의 여호야긴 왕의 석방 사건을 보도하며 신명기 편집자(2차)가 고레스 칙령에 의한 포로 귀환 사건을 모르고 기사를

---

34 김찬국, 『구약신학』 노트, 7-121.
35 같은 책, 같은 곳. 강의 노트는 한자와 필기체 글씨로 난독성이 크지만, 무엇을 말하려고 하는지의 방향성으로 해독한다. 후에 다시 정확하게 독해할 수 있기를 바란다.
36 같은 책, 같은 곳.

편집하고 있다는 역사적 사실을 보도하고 있다. 또한 신명기 신학과 문서 층이 열왕기 상하에 나타나는 신명기 역사 신학의 틀이 있으며, 미래의 신명기 역사 연구에 있어서 예언적 연구를 이해하고 소개하고 있어 놀라운 장면이라고 볼 수 있다.

한편 더 확대하여 신명기 역사를 중심으로 '창세기-신명기'의 오경 역사와 역대기 역사의 관계를 함께 추론하는 것을 볼 수 있다. 또한 "바벨론 포로 시대의 신명기 학파의 역사서"(*The Historical Books of the exilic Deuteronomist*)라는 제목하에 신명기 역사 편집과 그 신학적 설명을 한다. 즉, 포로 시대의 신명기 학파는 주전 550년경에 열왕기를 새로 편집하였을 뿐만 아니라 레위기를 제외한 오경을 편집하였으며, 세 가지 역사서, 여호수아서, 사사기, 사무엘서를 편집하였다. 후에 우리가 고찰한 바와 같이 이 신명기 기록의 특별한 공헌은 여호수아서에 나타나고 있는데 그는 여호수아에 관한 이야기와 그의 설교(수 23장)를 다시 기록하였으며, 사사기에서는 사사기의 수장(首將)을 제고하였으며, 열왕기에서는 여호야긴의 석방과 죽음을 기록하고 있다고 소개한다.[37] 바벨론 포로 시대라는 암흑과 어둠의 시대에 더 창조적인 성경 저작이 이뤄졌다는 사실을 말하며, 오경과 신명기 역사의 기록 과정을 소개하고 있다. 그 중심 내용을 다루며 신명기 역사의 창조 신학을 전개하고 있다. 또 계속 오경 신학과 문학 자료를 언급하면서 역대기 역사까지 다루어 나간다.

김찬국은 그의 강의 노트에서 계속하여 구약 역사 전반의 기록과 역대기 역사 편집까지 자세하게 다루고 있다. 이스라엘 역사에 있어서 이스라엘 민족의 역사를 기록하는 것은 창세기 2:4 후반부터 시작한

---

37 같은 책, 같은 곳.

야웨 기자(Yahwist)의 창세기 설화 설명을 하면서 찾아 이미 언급한 것으로 볼 수 있다. 그리고 창세 시대, 족장 시대, 모세 시대의 역사를 새 기록에다가 새로이 언급하며 역대기를 편집하려고 하는 움직임이 있다. 그래서 이스라엘이 창조되며 시작된 것을 볼 수 있다. 주전 550년 후부터 주전 200년까지 사이에 신명기 역사가들은 역사 편집서의 네 가지 역사(JEDP)를 편집하고 있다. 그런데 그 중심 기록 시대는 에스라 시대이다. 그 시대에는 새로운 변화가 일어나서 제사장(P) 문서를 중심으로 해서 가나안 침입 시대 역사를 새로이 기록한 것이 역대기이며, 에스라-느헤미야서 역사로 나타났다고 소개한다.[38]

역대기가 전쟁의 이데올로기와 종말론적 상황이 짙은 문서라는 사실을 통해 당시의 한국 상황이 이렇게 어두운 역사가 전개되리라는 것을 예고하고 있다.[39] 김찬국은 바벨론 혼돈의 시대가 역사적 창조의 시대로 구약의 오경 역사와 신명기 역사, 역대기 역사까지 이어지는 역사의 종합이 일어나고 있는 세계를 학문적으로 꿰뚫어 보는 놀라운 통찰력을 가지고 있다. 이는 최근의 구약신학과 구약학, 구약 역사서 연구가 오늘날 이뤄낸 결과라고 보지만, 이미 1950년대 초반에 뉴욕에서 김찬국은 우주적 차원에서 이미 구약학의 세계를 통찰력 있게 공부하고 있었다.

한편 신명기 역사의 신학적 문제를 신앙의 차원에서 다룬다. 신명기 학파의 역사 기록의 목적은 역사적 사실만을 기술하려는 것이 목적이 아니라 역사 기록을 통해서 다른 것을 이스라엘 백성에게 전달하려고 한 것이다. 그 신명기 목적이 신앙적 충성, 신앙적 토라 순종이라는

---

38 같은 책, 7-122.
39 이윤경, "역대기사가의 분열왕국 전쟁기사에 나타난 전쟁이데올로기," 「신학사상」 156 (2012): 9-41.

사실을 밝힌다. 그래서 신명기 역사 기록에 있어서 기사를 생략하거나 때론 기록하거나 때론 보충하거나 왕실 전설과 같은 새로운 자료를 가지고 더 풍부하게 역사를 해석해 나간 것이다. 그러므로 이 신명기적 사가의 문체가 명확히 드러났다. 그것은 세계사가 세계 심판이며, 이스라엘과 유다의 운명을 주로 신앙 선조의 죄 때문에 포로된 것임을 보이며, 그러한 심판의 결과는 신앙의 문제라는 사실을 나타내는 거룩한 역사를 제공하고 있다고 보았다.[40]

놀라울 정도로 신명기 역사의 신학적 문제를 자기 역사 이해로 소화하여 기록하고 있는 것을 볼 수 있다. 더 나아가 계속하여 신명기 역사가의 역사 기록 목적과 상황을 말하며 오늘의 한국 역사의 상황을 회상하며 전망하도록 하고 있다. "신명기 역사 기록 안의 여러 부분은 과거의 역사를 신앙적으로 고찰하여 기록하려고 한 것이며, 신명기 작가는 신앙적 석방 회복과 동시에 기복적 내용을 가지고 포로 시대에 어떻게 하면 되는가 하는 방법을 보여주고 있는 것이다. 회개의 설명이 많은데, 그것은 매번 희망의 내용도 가지고 있어 하나님의 종 다윗 때문에 이스라엘은 오랫동안 여러 번 사죄(赦罪)를 받아왔다고 기록하고 있다(왕상 8:25, 11:34, 15:4; 왕상 3:6, 8:25, 11:25. 엘로힘[Elohistic]적인 것은 출 14:31; 민 12:7, 8; 신 3:5 등). 하나님의 종 때문에 하나님의 은혜가 있고, 이스라엘에게서 떠나지 않는다 한다(삼하 7장).

우리는 이 신명기 학파의 마지막 기록으로 왜 여호야긴이 바벨론 감옥에 구금되었다가 석방되어 명예를 회복하게 되었는가 하는 기록을 이해할 수 있는데 그것은 작가가 포로의 때에 있으며, 다윗 시대를 연상했으며, 동시에 국가의 황금시대가 시작되는 때라고 생각해서 그렇

---

40 김찬국, 『구약신학』 노트, 7-122.

게 한 것이라고 볼 수 있다. 이와 같은 큰 신명기적 역사 기록에는 바벨론으로부터 귀환한 후 한 세기 동안에 계속해서 신명기적 역사가적인 기록 단편이 추가되어 있음을 기술할 수 있다(신 16:8-17, 20:1-9 율법, 31:16-22, 30의 모세의 노래)"41. 이토록 바벨론 포로 시대의 신명기 역사가는 다윗의 황금시대를 연상하며 역사를 기록하고 또 역사를 전망하며 새 지평을 가지고 있다.

김찬국은 이를 통해 한국 역사의 암흑시대를 어떻게 밝게 비출 수 있는가 생각을 하며 새 예언적 개혁을 꿈꾸고 있었다. 이후 구약신학 노트는 구약학의 전문적인 분야인 성서 고고학 분야를 정확히 기술하고 있고, 기독교 윤리학의 대가인 라인홀드 니버의 강의를 자세히 기록하고 있다. 또한 예레미야 주석적 문제도 자세히 언급하며, 마치 이 시대의 예레미야 같은 심정으로 구약의 참 예언자 전승을 이어가는 것을 볼 수 있게 한다.42 바벨론 포로 시대 전후의 이스라엘 역사의 예언 시대는 민중신학적 중요한 전거(典據)를 주는 것이라는 사실을 인지하고 있었다.43

다른 한편 김찬국은 시대의 어려움의 와중(渦中)에서 쿰란 문서, 사해 사본에 대한 관심을 가지고 묵시문학 지평에서 역사의 전망을 바라보는 예언과 묵시의 역사적 차원을 알고 있었으며, 그는 한국 역사에 있어서 새로운 종말론적 지평을 열었다. 민영규 교수와의 대화는 그러한 사실을 보여준다. "이 종파는 마카비 독립운동 당시에 '의의 교사'로 창설된 종말론적 집단이었다. 메시아가 와서 세울 천국의 날까지 준비하

---

41 같은 책, 7-124.
42 같은 책, 8-10, 11-90.
43 김경호 외 3인, 『함께 읽는 구약성서』 (서울: 한국신학연구소, 1991), 214-257.

고 훈련했고, 자신들을 구세군처럼 조직하여 훈련하였다."[44]

더 나아가 김찬국은 기독교와 에세네파의 관계성을 밀접하게 연관되었다는 입장에 대해 구약학자의 이론을 소개하며 자세히 다룬다. "영국의 세계적 구약학자 로울리(H. H. Rowley)의 『모세로부터 쿰란까지』(1963)를 주로 참고하겠다. 이 책에 실린 논문은 사해 사본 연구의 총결산이라 하겠다. '메시아사상' 사해 사본에는 메시아 기대가 간직되어 있다. 즉, 훈련교법서 9단 10행에 '아론과 이스라엘의 메시아' 기대가 기록되어 있다. 그래서 두 사람의 메시아(다윗계 메시아와 아론계 메시아)를 기대하고 있다. 그리고 '사독의' 저술 9단 21행에 에세네 종파의 창설자인 '의의 교사'가 죽은 후 40년 이내에 메시아가 온다고 되어 있으니 이 '의의 교사'는 제사장이었기 때문에 제사장 아론계의 메시아, 즉 제사장계 메시아(Priestly Messiah)를 기대하고 있다. 이와 관련해서 구약에서는 메시아란 말이 '기름 부음 받은 자'로 왕이나 제사장에게 사용되었지만, 다윗계 지도자를 기대하는 데에 메시아란 말이 사용된 적이 없는 것으로 보아서 쿰란 집단은 제사장 계열의 메시아를 기대한 것 같다."[45]

묵시문학의 전망에서 메시아와 예수 그리스도로 이어지는 구원의 역사를 살폈고, 이를 구약 역사와 한국 역사의 융합의 지평으로 이끌어가는 작업을 준비하고 있었다. 또한 이러한 연구의 근원은 이미 1957년 3월에 사해 사본에 나타난 쿰란 신학의 논문에서 에세네파와 쿰란 신학의 내용을 살피고 있다.[46] 이는 묵시문학적 지평에서 신학을 한다는 것이 무엇인지 알고 한국의 현실에서 묵시문학적 전망을 예견하고 있었다.

---

44 김찬국, "예루살렘 입성기를 읽고," 민영규, 『예루살렘 입성기』 (서울: 연세대학교 출판부, 1976), 164.

45 같은 책, 165-166.

46 김찬국, "사해사본에 나타난 쿰란 신학," 「신학논단」 제3집 (1957): 53-67.

김찬국은 민영규 교수와 쿰란 종파에 대한 토론을 통해 학문적 입장은 달랐지만, 메시아 기대를 추구하는 믿음의 공동체와 의의 교사, 예수 그리스도의 죽음과 부활은 한국 현실에서 어떻게 실현할지 모색하고 있었던 것이다. "나는 민 선생님이 쓰신 『사해문서의 쿰란 유적을 찾아서』(10회)를 읽은 독자로서만 아니라 쿰란 동굴 지역에 가 본 일은 없지만 사해 동북쪽 연안 부근에 있는 쿰란 지역 동굴에서 1947년에 발견된 사해 사본 연구 동태에 관해서 계속 관심을 가지고 왔었다. 민 선생님이 가정하신 예수의 에세네파(Essenes) 종파 출신설에 대해서 내가 조사한 자료에 의한 견해를 소개해 보는 것도 성서학도들에게 다소나마 도움이 되지 않을까 생각하여 몇 차례에 걸쳐 '쿰란 종파와 기독교 기원'에 관해 소개해 보고자 한다."[47]

김찬국은 예수가 에세네 종파 출신설을 주장하는 민 교수에게 대해 그것은 지나친 주장이라고 하며, 민영규의 글을 다 다루고 나서 "이상으로 에세네 종파와 기독교 기원을 비교하고 그 차이점을 들어보았는데 요는 양자 사이에 근사한 점이 있다 하더라도 신약성경을 지나치게 쿰란화, 에세네화하는 시도와 가정이 무리한 가정이라는 것이다." 우리가 사해 사본을 연구를 한 결과 에세네 종파의 제도 생활과 종교 사상을 연구하여 기독교 신앙과 비교 연구하는 데에는 새로운 자극을 끼치며, 그 영향력과 통찰력을 제공하는 데에 큰 공헌을 남겼다고 말한다.[48]

예수와 에세네파의 관계를 토론하며 여러 가지 주제에 대한 입장을 밝힌다. "의의 교사가 어떻게 죽었느냐 하는 것보다 더 중요한 것은 그를 다른 사람들이 그의 죽음을 어떻게 해석하고 있는가 하는 문제이다.

47 김찬국, "예루살렘 입성기를 읽고," 163-164.
48 같은 글, 175-176.

예수의 죽음과 부활은 예수를 추종할 사람들이 신약에서 신학적으로 만민을 위한 대속을 위해서 죽었다고 의미화하고 있지만, 쿰란 에세네 종파에서는 의의 교사의 죽음에서 그런 속죄적인 의미를 발견한 흔적을 찾을 수 없다."[49]

김찬국은 예수의 에세네파 관련을 부정하지만, 정의의 교사 문제나 메시아 죽음의 문제를 토론하면서 한국 민주화 과정에서 쿰란 종파의 에세네파가 당하는 의의 핍박을 자신의 고난으로써 인식하였던 것이다.

그는 성서와 현실에서 구약신학의 내용을 살피고, 그 정의와 자유의 핵심을 파악하고 현실화 작업을 한다. 그래서 그는 신명기 역사에 나타난 민주주의(성서가 말하는 민주주의)를 다루었는데 그것이 구약 역사를 바라보는 중심 관점이 되었다. "이처럼 성서에는 민주주의의 근본 원리가 얼마든지 나타나고 있다. 그 원리와 원칙을 지키기 위해서, 구약의 예언자들은 자유와 평화를 회복하기 위해 왕들의 불법과 억압에 대결해 싸우면서 하나님의 말씀을 대변해 왔었다.

앞에서 본 신명기 정신은 신명기적 민주주의 원칙이라고 할 수 있는데, 이런 신앙적 질서를 우선으로 하는 민주주의적 과제와 실천이 오늘 우리나라 역사 안에서도 실천되어지기를 절실히 바란다. 그리하여 우리 해방 후 역사에서도 신명기 역사가가 평한 바 있는 그 원칙에 합당한 정치가 실현되기를 기원한다. 히스기야, 요시야 왕 같은 정치인이 나타나서 한국 사회 전체를 정의와 평화로 이끌 수 있고, 민주주의의 근본인 백성(民)을 높이 받들고, 사회발전을 가져올 수 있게 되기를 기대한다."[50]

군사정권의 서슬 퍼런 공안 정치 시대에 사회의 정의를 주장하는

---

49 같은 글, 168.
50 김찬국, 『성서와 현실』 (서울: 대한기독교서회, 1992), 298.

아모스와 미가, 예레미야와 같은 예언 전통에 서서 올곧게 예언 말씀을
전하는 모습이다. 또 인권 변호사 한승헌은 한국 민주화운동의 성직자로
서, '자애롭고 매력 있는 성직자'라는 평가를 하는 분으로 민주화운동의
한복판에서 고난의 십자가를 지고 가는 의로운 주의 종이었다고 말한
다.[51]

　　김찬국의 이스라엘 역사를 바라보는 관점은 한국 역사를 해석하는
도구이며, 성서의 역사가 곧 한국 역사를 보는 안경이 된 것이다. 그는
남북 통일이란 민족적 과제가 오랫동안 분단되어 오늘에 이르기까지
미결의 문제로 남아 있다고 지적한다. 그리고 남북 분단의 역사적 비극과
상처를 씻고 아물게 하기가 참으로 어렵다는 현실을 말하며, 이러한
역사를 해결해야 할 시점에 처해 있다고 한다. 1988년 6월 10일 학생들의
통일을 위한 대행진은 민간 차원에 탈출구를 찾으려는 시도도 결국
당국에 의해 받아들여지지 않은 안타까운 현실을 지적하며, 더 나아가
이러한 어려운 상황에서도 남북 학생 체육 교류 등을 비롯한 7.7선언까지
나오게 된 것은 큰 변화라고 하지 않을 수 없다고 역사의 희망적 전개를
낙관하기도 한다.

　　이제 구약성서에 나타난 이스라엘 민족사가 보여주고 있는 남북
분열로 인한 분단 왕국의 실태 및 통일의 염원과 실천이 강대국들의
외세 때문에 좌절되어 버렸던 여러 가지 역사적 원인과 결과를 더듬어
보면서 그 역사적 교훈에서 오늘날 한국의 분단과 통일이라는 과제
해결에 필요한 새로운 교훈과 전망을 얻어 보려고 한다고 말한다.[52]

---

51 한승헌, 『법이 있는 풍경』, 284-289; 김찬국과 111인, 『나의 삶 나의 이야기 2』(서울:
　　도서출판 연이, 1997).
52 김찬국, 『성서와 현실』, 262.

이처럼 늘 김찬국은 성서와 현실이라는 두 과제를 염두에 두면서 항상 한국이라는 역사적 현장과 시대적 상황을 고려하였다. 또 한국적 구약신학화 작업을 하며 살아 있는 구약학 연구를 하고, 예언자의 상징적 행동처럼 그도 역사와 삶의 현장에서 예언을 실천하며 살았던 한국의 민중신학자이자 예언자였다.

III. 나가는 말

지금까지 김찬국의 역사 신학을 그의 석사 · 박사 논문과 구약신학 노트를 중심으로 구약 역사서를 연구하였다. 그의 구약신학의 출발점은 구약의 정의에서부터 출발하고 있는 것을 살펴보았다. 마르틴 루터와 같은 종교개혁의 신앙심과 정의감에서부터 시작하여 구약 역사에 대한 역사관을 형성하였다. 또한 제2이사야 연구를 통한 창조 전승의 역사 연구는 시대의 암흑기인 바벨론 포로기라는 시점에서 어떻게 역사의 창조적 사고와 창조적 역사해석을 하였는지, 그를 통해 현재의 정의로운 사회를 구현하는 원동력이 되었는지 연구하였다. 우리는 이 장에서 김찬국의 역사의식의 씨앗과 전개 과정을 살필 수 있었다. 그 과정에서 역사적 정의감과 역사의식을 찾을 수 있었고, 더 나아가 구약 전체의 역사 기록과 해석을 하며 이를 통해 민중신학을 추구하는 결과로 도출되었다.

과거 구약학 연구 동향의 중심지들 중 하나인 뉴욕 유니온에서 세계의 석학들과 같이 호흡하던 때의 구약신학 노트를 통해 어떻게 구약신학과 구약 역사서, 기독교 윤리와 예레미야서 주석 등의 학문적 논의를 했는지 알게 되었다. 그 씨앗이 구약신학적 학문이었고, 그 연구의 편린을 통해 그 동력이 한국 사회와 민중의 아픔을 체휼하는 계기가 되었다. 또 정의 의식이 발아되어 사회의 정의를 외치는 예언자적 삶과 실천이 되었음을 고찰하게 되었다. 역사의식의 중심에는 정의와 자유라는 두 축이 있었고, 거기에는 정의에 민감한 예레미야와 같은 심정으로 그는 조국을 위해 눈물 흘리는 한 민중신학자가 된 것이다.

우리는 여기서 특히 주목할 부분이 있는데 김찬국은 민족의 역사를 4289년(1956년 뉴욕 유학기), 4291년(1958년) 등으로 표기하며 "예레미야서 주석 강의서"에서 기록하고 있는 것을 발견할 수 있다. 이를 통해 그가 한민족의 역사의식에 얼마나 투철하였는지 볼 수 있다.[53]

구약 역사서 해석에는 '예언과 역사, 정의'가 역사의 해석의 원리이며, 구약 역사서를 푸는 해석 방법은 역사적 배경에서 종교적 배경과 정치적 배경, 사회적 배경을 세 축에서 함께 분석하여 그 시대를 파악하고, 역사적 해석을 도출하였다. 그래서 시대의 민중들의 해방 정신을 찾아 사회의 부조리와 부정과 억압을 해방하는 신학을 찾아내고, 행동하는 양심, 행동하는 예언자로서 불의의 정권에 맞서는 용기 있는 신학자였다. 이것은 제2이사야의 창조 전승에서 예언자 정신을 찾았고, 구약성서에서 구약 역사 정신인 정의를 찾아서 어두운 한국 근대사의 정의의 예언자로서 한국 민주화의 뿌리가 되었고, 정신적 지주가 된 것이다. 그래서 한국 민중신학자의 3대 인물로 거론되며 10주년을 맞는 시점에서 다시 제자들의 사표가 되어 이 시대를 밝히는 이정표가 되고 있다. 김찬국의 민중신학의 출발점은 그의 역사의식, 구약 역사서 신학 그리고 구약 역사의 예언자 신앙과 정의에서 찾아봐야 한다는 결론을 갖게 된다.

---

53 김찬국, 『구약신학』 노트, 11-14.

3장
한국 문화신학자 김찬국의 평화 신학

I. 들어가는 말

김찬국의 신학을 말하라고 하면 구약 민중신학이라 말할 수 있다. 또 한편 구약학을 연구하며 한국 문화신학을 한 신학자라고 말할 수 있다. 그래서 이전 연구에서 김찬국의 민중신학을 재발견하고, 오늘의 민중신학을 다시 개발하고 발전시키는 과제를 가져야 하리라고 제안한 적이 있다. 이제 다시 김찬국 교수가 문화신학자로서 한국 문화신학을 전개하였는가라는 질문을 제기하고자 한다. 이 글의 연구 목적은 한국 문화신학자로서 소원 김찬국 교수를 찾는 일이다. 신학자들은 먼저 자기 나라의 언어와 자기 겨레의 문화를 가지고 신학 작업을 한다.[1] 따라서 자기 언어의 고유성과 그 깊이를 연구하며, 자기 나라의 문화에서부터 성서 문화의 연구에로까지 확대하여 연구하는 학자라는 측면에서

---

* 박신배 외 11명, 『구약 민중신학자 김찬국의 신학과 사상』 (서울: 동연, 2019), 352-383.

[1] 김찬국, "예언자적 상상가 최현배, 한결 김윤겸," 『인생수상: 사랑의 길, 사람의 길』 (서울: 제3기획, 1992). 108-124.

신학자는 자기 문화의 신학자라고 볼 수 있다.

그래서 김찬국 교수도 한국인이라는 의식을 가지며 한국 문화에 대한 강한 의식을 갖고, 한국 겨레에 대한 사랑이 남달랐으며 그 바탕 위에서 신학 작업을 하였다. 우리는 여기서 한민족의 문화를 강조하고, 한 겨레의 역사를 살피며, 한국 문화적 신학과 더불어 평화 신학 작업을 한 자취를 연구하고, 그 평화 운동을 전개한 인물이었는지 연구하고 탐구하고자 한다. 한국 문화신학자로서 김찬국도 유영모, 윤성범, 변선환, 유동식, 김흥호 등과 같은 반열에 서서 한국 문화신학을 전개하였음을 이 글을 통해 밝히고자 한다.[2] 최근에 토착화신학의 관점에서 이 문화신학 자에 대한 재고를 세계화의 가능성에서 타진하고 있다.[3] 이는 동양 신학이 서양의 신학과는 다른 사고 체계에서 수행하고 있다는 사실을 전제하고 있다.[4]

폴 틸리히가 문화신학을 처음 신학적으로 연구하면서 그동안 세계 신학계는 문화신학과 관련된 상황화 신학과 해방신학, 여성신학 등 많은 신학적 연구를 전개하여 왔다.[5] 오늘 그 한국 문화적 신학이 한국적 문화 상황에서 전개되고, 민중신학과 더불어 연구되기 시작하였다. 민중

---

2 박신배, 『태극 신학과 한국문화』(서울: 동연, 2009), 50-51. 김광식의 언행일치 신학, 허호익 천지인 신학, 서남동·김재준·안병무의 민중신학, 강원돈의 물의 신학, 박종천의 상생의 신학, 변선환의 다원론 신학, 류영모·김흥호의 유교적 기독교 신학, 곽노순, 김경재, 박종세, 김흡영 등이 있다.

3 이한영, "토착화신학의 흐름과 재고: 윤성범, 변선환, 이정배를 중심으로," 「신학사상」 147집 (2009, 겨울): 105-137.

4 천병석, "동서의 현실과 신학적 현실 개념: 동양신학을 위한 예비 검토," 「신학사상」 168집 (2015, 봄): 142-176. 서양적 사고는 미시적 차원이라고 하면 동양적 신학은 거시적 현실에 있음을 포착하고, 예수는 거시적 현실과 미시적 현실을 통일한다고 본다.

5 폴 틸리히는 문화신학, 문화 선교라는 말을 처음 개념화하며 문화신학의 이념과 과제를 1920년대에 말한다. 폴 틸리히는 "종교란 인간의 모든 깊이의 차원을 말하며 문화의 실체 이고 문화는 종교의 표현된 형식이다"라고 말한다. 박신배, 『태극 신학과 한국문화』, 44.

신학자들은 한국문화에 대한 문제의식으로서 희년 운동의 차원에서 평화 운동을 전개하게 된다.6 그래서 한국 문화적 신학은 시대적 상황에서 민중의 현실에서 발원된다. 한국 문화적 방법은 새로운 방법론으로 한국 민주화운동의 현실과 맞물려 민중신학과 정치 신학이 결합하여 성서의 자유와 평화 사상으로 전개되게 된다.7 그래서 성서와 현실의 간극을 줄이며, 한국 문화적 현실에서 그 민중적 시각으로 성서의 진리와 정의의 삶을 살아낸 구약학자의 작업을 살펴보고자 한다.8 이제 한국 문화적 신학과 한국 평화 신학을 전개한 김찬국의 신학이 오늘 우리 시대에 또 어떠한 화두와 전망을 제시하는지 연구하고자 한다.

II. 본론

1. 구약의 역사적 사건을 신화화한 이스라엘 문화, 해방과 평화 정신

구약의 출애굽 사건이 이스라엘 문화 속에서 어떻게 신학화 작업이 되었는가. 김찬국은 출애굽 사건의 의미를 네 가지 관점에서 본다. 이는 바로 그의 역사의식에서부터 발원하고 있는데 출애굽 사건이 그 단초가 된다.9 첫째, 출애굽 사건은 하나님의 결정과 행동으로 이루어진 것이다.

---

6 서광선, "한국 기독교의 평화 통일 운동,"『한국 기독교 정치 신학의 전개』(서울: 이화
   여자대학교 출판부, 1996), 158-174.
7 박신배,『태극 신학과 한국문화』, 12-123. 한국 문화적 성서 해석 방법론, 태극 신학, 한
   국신학의 새로운 가능성, 한국 문화신학자 김교신 등을 다룬다.
8 김경호 외 3인,『함께 읽는 구약성서』(서울: 한국신학연구소, 1991), 11-372.
9 김찬국,『성서와 역사의식: 김찬국의 평화 인권 사상과 예언자 신학』(서울: 동연, 2021),
   39-49.

둘째, 출애굽 사건의 진정한 의미는 계속적으로 이스라엘 민족 생활에서 해마다 기념되었다. 셋째, 신화적 시간관념도 역시 이스라엘 국가를 창조한 사건에 대한 대조에 잘 나타나 있다. 옛 사건이 이스라엘 역사를 통해서 계속적으로 재현되고, 옛 사건의 의미를 현재에 다시 구체화해서 하나님 구원의 의미를 다시 발견하고 감사했다. 넷째, 출애굽은 이스라엘 민족의 공동체인 국가 생활을 형성해 주었다고 한다. 이렇게 볼 때 신화의 네 가지 특징이 출애굽 사건을 중심으로 이스라엘 역사에 잘 구현되어 있어 출애굽 사건이 신화화되고 있음을 알 수 있다고 한다.[10]

김찬국은 이같이 출애굽 사건을 내면화하는 작업에 신화화 작업이 이루어졌고, 신학적 해석을 하였다고 보고 있다. 이러한 출애굽 사건이 이스라엘 역사와 문화 속에 역사화 작업이 되었고, 바로 신화화 작업을 통한 역사적 재현을 함으로써 의미를 가지고 현재화시켰다고 본다. 그래서 출애굽 사건은 이스라엘 역사의 결정적인 사건이 되었다.[11] 이 출애굽이 결정적인 경험으로서 이스라엘의 역사적 중심이라는 사실은 구약성경에서 이스라엘 백성들에게 계속 기억되고 출애굽을 기념하는 일로 역사적 재현을 하게 된다. 유월절은 그들의 삶 속에서 중요한 문화적 풍습과 축제로 신화화하여 매년 의식으로 유지될 수 있었다.

"이렇게 이스라엘 민족의 생활과 사상 등은 역사를 구성하는 최초의 이념과 도덕과 문화를 상속해서 그 원형을 변화시키지 않고 후세에 전달하여 나갔다. 또 특별한 역사적 사건을 신화화함으로써 종교적 정신적 의미를 재발견하고 재해석하여 나갔으며, 외래 문화적인 요소를

---

10 김찬국, 『성서와 역사의식』 (서울: 평민서당, 1986), 141.

11 B. W. Anderson, *Understanding The Old Testament* (New Jersey: Prentice-Hall, 1986), 9-11.

취사선택하여 자기 역사를 순화하고 의미화하기 위하여 역사를 신화화하여 나갔다."12 김찬국은 이처럼 이스라엘 역사의 신화화의 작업을 해석하고, 그 문화의 본질이 신화화 작업에 있었던 것을 포착하고 있다. 그는 구약의 문화신학자로서 이스라엘 신앙과 종교, 사상을 읽어내고, 이스라엘 역사의 근본정신과 그 최초의 이념을 밝히며 또 이스라엘 문화 속에 흐르는 도덕과 문화 정신을 상속하고, 그들은 그것을 이스라엘 신앙으로 전승하였다고 지적한다. 그리고 이스라엘 전승자들은 그 원형과 정신(본질)을 이어받아 후대에 계속 전승하였다고 보고 있다.

여기서 중요한 점은 그 역사적 사건을 신화화(문화화)함으로써 종교적이고 정신적 의미를 재발견하고 또 재해석하였다는 사실을 밝히고 있다. 그리고 더 중요한 면은 외래 문화적 요소들을 취사 선택하여 자기 역사를 순화하고 의미화하였다. 또 그러한 이스라엘 역사의 의미를 신화화하여 역사를 재현하고, 현재의 역사적 의미를 물었다. 이스라엘 역사의 재현은 역사의 현재화 의미 작업을 말하고 있다. 이는 바로 구약 문화의 차원에서 구약 역사적 사건을 신화화함으로써 재해석한 것이다. 이것은 그가 문화의 성격과 본질을 바로 이해하고 있다는 사실이다. 고대 근동의 신화에서 구약의 독특한 역사 이해를 추출하는 것은 신앙의 정체성을 유지하며 창조적 거룩함을 통해 새롭게 창조적 이해를 하는 작업이었다.13 더 나아가 한국적 구약신학의 관점에서 새롭게 창조적 구약신학 작업을 해야 하는 과제가 오늘날 더 요구되고 있다.14

---

12 김찬국, 『성서와 역사의식』, 141.

13 방석종, "구약신학적인 관점에서 본 신화와 역사의 비교 고찰,"『신화와 역사』(서울: 감리교 신학대학교 출판부, 2006), 253-273. 그는 신화와 역사를 제의·종교적 해석과 정치적 해석을 한다.

14 박신배, "구약신학의 동향과 오늘의 구약신학 방법론,"『구약신학의 새로운 모색』(서울: 동연, 2016), 17-136.

김찬국은 "구약성서의 창조 신앙"이라는 글에서 이 세계의 문화를 창조 문화와 세속 문화로 나누는 관점을 가진다.15 곧 그는 태고사(창 1-11장, 원역사)가 기원론적 관심, 우주론적 관심, 인류학적 관심, 구원론적 관심 등으로 기술되었다고 지적한다. 창조의 질서는 하나님의 말씀으로 혼돈과 대결해서 그 혼돈을 정복하고 새로운 질서를 수립한다는 것이라고 본다.16

창세기 1장은 바빌론 창조 신화에서 마르둑 신이 물로 된 혼돈의 여신 티아마트를 찔러 죽이고 그것을 반으로 나누어 하늘과 땅으로 만들었다는 이야기에서 성서는 간접적 영향을 받았고, 바빌론의 다신교 종교 문화권에서 이스라엘 여호와 신앙의 유일신론적 창조 이야기로 신학적 작업을 하였다고 본다.17 "여기서 우리가 중요하게 생각해야 할 것은 혼돈을 하나님의 말씀으로 정복했다는 것인데, 여기서 혼돈은 무질서, 미개발, 암흑, 무가치의 세계, 불법, 불의, 부정부패, 강권 등의 정치·사회·경제적인 무질서를 총망라해서 지칭하는 것이다. 이런 혼돈 속에서 하나님의 말씀으로 흑암의 세력들을 몰아내고 새로운 질서를 세우는 것이 바로 창조요, 참된 의미의 선교인 것이다."18

이같이 김찬국은 창조 문화의 차원에서 창조 신앙과 창조 신학으로 무질서의 혼돈을 극복하는 것이 이스라엘의 창조 신앙이라고 본다. 구약성서의 창조 신앙을 통해 이스라엘은 모든 역경과 곤경을 극복하고 일어설 수 있게 해주었던 결정적인 원동력이 되었다. 이 창조 신학이

---

15 김찬국, "구약성서의 창조신앙," 『새롭게 열리는 구약성서의 세계』 (서울: 한국신학연구소, 1986), 142-155.
16 같은 책, 147.
17 같은 책, 같은 곳.
18 김찬국, "구약성서의 창조신앙," 148.

어둠을 물리치는 빛이요 해방이라 본 것이다. 그래서 우리도 창조 신앙을 확고하게 지켜간다고 하면 우리의 생활이나 가정생활에서의 모든 어려움, 고난, 어두움, 무질서, 박해 등의 시련을 능히 극복할 수 있으며, 이 창조 신앙의 견지야말로 새로운 구원을 경험할 수 있게 하는 신앙의 기초가 되는 것이다.[19] 비록 폰 라드는 구원사의 맥락에서 신앙 고백문과 그 전승을 강조하지만, 창조 신학이 있는 구원적 해석이 김찬국에게는 더 중요한 것이었다.[20]

구약의 이스라엘 역사와 오늘의 이스라엘 역사를 통해 김찬국이 바라보고 해석하고 적용하는 주체는 바로 한국의 민주화, 한민족의 역사와 문화였다. 그는 구약의 세계를 바라보면서 연구의 주제 속에 늘 그 해석의 주체를 생각하며 그것이 한국 민족, 민중에 있어야 함을 염두에 두고 이야기를 전개해 갔다. "유대인은 무엇에 미친 민족이다. 미친 민족이 역사를 창조한다. 사막을 갈릴리 호수와 함께 일구어서 녹색의 기적을 방방곡곡에 불러온다."[21] 현대 이스라엘 역사에서도 배워야 할 점이 무엇인지 그리고 한국이 발전된 나라가 될 수 있는 것이 어디에 있는지, 오늘날의 유대인의 교육과 키부츠 정신, 구약 책의 종교를 현실화하는 원동력을 지적한다.

"현대 이스라엘의 힘이 어디에서 어떻게 길러지느냐 하는 것을 교육 면에서 살펴보겠다. 72만 학생 중 67만 명이 공립학교 교육을 받고 있는데 5살부터 16살 중학교까지는 의무교육이며, 18세부터 군 복무 의무를 남자는 26개월간 여자는 20개월간 가진다. 교육 자료, 시설,

---

19 같은 글, 152-53.
20 박호용, 『폰 라드: 실존적 신앙고백과 구원사의 신학』 (서울: 살림, 2004), 90-200.
21 김찬국, "현대 이스라엘과 구약," 『성서와 역사의식』, 79.

교사 훈련을 위한 미국 유대인 모금회가 1964년에만 해도 매년 일정한 송금액 외에 5개년 간 목표로 1억2천7백만 불을 모금해서 보내기로 했다는 것이다. 남쪽 네게브 사막지대의 학교 교사 배치는 여자 군인들로 대치시켜서 하기도 한다."22 이처럼 현대 이스라엘 국가가 교육을 통해 출애굽의 역사가 오늘까지 계속 이어지게 하는 역사의 해방 정신을 찾고 있고, 이를 우리도 배워서 오늘 한반도에서 그 평화 현실을 만들고, 그 평화 사상을 이어가기를 기대하고 있다.

김찬국의 평화 사상은 사랑과 정의에서 기원한다. 이 사랑과 평화는 예수 그리스도에게서 발원되는 것이다. 이 참된 평화는 복음에서 기인하는 것이다.23 "인류의 종국적 평화는 곧 인류의 구원을 가리킨다. 킹 목사를 비롯한 인권, 민권 운동의 기수들은 결국 그리스도 평화의 이상인 사랑의 이상을 실천하려고 그들의 생을 바쳐 일한 것이다."24 김찬국이 말하는 이 평화 신학은 한국의 평화적 통일을 목표로 하며, 개인의 자유와 언론의 자유와 노동자들의 자유가 존중되며, 국내 사회의 평화 문제, 정부와 국민의 자유 존중, 산업 노동사회의 평화 구조, 노동사회의 평화를 가져와야 한다는 것이다.

"세계의 평화를 염원하고 이의 실천을 위해서 우리 기독교가 할 일은 진정한 자유인 민주주의 실현을 위해서 진실하게 발언하고 개인의 자유를 획득하는 일에 전 역량을 기울이는 일이다. 우리 기독교는 하나님께 복종하는 자유인으로서 만민의 행복과 화평을 위해 책임 있는 사랑의 실천자가 되어야 하겠다."25 김찬국의 평화 사상은 구약의 출애굽 해방

---

22 같은 책, 89.
23 박신배, 『평화학』 (서울: 프라미스키퍼스, 2011), 79-80.
24 김찬국, "평화의 신학," 『성서와 역사의식』 (서울: 평민서당, 1986), 16
25 같은 책, 18.

전통을 이어받아 사랑과 정의를 실현하고자 하는 인간 존엄과 인간 사랑의 발로라고 할 수 있다. 이처럼 김찬국의 역사의식에서 시작된 정의와 해방, 평화 정신은 한국 문화신학자로서 먼저 발을 딛고 민주화운동과 민중신학 전개로 확대되게 하였다. 더 나아가 제3세계 신학으로 확장되어 우리 문화의 사회적 민중판을 형성하게 되는 뿌리가 되었다. 따라서 민중신학이 서남동과 안병무에게서 이론적으로 꽃을 피웠다.[26]

그런데 두 학자가 민중신학을 이론적으로 전개하였다고 하면, 사회 현실 속에 민중 속으로 들어가 민중신학을 현장에서 실천한 것은 바로 김찬국이었다. 바로 민중을 깨어서 그 민주화의 중심에 서게 하였다. 그러면 이제 어떻게 하나님이 이끌어 가는 새 출애굽의 역사로 나갈 수 있을까? 이는 그 개혁적인 사상이 바로 종교개혁, 구약의 종교개혁인 히스기야, 요시야 종교개혁, 모세의 야웨 종교라는 생각이 든다.[27] 그러나 김찬국은 이것을 직접적으로 언급하지 않았지만, 3.1운동이나 우리 문화와 한글 교육, 신학 교육 등 거듭 강조하는 것은 이러한 민중 개혁의 발로라고 볼 수 있다. 오늘날 새로운 민중신학에 대한 개념들을 모색하고 있지만, 다시 그 원류로 돌아가 구약 민중신학자에 초점을 맞추는 길이 더 빠른 길이다.[28]

2. 제의와 역사의식, 제3세계 신학과 민중신학의 평화

김찬국은 유니온 신학대학교 석사과정 유학 시절에도 명절이나 한국

---

26 김성재, "민중신학의 발전 과정과 방법론,"「신학사상」 95집 (1996, 겨울): 212-246.

27 박신배, 『구약의 개혁신학』 (서울: 크리스천 헤럴드, 2006), 11-94.

28 권진관, "중진국 상황에서 민중신학하기: 민중론을 중심으로,"『다시, 민중신학이다』 (서울: 동연, 2010), 259-294.

의 특별한 날에는 한복을 입고, 학생들 사이에서 아리랑을 불렀다고 말한다. 이토록 한국 문화와 한국 역사에 대한 남다른 의식을 가지고 있었다. 이러한 한국 문화적 시각에서 보는 이스라엘 역사와 문화는 어떤 교훈과 가르침을 주고 있는가? 이스라엘의 제의는 이스라엘 종교 문화에 중요한 요소로서 여호와 하나님의 제의를 말한다. 그 제의가 어떻게 행해졌으며, 어떤 의식이었는지 그리고 가나안 종교 제의하고는 어떤 차이점을 갖는지를 아는 것은 중요하다. 김찬국은 이스라엘 민족의 역사 이해 중에 고대 근동 세계의 문화와 이스라엘 역사, 문화의 관계를 언급하여 역사화하였다.

"이스라엘 민족은 고대 중동 세계와의 밀접한 문화적 종교적 교류와 영향 속에서 민족의 주체의식을 기르고, 보호 육성하고 이어 나가는 데에 무한한 노력을 기울여 왔다. 가나안 풍토는 농사를 짓고 사는 농경문화권이었는데, 유목 경제 생활을 하던 이스라엘 민족이 가나안 농경 사회에 들어가서 정착하고 살 수밖에 없었기 때문에 자연히 농경 생활 기술과 종교의식을 직접 · 간접으로 채용할 수밖에 없었다."[29]

다시 말해 이스라엘 민족이 가나안 땅에 들어가서 농경문화권 속에 살면서 농경문화 속에 직간접적으로 영향을 받았다. 이는 이스라엘 종교의 변화가 일어나게 되었고, 이와 동시에 예언자는 계속 이를 지적하며 바알 종교의 배격을 주장한다. "이들의 농업 종교는 성적으로 타락을 가져오게 되어 예언자는 이를 경계하였고 또한 우상 숭배와 세속화 신앙으로 야웨 신앙이 약화되는 것을 경고하게 된다. 바알 종교는 풍요제의 신화로 나타나며, 야웨 종교에 영향을 미쳐서 신년 축제 때 재현되는 것을 볼 수 있다."[30] 농사를 짓고 사는 농경 사회에서는 춘하추동 계절에

---

29 김찬국, 『예언과 정치』 (서울: 정우사, 1978), 16.

따라 자연 질서에 순응하여 농사를 짓고 살게 된다. 그러므로 시간 의식도 해마다 되풀이되는데 계절의 변동에 따라 주기적인 것으로 생각하게 된다. 곧 시간은 돌고 도는 것으로 생각하고, 순환적 세계관 속에서 살았던 것이다. 그래서 가나안 농업 종교는 이스라엘 역사 종교와는 다른 신앙관을 가졌다.

이스라엘 역사는 직선적 시간 속에 역사를 이끌어가는 구속의 하나님을 믿는 창조적 신앙과 여호와가 구원하시는 구속적 신앙을 동시에 가진다. 그래서 이스라엘은 행동하는 하나님을 믿고, 그 하나님을 믿는 신앙 가운데 역사적 직선 시간관을 가진다. 그래서 이 시간관은 순환적 세계관이 아니라 알파와 오메가로 가는 직선적 시간관이다. 그래서 이스라엘 종교는 고대 근동의 역사적 순환관과는 다른 것으로서 오직 여호와 하나님을 믿는 유일신관을 가진다. 이스라엘인은 고대 근동의 우상 숭배를 금지하며 역사 속에 임재하시는 유일신 하나님을 신앙한다. 따라서 가나안 종교의 다신론적 예배는 거부의 대상이 되었다. 역사관의 차이도 그 좋은 본보기라 할 수 있다. 이스라엘은 여호와 유일 신앙을 강조하며, 오직 여호와를 믿는 유일신 신앙(Monotheism)을 가진다. 이는 모세의 종교가 야웨이즘(Yahwism)이라는 사실을 보여준다.[31]

출애굽으로 인도하신 하나님이 가나안 땅으로 인도하신 하나님이라는 고백을 하며 가나안 바알 종교와는 구별을 한다. 이스라엘 종교는 이처럼 고대 근동의 역사와 세계와 구별되어 이스라엘의 독특한 종교 문화를 형성하였다. 비록 강대국의 거대한 우상의 제국 종교라고 할지라

30 J. Gray, *The Legacy of Canaan* (Leiden: E. J. Brill, 1965), 20-34.

31 W. F. Albright, *From the Stone Age to Christianity* (New York: Doubleday Anchor Books, 1957), 249-272.

도 이스라엘은 아랑곳하지 않고 오히려 배타적으로 유일신 여호와 하나님의 주권과 절대적 능력을 믿으며, 주와 같은 하나님이 어디 있느냐는 신앙을 견지하며, 구약성서는 유일신 신앙을 초지일관하고 있다(시 29, 74, 82, 89, 148편).[32] 가나안 종교의 세속 문화에서 야웨 신앙으로의 개혁은 아주 힘들고 어려운 과제이지만, 소수의 남은 자와 예언자의 종교개혁 정신은 성서에 흐르는 자유와 해방을 이끄는 원동력이 되었다.[33]

안병무는 이스라엘 역사와 구약성서, 신약성서로 이어지는 역사의 밑바탕에 여호와 하나님이 있다는 것과 그 역사의 중심은 민중이라는 사실을 말한다. 히브리인(민중)의 지도자 모세가 이스라엘의 출애굽을 이끌며, 그 사건으로 시작된 구약의 역사는 갈릴리 민중의 지도자 예수로 이어지고, 그 신약의 역사는 요한계시록에서 로마제국과의 대결로 끝맺는 민중 역사를 성서의 역사 정신으로 찾아내고 해석한다.[34] 이에 대해 민중신학을 삶의 현장에서 실천한 김찬국은 출애굽의 사건이 이스라엘 문화 속에 어떻게 신앙화하고 의식화하였는지 논의하며 역사의 암흑기에 해방 사건으로 이끈 역사를 추출한다. 그것이 이스라엘 제의 역사부터 시작하는 하나님을 아는 문화, 신율 문화였다는 역사의식에서 출발한다.

한편 김찬국은 왜 이스라엘 역사의 과정 중에 유독 포로기 기간에 집중하며, 구약성서 중에 제2이사야(사 40-55장) 부분을 좋아하며, 그 예언자를 집중적으로 연구하며, 평생의 연구 과제로 정했는가? 이는 한국의 상황이 포로기와 같은 혼돈과 공허, 깊음(테홈)과 암흑 시기인

---

32 G. E. Wright, *The Old Testament Against Its Environment* (London: SCM Press, 1953), 30-41.

33 박신배, 『구약의 종교개혁을 넘어서』 (서울: 더북, 2014), 93-97.

34 안병무, 『역사와 해석』 (서울: 대한기독교서회, 1985), 65-67, 181, 296.

까닭이었다. 바벨론의 포로 상황에서 이스라엘이 겪는 종교 문화와의 갈등은 심각하였고 또한 하나님이 이스라엘을 버렸다는 생각은 그들을 더욱 내면적으로 어렵게 했다.[35] 김찬국도 한국의 계속되는 혼란과 어둠의 상황이 이와 같다고 생각하였고, 특히 정의가 사라진 사회 현실을 안타깝게 생각했다.

그래서 그는 "이사야 40-55장에 나타난 체데크(의)의 유래"를 석사 논문으로 썼고, "제2이사야의 창조 전승"을 박사 논문으로 썼던 것이다.[36] 이러한 연구는 한민족에게 제2의 출애굽이 일어나야 한다는 역사의식에서 비롯된 것이다. 창조적 신앙과 해방 정신, 민중의 해방과 한국 민주화, 한국 문화의 변화, 즉 하나님을 아는 문화로의 해방이 바로 그가 원하는 새로운 창조였다. 백성을 압제하고 억누르는 현실을 타파하고, 자유를 주신 하나님의 손길을 기원하며, 한국의 계속되는 불행의 역사를 되짚으며 빛의 새로운 역사, 해방을 말한다.

일제 식민 통치 시대, 분단 시대, 미군정청 시대, 군사정권 시대를 거치는 암울한 우리 역사 속에 새로운 창조가 일어날 수 있을까? 계속되는 질문을 통해 그는 깊은 어두움의 역사와 세력이 지속되고 있음을 지적하고, 좀처럼 빛을 반기지 않는 한국의 역사임을 알고, 이 창조의 역사와 해방 운동을 전개하며 빛의 예언자로서 살았던 것이다. 그는 한국의 자유와 해방 운동을 위해 출애굽 사건과 제2의 출애굽 사건으로써 제2이사야에 천착하여 연구하고, 그 연구 결과를 가지고 행동하는 양심인으로서서 하나님의 의(체다카)를 선포하며, 예언자로서 신학적 삶을 살았다.

---

35 R. Rendtorff, *Men of the Old Testament* (Philadelphia: Fortress Press, 1968), 102-103.
36 박신배, "구약 민중신학의 재발견: 김찬국 신학을 중심으로," 『구약신학의 새로운 모색: 한국적 구약신학하기』, 48-49.

그리고 한국인으로서 한국 문화를 강조하며, 한국인을 위하여 민주화운동을 전개하였고, 한국인의 글과 문화와 정신과 역사를 체화하는 한 멋진 삶을 살며, 늘 웃음과 유머, 미소를 잃지 않는 풍류객 신학자였다.37

또한 구약성경이 출애굽 해방 전통에 근거하고 있다는 사실을 통해 김찬국은 해방신학과 제3세계 신학의 눈으로 성경을 바라보고 해석하는 폭넓은 입장을 견지하였다. 이는 바로 한국 문화의 중심에 민중, 민족, 통일과 해방이라는 축이 밑바탕에 있다는 것을 보여준다. 그래서 한국 문화신학자로서 그의 근저에는 예수 해방 전통을 잇는 갈릴리 전통이 있었다. 그는 오늘날 자유의 언어에서 정의와 평화란 말이 필수적으로 들어가야 한다고 말한다. 또 정의와 평화 그리고 기독교회의 세계적 유대 강화를 강조한다. "특히 제3세계의 민주주의 회복이 정의의 회복으로 실현되어 국민 간, 국제간의 평화를 가져오도록 해야 한다는 목표 실현을 하려고 노력하고 있다."38 한국 문화신학자인 김찬국은 한민족주의 입장에 서서 먼저 정의를 회복하는 작업을 하고, 더 나아가 이를 초월하여 세계 기독교회의 연합과 유대를 강조하며, 제국주의의 이데올로기가 아닌 가난하고 약한 자의 입장에서 제3세계의 눈으로 성서를 해석하고, 자유와 해방 정신을 찾아서 현실에 적용하고 있다.

"해방신학은 우리의 역사의식과 자유의식을 깨우치는 데 큰 도움을 주고 있다. 70년대, 80년대의 격랑을 거쳐 온 한국에서도 이런 해방신학에 기초한 정치 신학인 민중신학이 개발되어 오늘에 이르고 있다."39 이처럼 해방신학적 전개는 메츠의 정치 신학에 근거를 두며, 그 전에

---

37 박신배, "풍류 신학과 성서,"『태극 신학과 한국문화』(서울: 동연, 2009), 152-179.
38 김찬국,『인생수상: 사랑의 길, 사람의 길』, 251.
39 같은 책, 173.

구약의 예언 전통에 근거하고 있다. 먼저 예언자의 세계는 늘 국제 긴장 속에 있기에 김찬국은 '고대 중동 세계의 국제정치'의 관점에서 예언자를 다룬다. 특히 갓월드(N. K. Gottwald)의 『이 땅의 모든 나라들』(1964)에서 국제 관계와 긴밀히 관계된 제목인 종교적 세계들 사이에 이스라엘의 사명, 종말론, 세계 평화 등의 문제들을 다루었다고 지적한다. 특히 그는 예언자 이사야를 중점적으로 다루고 있다.[40]

더 나아가 예언자들의 세계가 바로 국제적 시각에서 자유와 해방, 민중 해방의 전통을 가지고 있다는 점을 포착하고 있다. "이스라엘 예언자들의 예언은 늘 정치적 음모와 반역의 긴장된 분위기 속에서 예언된 것인데 앗시리아 제국과 신흥 바벨론 제국과 애굽 왕국이 서로 고대 중동(근동) 지역의 맹주가 되려는 정치적 야망으로 인한 침략과 토벌 작전의 틈바구니에 끼어 기구한 운명을 누릴 수밖에 없었고, 예언자들도 국제정치 동향에 민감할 수밖에 없었다."[41] 그래서 그는 국제적 시각과 예언자 정신을 가지고 야웨의 해방 운동으로 나아가 제국의 압제와 문화 정책들을 고발하며 벗어나야 한다고 역설한다.[42] 오늘날 세계화 상황에서 예언자적 사역은 어떻게 전개되어야 하는지 유윤종은 유일신 신앙과 정의, 다원화, 세방화, 창조성의 관점에서 새롭게 살피고 있다.[43]

김찬국의 신학은 제3세계의 눈으로 그리고 민중의 눈으로 성서 해석을 하고자 하는 의도를 가진다. "제3세계에서 가난한 자들과 억압받는 자들은 경험적 성찰을 글로 표현하기 시작했다. 이렇게 해서 비록 비조직

40 김찬국, "국제 긴장 속의 이스라엘," 『예언과 정치』 (서울: 정우사, 1978), 25.
41 같은 책, 같은 곳.
42 같은 책, 29.
43 유윤종, "구약성서에 나타난 세계화: '세계화' 상황에 대한 예언자적 사역," 「구약논단」 50집(2013): 31-75.

적이고 비전문적이지만 테오프락시스(Theo-Praxis), 즉 하나님을 믿는 정통 신앙의 실천을 해나가는 데 기여해야 한다며 나서게 된 것이다. (중략) 아시아적 전망에서 경험한 신학적 반성이 새롭게 일어났다. 과거 100년 동안 아시아 지역에서도 토착화신학 문제를 가지고 신학적 논쟁을 해왔다. 그러나 이 지역의 나라들이 억압으로 인한 강제와 독재 체제로 들어감으로 말미암아 가난한 자들과 억압받는 자들이 많이 일어나게 된 것이다."[44]

이런 시각에서 김찬국은 한국 문화신학의 관점을 제3세계의 성서 해석에서 찾고, 그동안 제3세계의 통치자의 왜곡된 성서관에서 해방의 문제점을 찾았다. 지배 이데올로기에 맞춘 국가 신학과 교회 신학, 왜곡된 성서관에 대하여 비판하고, 진리를 추구하는 예언자적 행동 신학을 지향하는 해방신학과 민중신학의 관계에서 성서 해석을 제시한다. "성서 본문은 그 배경으로서 역사적, 지리적, 사회적, 종교적, 문화적인 여러 가지 상황과 맥락(컨텍스트)에서 해석되어야 한다. 더욱이 이 본문이 나오게 된 그 맥락은 본문의 앞뒤를 다 보면서 그 뜻을 찾아 내어야 되고 또 성서 전체를 통해서 그 뜻을 캐어내고, 전체의 맥락에서 성서를 해석해야 하는 것이 원칙이다."[45]

성서 해석의 근본 정신과 그 기원은 인간 해방의 과정(liberation process)을 가지고 있다. 다른 말로 하면 구약성서나 신약성서 전체를 통해서 하나님은 해방과 구원의 하나님으로 이스라엘 백성이 고백하고 있다. 또 하나님은 자유를 주시는 하나님으로 나타나며, 이스라엘은 이를

---

44 김찬국, "제3세계와 성서 해석,"「신앙과 신학」제1집(제3세계와 신학, 한국 기독교학회 편), 13.
45 같은 글, 17.

고백하고 있다. 그래서 그는 우리나라의 해방도 3.1운동 기념 예배를 통해서 '상황의 재현화(recontextualization)'를 새롭게 하며, 우리 문화에 맞추어 일어나야 한다고 거듭 강조한다.

그는 제3세계 신학과 사회학적 성서 해석의 프리즘으로 구약성서를 해석하며(멘덴홀, 갓월드), 그 해석 방법을 이용하여 인간의 자유와 정의, 인권이 살아날 수 있게 해석하며, 사회 정의로서의 자유의 회복을 위한 운동이 일어나서 압제와 억압이 없는 사회 해방 운동으로 전개되어 민중이 해방되는 문화를 만들어야 한다고 주장한다.[46] 민중의 뿌리에서 제3세계의 민중으로 확대되어 가는 원동력에는 김찬국의 인간미와 평화 미소, 가난한 마음이 있다.[47]

그는 갈릴리 예수와 같이 땅끝에 마음을 두고 살며, 어린이와 같이 순수한 동심(童心)이 있고, 메시아 사랑의 천성이 있어서 자유와 해방으로 나가는 정의 정신의 실체를 가지고 있었다. 그러기에 늘 웃고 해방으로 나가는 세계의 길목에서 사람들에게 평화를 주었다. 이는 역사의식에서 비롯된 평화 사상의 지평을 가지고 제3세계의 평화까지 아우르고 있어서 그는 평화 인간, 평화 세계의 성자라고 해야 할 것이다. 그는 또한 구약 민중신학자로서 십자가에 달린 민중으로서 예수를 바라보며 최후의 식탁에서도 민중으로서 제자를 보며 눌린 자, 낮은 자, 가난한 자들과 함께 하는 공동체를 이상적으로 그리며 바라보았던 것이다.[48] 이는 그가 바로 민중에게서 평화의 신학의 근원이 되고 있음을 본다.

이러한 해방 전통이 김찬국의 신학에서는 평화 신학과 선교로 발현되

---

46 같은 글, 24-27.
47 리영희, "마음이 가난한 자여, 그대 이름은 김찬국," 『나의 삶, 나의 이야기 1』 (서울: 연이, 1993), 309-317.
48 C. S. Song./조재국 역, 『예수, 십자가에 달린 민중』 (서울: 민중사, 1994), 312-343.

어 나타난다. "이 분(몰트만)이 쓴 『희망의 실험』이란 책에 이런 지적이 있다. 세계의 평화를 유린하고 인간을 죽음으로 인도하는 네 가지 악이 있는데, 첫째는 가난과 착취, 둘째는 폭력과 억압, 셋째는 인종과 문화의 차별, 넷째는 공업 발전으로 인한 자연 파괴와 오염이라는 것이다. 그는 이 네 가지 악을 예방하고, 그 악에 맞서 싸우기 위해 기독교회가 하나님의 선교 활동을 해야 한다고 했다. 이런 네 가지 악의 세력은 선진, 후진 가릴 것 없이 어느 나라에나 다 있다. 우리 한국 역시 독재 권력이 휘두른 폭력과 억압으로 인권이 유린당한 쓰라린 수난의 역사를 체험했다. 제3세계에서는 가난과 착취, 폭력과 억압, 인종차별 등이 아직도 계속되고 있다."[49] 아시아의 민중들과 연대하여 토착화신학과 동양의 영성으로 복음을 적용하고 내면화하여 자유와 해방으로 나타나게 할 수 있는가. 아시아적 종교 문화의 우상과 비그리스도 문화를 타파하고 가난한 사람에게 복음을 주어 자유와 해방으로 이끄는 예수 공동체를 형성하는 작업을 하며 문화 선교, 해방 선교로 나타나야 한다고 본다.[50]

이러한 차원에서 김찬국은 제3세계 신학을 인지하였고 또 더 나아가 한국 땅에도 이 제3세계 신학 원리를 적용하려고 하였다. 김찬국은 한국의 민주화 시대에 수난의 민중 역사의 한복판에서 메시아 수난의 종이 되어 고난을 당하며, 평화의 십자가를 졌다. 또한 한반도의 평화의 종이 되어 친히 고난을 받으셨다. 그로 인해 오늘 한국 민주화의 발전의 희생양이 되며, 그로 인해 평화의 사도로 부름 받게 되기도 하였다. 그 고난의 사제는 평화의 영성을 유지할 수 있어서 폭압적인 독재정권에 투옥되어도 웃음을 잃지 않았고, 극한 상황에서도 온유함을 잃지 않고,

---

49 김찬국, 『인생수상: 사랑의 길, 사람의 길』, 226.
50 알로이스 피어리스/성염 역, 『아시아의 해방신학』 (경북: 분도출판사, 1990), 69-98.

누구도 원망하지 않는 성자였다.[51] 이는 평화의 사도로서 이 시대의 참스승, 영원한 스승이 되었고, 그래서 그가 아니었다면 평화의 상징을 이해하는 것이 힘든 일이 되었을 것이다.

평화 신학자의 끊임없이 웃는 내면의 그리스도의 사랑과 평화가 있기에 한국 평화의 아이콘으로서 이해가 가능한 것이다. 김찬국은 이스라엘의 출애굽 사건의 주체가 히브리인 민중이었다는 사실을 통해 나그네와 종과 같은 이스라엘이 출애굽 운동으로 하나님이 히브리 민족을 해방했던 맥락에서 아시아 민중들에게도 구원과 해방이 일어나기를 바라고 있다. 또한 구약의 신명기 법이 고아와 과부를 존중하는 인권법이 었음을 강조한다. 그는 이 인권법을 평화 운동의 근간으로 보고 실현하려고 노력하였다. 지금까지 이스라엘 제의와 역사의식에서 제3세계의 해방에까지 확대하는 신학적 전망을 가진 것을 살펴보았다.

3. 김찬국의 한국 문화신학 작업과 평화

김찬국은 예언자 신앙과 예언서의 사회 문화적 메시지를 좋아한다. 그래서 그의 민주화운동과 구약 민중신학 운동은 예언자 의식에서부터 시작한다.[52] 그에게 있어서 예언서 이사야의 임마누엘 말씀과 하박국의 "달려가면서도 읽을 수 있게 하라"는 말씀은 중요 메시지였다. 오늘날 다문화 사회 속에서 한국 문화를 강조하면서 신앙의 일체감을 갖는다는 것이 무엇인가? 한국인의 정신, 한국인의 문화, 한글의 얼을 강조하는 한국 문화의식이 중요한 요소이다.[53]

---

51 김성수, "참스승, 영원한 스승, 김찬국,"『나의 삶, 나의 이야기』(서울: 연이, 1993), 110.
52 김찬국,『고통의 멍에 벗고』(서울: 정음문화사, 1986), 270-272.

그래서 김찬국의 한국 문화에 대한 그 정신적 중심에는 한글 교육과 철학이 있다. "그때 나는 우리 민족의 은인이자 국학의 선구자이며 겨레의 스승들인 정인보, 최현배, 이윤재, 김윤겸, 장지영, 백낙준님들에 관해서 알게 되었다."[54] 한글 정신을 배우고 우리 한글의 철자법을 강조하게 된 배경은 한결 김윤겸 선생의 가르침을 배운 데서 비롯됨을 밝히고 있다. "한글을 제대로 쓸 줄 모르거나 우리 표준말을 할 줄 모르는 사람은 민족 반역자이다." 또 "주시경님의 조선어 문법과 최현배님의 한글갈을 비교, 차이를 논하라"라는 숙제는 인상 깊었다고 말하고 있다.

"영어 철자는 한 자만 틀려도 수치를 느끼면서 한글 철자를 틀리게 쓰는 것에는 무감각한 잘못을 고쳐주자는 나의 교육적 관심은 지극히 온당한 것이다."[55] 한글 강조의 배경에는 민족정신과 민족 얼이 담겨 있고 한국 문화를 사랑하는 기본이 배어 있는 것이다. 이러한 한글 교육에 대한 그의 강조는 대단하였다. 그는 저자에게 1985~1986년 석사과정 때 논문 작성을 기말 과제로 주고, 방학 동안에 전화로 직접 호출하여 틀린 문법과 철자를 새빨갛게 고쳐주었다. 두 번을 그렇게 교정하게 하여 한글 글쓰기 교육을 확실히 시켰던 것은 오래 기억에 남는다. 선생의 특별한 한글 사랑, 우리글에 대한 강조이자 한국 문화에 대한 사랑이었다.

김찬국은 용재 백낙준과 이수정을 좋아하고 따랐다. 용재 백낙준이 연세대학의 교육 정신과 한국 교육부 심의회에서 교육 이념을 홍익인간으로 정한 것은 그가 한국 문화와 교육에 깊이 천착해 있으며, 자유민주주의

---

53 손원영, "비판적 다문화 담론과 한국적 다문화주의에 관한 연구: 풍류도 모델을 중심으로," 「신학사상」 184집 (2019, 봄): 373-379.

54 김찬국, 『인생수상: 사랑의 길, 사람의 길』, 124.

55 같은 책, 같은 곳.

정신과 연합 정신을 추구한다는 것을 보여준다. "이런 의미에서 용재는 '한국이 낳은 세계적인 인물이요, 교육계와 기독교계의 지도자인 동시에 민족주의자'이다."[56] 연세대 신과대학의 뿌리는 용재 백낙준 박사의 신학 교육 의지와 교회 연합 정신(에큐메니컬)이었음을 그는 강조한다.[57] 이는 김찬국이 무엇을 추구하며, 그가 어떤 정신으로 살아간 존재인지를 잘 보여준다. 그는 한국 문화와 겨레를 사랑하는 마음이 가득했다. "신앙과 인격의 깊이로 치자면 외솔 최현배 선생과 한결 김윤경 선생도 마찬가지였다. 나라 사랑이든 문화 운동이든 어떤 일을 하든지 그분들에겐 신앙의 힘이 밑거름이 되어 있음을 알 수 있다."[58] 이처럼 그분들의 기본 정신은 기독교 신앙이 밑바탕에 깔려 있음을 말하고 있다.

그는 최현배 선생을 예언자적 상상가라고 칭하는데, 이는 그의 한글 사랑이 얼마나 중요한지 강조하는 장면이다. '조선 민족 갱생의 도'에서 최현배는 생기 진작, 갱생 확신, 이상 수립, 부단 노력 등이 예언자적인 목표라고 보았고, 민족의 자유, 독립, 온 겨레의 평화를 위해 기도하는 삶을 살았다. 그는 우리말을 연구하고, 『우리 말본』과 『한글갈』을 저작하여 출판하였다.[59] 이 과정에서 최현배는 일경의 악독한 고문을 당하였다. 그럼에도 불구하고 그는 굴하지 않고 고난의 역사 속에서도 예언자적인 상상력을 가지고 한글을 위해 최선을 다했다. 이처럼 선각자 최현배 선생은 예언자적 상상력을 가지고 고난과 핍박 속에서도 굴하지 않는 한글 사랑으로 일제 시대의 혹독한 박해에서도 평화 운동으로서의 한글 사랑과 연구를 감당하였다. 그리고 김찬국도 외솔 최현배 선생처럼

---

56 같은 책, 139.
57 김찬국, "신과대학과 백낙준 박사,"『성서와 현실』(서울: 대한기독교서회, 1992), 11-16.
58 김찬국, 『인생수상: 사랑의 길, 사람의 길』, 107.
59 같은 책, 114-115.

예언자의 길을 갔다. 또한 그는 한국 문화와 기독교의 만남의 접점이 바로 한글 계몽이라고 보고 한글 문화 발전을 통해 문맹 퇴치와 신교육의 개발과 개척의 선구적 사명을 다했다.[60]

한편 김찬국은 어려운 상황 속에서도 자유 정신과 해방 정신이 계속되어야 한다고 보았다. 본회퍼의 기독교 윤리 중에 "이 사람을 보라"(에케 호모)는 말에는 세 가지 뜻이 있다고 한다. 첫째, 예수는 스스로를 우상화하려 하지 않았다는 것이다. 둘째, 예수는 성공을 우상화하지 않았다고 한다. 셋째, 예수는 죽음이라는 우상을 무용하게 만들어버렸다고 한다. "본회퍼의 이런 해석에서 느끼는 바가 많다. 인간으로 오신 예수, 십자가를 지신 예수, 부활하신 예수를 보라는 '에케 호모'의 말뜻을 이해한다면 우리는 스스로 어떤 반성과 갱신을 해야 한다는 명령 앞에 서게 된다."[61] 더욱이 "보라, 이 사람을" 기준으로 한국교회의 성장을 보면 목회의 성공 기준을 교인 수나 선교 활동, 해외 선교 확장 혹은 개척 교회 지원 등으로 잴 수도 있지만, 목회의 성공 기준은 역시 본회퍼의 기독교 윤리에서 제시된 기준에 따라 평가를 받아야 한다고 주장한다.[62] 남강 이승훈, 한글학자 최현배, 본회퍼 박사를 존경한 김찬국은 문화신학의 핵심과 중심이 약자 보호, 히브리 민족의 해방과 같은 한민족의 해방 사건에 있다고 역설하였다.[63]

김찬국은 정치 신학을 수용하여 한국 문화에 도움이 된다면 실천적으로 수용하고자 하는 입장을 지녔다. "여기서 정치적이라는 것은 정당과 같은 좁은 의미에서가 아니라 전체 사회와 그 정치 체제, 경제와 문화를

---

60 김찬국, "한국 사회와 기독교의 문화적 관심," 『인간을 찾아서』(서울: 한길사, 1982), 222.
61 김찬국, 『인생수상: 사랑의 길, 사람의 길』, 89.
62 같은 책, 같은 곳.
63 박신배, "김찬국의 민중신학과 구약," 「문화와 신학」 8집 (2011): 17-18.

아우르는 넓은 본래의 의미로 쓰인 것이다. 말하자면 정치 신학이란 복음서의 사회비판적인 관점에서 사회구조, 문화 운동 그리고 경제철학 등을 성찰하는 분야이다. 이러한 특성이 좁은 의미에서의 정치적 성향이라는 뜻을 지닌 것으로 보일 수도 있지만, 정치 신학의 전반적인 전망은 더욱 폭넓고 심오한 것이다."[64] 메츠의 정치 신학은 해방신학에 영향을 미쳤고, 이러한 자유와 해방 정신은 김찬국에게도 영향을 미쳤다고 본다.

그래서 한국 문제의 오랜 숙제를 풀려는 정치 신학적 방법은 한국 문화적 신학에서 해석적 방법론으로 시도되었고, 통일 운동으로 펼쳐지는 끈을 잡으려 했다. 정치 신학으로서 민중신학은 새로운 해방신학의 초점이 되어 한국 신학자들이 한국의 민중 현실의 소리를 듣고 새롭게 전개하였다.[65] 이 해방신학과 정치 신학적 운동으로서 민중신학은 한국 민주화운동에 참여함으로 나타난다. 한국의 군사정권 시대에 민주화운동의 참여로 예언자 사명을 감당하며 민중신학의 선구적 지도자로 서서 시대의 예언자가 되었던 서남동, 안병무, 문익환 등의 반열에서 김찬국은 삼대 민중신학자로서 구약 민중신학자가 되었다.[66] 그는 사회 저변에서 친히 고난받는 민중이 되어서 자유와 해방의 깃발을 높이 들었던 것이다.

"1971년 위수령이 발동되어 학교에 군인이 주둔하자 나는 상아탑의 짓밟힘에 대해 항의하였고, 휴업령이 해제되고 첫 강당 채플 설교 시간에 '임마누엘 세대'라는 제목으로 대학의 군 주둔에 대한 잘못을 비판하였다.

64 닐 오메로드/정재현 역, "요한 벱티스트메츠: 정치 신학," 『오늘의 신학과 신학자들』 (서울: 한들출판사, 2007), 145-146.
65 서광선, "정치 신학으로서의 한국 민중신학," 『한국기독교 정치 신학의 전개』 (서울: 이화여자대학교 출판부, 1996), 77-103.
66 박신배, "구약 민중신학의 재발견: 김찬국 신학을 중심으로," 『구약신학의 새로운 모색: 한국적 구약신학하기』 (서울: 동연, 2016), 43-56.

1972년 10월 유신 헌법이 발동되어 어수선한 분위기 속에 나는 1973년 신과대 학장이 되었으며, 1973년 4.19 13주년 및 부활절 설교를 채플 시간에 하게 되어 유신 헌법의 잘못된 점을 지적하였다."[67]

김찬국은 정의의 삶으로서 국가와 민족의 자유를 향한 행진은 본회퍼와 마르틴 루터 킹과 같은 여정을 가며, 신학자와 목사로서 민족의 제사장으로 시작하면서 민주유공자 장학재단을 설립하고 민중들의 마음을 헤아리는 작업들을 칠십 세에도 계속하고 있었다. 교도소 성서보급회, NCC 인권운동, 동일방직 사건, 평화시장 대책위원회, 해직 교수협의회, 양심수 월동대책 위원회, 도시산업 선교회, 한국 기독자 교수협의회 등의 일을 하며, 양심수와 전교조 해직교사 서울 후원회, MBC 노조 대책, KBS 이사, 노동자 인권회관, 미군범죄대책 위원회 등 사회정의와 민중 인권운동을 하면서 예수의 희년 운동을 실천하는 모습을 보게 된다.[68] 이는 그의 평화 마음과 인격, 즉 예수 인격에서 비롯된 것으로서 평화의 사도이며, 평화 신학 정신에서 비롯되고 있다고 하겠다.

한국 문화 속에서 통일 문화 운동을 전개하는 것은 정치적으로 앞으로 통일되어도 계속 지속되어야 할 과제이다. "우리 한국에는 언제 이런 변화가 올 것인가? 남북 분단의 아픔과 갈등은 통일을 위한 대화로써 치유되고 해소될 수 있다. 대화를 계속하는 것이 급선무이다. 동서독 간의 장벽이 뚫린 배경에는 수십 년에 이른 양국 간의 민간 외교와 이산가족의 만남, 동독에 대한 서독의 경제원조가 있었다."[69]

김찬국은 계속 민간 교류 및 민간 차원의 교류를 더 적극적으로

---

67 김찬국, "사랑의 빛과 새로운 역사를 위하여," 『나의 삶, 나의 이야기』 (서울: 연이, 1993), 214
68 같은 책, 214-215.
69 김찬국, 『인생수상: 사랑의 길, 사람의 길』, 182.

이뤄지게 하기를 소원하고 있다. 이 사업의 근저에는 평화 사상, 희년 사상이 있다. "해방 50년, 분단 50년이 되는 해를 희년(Jubilee)으로 선포하고, 그 꿈의 실현을 위해 국내, 국제간의 대화와 협조를 얻어 화해의 정신으로 만나보자는 미래 설계인 것이다."[70] 더욱이 김찬국은 한국 사회의 예언적 화두를 던지며, 미래의 한국 문화의 지평을 이야기하고 있다. "90년에 들어서서는 이런 부끄러움을 청산하고 밝은 미래를 기대하는 열린 사회가 되도록 힘써야겠다. 정의가 깃든 평화와 통일을 민족의 목적으로 삼되 파괴되어 가는 환경과 자연을 살리는 역사의 발전이 이어지기를 바라는 바이다."[71]

오늘날 김찬국이 다시 살아 있다면 그는 한반도의 평화 통일을 주장하고, 희년 선포를 통하여 70년의 포로지에서 국권 회복을 언급하며 통일 운동에 앞장섰을 것이다. 한국 전쟁이 끝난 지 73년이 되고 있다. 이 한반도의 안식년, 새 희년이 펼쳐지는 때에 하나님의 신원의 날과 하나님의 은혜의 해가 도래해야 하리라.[72] 이처럼 그는 열린 민주사회와 평화 통일, 생태 환경까지 언급하고 있다. 그러므로 문화신학자 김찬국의 평화 정신은 두 가지로 발현되고 있다. 먼저 제2이사야 연구를 통해서 한국의 혼돈과 공허기에 민주화의 창조로서 제2의 출애굽을 통한 평화를 말했고, 일제시대에는 최현배, 김윤겸 선생을 통한 한글 연구, 우리말 사전을 만듦으로 한국 문화를 지키려는 작업을 하였다. 그것이 바로 평화 운동의 시작과 전개였음을 알게 된다.

한국 문화 속에서 출애굽 사건과 같은 축제를 어떻게 재현하고 실현할

---

70 같은 책, 251.

71 김찬국, 『인생수상: 사랑의 길, 사람의 길』, 188

72 박신배, "구약에 나타난 안식일과 정의와 평화 연구," 『케이씨대학교 교수논문집』 18집 (케이씨대학교 출판부, 2018), 70.

수 있을까? 김찬국은 3.1운동을 기념하며 이 운동을 한국판 출애굽 운동으로 해석하여 축제로 기념해야 한다고 주장한다. "한국에 기독교가 들어온 지 100주년을 맞이한 오늘, 한국 민족 전체의 일체감을 갖는 3.1절을 단순히 공휴일로 넘길 것이 아니라 교회가 교회 명절로 만들어 기념할 때, 그만큼 기독교는 한국 역사에 자유와 인권과 민주라는 관점에서 일체감을 심어주고 역사의 방향을 이끌어 나가는데 선도적 구실을 하게 되는 것이다."[73]

3.1 운동의 강조는 김찬국 교수가 매년 신년 신정 모임에 제자들을 초대하여 예수 제자화를 위한 대화를 나눈 것 같이 매년 교회에서 실행되어야 하며, 오늘도 출애굽의 유월절 행사를 통해 하나님 나라, 민중신학의 삶과 현실화로 이동케 하는 역사를 가지게 한다.[74] 또한 오늘 3.1 운동의 독립선언서는 시민의 주권을 공포하고, 민주 공화제 및 여성해방과 한민족의 주권 회복 운동 등 광범위한 의미로 연구되며, 그 연구의 의미가 계속 확대되고 있어서 고무적이다.[75] 이러한 상황에서 이제 새로운 한국 문화의 현실에서 어떻게 한국 문화신학을 전개해야 하는가 하는 새로운 과제가 또다시 요구되고 있다.[76]

73 김찬국, "3.1절과 출애굽 운동," 『성서와 현실』 (서울: 대한기독교서회, 1992), 90.

74 김용복, "스승님을 삼가 마음속에 모시며," 『나의 삶, 나의 이야기』(서울: 연이, 1993), 157-163.

75 하희정, "국내외 독립선언문 다시 읽기: 3.1 운동과 시민 주권," 『신학사상』 184집 (2019년 봄): 245-283.

76 강성열, "구약성서와 21세기 한국 문화," 『구약논단』 제36집 (2010): 154-178. 강성열은 신자유주의 경제에 맞서는 나눔과 섬김의 문화, 고령화 시대에 대응하는 노년층 배려의 문화, 생태계 위기와 생명과 생태 문화, 다문화 현실을 수용하는 사회 통합의 문화등을 주장한다.

III. 나가는 말

우리는 지금까지 한국 문화신학자로서 김찬국의 면모와 그의 평화 사상과 평화 운동을 살펴보았다. 김찬국은 구약 출애굽의 역사적 사건을 신학화하여 이스라엘의 해방과 평화를 가져왔다고 보고, 우리 민족도 그와 같이 3.1운동을 해방의 축제로 만들어야 한다고 보았다. 그는 이스라엘 역사와 한국 역사를 같은 지평에서 놓고 제2이사야의 창조 전승을 바탕으로 연구하고 확대한다. 그는 정의의 역사의식에서부터 사회정의와 민중 해방, 복음의 실현을 가져오는 평화 정신으로 승화하여 사회 저변에까지 확대하고 전개했다고 본다. 한국 문화신학자로서 그는 민주화운동의 맨 앞자리에서 독재정권에 맞서 아모스의 정의 예언자 역할을 하며, 민중신학을 실천하며, 제3세계 신학 이론을 받아들여 새롭게 확장시켜서 우리 문화와 사회의 민중판을 형성하게 되는 근간을 마련하였다.

더 나아가 이스라엘의 제의 속에 나타난 이스라엘 역사의 중요한 역사가 무엇인지 살폈다. 또한 항상 행동하는 신앙인으로서 역사의 중심에서 하나님의 손길이 가는 곳에서 정의의 예언자로서 있었다. 그는 국제 정세에 달통한 예언자처럼 국제적 감각을 가지고 글로벌 마인드로 보며 제3세계 눈으로 아시아 민중에게도 희망을 주었다. 또한 한국 문화신학자로서 평화 운동을 전개하며 그는 한국 문화신학에서 한글 운동과 사랑으로 몸소 제자 교육을 하였다. 또한 김찬국은 용재 백낙준의 홍익인간 이념에서 비롯하여 에큐메니칼 신학 운동과 본회퍼의 저항운동, 민중신학 운동, 통일 운동, 새로운 3.1운동의 전개 등 다양한 운동을 전개하며 한국 문화 속에서 적용하였다. 또 시대에 고뇌하는 신앙인으로서 그는 현장에 서서 정의를 외치는 예언자 사명을 감당하였다. 이것은 그가 예수의 진리를 담지하고, 하나님 편에 서 있었으며, 웃음과 여유와 유머를 담지한 평화의 사도로서 예언자의 자리에 있었기에 가능한 일이었다.

　노벨 평화상을 수상한 고(故) 김대중 대통령과 같은 때에 사망하였다. 그 후 10주년을 맞이하는 즈음, 평화 운동가의 두 사람의 생애 평가는 어떠한가. 주의 종으로서 예언자의 길을 갔던 시대의 스승은 오늘날 제자들이 그의 연구와 업적, 그 운동의 자취를 기리고 있으며 또한 그러한 작업을 통해 영원한 스승, 큰 스승으로 기리고 있는 것을 볼 때 진정한 평화의 종이 누구인지 보여주고 있다 하겠다.

구약의 종교개혁과
한국교회

1장
히스기야 개혁 운동과 한국교회 개혁

I. 들어가는 말

마르틴 루터의 종교개혁 500주년을 맞이하는 해가 되었다. 루터가
가톨릭교회의 부정과 부패에 항거하여 독일 교회를 중심으로 저항한다
(Protestant). 이 저항운동으로 인해 태동한 개신교회는 오늘도 끊임없이
개혁하고 변화하여 초대교회의 원형으로 돌아가고자 하는 움직임을
가지고 있다. 그것은 1800년에 미국에서 발톤 스톤과 알렉산더 캠벨이
교회 개혁을 부르짖으며 일어난 그리스도의 교회 운동, 환원 운동
(Restoration)이 교회 갱신과 초대교회의 본질을 회복하려는 개혁 운동이
었다. 이러한 움직임으로 미국 교회가 장로교, 감리교, 침례교를 중심으로
한 교회 갱신과 교회 직제의 개혁이 일어난 것이다.

이 환원 운동을 통해 미국 교회는 갱신과 개혁이 일어났다. 또한
영적 대각성 운동이 일어나서 성령 운동이 벌어지기도 하였다. 오늘
세계 교회와 한국교회는 또 한 번 종교개혁, 초대교회로의 회복이 또다시
필요한 시점이 되었다. 누구나 한국교회가 바뀌지 않으면 희망이 없다고

하고, 한국 사회가 변화하지 않으면 구원이 없다고 한다. 이러한 때에 이 글은 의미 있고 훌륭한 제안이라고 생각한다. 한국교회, 어떻게 변화해야 할지 히스기야 종교개혁과 그의 개혁 운동을 통한 한국교회의 개혁, 그 희망의 씨앗을 찾아보고자 한다.

II. 본론

1. 신명기 역사에 나타난 히스기야 개혁의 전승사

히스기야 개혁을 이해하는 것이 한국 종교개혁의 중요한 근거가 된다는 생각에서 히스기야 개혁 연구의 프리즘을 재고(再考)하고자 한다. 분열 왕국 시대, 남유다 왕국 시대에 요시야 왕이 예루살렘 성전을 수리하는 과정에서 발견된 율법책이 요시야 개혁의 기초가 되었다.[1] 신명기 12-26장은 신명기 법전(원신명기)으로서 종교개혁 내용으로 이방 우상 제의를 배격하고, 야웨 유일신 신앙을 강조하고 있다. 이는 신명기 신학을 반영하고 있기 때문에 요시야 개혁과 신명기 신학 사이의 밀접한 관계가 있다고 주목을 받아 왔다. 반면에 히스기야 종교개혁은 그 내용이 성서에 간략히 기록되어 있기 때문에(왕하 18:4) 신명기 신학과의 관계가 상대적으로 덜 논의되어 왔다. 그런데 니콜슨(E. W. Nicholson)은 히스기야의 종교개혁의 기초가 신명기 신학이라고 주장했다. 이

---

1 박신배, "신명기 역사에 나타난 히스기야 개혁의 전승사 연구," 연세대 박사학위 논문 (2000) 요약문 발췌. 정리하면서 한국교회 개혁이라는 전망에서 종교개혁의 아이디어를 얻고자 한다.

이론이 제기되면서 히스기야 개혁과 신명기 신학의 관계에 대한 연구가 활발하게 진행되었다.

이 글에서는 히스기야 개혁의 의미와 중요성을 재조명하기 위해서 히스기야 시대의 역사적 상황을 살피며, 오늘의 종교개혁에 기본 근거를 찾고자 한다.[2]

신명기 신학의 중요한 특징 중 하나인 제의 중앙화의 기원이 솔로몬 왕 시대라는 성서의 기록(왕상 8:1-66)이 있다. 이것은 역사적 사실에 근거했다기보다는 신명기 역사가의 신학적 해석에 근거했을 가능성이 있기에 그 역사성은 논란의 여지가 있다. 니콜슨의 주장에 따르면, 제의 중앙화는 솔로몬 시대가 아니라 히스기야 시대에 시작되었으며, 북이스라엘의 멸망을 목격한 히스기야가 정치적인 개혁과 제의 중앙화 개혁을 실시하였을 것으로 보고 있다. 앗시리아 군대 장관 랍사게의 연설(왕하 18:17-37, 19:8-13)에는 제의 중앙화에 관한 언급이 두 번 나오는데, 이것은 히스기야가 추진한 제의 중앙화의 역사성을 반영하는 것으로서 볼 수 있다.

또한 히스기야 시대의 역사적 정황은 제의 중앙화가 단행되었을 가능성을 뒷받침해준다. 반면에 신명기 역사서에 나타난 다른 왕들의 개혁은 단지 산당을 제거하는 데에 까지는 못 미친다(산당 제거는 히스기야, 요시야가 시행함). 따라서 부분적인 종교개혁이었기 때문에 제의 중앙화와는 관련이 적어 보인다. 이 산당과 주상(맛세바), 느후스단의 우상 숭배물이 오늘 우리의 종교개혁과 어떻게 연관되는가?

히스기야 시대의 앗시리아와 유다의 정치적인 상황을 보여주고 있는

---

2 박신배, "오늘의 종교개혁과 오늘의 종교개혁," 『구약의 종교개혁을 넘어서』 (서울: 더북, 2014), 14-97. 앞서서 구약의 종교개혁과 오늘의 종교개혁이라는 관점을 구약성경의 관점과 개혁이라는 차원에서 연관성 연구를 선행하였다.

데, 산헤립이 침략한 사실과 앗시리아 제국 정책의 일반적인 특징인 강제 이주 정책에 관해 보도하고 있다. 그런데 앗시리아의 대외 정책은 피지배국의 종교를 인정해주는 종교 관용 정책이었기 때문에 히스기야는 앗시리아의 간섭이 없이도 제의 중앙화 개혁을 시행할 수 있었다. 또한 그는 국제 정세의 변화를 이용하여 반란을 일으켰으며, 이스라엘의 정치적 독립을 꾀하였다. 즉, 예루살렘 성전 중심으로 개혁하고 집중하는 제의 중앙화를 실시하여 경제적, 군사적, 심리적인 효과를 극대화하고 정치적 개혁을 단행하여 앗시리아에게 자연히 조공을 바치지 않음으로 말미암아 반란을 일으켰다. 이로 인하여 산헤립의 1, 2차 침공이 감행되었으며, 이에 관한 기록은 열왕기하 18-19장(A1, B1, B2 자료) 전승층에 나타나 있다. 히스기야 시대의 편집자는 침략 전승을 통하여 히스기야 개혁이 종교적, 정치적인 개혁이었다는 것을 강조하고 있다. 이 침공 기사는 오늘 우리 시대의 종교개혁과는 어떤 연관이 있는가? 세계 정치 경제의 상황과 관련하여 종교개혁의 의미를 살펴야 할 것이다.

포로기 이후의 시대에 활동한 열왕기하 18-20장의 기자는 그 히스기야 기사를 기록하면서 히스기야 종교개혁을 자신의 시대에 역사적 사명인 예루살렘으로의 귀환을 목적으로 기록한다. 이 역사적 귀환 사명의 과제와 연결하여 역사가는 새롭게 재해석하였다. 그는 포로에서 귀환의 희망을 품고, 히스기야 개혁을 모델로 하여 새로운 개혁의 청사진을 가지고 있었을 것이다. 역대기는 예루살렘 귀환 후 성전 중심의 사회구조를 확립하기 위하여 히스기야 개혁 전승 가운데 성전 청결과 재봉헌에 초점을 맞추어 기록하고 있다. 이는 종교적 제의 개혁이 중요함을 강조하는 것이다. 이사야 전승에서는 제1 이사야(사1-39장)에 나타난다. 이 이사야 이야기에서도 역시 산헤립 침략 전승이 나타난다. 이 이야기를 통하여 이사야는 시온 전승을 보존하고, 이스라엘이 포로에서 회복될 것을 예언한다.[3] 또한 그는 히스기야 개혁을 귀환 사건의 비전(vision)으로 보았다. 이러한 측면에서 바벨론 사절단의 내탕고 방문 전승(왕하 19장)은 구원의 이야기로 예언적인 희망 이야기로 볼 수 있다. 곧 히스기야가 앗시리아 왕 산헤립의 침략으로부터 구원받은 것처럼 이스라엘도 바벨론 포로지에서 예루살렘으로 귀환되고 회복될 것임을 보여주는 희망의 메시지로 해석되게 된다.[4]

그러므로 히스기야 개혁은 포로 시대의 귀환 개혁으로서의 신학적 의미를 가지고 있다. 포로기 시대 히스기야 개혁 이야기는 포로 귀환이라는 시대적 과제를 해결하는 것이며, 종교개혁의 의미로서 그 시대 역사가는 새롭게 역사적 해석을 했다는 것을 보여준다. 이는 전승과 역사라는 역사의 층을 분석하는 역사해석의 도구로서 가설적인 역사해석의 차원이 있지만, 오늘 우리 시대의 종교개혁 전승과는 어떻게 연관되는가 질문하며 한국교회 개혁이라는 차원에서 적용하고자 한다.

따라서 신명기 역사서에 나타난 히스기야 전승은 각기 다른 역사적 정황을 가지며, 서로 구별되는 신학적 관심을 반영하는 두 가지 전승 층들로 구성되어 있다고 볼 수 있다. 히스기야 시대의 산헤립 침략 전승과 바벨론 사절단 방문 전승이 그것들이다. 그래서 히스기야의 제의 중앙화 개혁이 히스기야 시대에는 종교·정치적인 개혁으로 나타났

---

3 박신배, "이사야와 열왕기, 역대기의 전승연구," 『구약이 종교개혁을 넘어서』 (서울: 더북, 2014), 287-301. 여기서 히스기야의 이야기의 세 전승자의 공존을 가정하여 논지를 이끈다.

4 구덕관, 『구약신학』 (서울: 대한기독교서회, 1994), 228-239. 신명기 역사가는 신명기 역사를 이스라엘의 통일 역사로 보며, 폰라드의 예언과 성취의 도식에 의해 '메시아적 동기'의 관점에서 일말의 기대감을 다윗가의 히스기야에 두고 있다. 따라서 열왕기하 18-20장과 이사야 예언자의 예언(사 36-39장)은 상통하고 있다.

고, 포로기 이후에는 예루살렘 귀환 계획으로 나타난 것이다.

우리는 여기서 히스기야 개혁이 요시야 개혁 못지않게 전승사적으로 중요하다는 사실을 알게 되고, 히스기야 종교개혁을 통해서 여러 전승자들이 이를 새롭게 해석했다는 것을 알게 된다. 다시 말해 신명기 역사서(왕하 18-20장) 안에서 히스기야 개혁과 산헤립 침략 전승의 연관성을 새롭게 조명할 수 있고 또 이 전승사 연구를 통해 신명기 역사서의 최종 편집과 그 편집에 이르는 전승의 발전 단계에 따라 히스기야 전승을 분석할 수 있다.[5] 이것을 토대로 히스기야 개혁 이야기를 각 전승층 이야기에서 새롭게 역사해석을 하게 된다. 곧 히스기야 시대에는 히스기야 개혁 이야기를 볼 수 있고, 요시야 시대에는 그 전승층에서 요시야 개혁을 반영하며, 바벨론 편집 시대에는 역사적 과제로 환원과 회복의 이야기로서 제2성전의 건설의 이야기로 해석할 수 있다. 우리는 다양한 전승층의 이야기를 보면서 그 해석의 의미를 이해할 수 있다. 또 그 역사적 정황에 따라 재해석할 수 있게 된다. 이를 통해 오늘 우리가 한국교회의 관점에서 히스기야 기사를 다시 보면서 해석하고 교회와 이 시대에 적용하는 것은 의미가 있다.

2. 제의 중앙화 개혁과 한국교회

히스기야 왕과 요시야 왕은 종교개혁에 있어서 예루살렘에서만 예배 드리라는 제의 중앙화를 강조한다. "오직 예루살렘 성전에서만 예배드리

---

5 박신배, "열왕기하 18-20장의 편집과 전승신학 연구," 『구약신학의 새로운 모색: 한국적 구약신학하기』 (서울: 동연, 2016), 137-163. 히스기야 개혁의 전승을 종합적이고 포괄적으로 다룬다.

라"는 요구는 무엇인가. 바로 포괄적이고 종합적인 종교개혁적 성격이 있다. 히스기야는 이 제의 중앙화 개혁을 통해 앗시리아 산헤립 침공에 대하여 종합적인 대비를 하였다. 그래서 히스기야 종교개혁이 종교적인 성격의 제의 중앙화 개혁을 가지지만, 이는 심리적, 군사적, 경제적인 종교개혁과 외세 침입을 막는 포괄적인 개혁의 성격을 지닌다(신 12장).[6]

너희가 혹시 내게 이르기를 우리는 우리 하나님 여호와를 의뢰하노라 하리라마는 히스기야가 여호와의 산당과 제단을 제하고 유다와 예루살렘 사람에게 명하기를 예루살렘 이 단 앞에서만 숭배하라 하지 아니하였느냐 하셨나니(왕하 18:22).

히스기야 왕이 종교개혁을 하고, 예루살렘으로 제의 중앙화 개혁을 한 것은 앗시리아 침공을 대비한 종합적 개혁이었다. 정치적, 종교적 성격의 개혁이었던 것을 본다.

한국교회가 어떠한 종교개혁을 하여야 하는가? 이 제의 중앙화 개혁이 한국교회에 어떠한 영향을 미치는가? 한국교회가 정치권력에 아부하는 형태의 교회 모습을 보인다. "교회가 이미 하나님을 섬기는 교회가 아니라 권력자 파라오를 섬기며 추종하는 가운데 집단적 이기심을 채우는 정치 세력에 불과해진다. 나사렛 예수가 말했던 것처럼 교회가 만인이 하나님에게 기도하는 집이 아니라, 그와는 너무나도 다르게 만인을 권력에게 절하도록 만드는 권력의 요새가 되어가는 것이다. 교회는 그렇게 두 주님을 섬길 수 있을까?

한국교회 대형화와 이것이 자본과 권력의 동맹체제 일각을 구성하게

---

6 박신배, "열왕기하 18-20장의 편집과 전승신학 연구,"『구약신학의 새로운 모색: 한국적 구약신학하기』, 144-160.

되었다는 것은 교회가 힘없고 약한 이들의 대변자가 아니라는 것, 부자, 강한 자, 권력자들이 강단을 점령한 결과라는 점을 말해 준다. 좁은 길로 가는 교회가 아니라, 넓은 문을 드나들면서 가질 수 있는 것은 모두 가지려고 하는 존재라는 것 역시 드러낸다."[7]

한국교회는 정치적 권력과 독립하여 종교적 야성, 예언자 전통에서 한국 사회를 정화하는 작업을 할 수 있도록 윤리와 도덕, 정치적, 경제적, 사회적 부정과 부패를 개혁할 수 있는 동력을 가지도록 역할을 감당해야 한다. 그렇게 하려면 가정의 회복, 깨어진 한국 가정의 회복이 시급하다. 한국교회가 가정을 해체하는 정도의 프로그램으로 가정과 유리된 교회 성장형 교회, 자본주의 성공 지향적 일인 중심의 교회 형태를 만들었다. 이것을 개혁하는 교회가 요구된다. 교회 개혁 없이는 한국교회의 희망은 없다.

또한 다윗의 법궤의 이전과 예루살렘 성전에 법궤가 중심이듯 한국교회의 법궤는 무엇인가? 바로 신학교, 신학 교육이다. 신학교의 영성 교육이 중심이 된 신학 교육을 개혁적으로 다시 시작함으로 신학이 살아나고, 교회가 살아나야 한다.[8] 신학교의 본질이 무엇인지 다시 한번 질문하고, 진보 신학과 보수 신학, 복음 신학의 공동 텍스트, 공통분모를 찾아 대화하고 일치하고 연합하며 에큐메니컬(교회 일치 운동) 작업을 해야 한다. 너무나 사회와 정치, 문화가 이분법 논리, 이원화되고 있다. 우리 사회의 갈등과 분열은 통일을 이끌 수 없을 뿐 통일되어도 심리적 영적 통일은 요원해질 수밖에 없는 상태가 된다. 먼저 이원화된 구조를

---

7 김민웅, "교회개혁 운동을 말한다. 교회와 권력, 거래하고 있는 자들, 배반의 계절인가?" 「뉴스앤조이」 211호 특집.
8 박신배, 『영성과 설교』(서울: 시온, 2003), 7-17.

하나라도 이을 수 있는 고리를 찾아야 한다. 다시 복음, 다시 초대교회, 다시 신약 교회로의 복귀, 환원만이 대화의 공통분모가 되고, 새로운 대화의 장을 찾을 수 있다.

여기에 신학 교육, 신학교의 중심을 성서 교육, 신약 중심의 교회 연구, 한국교회 안의 법궤가 무엇인지 찾아서 그 법궤를 중심으로 모이고, 법궤를 찾아 대화의 소재, 주제로 삼는 것이다.9 우리 한국교회의 법궤는 무엇인가? 그 법궤는 신학교, 신학 교육이자 이 시대 목회자, 예언자, 참 종, 참 교회, 참 신학생들이다. 이 신학 법궤 운동을 벌여나가며 새로운 부흥 운동, 교회 갱신 운동, 신학교 개혁 운동을 벌여야 할 때이다.

3.1운동, 평양 대부흥회, 원산부흥회의 복음 운동, 한국 부흥 운동의 맥, 한국교회의 민주화운동, 한국 근대화 작업에 교회 교육 기여 등 한국교회의 법궤를 찾아 다시 제의 중앙화 운동을 벌여나가야 한다. 이 법궤는 제의 중앙화, 예루살렘 집중화, 예배 중앙화 운동을 통해 한국교회의 동력을 찾아야 한다. 그것이 바로 한국 그리스도인의 가정 회복이며, 이를 위해 가정 회복 운동을 벌여야 한다. 그러기 위해서는 먼저 미스바 회개 운동부터 시작해야 할 것이다. 한국 역사 속에서 교회가 죄를 지었던 것이 무엇인지 질문해야 할 것이다. 물론 신사 참배부터 시작하는 한국교회의 원죄, 죄 덩어리, 오늘날 종교 다원주의 사회 속에서 소돔 고모라 성을 만든 한국교회, 가정 해체를 부추긴 교회 성장주의, 교회 번영 신학, 설교, 성례전 없는 값싼 설교, 말의 종교를 만들어 다시 마르틴 루터, 칼빈의 종교개혁 정신을 이어받고, 개혁 시대를 돌아가서 다시 성례전을 하는 신학 또 말씀과 삶의 일치

___
9 한상진, 『기독교 신앙교육철학』 (서울: 도서출판 그리심, 2021), 408-566. 루터와 칼빈, 페스탈로치의 신앙 교육과 봉사(디아코니아)에 대하여 참조하라.

신학, 삶의 설교를 만들어야 할 과제가 있다. 깊은 수도원적 영성, 사막의 사도 영성이 사라진 시대에 우리는 다시 수도사적 영성을 회복해야 한다. 우리는 독서와 묵상, 기도, 실천적 훈련, 관상 등의 '수도승의 사다리'의 렉시오 디비나(거룩한 독서)를 해야 할 것이다.[10] 그리하여 하나님이 기뻐하는 이 시대의 신학생과 하나님의 종, 개혁가들이 나와야 한다. 이 어둠의 시대에 거룩을 비추는 샛별 같은 주의 종이 필요한 시대이다.

3. 히스기야 개혁과 한국교회

신명기 역사에서는 다윗의 길을 좇았던 왕이 히스기야 왕과 요시야 왕이었다. 종교개혁 기사가 많은 요시야 왕이 종교개혁을 대대적으로 일으킨 것으로 성경은 기록하고 있다. 그래서 요시야 종교개혁에 비하면 히스기야 개혁은 종교개혁이 미미하다.

"여러 산당을 제하며 주상을 깨뜨리며 아세라 목상을 찍으며 모세가 만들었던 놋뱀을 이스라엘 자손이 이때까지 향하여 분향하므로 그것을 부수고 느후스단이라 일컬었더라"(왕하 18:4). 히스기야는 우상 숭배 대상을 파괴하였다는 것이다. 지방 여러 산당들, 주상(맛쩨바), 바알 아세라 상, 놋뱀(모세의 청동 뱀, 느후스탄)까지 제거하였다는 것이다.

오늘날 우상이 무엇인가? 한국 사회의 문제들이 바로 과학, 인본주의, 동성애, 자유 사상, 여성 취업률 확대, 여성 인권, 출산 저조 등의 현상으로 나타난다. 유대인 자녀 교육(하브루타), 가정 회복, 다출산 가정, 교회

---

10 민돈후, 『'수도승의 사다리'에 나타난 렉시오 디비나』 로기아 총서2 (서울: 한들출판사, 2005), 15-82.

가정예배 강조, 성경 중심의 가정과 교회로의 회복이 오늘의 종교개혁이
며, 오늘의 우상 타파라고 볼 수 있다.

오늘의 사회 이슈와 미래 사회의 문제를 보면 한국교회의 개혁 대상이
무엇인지 알 수 있다. "10년 후 우리 사회를 움직일 주요 이슈는 '저출산
및 초고령화 사회', '불평등 문제', '미래세대 삶의 불안정성' 등으로 나타났
다. 또한 미래 이슈들과 연관 관계를 갖는 핵심기술로는 '인공지능',
'빅데이터', '사물인터넷'이 꼽혔다." 미래창조과학부 미래준비위원회는
이 같은 내용을 담은 〈미래 이슈 분석보고서〉를 23일 발표했다. 지난해
12월에 구성된 미래준비위원회가 한국과학기술평가원(KISTEP), 한국
과학기술원(KAIST) 미래전략연구센터와 함께 마련한 이 보고서에 의하
면 10년 후의 관점에서 현세대가 가장 중요하게 생각하는 10대 이슈는
다음과 같다: "저출산, 초고령화 사회, 불평등 문제, 미래세대 삶의 불안정
성, 고용 불안, 국가 간 환경 영향 증대, 사이버 범죄, 에너지 및 자원
고갈, 북한과 안보/통일 문제, 기후변화 및 자연재해, 저성장과 성장전략
전환."11

저출산, 초고령화 사회, 자살률(노인 자살률, 청소년 자살률 1위), 이혼율
(아시아 1위) 등 소돔 고모라와 같은 죄악의 도시화가 되고 있는 현실에
대해 한국 사회문제를 해결하는 방법이 무엇인가? 한국교회가 해야
할 종교개혁의 가장 중요한 요소는 가정의 회복이다. 가정 회복이 교회
교육의 답이다. 가족과 함께하는 예배 형태 개발, 가족 중심의 교회
성경 공부, 가족이 함께 드리는 예배, 가족 하브루타 성경 공부 시간,
그를 통한 가족 대화 일어나기 등 가정예배 회복, 가족 대화 시간 회복,
깨진 부모 아이 세대 잇기, 가정 부활 기독교 가정 다시 살아나기 운동이

---

11 미래창조과학부, 〈10년 후 중요한 10대 이슈〉, 2015. 7. 24.

교회에서부터 시작되어야 한다.

한국교회가 시급히 해결한 문제들은 무엇인가? 한국교회의 통일 문제, 교회의 세금 납부 문제, 한국교회의 보수 진보의 전통 통합 시도, 연합(에큐메니컬)과 일치의 시도 등이 일어나야 한다.

또한 한국교회의 개혁 대상은 무엇인가? 한국교회의 우상은 무엇인가? 그것이 바로 개혁할 종교개혁의 주제들이다. 한국기독교 개혁의 테마 20가지는 그 중심에 자본주의 한국교회가 만들어 놓은 것이다.[12] 이오갑 교수는 이것을 다음과 같이 말한다. "개혁 테마 20가지가 이기주의, 맹목주의, 기복주의, 상업주의, 물신주의, 소비주의, 세속주의, 물량주의, 성공주의, 행동주의, 기술지상주의, 형식주의, 공로주의, 율법주의, 성직주의, 권위주의, 분리주의, 열광주의, 도피주의, 자기중심주의 등"이다. 이 개혁해야 할 대상의 주제들은 결국 복음의 본질을 모르고, 예수가 광야에서 사탄에게 시험받은 내용들에 있다. 돈의 문제, 우상 숭배의 문제("절하라"), 기적을 추구하는 신앙("성전 꼭대기에서 떨어져 보라"), 영적 양식, 말씀, 자연적 신앙 등이 바로 하나님을 추구하며, 본질을 추구해야 할 요소임을 보여준다. 한국교회가 예수 말씀, 예수 인격을 떠난 신앙으로서 본질에서 벗어났다는 것을 보여준다. 다시 초기 한국교회의 지도자와 목회자, 전도자의 신앙으로 돌아가는 개혁, 환원 운동이 일어나야 한다.

4. 신명기 역사, 역대기 역사, 이사야서의 히스기야 개혁과 한국교회 개혁 운동

히스기야 종교개혁이 성경에 어디에 나오는가? 세 부분에서 히스기야

---

12 이오갑, 『한국 기독교 개혁의 테마 20』 (서울 한들출판사, 2002).

종교개혁을 언급하는 포인트가 어떻게 다른가? 우리는 거기서 어떠한 종교개혁의 요소를 새롭게 해석하여 한국교회에 적용할 수 있는가?

히스기야 종교개혁 이야기는 성경에서 세 부분에서 나온다. 신명기 역사가 예언자 신앙을 강조하고 있다는 차원에서 예언자의 관점을 살필 수 있고, 역대기 역사가 제사장 전승을 강조하고 있다는 차원에서 목회자의 예배 전승을 살필 수 있다. 이사야 예언자의 히스기야 이야기를 통해서 오늘의 이사야, 새로운 종교개혁 전승의 관점에서 한국교회의 개혁 이정표를 세울 수 있을 것이다.

① 신명기 역사(왕하 18:1-20:21)

② 역대기 역사(대하 29:1-32:33)

③ 이사야서(사 36:1-39:8)

우리는 세 이야기의 전승에 차이를 보면서 무엇이 강조되었는지, 각 성경책의 히스기야 이야기에서 알 수 있다. 이것은 교회 전통에서 해석할 수 있는 여지가 무엇인지 물어보자. 한국교회가 신명기 역사 전승(토라, 말씀, 예언 전통)과 역대기 역사 전승(제사장 전통, 목회자 중심 교회 전통)과 이사야 전승(예언자 전승)을 통합하여 한국교회를 살리는 지혜가 무엇인가?

히스기야 이야기 전승

신명기 역사	역대기 역사	이사야서
왕하 18:1-7 히스기야 개혁 기사	대하 29:1-19 히스기야 성전 정화 개혁	
왕하 18:13-37	대하 29:20	사 36:1-22

앗시리아 침공	히스기야의 성전 번제 속죄제 거행	앗수르 산혜립 침공 기사
왕하 19:1-7 이사야 예언	대하 30:1-27 유월절 거행	
왕하 19:8-19 랍사게 연설	대하 31:1-21 히스기야 개혁	사 37:1-20 이사야 예언, 랍사게 연설, 히스기야 기도, 이사야 예언
왕하 19:20-37 이사야 예언, 산혜립 죽음	대하 32:1-23 산혜립 침공	
왕하 20:1-1 히스기야 발병	대하 32:24-33 히스기야의 병, 영광, 죽음(역대기 역사, 종교적 상황, 성전 유월절 강조)	사 38:1-22 히스기야 발병과 이사야 말
왕하 20:12-21 바빌론 사절단, 히스기야 죽음(신명기 역사, 정치적 상황 강조, 하나님의 정치(예언)		사 39:1-8 바빌론 사절 내탕고 보임 (이사야 예언 전승 강조)

우리는 여기서 역대기 역사에서는 성전 중심의 제의(예배)가 강조되고 있고, 바벨론 사절단 이야기는 생략된 것을 볼 수 있다. 반면 이사야서는 정치적이고 종교적인 기사에 대하여 관심이 없고, 하나님의 말씀, 예언이 중심이 된 것을 살필 수 있다. 여기서 성경의 세 전통의 강조와 차이점을 살피면서 한국교회와 강단에서 지혜를 찾을 수 있다.

1) 한국교회의 말씀 전통 회복

한국교회가 말씀으로 돌아가고, 예배 중심의 전통이 회복되고, 가정에서 예배가 회복되도록 교회가 돕고, 예언자들이 부르짖는 소리를 교회가 수용할 수 있도록 하며, 랍비와 예언자들을 존경하고 존중하는 일을 시행해야 한다. 교회 강단이 목회자 중심, 일인 담임 목사 중심의 독재 아이콘을 무너뜨리고 성령이 움직일 수 있도록 강단 교류 및 성령이 움직이는 강단이 되게 하는 것이 중요하다. 우리는 교파적 당파적 교회 성향을 개혁하고, 진리의 전승에 기반한 복음적 보수 전통에 서야 한다. 그래서 자본주의 우상을 허물어야 한국교회는 희망이 있다.

그러면 창의적 히스기야 개혁의 운동은 무엇인가? 교회의 가정 회복 프로그램, 가정의 교회 중심의 생활, 가정 같은 교회, 교회 같은 가정 회복이 중요하며, 그것만이 교회를 살리고, 한국 가정을 살리는 일이다. 가정 회복 프로젝트를 개발하여 거룩과 성령 운동을 회복해야 한국교회에 희망이 있다. 한국교회의 개혁은 바로 초대교회, 사도행전 2장의 이상적인 교회로 돌아가는 환원 운동이 있어야 한다. 정치화된 종교의 묘한 한국교회 형태의 변화를 줄 수 있는 하나님의 개혁은 무엇인가? 목회자는 엄정히 묻고, 종교개혁 세미나를 통한 일인 중심의 목회 내려놓기, 강단 내려놓기, 예산 내려놓기, 비본질적인 교회 프로그램 내려놓기 등이 이루어져야 한다. 그리고 이것은 한국교회 저변에서 일어나야 한다. 한국교회의 골리앗, 대형 교회 목회자의 회개 운동 촉구, 일단 대형 교회 목사를 위한 중보기도 시작으로 마음의 변화가 일어나고, 진정한 회개 운동이 일어나야 한다.

창의적 목회, 창조적 교회는 어떻게 가능한가? 한국교회는 새롭게 창의적 목회, 창의적 교회 교육을 해야 하는 시점이 되었다. 창의력, 창의의 시대, 4차 혁명 시대, 클라우스 쉬밥의 4차 혁명 시대에 교회는 어떻게 4차 교회 혁명을 할 것인가? 교회의 4차 혁명은 가정이다. 교회에서 가정 회복 운동을 벌일 수 있는 작업이 무엇인가 연구해보자.

유대인의 창의력은 어디서 오는가? 그 본질, 근원, 뿌리, 샘에서 나온다. 시간 ㅡ 안식일, 쉼(레크레이션), 공간 ㅡ 가정, 분야 ㅡ 말씀이 그 본질이다. 뿌리이다. 유대인들은 이것을 하나님의 창조라고 말한다. 가정은 창조를 이루는 원초적 장소로, 이는 회당으로 확장된다. 이것이 유대인에게 수천 년 동안 강조되어 내려왔다.

그래서 나라가 망하여도 유대 민족은 살아남아 다시 나라를 회복할 수 있었다. 성전이 없이도 이루어질 수 있었다. 창조의 과정은 가정에서 안식일과 예배를 통해 이루어진다. 이것을 모아서 공동체를 이루는 교회(회당)를 이룬다.

우리는 가정에서 모여서 무엇을 하는가? 바람직한 크리스천 가정이 되는 것이 중요하며, 가정에서부터 교회 개혁이 중요한 요소가 된다. "가정을 잡으면 저출산, 자살, 이혼율, 노인 문제 해결될 수 있다. 우리나라는 가정이 붕괴되었다. 가정은 불 꺼진 창이 되었다. 가정이 뿌리이다. 원초적인 것을 회복하는 것, 그 주체가 교회가 되어야 한다.

토라의 말씀을 가지고 가정의 날, 복음의 날, 은혜의 날, 해피 데이로 만들어 같이 식사하고, 대화를 하는 밥상머리가 창조의 자리이다. 가정에서 부모 자녀가 한자리에 모이는 밥상머리 대화가 이뤄질 때 가정이 창조의 자리가 되고, 가정이 회복이 일어나고, 사회가 밝아지고, 나라가 어둠의 문제들이 풀리는 빛의 공간으로 바뀌고, 거룩한 나라, 제사장 나라가 될 것이다"(이대회).

말씀의 전통은 가정에서부터 시작하여 회당으로, 교회로 퍼질 수 있도록 말씀 운동이 벌어져서 가정이 살아나고 교회가 살아날 때 한국교회와 한국 사회가 희망이 있게 된다.

2) 한국교회의 제사장 전통 회복

한국교회의 제사장 전통을 회복한다는 것은 무엇인가? 한국교회
지도자들이 우는 자들과 함께 울고 웃는 자들과 함께 웃는 날을 마련하지
못하였다는 것이다. 박창현 교수는 이것을 지적하며 한국 기독교회가
놓치고 있는 문제를 지적한다.[13] 이는 세월호 사건을 통해 한국교회가
우는 자들을 위한 제사장, 선한 사마리아인 역할을 못 했다고 본다.
한국 기층문화와 한국교회의 저변에서 일어나는 문제와 시장 바닥에서
일어나는 문제에 대하여 제사장이 어떻게 하나님께 제물을 가지고 제사를
드리는가 하는 문제이다. 물론 여기에서는 사회 구원의 문제에 대하여
적극적으로 참여하여 그 한을 풀어주고, 민중의 마음을 어루만져 주어야
한다는 것을 말한다.

히스기야 왕은 이스라엘의 문제는 예배, 제사에 있음을 알고, 역대기
역사에서 유월절 행사, 성전 청결 운동을 벌인다. 레위인 중심으로 번제와
속죄제를 드리며, 유월절 축제를 북쪽 이스라엘 지역까지 초청하여
대대적으로 시행하며, 이스라엘의 유월절, 출애굽의 역사와 기적을 회상
하며 다시 앗시리아의 산헤립 왕 침공의 위기 속에 어떻게 구원의 역사를
일으킬 수 있는지 모색한다. 그 시작은 바로 히스기야가 성전 정화
개혁(대하 29:1-19)으로부터 시작하였다. 그리고 연이어 히스기야 왕은
거룩하게 성전 제사를 시행했고, 번제와 속죄제를 거행하며, 예배에
집중하였다(대하 29:20). 이는 오늘 한국교회가 8.15광복 사건을 기억하
며 한국교회의 예배 본질을 회복하며, 종교개혁을 시행하여야 함을

---

13 박창현, "세월호 이후의 신학: 한국교회는 어떻게 세월호와 함께 죽은 예수의 부활의 증
인이 될 것인가?" 「한국기독교신학논총」 103집(2017): 345-372.

보여준다. 마르틴 루터의 종교개혁을 기념하는 것보다 더 우리의 해방절을 기억하며 예배의 회복을 해야 한다.

역대기하 30:1-27은 이 유월절 사건을 기억하며 제사를 거행하고 있다. 이를 통하여 역대기하 31:1-21에서는 히스기야가 종교개혁을 대대적으로 일으키고 있다. 유월절 준수를 온 이스라엘의 차원에서 전국적으로 시행한다. 히스기야는 북사마리아의 동포들에게 유월절 초청을 하여 유월절 첫 달의 시행을 변경하여 둘째 달에 시행하여 온 이스라엘의 유월절 축제를 열려고 한다(대하 29:1-36).[14] 우리 한국교회도 바로 이러한 작업을 해야 함을 보여준다. 한국교회는 바로 히스기야 종교개혁의 의미를 살피며, 역대기 역사의 제사장 전통, 제사 전통을 회복해야 한다. 그러면 역대기하 32:1-23의 앗시리아 산헤립 왕의 침공과 같은 국난의 위기, 한반도의 위기를 극복할 수 있는 지혜와 국론 통일을 통하여 한국의 위기를 극복할 수 있는 상태가 될 것이다. 역대기하 32:24-33에서 히스기야가 병이 들어서 회개하니 생명이 연장되고, 그의 생애 말에 영광스러운 상태가 되고, 명예롭게 죽는 기사를 보여준다. 개인의 역사와 이스라엘 전체의 역사가 통합을 보여준다. 우리는 역대기 역사의 히스기야 기사를 통해서 오늘 한국교회가 어떻게 예배를 회복해야 한국 문제의 위기 속에서 중국과 미국의 정치 외교 경제 문제를 풀 수 있는 해결점이 무엇인지 보여준다. 역대기 역사는 종교적 상황을 통해 교회 공동체(성전), 종교적 축제(유월절)를 강조한다. 한국교회도 이 제사장 전통을 잘 회복해야 할 과제가 있다.

---

14 박신배, "역대기 역사의 히스기야 개혁 연구," 『구약의 개혁신학』, 193-228.

3) 한국교회의 예언 전통 회복

히스기야 개혁 이야기가 이사야서 예언 전통에서는 어떻게 개혁 운동이 강조되고 주목받는가? 이사야의 예언 전통에서는 하나님의 정치, 하나님의 말씀, 예언 전통이 강조되고 있다. 그 이사야 예언 전통은 바로 하나님 말씀의 신학(칼 바르트)이다.

이사야서의 히스기야 개혁 기사(사 36:1-39:8)를 살펴보면 이사야 예언이 중심에 위치하며, 히스기야 종교, 정치 개혁 이야기를 부각하고 있다. 이사야 36:1-22에서는 앗수르 산헤립 왕 침공 기사를 소개하고, 37:1-20에서는 하나님께서 함께하셔서 예루살렘이 보호되고 산헤립은 쫓겨 가리라는 예언을 한다. 이사야 예언은 곧 하나님 말씀이시다. 그 히스기야 이야기 사이에 랍사게 연설이 있고, 히스기야의 기도가 나온다. 이사야서의 중심부에 해당하는 예언이 나오고, 38:1-22에 히스기야가 발병한 사실과 이사야의 치유에 대한 예언의 말이 나온다. 39:1-8에 히스기야가 바빌론의 사절단에게 내탕고를 보임으로 이사야 선지자는 히스기야 개인의 잘못을 지적하는 것보다는 지도자로서 대표적 리더십의 실수로 인한 국가적 죄(공동체의 죄)로 말미암아 이스라엘 백성과 지도자가 결국 바빌론 포로로 붙잡혀 감을 말한다. 이처럼 이사야서에서는 이사야 예언 전승이 강조되고 있음을 알 수 있었다.

오늘 한국교회에는 이사야서의 히스기야 종교개혁의 이야기를 통하여 무엇을 알 수 있으며, 어떻게 한국교회의 개혁 운동에 적용할 수 있을까? 먼저 이사야 예언자와 같은 인물이 누구인지 살펴보고, 그 예언자의 말씀에 귀 기울이는 작업을 하자. 오늘 이 시대의 예언자들이 누구인가. 매스미디어가 발전하고, 인터넷과 스마트폰을 통하여 동영상 설교를 볼 수 있는 시대이다. 영적 메시지를 전하는 주의 종들의 메시지를 듣고, 종교개혁의 기수를 높여야 한다. 누구나 한국교회는 변화와 개혁을 해야 한다고 이구동성 외치고 있다.

이사야의 예언 전통이 어떤가. 이사야 예언자는 히스기야 궁정에서 하나님의 말씀을 대변하며 중앙에서 말씀 운동을 하였던 것이다. 아하스 왕 시절에는 시로-에브라임 동맹을 맺어 반 앗시리아 운동으로 인해 앗시리아 침공을 맞아 남 유다가 위기를 맞았을 때 임마누엘 예언을 통해 아하스 왕에게 소망을 주었던 것을 본다. 오늘 이 시대에 통일을 선포하고 예언하며 통일 운동을 할 수 있는 자들이 누구인가? 바로 예언자 목사들, 기독교 평신도 지도자들이다. 한국교회를 통하여 이사야 예언자와 같은 지도자가 나타나 히스기야 개혁 운동이 일어나도록 이끌었던 것처럼 놀라운 종교개혁의 발화가 되어야 할 것이다. 루터가 비텐베르크 교회에서 95개 반박문을 붙이고, 종교개혁을 일으켰던 때와 같이 한국교회 전체가 내면의 종교개혁 선포문을 붙이고, 내면의 종교개혁을 일으켜야 할 것이다.

오늘 한국교회의 종교개혁을 위하여 누가 종교개혁가인지 물어보자. 그런 모범이 될 인물을 깊이 생각하며 내가 종교개혁가이며, 내가 종교개혁 운동의 동참자가 되어야 한다. 그래서 먼저 우리가 가정에서부터 말씀으로 돌아가고, 예배 제단을 쌓는 조그만 몸부림부터 해야 한다. 한국의 예언 전통을 잇는 작업을 해야 한다. 누가 개혁 운동의 초기 지도자인가. 길선주 목사, 손양원 목사, 주기철 목사, 한경직 목사, 박조준 목사 등일까. 김교신, 함석헌, 김재준, 문익환, 동석기, 박형룡, 박윤선 박사 등이 예언자 반열에 들 수 있을까.[15] 오늘 종교개혁 세미나에서

---

15 박신배, 『새로운 예언서 연구』 (서울: 그리스도대학교 출판국, 2011), 197-268.

주도하는 주최 측이 오늘의 예언자 대열에서 한국교회의 예언 전통을 이끌 수 있을까?

자신이 먼저 예언자 자의식을 갖고 하나님의 예언자로서, 주의 종으로서 올곧게 서서 말씀을 전하는 것이다. 하나님의 회의에 들어가 말씀을 받는 정직한 주의 종이 되는 것이다. 대예언자가 이사야, 예레미야, 에스겔이다. 〈펠레〉라는 영화에서 다니엘을 대예언자로 들고 있으니 이 대예언자의 반열에 다니엘을 들면 우리는 여기에 설 것인가? 아니면 소예언자인 호세아, 요엘, 아모스, 오바댜, 요나, 미가, 나훔, 하박국, 스바냐, 학개, 스가랴, 말라기 등같이 우리 시대의 소선지자가 될 것인가? 이 예언자들이 바로 한국의 어느 예언자인가? 우리는 예언자 전승에 서서 하나님의 말씀을 선포하며 이 시대에 예언자의 상징적 행동을 하며, 이 시대에 필요한 종교개혁을 일으키는 종교개혁가가 되어야 할 것이다.[16]

교회의 목사들이 제사장 전통에 선 자로서 말씀과 새벽 제단(수요, 금요 철야)의 성직자라고 하면, 성서의 예언자들은 하나님께 직접 부름을 받아서 말씀을 길거리에서, 저잣거리에서 선포하며 폭풍, 회오리바람 속에서 울려 퍼지는 소리처럼 말씀을 전한다.[17] 우리도 성서의 예언자처럼 이 시대에 맞는 예언 메시지를 선포해야 한다. 오늘의 팬데믹 시대에 대학과 기업이 구조 조정의 소용돌이 속에 있다. 아픔을 당하는 사람들을 위해 대변자로서 예언자 역할을 감당해야 할 것이다. 로마서의 메시지처럼 우는 자들과 같이 울고 웃는 자들과 같이 함께 웃으라는 말씀을

16 박신배, "구약 개혁신학의 방향," 『구약의 개혁신학』(서울: 크리스천 헤럴드: 2006), 256-361.

17 아브라함 J. 헤셸/이현주 역, 『예언자들』(서울: 삼인, 2005), 52.

기억한다. 우리 시대는 양극화의 갈등이 점점 악화되고 있다. 한반도의 사드 배치로 중국과의 외교 관계는 경색국면을 맞고 있고, 주위 6개국의 관계는 악화일로다. 우리 한반도가 이 틈바구니에서 조선 말엽과 같은 형세이지만, 괴로워하는 백성들을 위해 하나님의 말씀을 선포해야 한다.

이 시대에 하나님의 예언자는 누구인지 다시 한번 물으며 이사야서의 이사야가 히스기야 종교개혁을 도왔던 것처럼 오늘의 이사야 예언 전통이 설 수 있도록 한국교회와 지도자, 한국교회 목회자, 평신도들은 먼저 자각 의식을 갖고, 500주년 종교개혁 해를 맞이하여 새로운 종교개혁 운동의 개혁가라는 의식을 먼저 갖는 것이 중요하다. 그것을 위해 주님은 오늘 이 자리에 우리를 부르셨다. 오늘이 바로 파고다공원의 3.1운동 기미독립선언문 선포하던 때 같이 우리는 바로 개혁 운동가로서 오늘 이 책의 독자 여러분이 동참자요, 이사야 개혁 운동의 주창자들이다. 이 시대의 개혁자라는 음성을 듣길 바란다.

III. 나가는 말

지금까지 히스기야 개혁 운동과 한국교회 개혁에 대하여 논의하였다. 요시야 종교개혁에서 대대적인 종교개혁으로 나타나기까지 히스기야 종교개혁과 정치적 개혁이 일어나지 않았더라면 요시야의 혁신이 일어날 수 있었을까? 히스기야 개혁은 제의 중앙화 개혁으로서 예루살렘에서 예배드리는 개혁 운동으로 사회, 정치, 종교, 군사 심리적 개혁이었고, 복합적인 종교개혁이었다. 히스기야 개혁이 왕의 정치적 목적을 가진 종교개혁이었지만, 이사야 예언자의 종교적 개혁으로서 의미를 지니기도 했다. 역대기에 나타난 히스기야 종교개혁을 통해 성전 중심 제의와 유월절 제의 행사 통해 종교적 개혁 운동인 것을 살펴보았다.

오늘 우리는 한국교회 개혁을 위해 히스기야 종교개혁의 의미를 물어보았다. 이 텍스트가 오늘 우리에게 하나님의 말씀으로 들리고 적용하기 위해 영적 감화와 하나님의 소리를 들어야 한다. 한국교회가 본질을 떠나서 변질된 요소들을 찾았다. 그것을 과감하게 고치고 개혁해야 한다. 종교 지도자, 교회 지도자, 정치 지도자들이 히스기야 마인드로 이것을 개혁하고, 종교 혁명으로 우상을 타파해야 한다. 한국교회 우상은 맘몬, 자본주의형 교회, 가정 파괴형 교회가 된다. 이것을 탈피하여 초대교회, 본질로의 회복, 가정 회복 교회가 되어야 한다.

오늘의 루터, 칼빈, 알렉산더 캠벨, 츠빙글리 등을 찾아 이 시대를 고민하며 사색하자. 이제 다시 한번 종교개혁의 기치를 올려야 한다. 오늘 이 자리에서 그 고백을 하는 것이 이사야처럼 바로 자신에게 하는 사명 선포식이요 그 다짐식이라 본다. 미스바에서 회개 대운동을 시작으로 세겜에서 여호수아가 대결단을 하고, 길갈에서 여호수아가 다짐하였던 역사를 재현하여 국민 대운동, 한국교회 대회개 운동이 일어나고, 한국교회가 다시 일어나서 종교개혁을 부르짖어야 한다. 히스기야, 요시야, 에스라, 느헤미야 개혁이 다시 일어나야 한다. 이를 위해 우리는 다시 골방으로 돌아가서 기도하면서 영적 지성소로 나가서 하나님을 만나야 한다. 주여, 우리를 보내소서.

2장
초대교회로의 환원 운동과 대안 신학 모색

I. 들어가는 말

이 시대에 필요한 교회의 개혁과 교회 개혁의 신학이 무엇일까?
오늘날 한국교회 성도들은 누구나 교회 개혁의 필요성을 들고 있고,
한국교회가 변해야 한다고 이구동성으로 말하고 있다. 교회가 어떻게
변해야 하며, 어떤 기준과 어떤 본질적 이상과 바람직한 교회의 상(像)으
로 바뀌어야 하는가? 한국교회가 자본주의형 교회 형태로서 성공 지향적
교회상을 목표로 그동안 성장하였고, 성공한 목회자상도 대형 교회
목회가 모델이 되다 보니 자연 기독교 영성과 목회 영성 그리고 성도들의
가치관이나 평신도 신앙생활도 그러한 성공주의, 맘몬주의, 세속화 신앙
상을 추구하는 교인들의 형태가 되었다.

따라서 최근에 발생한 모교회 세습 목회 구조 문제나 목회자 학위
문제와 오늘날의 기독교 윤리적 목회상이 사회의 덕이 되지 않고, 얼굴을
들 수 없고, 자랑할 수 없는 일들이 발생하였다. 그리하여 교회 안팎에서
한국교회의 이상적인 목회와 바람직한 교회 형태와 그 본질을 찾는

새로운 움직임들이 일어나고 있다. 이상적인 교회 상과 교회의 본질에 대한 문제를 제기하며 한국교회가 나갈 길에 대하여 여기서 짚어보고자 한다. 한국교회에 존경받고 존경하는 목회자가 없는 이러한 때에 여기서 우리는 그 참다운 교회상이 무엇이며, 그 모델이 되는 교회상과 12사도들의 신앙과 인격, 영성이 담긴 성경으로 돌아가면 그 본질을 찾을 수 있으리라 본다. 그래서 우리는 신약성경에 제시된 신약 교회는 어떠한 교회인지, 목회의 모델이 되는 오늘의 교회상을 찾아보고, 오늘날 우리가 따라야 할 영성과 교회, 교회 직제와 교회 체제, 바람직한 한국교회의 형태와 교회상을 연구하고자 한다.

II. 본론

1. 신약성경의 교회 신학과 본질 추구

왜 신약 교회로의 환원을 해야 하는가. 이는 초대교회의 원형이 교회의 본질을 담고 있고, 교회의 이상적인 형태를 담고 있기 때문이다. 이상적인 교회 공동체를 제시하고 있는 사도행전 2:38-47을 통해 교회의 이상(理想)을 찾을 수 있다. 초대교회가 구원받은 성도의 회개와 세례, 사도의 가르침과 성도의 교제, 기도의 열심, 사도들을 통한 기사와 표적, 물건을 서로 통용함, 재산과 소유를 팔아서 각 사람의 필요를 나눔, 날마다 마음을 같이해서 성전에 모이기를 힘씀, 집에서 떡을 떼며 기쁨과 순전한 마음으로 음식을 먹음, 하나님을 찬미하고 온 백성에게 칭송을 받음, 구원받는 사람이 날마다 증가됨 등을 통해 이상적인 교회상을 나타내며,

그 교회의 본질과 원형을 보여준다.

오늘날 교회 형태는 어떠한가. 자본주의적 교회 형태를 보이며, 성공한 목회가 대형 교회의 스크린 예배와 대형교회의 지교회로의 가지치기 팽창의 모습을 보이며 인격적 교회 형태보다는 기계적이고 기업적인 교회 형태를 가지고 있다. 그러나 담임 목회자의 설교 중심으로 된 교회, 일인 중심의 교회 형태를 가지고 있어서 성경 공부나 제자 훈련을 통한 초대교회의 본질적인 형태와 다른 교회가 되었다. 이상적인 초대교회 형태보다는 대형교회 형태의 패턴을 가지고 있다.

그래서 오늘날 일반적인 한국교회는 바른 성도의 삶을 강조하기보다는 세상에서 성공하는 인생 추구형 교인과 빛과 소금의 기독교인의 삶보다는 기술적인 신앙생활, 즉 기능적이고 외식적인 종교 생활을 하며 세속화된 신앙 모습이다. 따라서 교회는 빛과 소금이 되는 바른 기독교인을 양성하고 있지 못하다. 말씀으로 성숙화되고 좋은 인격을 갖춘 기독교인보다는 값싼 종교의 신앙인, 한 세속적인 자본주의 설교형(번영 신학의 설교)의 인간상만 있고, 인격적이고 성육신적인 삶의 겸손함과 성령의 열매를 풍성히 맺는 성만찬적인 기독교인의 삶이 상실된 모습을 보게 된다.

참된 교회의 모습을 어디서 찾을 수 있고, 이상적인 교회 형태가 무엇인가. 신약성경에서 보여주는 성령 충만하고, 예수 그리스도의 진리를 추구하는 공동체의 모습이 바로 아름다운 교회의 모습이다. 특히 사도행전이 중심이 된 신약 교회 공동체가 모델이 되고, 신약성경 27권에 나타난 이상적인 교회 형태를 추출하여 영이 살아 있고 성령 충만한 교회가 무엇인지 계속 질문하여야 한다. 그래서 오늘의 십자가형 교회 형태를 찾아내는 것이 중요한 과제이다. 초대 그리스도의 교회는 바울의

선교와 사도들의 십자가 전도와 그 부활의 신앙을 통해서 교회가 확대되어 가는 모습을 가진다.[1]

초대교회의 성경으로서 구약성경은 신약의 초대교회 성도들에게 영향을 주었고, 구약성경이 신약성서를 생성하는 좋은 계기가 되었을 것이다. 마태, 마가, 누가, 요한, 사도행전은 모세 오경의 창세기, 출애굽기, 레위기, 민수기, 신명기와 각각 상응하는 짝을 이뤄서 생성되었을 것이다.[2] 기독교인들은 자신들이 읽고 있는 구약성경 두루마리 글을 보며 성령이 인도하는 새 언약의 경전, 신약성경을 생성하는 과정을 갖게 되었을 것이다.

그래서 바울서신은 로마서, 고린도전후서, 갈라디아서, 에베소서, 빌립보서, 골로새서, 데살로니가전후서 등 7권은 구약 역사서 중 신명기 역사서에 해당되고, 디모데전후서, 디도서, 빌레몬서 등 4권은 역대기 역사서와 상응하게 되었다. 그리고 역대기 상하, 에스라서와 느헤미야서는 디모데서와 디도서, 빌레몬서에서 그 신학적 상통성을 찾을 수 있게 된다. 구약 역사서의 시각에서 바울서신을 해석하고 적용해보면 새로운 교회 비전과 선교의 패러다임을 찾을 수 있고, 교회 개혁의 모델을 찾을 수 있다. "구약의 역사가 바울서신에서 새롭게 해석하고 출애굽 공동체가 새 시대마다 어떻게 적용되는가 하는 점에서 구약 역사서를 통해 살필 수 있듯이 바울의 복음이 교회에서 어떻게 적용되고 그리스도의 예수와 성령이 역동적으로 움직이고 있는 모습을 두 구약 역사서와 바울서신의 역사 속에서 살필 수 있기 때문이다."[3]

---

1 박신배, 『환원 신학과 구약성서』 (서울: 그리스도대학교 출판국, 2008), 36-37.

2 같은 책, 43-75.

3 같은 책, 81.

구약성경이 타낙(TANAK)으로서 삼분법(오경, 예언서, 성문서)으로 구성되었듯이 신약성경도 삼분법(EPAN)으로 복음서, 바울서신, 비 바울서신으로 구성되었을 것이다.[4] 물론 신약 정경화는 처음 성 아타나시우스(주후 293~373년)가 신약 정경으로 27권을 정한 후에 카르타고회의(주후 397년)에서 27권의 두루마리가 정경화로 인정되는 과정을 갖는다.[5] 이러한 과정들 속에서 신구약이 상응하는 신약 삼분법 구조로 형성되어 자연스럽게 성령의 역사로 형성되었을 것이다.

비 바울서신은 히브리서와 야고보서, 베드로전후서, 요한서신(요한 1, 2, 3서), 요한계시록 등이다. 이 비 바울서신은 구약의 성문서와 상통하며 신학적 유사성을 찾을 수 있다. 히브리서와 시편, 야고보서와 잠언, 전도서 그리고 베드로 전후서와 욥기가 상응하며 그 신학적 사상이나 언어가 상통하며, 요한계시록과 다니엘서, 요한1서와 룻기, 요한2서와 에스더서, 요한3서와 아가서가 상응하며 유다서와 예레미야 애가서와 상응하는 것으로서 볼 수 있다.[6]

우리는 여기서 초대 그리스도의 교회와 성도들은 구약성경을 읽으면서 자신들의 정체성을 찾았을 것을 예상하게 된다. 그래서 그들은 유대교에 대항하는 새 이스라엘, 새 언약의 자녀로서 정체성을 발견했고, 구약성경에서 신앙의 교훈을 얻으며 메시아가 그리스도 예수라는 사실을 믿고 고백했으며, 그리스도에 대한 믿음을 가졌다.[7] 결국 교회의 본질과 원형은 신약성경 27권에 나타난 공동체 모습이자 이상적인 초대 그리스도의

---

4 박신배, 『구약개론』 (서울: 그리스도대학교 출판국, 2012), 256-272. Evangelium, Pauline Letter, Non Pauline Letter의 첫 글자를 딴 두운의 신생어이다.

5 여인갑, 『익투스153』 (서울: 24하모니, 2013), 231.

6 박신배, 『성서이해』 (서울: 그리스도대학교 출판국, 2010), 303-327.

7 박신배, 『환원 신학과 구약성서』, 108-125.

교회이다. 인간이 만든 어떠한 신조나 교리, 교회 장정이나 교회 헌법이 아니라 신약성경 27권이 다만 교회의 교리나 헌법이라는 사실이다. 곧 오직 신약성경만이 진리요, 그것이 생명력 있는 정신을 가지게 됨을 말한다.

신약성경이 말하지 않는 것에 대하여 침묵하며, 복음의 본질과 예수 정신을 실천하며 성령이 말하는 것을 따르고, 신약성경이 말하는 예수의 명령과 말씀들은 준수하며 성경을 가감하지 않고 그대로 지키며, 교회의 직제와 제도는 초대교회의 모형을 따르며, 본질에는 일치, 비본질에는 자유, 매사에는 사랑(자비)으로 하며, 하나님 나라 운동을 끊임없이 하며, 본질에서 벗어나지 않고 계속 초대교회로 돌아가는 것을 멈추지 않아야 한다.

또 초대교회와 말씀 진리와 복음으로 돌아가는 환원 운동을 강조하고, 그러한 신학으로서 환원 신학으로서 대안 신학을 오늘날 추구해야 한다. 바로 신약성경 교회와 신약 교회 신학이 항상 우리에게 필요한 규범이며, 교회 개혁의 목표와 덕목이며, 교회 개혁과 혁신의 강령이자 청사진(Blueprint)이 되는 것이다. 우리는 신구약성경에서 구속주 예수 그리스도의 구속사 복음으로 해석하여 적용하고 실천하도록 해야 한다. 오늘 한국교회는 좌표를 잃고 난파당한 배처럼 되었다. 이제 나침반 성경을 가지고 다시 파손된 교회 배를 수리하고, 신약 교회의 이상적 교회 목표를 향해 항해해야 할 때이다.

신구약의 구속사와 성경 상통성의 관점에서 본 구약성경의 구속 계획이 신약성경으로 이어지고, 구속사의 섭리가 예수 그리스도(오메가 포인트)에게 이뤄져 예수가 역사의 중심이며 그 계획의 완성이 된다. 따라서 우리는 교회사 역사 속에서 보듯 매 시대마다 예수 그리스도의 구원과 구속사, 예수 정신으로 돌아가야 한다. 다시 말해 성경 전체의 메시아 성향과 예언 그리고 그리스도 예수의 구원과 구속사는 매 시대의 종교개혁 기본 강령이 되었다. 다시 종교개혁 정신을 이어받아 오늘날도 또 교회 개혁과 갱신이 일어나야 한다. 다시 오직 성경(Sola Scriptura)이라는 구호를 내세우며 성경이 개혁의 근간이 되어야 한다. 오직 믿음(Sola Fide), 오직 은혜(Sola Gratia), 오직 그리스도(Solus Christus), 오직 하나님께 영광(Soli Deo Gloria)을 강조하는 종교개혁의 정신은 오늘도 교회 개혁의 중심 모토가 된다.[8]

마르틴 루터의 종교개혁이 "성경으로 돌아가자"인데 이것은 오늘날도 중요한 구호(개치 프레이즈)가 되며, 성경에서부터 개혁 운동이 시작되어야 함을 주지시켜 준다. 한편 제3의 종교개혁의 텍스트를 요한복음으로 하자는 주장은 부활과 십자가의 신학을 강조하는 것이다. 이는 진리와 사랑의 복음서로서 신왕 사상(신본주의)을 가진 책이다.[9] 이 복음서는 오늘날 새로운 종교개혁의 강령(Platform)을 갖는 중요 개혁의 말씀이며, 그 생명과 진리의 영을 제공하며, 개혁 정신을 제공해준다고 보겠다.

---

8 박흥재, '8 Sola 운동', 종교개혁 운동(5 Sola)에다 3가지 오직(Sola)을 더한다. 오직 하나님 나라(천국), 오직 일치(신앙과 삶), 오직 성령 임재 등 8가지 솔라 스피릿으로 새로운 교회, 새로운 공동체 운동을 주장한다. 5 Sola의 실체가 교회 현장에서 필요하다. 그래서 실제로 ① 원형 교회 모델 인증제를 통해 건강한 교회를 만들어가는 운동을 벌이며, ② 교회를 개척해서 8 솔라 교회로 이동한다(자신 개척 15년 임기, 부임하면 10년간). ③ 교회 공동체가 어린이 포함 300명 이하 교회 규모로 제한다. 성장하며 분립한다. ④ 동역 목사들이 수평 구조로 협력 사역자가 된다. ⑤ 목사 사례비는 7급 공무원 수준으로 최저로 책정한다. ⑥ 헌금의 30% 내부 구제, 30% 외부 구제, 30% 해외 선교, 10% 운영비, 개척 교회 돕기, ⑦ 교회 임대를 상용한다. ⑧ 장로 제도 개혁, ⑨ 성만찬을 실제화한다. 앞으로 95개조 새로운 개혁 연구를 하며, 1,004명 발기인을 선정, 교회 개혁을 연구하고 실천한다. 성경이 자의적으로 해석되지 않고, 성경이 성경대로 해석되는 해석 원칙을 통해 말씀의 개혁을 실천한다(교회원형연구소[Ekkesia Origina Institute]).
9 박호용, 『요한복음: 천하제일지서』 (서울: 쿰란출판사, 2012), 402-444.

신약 교회로의 운동은 초대교회 때부터 시작하여 지금까지 계속 진행되었다.[10] 하나님이 기뻐하는 신약 교회로의 환원 운동과 신학은 계속 연구되고 실천되고 있다. 그러면 오늘 긴급히 개혁할 문제점과 해결점 그리고 그 한국교회의 좌표는 무엇인가.

2. 한국교회의 문제점, 개혁의 원인과 대상

한국교회가 이처럼 침체되고 있는 원인은 무엇인가? 교회를 염려하는 많은 이들은 그 원인으로 교인들의 이중적인 신앙생활, 바른 신앙 교육의 부재, 무자격 목사의 남발, 교회의 윤리와 도덕성 부족, 교회 내의 분쟁, 지도자들의 권력 다툼, 잘못된 전도 활동, 교회에 침입한 이단 사상, 지역사회와의 단절, 교회 공동체의 실종, 배타주의, 교회 파벌주의 등을 들고 있다.[11]

엄원용은 이러한 문제들을 극복할 수 있는 것으로 기독교 3바 운동을 벌이자고 주장한다. 이것은 기독교를 '바르게 알고', '바르게 믿고', '바르게 생활하자'라는 운동이다. "우리가 기독교에 대하여 바르게 알고, 바르게

---

10 더글라스A. 외/김진희 · 박신배 외 공역, 『그리스도의 교회들 운동 대사전: The Encyclopedia of the Stone-Campbell Movement』 (서울: 대한기독교서회, 2015), 13-861. 미국에서 토마스 캠벨이 1809년 『선언과 제언』을 '워싱턴 그리스도인협회'에서 출판하면서 '스프링필드 장로회의 유언서'와 함께 스톤-캠벨 운동의 '현장 문서'로 채택되면서 시작되었다. 그 후 1906년 선교회 문제와 개교회의 독립성을 주장하면서 그리스도인의 교제와 선교회 협력 기구가 성경의 권위에 저촉될 수 있다가 판단하여 '그리스도의 교회'(COC)로 2,600개 교회들이 다수의 스톤-캠벨 운동으로부터 탈퇴한다. 교파로서의 그리스도의 교회들은 분파(COC, CC, DOC)되어 내려온다. 미국과 캐나다를 중심으로 200년 동안 제2의 종교개혁으로서 그리스도의 교회 운동을 벌여왔다. 이 환원 운동은 교파를 초월하여 환원과 연합과 일치 운동을 벌이며, 신약 교회의 본질로 돌아가고자 하는 바른 교회 운동이다.
11 엄원용, 『한국교회에 보내는 편지』 (서울: 제이플러스 애드, 2016), 11.

믿고, 하나님 말씀대로 사랑을 실천하면서 윤리나 도덕적으로 흠이 없는 바른 생활을 한다면, 교회는 사회로부터 신뢰를 얻게 될 것이고, 그러면 전도도 저절로 될 것이며, 교회는 부흥이 되고, 자연히 세상에서 빛과 소금의 역할을 다하는 교회가 될 것이다."12 이는 너무도 중요한 이야기이다. 성경의 기본원칙을 잘 지키면 오늘날 교회 문제는 해결될 것이다. 그러나 한국교회는 이 기본 '3바 운동'(바르기 운동)을 잃어버렸다. 그 원인은 무엇인가. 자본주의, 맘몬에게 침범을 당하였기 때문이다.

그래서 한국교회가 자본주의의 영향과 물질적인 가치관으로 인해 바른 기독교 윤리의 가치관을 잃고, 그른 척도를 가지고 좌표를 상실하게 되었다.13 그래서 초대교회의 본질에 역행하며 교회가 마치 유전자 변형을 가져 원형을 잃어버린 것과 같은 현상에 빠졌다. 그리하여 복음의 순수성을 상실하여 난파당한 타이타닉호와 같은 상태가 되어 생명력을 잃은 한국교회가 되었다. 이제 쓸모없는 소금과 거짓 빛과 같은 존재가 되어 적그리스도 및 고라와 니골라 당과 같은 장망성(장차 망할 성: 파멸의 도시, 사 19:18)과 같은 존재로서 예수 복음의 본질을 잃어버리며, 소돔과 고모라와 같은 부정하고 부패한 도시와 같은 교회가 되었다. 오늘의 한국교회는 소돔과 고모라와 같지 않은가. 벳새다와 고라신과 같은 성읍, 요한계시록의 타락한 교회로서 촛대를 옮길 만한 교회가 되어버리지 않나. 이러한 상태에서 우리는 현 한국교회의 문제점을 잘 진단하고 바르게 하나씩 고쳐나가야 한다. 그래야 비로소 교회가 한국 사회의 희망이 될 것이다.

---

12 엄원용, 『한국교회에 보내는 편지』, 18.

13 임재천, 『오늘의 한국교회와 종교개혁: 평신도신학 하브루타』(미출간 자료), 18-44. 현대교회의 문제점(80쪽), 전체주의, 참 그리스도인과 유사 그리스도인(102-109쪽) 등 신학 전반과 현대사회와 교회에 대하여 인문학적 관점에서 잘 파헤치고 있다.

한국교회의 개교회주의와 세속화된 기독교, 장로교 중심의 다양한 종파주의는 한국기독교의 난립을 보여주고 있다. 또한 보수적 복음주의 교회는 사회 참여를 터부시하고, 개인 구원에만 강조점을 두며 신비적 신앙을 추구하고 있다. 다른 한편 신학이 실종된 현상으로서 이단적 개인주의화된 변질된 신앙이 주류가 된 한국교회 내 교회 구성원들로 인해 점점 더 어려운 상태가 되었고 또 본질을 떠난 비정상적 교회 형태를 가지게 되었다. 이러한 한국기독교와 교회는 초대교회의 사랑의 공동체와 선교 공동체와는 거리가 먼 모습을 보이고 있다.14 또한 한국 문화의 뿌리와 단절된 기독교와 교회의 모습이다.15 이제는 이상적 한국 교회와 복음의 문화적 토착화가 필요한 시대가 되었다.

여기서 한국교회의 문제점을 보여주는 아래와 같은 질문은 우리에게 시사해주는 바가 크다. "왜 젊은이들이 교회를 떠나는가? 왜 가나안(안 나가) 신자들이 점점 늘어나는가? 왜 연륜이 있는 교회들에게 다툼과 분열이 많아지는가? 왜 교회에서 실천보다 말과 회의가 많아지는 이유는 무엇인가? 왜 성도들이 자신을 돌아보기보다 다른 사람을 비난하기에 바쁜가? 왜 한국교회에 이동 신자들이 많은가? 왜 성도들이 중소형 교회보다 대형 교회로 몰리는가? 왜 교회에 등록하지 않고 다니는 선데이 크리스천이 많은가? 왜 설교를 듣는 성도들이 성경 공부를 지루하게 여기고, 교회마다 성경 공부가 활성화가 안 되는가? 왜 들은 말씀을 생활에서 실천하지 않고 계속 듣기만 하는가?"(성도가 왜? — 11가지 질문)16. 또한 교회에 대하여 문제가 되는 이유를 다음과 같이 묻고 있다. "왜

---

14 노치준, "한국교회의 개교회주의," 이원규, 『한국교회와 사회』 (서울: 나단, 1996), 39-73.
15 이만열, "한국문화와 기독교," 이원규, 『한국교회와 사회』 (서울: 나단, 1996), 280-291.
16 이대희, "38가지 질문," 미리토크 굿뉴스, 네이버.

교회가 성경, 한 권이면 충분하다는 믿음이 부족한가? 왜 교회가 단순한 복음을 복잡하게 만들어 예수에 집중하지 못하게 하는가? 왜 교회가 성도의 교제 없이 혼자서 예배만 하고 사라지는 성도를 계속 방치하는가? 왜 교회는 성도들이 스스로 말씀을 먹기보다는 설교 의존형의 신앙인 초보로 머물게 하는가? 왜 교회는 각 성도들의 영적 상태의 진단표를 갖지 못하고 개개인 신앙 관리를 잘하지 못하는가? 왜 교회는 교회와 성도를 분리시키는 부서 예배와 1, 2 예배를 고수하는가? 왜 교회가 특별한 프로그램과 시스템으로 운영하려고 하는가? 왜 유기적인 교회 구조를 수직적 불통 구조를 계속 유지하는 이유는 무엇인가? 왜 교회가 전교회 공동체로서 움직이는 공동체가 되기보다 특별한 사역자 중심으로 나가는가? 왜 교회 예배가 관중석과 무대와 같은 모습으로 수천 년 계속되는 이유는 무엇인가? 왜 교회는 위기가 닥쳐옴에도 예배와 설교로만 유지하는가? 왜 하나님의 말씀인 설교를 다양하게 시간을 정하지 않고 30분의 틀을 계속 고수하는가? 왜 시간 중심과 창의적인 목회보다는 공간과 건물 중심의 목회를 벗어나지 못하는가?"(교회가 왜? — 13가지 질문)[17]

---

17 이대희, "왜 그럴까? — 38가지 질문," 미리토크 굿뉴스. "목회자가 왜? — 7가지 질문, 왜 목회자들은 각 성도들의 신앙생활의 점검을 하지 못하는 이유는 무엇인가? 왜 목회자들이 일주일에 하루를 깊은 말씀 연구와 배움에 시간을 내지 못하는가? 왜 목회자가 성경 자체보다는 성경에 관한 2차 자료에 관심이 많은가? 왜 노회가 목회자들의 말씀 무기 무장을 위한 역할보다 회의와 교제가 주된 목적이 되는가? 왜 목회자들이 목양과 말씀 양육보다 정치와 모임에 바쁜가? 왜 목회자들이 가르쳐 지켜 행하는 일에 전력투구하지 않는가? 왜 목회자들은 성경을 배우기보다 목회학, 신학박사 학위를 받는 일에 열심인가?" 또 말씀을 가르치고 목회자를 양성하는 교육 기관에 대한 질문을 7가지 하고 있다. "신학교가 왜? — 7가지 질문, 왜 신학교는 성경 자체를 가르치기보다 신학 공부에 더 관심이 많은가? 왜 신학교는 신학생들이 성경을 모른 상태임에도 졸업시켜 교회에 내보내는가? 왜 신학교는 학위에 그렇게 가치를 두면서 그것에 최고의 목표를 두는가? 왜 신학교는 졸업생에 대해 무한 책임을 지지 않는가? 왜 신학교는 졸업생을 제대로 자

이대희는 38가지 질문을 통해 한국교회의 문제점과 그 개혁의 대상을 진지하게 질문하고 있다. 더 나아가 제1의 종교개혁이 본질에 대한 문제라며 제2의 종교개혁은 본질을 실천하는 문제라고 말한다.[18] 어떻게 말씀을 적용하여 삶으로 살아내는가 하는 것이 중요한 것이라고 본다. 여기에서 문제는 초대 그리스도의 교회와 같은 성령 충만한, 본질적인 교회의 형태를 잃어버린 것이다. 왜냐하면 교회가 생명력이 없는 형식화된 교회가 된 것과 예수 그리스도의 공생애 전도와 같은 희년 선포의 복음을 잃어버렸기 때문이다.

또한 예수의 열두 제자를 훈련시키는 제자화 과정의 본질적 요소들을 찾아 복음의 신앙 인격화와 신앙의 내면화를 시키지 못하였다. 또 적용하지 못하는 열매 없는 신앙인으로서 모습으로서 똑바로 된 복음화의 삶과 인격적 목회를 하지 못한 데서 기인한다(딤후 2:2). 더욱이 말씀에 사로잡혀(행 7장의 스데반이나 빌립처럼) 말씀의 사람이 되어 자신으로부터 심령의 개혁을 이뤄서 땅끝까지 복음을 전하러 갈 수 있는 오직 복음의 사람을 키워내지 못하는 한국교회의 문제에서 초대교회 성도처럼 작은 교회 원형에서부터 인격적 변화를 일으키는 신앙과 말씀 운동이 필요함을 말하고 있다.[19] 오늘 시대의 종교개혁가로서 부른 하나님의 종들은 말씀에 사로잡힌 종으로서 말씀의 사람이요 성령의 사람이었다. 또한 한편 한국교회가 선교하는 교회, 사도행전적 성령의 역사가 역동적으로 움직

격점검 없이 그렇게 많은 인원을 속성으로 배출하는가? 왜 신학교 교수는 학문적인 학위를 가진 자만이 교수 자격을 정하는가? 왜 신학교는 삶을 통해 배우는 도제식 교육은 없는가?"

18 이대희,『미리토크』(서울: 예즈덤, 2022); 이대희,『바이블시선: 되새김 120일 쉬운통독』(서울: 예즈덤, 2022), 1-3.

19 이대희,『원형교회: 예수님이 주인이신 — 성경 하브루타 매뉴얼』(서울: 2018, 유페이퍼), 56-57.

이는 교회가 되지 못하면서 한국교회의 문제점이 생성되었다. 교회의 분쟁과 인본주의적 교회가 되면서 문제가 야기된 것이다. 그래서 초대교회와 같은 세계 선교를 감당하는 조직에 관하여 연구하고 실천하는 작업이 필요하다.[20]

한국교회의 기형적 교회 문제는 세 가지로 압축할 수 있을 것이다. 즉, 자본주의형 교회, 명칭만 장로교형 교회, 이단형 교회 등이 병든 한국교회 형태이다. 다시 말해 첫째, 자본주의적 교회 형태이다. 이는 현대 자본주의 사회와 가치관이 교회에 미친 영향에 기인한다. 이러한 교회 형태로서 교회 성장 중심의 성공주의와 대형 교회 추구의 영성 개발, 말(설교) 중심의 교회 형태(성만찬의 신학과 인격의 삶이 없는 신앙 형태), 가정 해체의 프로그램형 추구의 교회 모습, 한 목회자 중심의 교회 체제(담임 목회자 중심) 등의 모습을 볼 수 있다. 자본주의의 단점과 사회주의의 단점을 극복하여 초대 그리스도의 교회의 이상적 사회를 펼 수 있는 이념과 그러한 공동체를 만드는 과제가 주어진다.[21]

둘째, 장로교형 교회로서 칼빈주의 교리, 절대주권(튜립)을 강조하며 보수적 교권주의 형태를 추구하는 교회 형태이다. 이것은 한국교회의 주류를 형성해서 명칭만 외형적으로 장로교가 된 교회이다. 그래서 모든 교회들이 사이비 이단을 피하려고 장로교 간판을 달고 있지만, 오히려 간판 뒤에 숨어서 이단 종파의 온상이 되고 있다. 변종 장로교회의 형태가 한국교회의 이단성과 비복음적 요소를 많이 담고 있다. 교회 현장이 사회와 직장과 분리된 신앙을 갖게 해서 삶의 현실과 괴리된

---

20 패트릭 존스톤/이창규 · 유병국 역, 『교회는 당신의 생각보다 큽니다』(서울: WEC 출판부, 1999), 224-255.

21 리까르도 안똔시크 · 호세 미구엘 무나리스/김수복 역, 『그리스도교와 공동체 사회』(서울: 일과놀이, 1990), 286-313.

신앙인으로서, 삶과 신앙이 분리된 이원화되고 인간과 삶의 현장이 분리된 신앙의 형태를 가지고 있다.

셋째, 한국교회의 문제로서는 새로운 이단 종파가 늘어나고 있고, 사이비종교가 우후죽순 생기고 있다. 자칭 메시아, 자칭 재림 예수라고 하는 사람들이 많아지고 있다. 이러한 이단이 한국교회를 잠식하고 있는 상황이다. 유다서의 니골라당이나 고라당, 소돔과 고모라의 모습이나 요한계시록의 종말론적 재앙의 상태나 초대교회의 적그리스도와 거짓 사도가 난무한 상황이며, 오늘날의 한국교회의 상태가 되었다. 이러한 혼돈과 어둠의 상태를 벗어나서 다시 교회 질서를 찾고, 이상적인 개혁 교회로 가기 위한 자성과 회개가 일어나서 교회 청결 운동과 성결 운동이 대대적으로 전개되야 한다.

또 우리는 교회 내 경건 운동을 어떻게 할 수 있는지 연구하고 시도해야 한다. 히스기야, 요시야, 느헤미야, 에스라 등과 같은 지도자의 소명으로서 주의 종의 부름을 받고 나서야 한다. 우리는 신앙 개혁가의 심정으로 바울과 디모데, 디도 그리고 베드로와 야고보, 유다 등의 초대교회 지도자의 눈으로 오늘 다시 신앙의 좌표를 보며 변화의 핵이 될 수 있는 영성과 신학과 인격을 가지고 젊은 청년들을 가르쳐 교회 환원 운동을 전개해야 한다. 그리고 그 젊은 씨앗이 교회 전체를 변화시키려는 움직임이 퍼져야 할 것이다. 이제 한국교회의 변화와 개혁이 시급히 요구되고 있다.

그러면 여기서 한국교회를 위한 대안적 해결 과제를 다섯 가지 주제로 제안하고자 한다. 첫째, 변화의 모델이 될 만한 신학자와 목회자(10대 목회자)를 선정하여 영성이 깊은 목회자와 신학자, 뒤를 좇아갈 수 있는 신앙의 모범적인 길을 제시하고, 그러한 계기를 통해 바른 영성 지도자의 상으로서 신앙인이 따를 모범이 되는 것으로 그 도구를 가질 필요가 있다. 또한 한국적 기독교 신앙 형태를 개발하고, 초대교회의 신앙 본질을 연구하며 회복할 수 있도록 초대교회형의 제도를 연구하고, 초대교회와 관련된 연구 기관을 다원화하고, 신학교가 올바르고 참된 종을 배출할 수 있도록 하고, 신앙의 선진들의 순교적 신앙을 다시 한번 회고하며 계속 그러한 종들을 소개해야 할 것이다.

한편 이제는 교회 양적 성장을 이룬 목회자보다 원어 연구와 학문적 연구와 더불어 성령의 은사 개발과 성숙한 교회와 영성가, 신학자들이 협업을 하여 세계 교회의 갱신을 위해 노력을 경주해야 한다. 또한 기독교계가 깊은 기도와 성숙한 신앙 인격을 닦은 목회자를 존경하고, 깊은 영성의 목회자를 우대하는 한국교회의 성도들과 교회가 된다고 하면 자본주의 논리의 교회상(像)이 빚은 오늘의 기형화된 교회의 어두운 병을 고칠 수 있을 것이다. 그래서 초대 그리스도의 교회, 성령 충만한 교회상으로 변화되어 빛과 소금이 되는 교회와 성도, 목회자가 될 것이다. 그러면 한국기독교가 한국 사람들에게 일견 '개독교'가 되지 않고 다시 사회적 존경을 받고, 이 사회의 정신적 지주로서 자리매김하며, 사회 변화의 축이 되어 한국 사회 정화의 나침반이 되고, 잣대(바로미터)가 될 것이다.

또한 말씀과 성령 운동으로 평양 대부흥 운동과 같은 역사가 일어나도록 에스겔, 요셉, 모세, 브살렐과 오홀리압, 여호수아, 다윗, 다니엘, 에스라 리더십이 서야 할 것이다.[22] 즉, 이들처럼 메시아의 리더십이 세워져 한국교회에 성령의 역사가 다시 일어나서 존경받는 영적 지도자와

---

22 김진섭, "구약이 말하는 말씀과 성령님: 평양대부흥 운동의 역사적 정황과 현대적 적용을 중심으로," 『회개와 갱신: 평양대부흥 운동의 성경신학적 조명』(한국구약학회, 한국복음주의구약학회, 한국신약학회, 한국복음주의 신약학회, 2007. 5. 25.), 193-218.

함께 교회에 변혁의 주체가 되어야 할 것이다.

둘째, 목회자 영성 추구도 이제는 수도원적 영성을 추구하며, 가난과 청렴의 목회자상을 가지려는 방향으로 나가야 할 것이다. 세계 교회사 속에 어두운 시대에 한줄기 밝은 빛을 준 시대는 수도원적 영성을 가지고 교회의 중심을 잡고, 중세 시대의 빛을 준 것을 이제 기억해야 할 것이다. 사경회 중심의 집회와 수도원적 묵상과 기도를 통한 자아 들여다보기, 성숙한 신앙인의 모습을 가질 수 있는 프로그램을 개발하고, 안식일(주일) 영성으로 가정이 회복되는 한국교회로서 초대교회의 성도들의 신앙 모습을 찾는 것은 오늘 긴요(緊要)하고 긴급(緊急)한 일이며, 한국교회가 시급히 서둘러야 할 대목이다.

수도원적 영성으로 목회자들 자신부터 변화하여 마치 가톨릭교회가 피정(避靜)하는 것처럼 개신교도 기독교 영성으로, 묵상과 명상의 영성으로 존 번역의 천로역정 산책이나 조용한 기도원의 영성 훈련과 같은 깊이 있는 말씀 묵상 연구 그리고 성령 임재의 신앙 사건, 이와 더불어 원어 성경 해석과 말씀의 심화 작업, 이를 통한 영성 치유 과정이 필요하다. 마르틴 루터와 같은 종교개혁가들이 매일 말씀 묵상을 얼마나 깊이 있게 했는지 주지해야 한다.[23] 우리도 매일의 묵상을 깊이하고, 올바른 말씀 해석과 적용에 기초한 신앙생활, 말씀 묵상과 성경 공부에 따른 실천과 올바른 삶에 적용하도록 노력해야 한다.

또한 성숙한 신앙 인격이 멘토링 과정을 통해 이뤄지도록 하며, 교회 내에서 이뤄지고 확대할 수 있도록 하고, 스마트폰의 카톡이나 네이버 카페, 페이스북 등에서 말씀을 암송하고 연구하는 운동이 보다 활발하게

---

23 Dr. Martin Luther(Helmut Korinth), *Christlicher Wegweiser fuer jeden Tag* (Hamburg: Druck Offizin Paul Hartung, 1999), 7-372.

이뤄지게 하기 위해 건전한 매체를 발굴하고 소개하자. 오늘의 시대가 과학화되고 인공지능 시대로 가는 종말론적 현상이 일어나는 때에 신앙 지키기를 할 수 있는 대안과 성만찬적 교회 공동체 확대하기 등 교회 개혁의 방향을 잡고 신앙 기드온의 삼백 용사를 만들어야 한다. 또 우리는 초대교회로의 환원 운동 깃발을 들고, 의식 있는 한국교회 개혁가로부터 새로운 종교개혁가들이 필요하다. 곧 우리는 루터와 칼빈, 츠빙글리, 토마스 뮌처, 존낙스, 존 웨슬레, 알렉산더 캠벨, 발톤 스톤, 조나단 에드워즈, 백스터 등과 같은 개혁가가 되어 이제 다시 종교개혁을 실천해야 할 때가 되었다.

평화의 종교개혁가 얀 후스가 있다. 체코의 종교개혁자 후스는 600주년 순교 기념을 맞는데 그는 루터의 종교개혁 100년 전 개혁의 전조를 보이며 프라하 4개 조항을 통해 하나님의 말씀, 이종성찬, 사제의 세속 통치, 죄의 처벌 등에 대하여 개혁을 요구하고, 위클리프 정신을 추구하며 그의 정신을 중심으로 하여 로마 교회를 향해 진리와 정의를 외쳤다.[24] 이는 오늘도 보이지 않는 맘몬의 우상, 유령과 같은 자본주의형 교회에 대하여 십자가형 교회를 주장하며 만인제사장으로서 성도들이 기치를 올릴 때이다.

셋째, 그리스도인은 순전한 기독교와 온전한 기독교인이 되기 위해서 "남에게 대접을 받고자 하는 대로 너희도 남을 대접하라"라는 원칙을 삶 속에서 실천할 수 있어야 한다. 또한 "교회가 세상을 이끌어야 한다"라는 말속에서 '교회'는 실천적인 그리스도인 전체를 가리켜야 하며, "남에게 대접을 받고자 하는 대로 너희도 남을 대접하라"라는 원칙을 실천하기 위해 모든 노력을 기울여야 한다는 뜻이 되어야 한다. 즉, 그리스도인들이

---

24 토마시 부타/이종실 역, 『체코 종교개혁자 얀후스를 만나다』(서울: 동연, 2015), 158, 172.

경제학자나 정치가야 되어야 하며, 모든 경제학자와 정치가는 그리스도인이어야 한다고 루이스는 말하기도 한다.[25]

하나님 사랑하기를 배우지 않는 한 내 이웃을 내 몸같이 사랑할 수 없다. 그리고 하나님께 순종하는 법을 배우지 않는 한 그분을 사랑할 수 없다.[26] 루이스는 참다운 그리스도인과 기독교에 대한 원리를 말하고 있다. 루이스는 사회의 대다수가 그리스도인이 되어야 기독교 사회에 도달할 수 있다고 말하며, 두 가지 일을 해야 한다고 말한다. 첫 번째, 그것이 바로 "남에게 대접받고자 하는 대로 너희도 남을 대접하라"라는 원칙을 현대사회에 세부적으로 적용할 방법을 찾는 일이다. 두 번째, 그렇게 찾은 방법을 기꺼이 적용하는 사람이 되는 일을 동시에 해야 한다는 뜻이다.[27] 다시 말해 섬기는 사람으로서 빛과 소금의 역할을 하는 바른 그리스도인이 되어야 한다.

넷째, 한국교회가 평신도 교회 형태로 변혁되어야 하며, 한국교회에 문화의 혁명이 일어나야 한다. 이는 한국교회의 근본적 문제가 한국 문화적 교회, 한국인의 심성에 맞는 토착화된 교회에서 비롯되지 못한 데에 있다. 그래서 평신도인 이의용은 기업 문화의 관점에서 교회 문화의 변화에 대하여 지적하며 한국교회의 혁명적 변화가 일어나야 한다고 주장한다.[28]

교회 문화와 예배 문화, 집회 문화와 리더십 문화, 임직 문화와 교육 문화, 언어 문화와 출판 문화, 커뮤니케이션 문화와 장례 제례 명절 문화 등이 바뀌어야 한다고 주장하며, 교회와 미래, 교회 문화 가꾸기에

---

25 C. S. 루이스/장경철 · 이종태 역, 『순전한 기독교』 (서울: 홍성사, 2006), 140-145.
26 같은 책, 137-145.
27 같은 책, 146.
28 이의용, 『교회 문화 혁명』 (서울: 기독신문사, 1999), 8-11.

대한 혁명적 시도를 해야 할 것을 제언한다. "이번 한국 갤럽 조사 결과는 교회가 복음의 본질에서 점점 멀어지고 있음을 지적해주고 있다. 당장은 비본질적인 것이 힘 있어 보이지만 교회와 그리스도인은 복음의 능력만을 믿고 본질에 충실해야 한다. 교회의 '교회다움', 그리스도인의 '그리스도 인다움' 회복이야말로 교회와 나라가 사는 유일한 길이다."[29] 기독교와 교회, 그리스도인의 본질을 추구하고 그것을 회복하는 운동, 초대교회로의 환원 운동이야말로 중요한 과제임을 보여주고 있다. 한국기독교와 교회가 바뀌어야 함을 알게 된다.

한국교회의 문제는 우리나라의 재래 종교와 한국인의 문화, 심성에 대한 깊은 이해 없이 정통적인 신앙을 강조하며 우리의 문화를 도외시하고, 한국인의 내면세계와 심성을 이해하지 않으려 한다. 우리의 유구한 5,000년 역사 속에 내려온 한국인의 문화를 무시하며 민간 신앙과 샤머니즘적인 요소를 우상과 미풍양속으로 돌리고, 깊은 대화를 통한 전도의 가능성을 막아버리는 얕은 신앙의 모습을 가져 왔다.[30] 앞으로 한국인의 유교적 문화권에 대한 이해와 토착화신학에 대한 깊은 이해를 심도 있게 하고, 한국교회와 신학교가 우상 타파주의를 넘어 한국적 기독교 문화를 정착하고 창조적 한국인의 교회와 모델이 될 아시아적 교회 형태를 가질 수 있도록 해야 한다. 이제는 한국적 교회를 말할 수 있는 이상적 교회 모습을 모색해야 할 때이다.

다섯째, 한국교회가 이제 모두 통일 교회 운동을 보이며, 통일 신학을 근거로 통일을 준비하는 교회 형태로 변화되고, 온전한 복음 통일이

---

29 같은 책, 56.

30 박봉배, "전통문화 변용과 기독교," 이원규, 『한국교회와 사회』 (서울: 나단, 1996), 228-253.

이뤄지도록 기도하고, 통일을 대비한 논의와 토론을 활발하게 하며, 통일 신학의 논제(論題)를 심도 있게 다뤄야 한다. 통일 신학은 통일의 리더십을 통해 전개되어야 하기에 한국교회 목회자 장로들, 집사들이 지도자가 되어야 한다. 그래서 지도자로부터 가나안 신도들까지 그들이 다시 돌아와서 사회 전도사로 나서서 통일의 리더십을 세워야 한다.31

이제 다시 한반도 분단의 70년 역사를 회고하며 심리적 통일에서부터 시작하여 하나님 나라의 복음 선교를 감당하게 될 때까지 교회마다 통일을 중심 주제로 삼고, 통일형 교회로 변모해가야 할 때가 되었다. 미래 사회가 통일 교회를 중심으로 이뤄지며, 이는 출애굽 공동체가 성막 공동체를 중심으로 형성되는 것과 같은 이치이다. 통일 시대의 한국교회를 그리며 북한에 교회를 재건하는 일이 중요한 과제이다.32 "여기서 하나님 나라 복음의 선포는 교회와 그리스도인의 실천을 동기화 하는 가장 중요한 관심사인데, '통일 선교 신학'이라는 통일 신학의 하나의 새로운 영역도 열릴 수 있게 되었다. 이제 우리는 그간 교회와 그리스도인 이 실천했던 분단 극복의 발자취를 되돌아보고, 오늘의 한반도의 상황 속에서 위기를 맞고 있는 통일 선교의 실천적 과제를 제시하여 보고자 한다."33 여기서 박정수는 북한학교 돕기 운동, 북한 교육 관련 지원 활동을 통해 남북 나눔 운동을 전개할 것을 제안한다.34 통일 작업은 한 교회마다 심도 있게 생각하고 토론하며 감당하고, 새터민, 탈북자와 그들의 교회들과 함께 심도 있게 전개해야 할 것이다. 그리고 통일교회

31 박신배, "통일신학과 통일 리더십," 『구약의 개혁 신학』 (서울: 크리스천 헤럴드, 2006), 321-347.
32 김성철, 『디아코니아 Diakonia』 (서울: 평화사회복지 연구소, 2000), 220.
33 박정수, 『성서로 본 통일신학』 (서울: 한국성서학연구소, 2010), 171.
34 같은 책, 180-202.

비전이 오늘날 새로운 종교개혁의 주제와 기본 테제가 되며, 중심축으로 개혁 교회를 이끌어 가는 동력이 되어야 할 것이다.

다시 한번 한국교회 변화의 주제로 다섯 가지를 요약하며 이를 통해 한국교회가 변화되고 새로운 한국적 기독교 문화, 바람직한 초대교회와 같은 성령 충만한 교회가 되기를 바란다. 첫째로 한국교회에 존경할 만한 영적 지도자로서 신학자와 목회자 열 명을 선정하여 소개한다. 둘째로 본받을 목회자의 영성으로 수도원의 영성, 주일(안식일) 준수의 영성, 성만찬 인격의 영성을 추구하며, 셋째로 남을 대접하는 기독교 영성으로 섬기는 기독교인의 삶을 살도록 순전한 기독교인이 되는 것이다. 넷째로 교회 문화 혁명을 통해 복음의 능력을 입은 기독교 문화와 교회 문화를 갖추는 것이다. 한국 문화적 교회, 한국인의 심성에 맞는 토착화 교회를 새롭게 형성하는 것이다. 다섯째로 한국교회가 이제 모두 통일 신학을 추구하며, 통일형 교회 형태를 취하여 통일을 준비하는 교회가 될 때 한국교회의 희망이 있을 것이다.

3. 환원 운동, 한국교회의 희망, 환원 운동으로서의 신학

초기 기독교인이라고 할 때 학자들은 1세기에서 6세기 걸쳐 예수를 따랐던 사람들을 언급한다.[35] 그러나 초대 그리스도의 교회 성도들은 신약성경 저작 시기로서 1세기에서 2세기 말까지로 보는 것이 좋은 것 같다. 신약성경을 배태(胚胎)한 공동체와 교회가 바로 초대 기독교인이라고 봐야 할 것이다. 초대교회의 본질은 무엇인가.

기독교 신앙의 본질을 찾는 길은 무엇인가. 그것은 초대교회로 돌아가

---

35 J. F. Kelly/방성규 역, 『초대 기독교인들의 세계』 (서울: 이레서원, 2002), 19.

서 그때의 상황과 복음의 본질을 찾는 것이 중요하다. "초대 그리스도의 교회의 상황과 공동체의 특성은 기독교인의 박해 상황과 그에 대응하여 순교 신앙 속에 카타콤 신앙과 이단의 위협에 대처한 교부들의 변증학이 그 특징으로 나타났다. 초대 교부들의 영성은 순교자 영성과 변증이라는 두 과제를 실천하는 데에서 그들의 영성이 나타났다."[36] 더 나아가 "초대 교회의 영성과 평화"라는 글에서 요약적으로 초대교회의 신학과 신앙에 대한 평화 영성을 이야기한다. "왜 초대 기독교는 순교가 최선의 평화 영성인지 보여준 것이었다. 초대교회의 이상적인 영성의 모델이 되었다. 초기 기독교 영성은 물리적 박해가 아니더라도 내면적인 마음의 순교가 이루어지고, 끊임없는 이교적 유혹에서 자신의 순수한 신앙을 지키려는 새로운 형태의 정통 복음 신앙의 변증이 시대마다 이어지고 있는 것이다. 본질적 신앙의 모습과 이 원형의 개혁 교회 모습이 교회사를 통하여 계속 있어 왔음을 알 수 있다."[37] 즉, 이러한 순교 신앙과 기독교 변증은 매 시대마다 이어지고 있는 신앙적 고백이라는 사실을 말하고 있고, 오늘도 이러한 과제를 실천해야 함을 역설하고 있다.

"오늘이라는 시점에서 본질적 신앙을 지키기 위해 새로운 순교가 이어지고, 부정하고 부패한 우리의 교회 현장에서 십자가 지는 각오가 필요하며, 전도와 선교를 위하여 제자 삼기를 하며, 이를 위해 자신의 십자가를 지는 결단이 요구된다. 현대 물질 문화 풍조와 바알(Baal) 종교와 같은 교회 문화 형태 그리고 이 종교적 혼합주의 신앙 경향에서 다시 교회 갱신을 위한 신앙의 변증과 복음적 신학 운동이 필요한 시대임을 더욱 절감하게 된다. 이 시대는 초대교회와 같은 절박한 신앙이

---

36 박신배, 『환원 신학의 세계: 초대교회로의 행진』 (서울: 더북, 2013), 108.
37 같은 책, 같은 곳.

요구되고, 어두운 종교 환경에서 새로운 순교의 각오가 필요하며, 무력한 영적 혼탁의 시대에 새로운 영적 각성이 필요하다."[38] 여기서 환원 운동의 목표가 무엇이며, 환원 운동의 신학이 무엇이어야 하는지 분명하게 지적하고 있다.

초대교회의 예배 중심에는 주의 만찬이 있었다는 사실을 기억하며 오늘 개혁 교회에서도 성만찬을 회복하는 운동을 벌여야 할 것이다.[39] 휘거슨은 교회가 이스라엘 백성과 메시아(역사와 종말)의 의미를 가진 공동체라고 보며 교회와 주님(교회의 본질), 교회와 구세주(구원과 교회 구성원), 교회와 대제사장(예배와 모임), 교회와 감독(계속적 사역), 교회와 교사(새로운 삶의 방식)라는 개념으로 보며 교회의 일치와 연합 정신을 통해 주의 만찬 정신을 회복할 것을 주장한다.[40]

그리스도의 몸을 회복할 수 있는 것은 교회 공동체임을 말한다. 이제 우리는 주의 만찬 신학을 강조하는 교회를 지향해야 한다. 한스 큉은 교회를 우주적 개념 속에서 가톨릭과 개신교의 교회 개념을 포괄하는 의미로서 말한다. 그래서 교회를 실제적인 교회, 도래하는 하나님의 지배, 교회의 근본 구조, 교회의 차원, 교회 내의 봉사 등으로 나누어 살펴보며 교회의 일치성과 가톨릭교회, 거룩한 교회, 사도적 교회를 위한 교회를 주장한다.[41]

한스 큉은 하나님 나라와 교회, 예수와 하나님 나라를 다루는 부분에서

---

38 같은 책, 109.
39 휘거슨/기준서 역, 『현대인을 위한 성서적인 교회』 (서울: 그리스도신학대학교 출판부, 1997), 337.
40 같은 책, 540-552.
41 한스 큉/정지련 역, 『교회: 가톨릭과 개신교를 초월한 교회론 사상의 결정』 (서울: 한들 출판사, 2007), 서론, 11-13.

기독교교의학의 시작은 교회론에서부터 출발해야 한다고 주장한다.[42] "교회의 실제적인 본질은 비본질 속에서 나타난다"하며 신앙의 대상으로서 교회를 말한다. 그는 성만찬의 공동체가 절대적 교회의 모습이라고 제시는 하지 않고, 성만찬의 역사와 의미를 말하고 있다.[43] 즉, 그리스도의 몸으로서 교회가 세례와 성만찬 공동체라고 본 것이다. 우리는 여기서 더 나아가 우리가 추구해야 할 공동체가 주의 만찬 공동체라는 사실과 초대교회 공동체의 교회 의미를 찾아 그 본질과 원형의 교회로 다시 회복해야 할 것이다.

주의 만찬 신학은 주의 성육신 신학과 연결되어 그리스도의 화육(Incarnation)은 예수의 인격과 겸손의 삶을 보여준다. 그래서 다음의 그리스도 화육이 갖는 의미는 의미심장하다. "생명은 교리보다 더 중요하고, 신앙은 신학보다 더 중요하며, 그리스도는 기독론보다도 더 중요하다. 초대교회의 기독론은 대단히 중요하다. 그 까닭은 그것들이 우리를 초대교회의 그리스도에게로 인도하여 주기 때문이다. 만일 저들이 예수가 가진 그 위대한 의미를 설명하려고 시도하지 아니하였다면 예수가 실로 의미하는 바를 우리는 전혀 알 수 없을 것이다. 그리스도는 기독론 이상의 분이다. 어떠한 기독론도 그리스도의 의리를 완전하게 다 표현할수는 없다. 그리스도는 영원한 분이다. 여기에 우리의 과제가 있다. 우리는 자신과 우리 시대를 위하여 그리스도의 영원한 의미를 풀어야할 의무가 있는 것이다."[44] 문상희는 그리스도의 선재설, 겸허설, 화육을 다루며, 그리스도의 화육론의 결론을 표현한 문장으로 오늘 우리의

---

42 같은 책, 서론, 36-41.

43 같은 책, 298-318.

44 문상희, "신약의 그리스도의 화육론," 『신약성서 해석』 (서울: 대한기독교서회, 2008), 461-470.

화두, 한국교회 개혁과 환원 운동, 그 대안 신학으로서 환원 신학에 대한 주제가 어디를 향하여야 하는지 말하고 있다. 바로 그리스도 생명이 어야 함을 가리키고 있다 하겠다.

초대 그리스도의 교회 공동체는 평등과 나눔의 밥상 공동체였고, 가난한 사람들의 공동체였으며, 재산 공유제와 무소유의 공동체 생활의 공동체였다(행 2:44-45). 이러한 이상적 공동체 개념을 오늘의 교회 안에서 실현할 수 있는가 고민해봐야 할 것이다. 이러한 재산 공유 제도와 경제 공유의 개념을 개발하고 실천할 방안을 연구해볼 수 있을까. 초대 그리스도의 교회로 돌아가는 것은 복음의 삶과 하나님 나라 실천의 중심에 예수 공동체 정신을 실현하며 밥상 공동체를 이루는 것이다.[45] 이것은 교회 안에서 하나님 나라의 평등을 이루며 초대교회의 평등의 비전을 보고 오늘의 삶 속에서 살아내는 것이다.[46]

예수처럼 차별 없이 비천한 사람들과 가난한 사람, 병든 사람들을 돌보며, 어린이와 같이 무력한 자와, 극빈자들을 자유롭게 하며, 생존권을 보장하는 공동체, 하나님의 사랑을 실천하는 공동체, 예수 정신을 실현하는 공동체가 되도록 개혁 교회의 길로 나서야 한다. 초대교회의 공동체는 공동식사, 주의 식사를 하던 가정(하나님의 가정 구성원, 오이케이오이)과 가족(오이코스) 공동체로서 교회(에클레시아)의 실천(프락시스)이 고대 식사 공동체와 유사하며, 그리스-로마의 연회 문화에 맞는 식탁 친교 모델이었기 때문이다. 초대 그리스도의 교회 공동체는 식탁 공동체로서 집단 내부의 결속과 그리스도 신앙 공동체로서 집회와 식사 교제를

---

45 김명수, "초기 기독교 예수 운동에 나타난 공(公)경제윤리,"「신학사상」150집 (2010, 가을): 108-109.
46 김경희, "예수의 하나님 나라 선포를 통해 본 평등의 비전,"「신학사상」150집 (2010, 가을): 38-40.

통해 신앙 가족, 하나님의 가정이 되었던 것이다.[47] 이는 오늘도 초대 그리스도의 교회 공동체와 같이 식탁 공동체, 신앙 공동체가 되어 한 가족이 되며, 하나님 나라의 가정이 되어야 함을 알게 된다.

이문식은 21세기와 환원 운동에서 제도 교회와 분파주의를 극복하고 초대교회를 향한 환원 운동이 알렉산더 캠벨에 의해 1830년에 시작되었다고 언급한다. 이 환원 운동은 사도적 전통을 계승하고, 복음 변증의 시대적 소명을 감당하며, 바벨주의에 대한 종말론적 소망을 선포하였다고 말한다.[48] 오늘날도 초대교회를 향한 복음의 본질을 회복하기 위한 환원 운동이 펼쳐져야 할 것이다. 이제 다시 한국교회와 세계 교회를 향한 초대교회의 본질로 돌아가는 95개 반박문을 새 비텐베르크 교회 게시판에 달고 "성경으로 돌아가자", "초대교회로 돌아가자", "본질로 돌아가자"라는 환원 운동의 기치를 들 때이다.

"근원으로 돌아가자"(Ad fontes), 이 환원 운동의 신학이 바로 이 시대의 대안 신학으로서 '환원 운동 신학'(Restoration Movement Theology)이며, 예수 사랑, 예수 인격을 닮은 새로운 형태의 주의 종이 필요한 시대가 되었다. 새로운 한경직, 손양원, 이흥식 같은 종이 필요한 시대이다.[49] 환원 신학의 본질과 초대교회의 원형을 찾아 환원 운동 신학을 연구해야 한다.[50] 그리고 더 나아가 신구약성경의 상관성의 기반에서 말씀과 성령에 사로잡힌 성도가 신약에 근거한 교회, 본질적 원형교회를 추구하며 교회의 변혁과 신앙의 혁명을 통해 성숙한 기독교인으로 거듭나도록

---

47 에케하르트 슈테게만·볼프강 슈테게만/손성현·김판임 역, 『초기 그리스도교의 사회사』 (서울: 동연, 2009), 438-454.

48 이문식, 『환원 운동의 역사와 사상』 (서울: 자루닷컴, 2012), 499-553.

49 박신배, 『환원 신학과 구약성서』, 200-206.

50 박신배, 『환원 신학의 세계: 초대교회로의 행진』, 13-73.

하고, 우리는 더욱 심기일전해서 배전(倍前)의 노력을 경주해야 할 때이다.

다시 한번 말하면 교회의 본질과 원형은 신약성경 27권에 나타난 이상적인 공동체의 모습이자 초대 그리스도의 교회이다. 신약이 교회의 헌법이며 직제의 표본이기에 신약성경이 따라야 할 교회의 직제와 제도이며, 신약성경 초대교회의 모형을 따라야 한다. 우리는 초대교회로 돌아가고자 하는 신학으로서 환원 신학이 최상의 대안이 된다. 팬데믹 시대의 한국교회가 심각한 중병에 걸린 사람처럼 되어버렸다. 이에 우리는 다시 이상적인 신약 교회의 목표를 향해 부단한 개혁을 해야 할 때이다. 그 이상적인 규범과 틀, 모델은 신약성경이다.

III. 나가는 말

어느 시대를 막론하고 파국적인 종말론적 현상이 일어나지 않은 적이 없다. 하지만 교회가 타락하고, 성도들이 부패하고 부정할 때 그 공동체와 사회는 망했던 것을 기억한다. 마치 의인 10명이 없어서 소돔과 고모라가 멸망했던 것처럼 말이다. 그러나 소돔과 고모라와 같은 도시 형태, 윤리성이 떨어진 현대사회 모습과 최근 발전된 로봇과 인공지능 문명, 드론의 문명 시대와 빅데이터 전자 시대를 통해 현대 문명과 전자 문화는 점점 인본주의와 가상 세계를 통한 비인간화, 비인격화의 거대한 물결이 몰려온다. 적그리스도 출현이 점차로 가까이 오고 있음을 인지하게 된다. 지구 환경의 오염이 심각해서 마스크를 썼는데, 이제는 팬데믹의 전염병으로 모든 곳에서 마스크를 쓰지 않으면 안 되는 시대가 되었다. 여기 교회 내 영적 오염과 환경은 심각해서 복음의 본질과 순수한 교회의 본질을 찾아보기 힘든 때가 되었다. 지금까지 초대교회로의 환원 운동을 화두로 놓고 이야기를 진행해보았다.

결국 초대교회의 성령 충만한 교회 본질이 회복되어야 하며, 초대교회와 같은 뜨거운 신앙과 순교적 결단, 공동체 신앙이 요구되고 있다. 우리는 다시 복음의 본질을 잡고, 사랑을 실천하고, 참 그리스도인으로 살아가는 삶의 모습이 우리에게 요구되는 것을 알게 되며 고백하게 된다. 나로부터의 개혁이 퍼져서 공동체에 파급되어 선한 영향력이 점차로 확대되어 우리의 생활 세계 속에 빛과 소금이 되는 작은 예수가 되어야 희망이 있다. 우리가 바른 그리스도인이 되어 하나가 옳게 서게 될 때 비로소 다시 새 예루살렘, 거룩한 새 평양, 새 서울이 세워지게 된다. 그리하여 새로운 거룩한 도시로 거듭나서 세계를 향하여 더 깊게, 더 높게, 더 넓게 복음을 전하는 나라가 될 것이다. 자본주의형 교회를 뛰어넘는 초대교회의 성령 충만한 공동체, 초대교회와 같은 밥상 공동체가 세워지고, 주일(안식일)을 지키는 가정 교회가 바로 서서 건강한 교회로 세워져 가는 한국교회가 다시 일어날 것이다.

개신교가 들어온 지 이제 130여 년이 되었다. 오늘날 한국교회 개혁의 담론을 통해 한국기독교가 성숙해져 가는 계기가 되고, 이를 통해 한국교회의 역사가 새롭게 변화되어 환원 운동이 일어나야 한다. 또 이 환원 운동으로서 신학이 활발하게 연구되고, 한국교회에 변화의 대안 신학으로서 환원 신학 연구를 통해 교회와 신학교에서 신약 교회로의 행진이 줄줄이 계속 이어지고, 변화된 인격들을 통해 우리의 내적 변화의 역사가 일어나고, 이러한 전인격적 신앙을 통해 새로운 변혁이 일어나는 계기가 되기를 기대한다.

3장
종교개혁 500주년 의의와 오늘의 교회 개혁

I. 들어가는 말

이 글에서는 먼저 마르틴 루터의 종교개혁 500주년의 의미가 무엇인지 묻고, 그 의의를 찾고자 한다. 그리고 구약의 종교개혁과 히스기야 개혁 이야기를 전체적 구조에서 다루며 한국교회의 개혁과 오늘의 우리의 과제를 다루려고 한다. 먼저 구약 오경의 종교개혁은 무엇인가 물으며 구약신학의 전망에서 구약 전체의 틀이 원형(본질, 하나님의 형상)과 이탈, 죄와 불순종으로 인한 파괴와 일탈, 그로 말미암아 추방과 심판(노아 홍수, 바벨탑)을 당하는 이야기의 구조를 살핀다. 그리고 하나님의 형상 회복, 개혁이라는 틀에서 회개 그리고 회복과 환원을 찾고, 마지막 일치와 화해라는 차원에서 창세기의 원형 복원(복락원)의 신학적 구조를 살피고자 한다. 그리고 구약 전반에 걸쳐 그 전망을 볼 수 있는지 묻는다. 히스기야 개혁 기사에 나타난 신명기 역사, 역대기 역사, 이사야 예언서에 나타난 히스기야 종교개혁 신학과 한국교회 개혁의 주제를 함께 다루며 논의하고자 한다.

II. 종교개혁 500주년의 의의

오늘 개신교 종교개혁 500주년을 맞는 때에 루터의 종교개혁의 의미가 무엇인가? 무엇보다도 먼저 우리는 잃어버린 성만찬의 종교를 회복해야 하는 과제를 갖게 된다. 루터도 가톨릭의 전통 중에 예수의 몸을 모시는 미사를 매주 시행할 것을 주장했지만, 그 츠빙글리에 의해 일 년에 세 번, 오늘날 한국 장로교회는 두 번으로 줄어들게 하였다. 귀찮고 번거롭고 형식적으로 흐를 수 있다는 점에서 그 츠빙글리의 신학적 작업에 관찰이 있었다. 그래서 형식적인 종교의식에 그칠 것을 염려한 그의 노파심에서 비롯된 성만찬 행사가 교회에서 그렇게 줄어든 것이다.

그런데 이 주의 만찬은 초대교회에서부터 해오던 중요한 예배 요소이다. 신약성경에서 주님이 명령하신 것을 개신교회가 초대교회 전통을 끊고 행하지 않으면서 성례전(새크라멘트)에서 주의 만찬의 의미가 약화되었다. 다시 주님의 몸을 잘 모시는 주의 만찬 신학이 회복되고, 성육신의 주님의 신학이 살아나야 한다. 따라서 교회에서 애찬과 더불어 가정의 식탁도 살아나서 깨어진 가정, 가정 교회, 가정 제단이 살아나고, 교회가 가정과 교회 개혁의 중심이 되는 성막의 지성소와 같은 역할이 일어나야 한다.

세계 역사에 영향을 준 100개의 문서 중에 세계를 움직인 영향력 있는 문서는 마르틴 루터의 종교개혁을 시작하게 한 95개조 반박문과 보름스 칙령이다. 아우구스티누스 수도회 소속된 한 수도사가 작센의 한 교회에서 논쟁을 시도한 것이 도화선이 되어 종교개혁으로 이어진 것이다. 먼저 주 예수 그리스도의 신앙에서 비롯하여 회개해야 한다고 시작하는 글은 가톨릭교회의 모든 성직자 문제, 친척의 중용, 고리대금업,

면죄 이후에 저지른 죄로 인한 한시적 처벌, 특히 연옥에서의 참회의 사면, 교회가 규정한 면죄부 판매, 성직자의 부패와 악행, 가톨릭의 핵심적인 관행과 교리, 신앙의 일부에 대해서 의문을 제기했다. 루터의 개혁 문서는 유럽 전역으로 퍼져갔고, 부패한 가톨릭 로마 교황청의 교회에 반기를 든 종교개혁의 문서가 되었다.

오늘 우리는 바로 한국교회에서 주의 만찬을 매주 시행하는 교회로 돌아가는 구호를 외치며 새롭게 종교개혁 500주년을 맞는 때에 종교개혁의 의의를 되찾고자 한다. 맘몬 교회, 자본주의형 교회가 된 현대 한국교회는 거대한 골리앗과 같이 무력하고 생명력이 없는 교회가 되었다. 기업적인 조직과 인위적 교리를 중심의 캠페인 교회 운영과 천편일률적인 교회들의 번영 신학과 복의 설교는 행함이 없는 종교로 전락하게 되었다. 성육신적 삶이 없는 교회가 되었으며, 가난의 영성, 성자의 영성은 도외시되고, 수도원적 영성이 사라진 시대가 되었다.[1] 체코의 종교개혁자 얀후스와 마르틴 루터, 칼뱅 등의 개혁 정신을 찾아야 한다.[2] 우리는 기독교회사에서 되찾아야 할 귀한 영성 회복과 초대교회의 영성을 회복하고 사도의 영성을 찾아서 그분들을 귀하게 여기고 존경하는 한국교회가 되어야 한다. 이러한 일을 위해 회개 운동이 이제 일어나야 한다.

한국교회가 변화해야 할 요소가 무엇인가. 개혁의 요소가 무엇인지 살펴보자.

첫째, 한국교회의 대형화 추세와 더불어 한 영혼을 천하보다 귀하게 여기는 사랑이 교회에서 실종되었고, 예수 사랑의 힘이 약화된 것이다.

---

1 아시시의 프란치스코, "그리스도를 위해 바보가 된 이들," 제임스 마틴/성찬성 역, 『나의 멘토 나의 성인』 (서울: 가톨릭출판사, 2012), 416-503.
2 토마시 부타/이종실 역, 『체코 종교개혁자 얀 후스를 만나다』 (서울: 동연, 2015), 16-194.

"한국교회 대형화와 이것이 자본과 권력의 동맹체제 일각을 구성하게 되었다는 것은, 교회가 힘없고 약한 이들의 대변자가 아니라는 것이며, 부자와 강한 자, 권력자들이 강단을 점령한 결과라는 점을 말해 준다. 좁은 길로 가는 교회가 아니라, 넓은 문을 드나들면서 가질 수 있는 것은 모두 가지려고 하는 존재라는 것을 역시 드러낸다"(김민웅).

둘째, 한국교회의 가정 제단의 회복이 긴급하다. 사회문제의 원인이 깨진 가정에 있고, 이와 더불어 교회가 가정을 회복하게 하는 데 소홀하고 있다. 한국교회는 정치적 권력과 독립하여 종교적 야성, 예언자 전통에서 한국 사회를 정화시키는 작업을 할 수 있도록 윤리와 도덕, 정치적 경제적 사회적 부정과 부패를 개혁할 수 있는 동력을 가지도록 그 역할을 감당해야 한다. 그렇게 하려면 가정의 회복이 필요하며, 더욱이 깨어진 한국 가정의 회복이 시급하다. 한국교회가 가정을 해체하는 데 그 일익을 끼치는 프로그램으로 인해 가정과 분리된 교회 성장형 교회, 자본주의 성공 지향적 일인 중심의 교회 형태를 만들었다. 이러한 부정적인 행사 위주의 교회 프로그램을 개혁하는 교회가 되어야 하고, 가정 중심의 교회 경영이 이뤄져야 한다. 이러한 개혁을 하지 않고는 한국교회에 희망은 없다.

셋째, 한국 신학 교육의 갱신과 개혁을 해야 한다. 한국교회의 법궤가 무엇인지 묻고, 우리 사회의 갈등과 분열의 문제를 해결할 수 있는 대안을 제시해야 한다. 사도행전의 초대교회의 본질을 회복할 수 있도록 하며, 교회의 통일을 이끌 수 있도록 해야 한다. 곧 신약 교회의 본질을 추구하는 신앙 운동이 있어야 한다. 또한 신학 교육의 내실화를 통해 참 종을 배출할 수 있도록 하며, 한국교회의 부흥 운동의 씨앗이 되도록 경건한 영성 교육을 해야 한다. 이는 초대교회, 신약 교회로의 복귀,

환원만이 한국교회의 희망이며, 교회 개혁의 새로운 장을 찾을 수 있다.

한국교회의 가정 회복 프로그램이 시급하며, 가정을 살리는 말씀과 교육 내용, 주일학교 교육에 매진하며 교회 개혁과 부흥에 심혈을 쏟아야 한다. 한국 사회의 문제는 한국교회의 문제라는 사실에서 원인을 찾고 교회 개혁에 박차를 가해야 한다. 한국교회의 생명력을 인식하고 교회의 부흥과 갱신을 이끌어야 한다. 곧 교회 개혁의 동력의 심장(엔진)과 같은 역할을 갖게 하여 한국 사회의 변화로 움직이게 하여야 한다.

한국 사회의 문제는 저출산, 초고령화 사회, 자살률(노인 자살률, 청소년 자살률 1위), 이혼율(아시아 1위) 등 심각한 문제들이 산재하다. 이러한 모습은 마치 소돔 고모라와 같은 도시가 되었다. 한국교회가 살아나지 않는다면 한국 사회 문제는 심각해질 것이다.

한국교회가 해야 할 종교개혁의 가장 중요한 요소는 가정의 회복이라는 사실을 명심해야 한다. 가정 회복 교회 교육이 답이다. 가족과 함께하는 예배 형태 개발, 가족 중심의 교회 성경 공부, 가족이 함께 드리는 예배, 가족 하브루타 성경 공부 시간, 그를 통한 가족 대화 일어나기 등 가정예배 회복, 가족 대화 시간 회복, 깨진 부모 아이 세대 잇기, 가정 부활하기, 기독교 가정 다시 살아나기 운동이 교회에서부터 시작되어야 한다. 이러한 가정 개혁은 자신의 개혁에서부터 시작된다. 인간의 마음과 생각, 물질 개념의 변화는 영성의 개혁에서 시작된다는 사실을 인식해야 한다. 그래서 성령 충만해지고 교회의 사명감을 고취하여 자신을 먼저 부단히 개혁해서 하나님의 형상에 이르도록 하는 작업이 선행되어야 한다.[3] 이는 천로역정에서 순례자가 천국의 문에 이르는 과정과 유사하다.

---

3 W. J. Martin, *The Church in Mission* (Missouri: Gospel Publishing House, 1986), 7-119.

III. 히스기야 개혁과 구약의 개혁

구약성경에서 세 부분에 걸쳐 나온 히스기야 종교개혁의 본문을 통해 한국교회의 개혁을 생각해보고자 한다.[4]

1. 히스기야 개혁 본문

우리는 여기서 히스기야 이야기를 성경에 나오는 세 본문(왕하 18-20장, 대하 29-31장, 사 36-39장)에서 발견하게 된다. 이 히스기야 왕의 이야기는 종교개혁 조치와 제의 중앙화(예루살렘 성전에서만 제사를 드리라는 제의 조치, 신 12장) 기사가 나오는 성경 전승(이사야 전승, 역대기 역사 전승, 열왕기 신명기 역사 전승)에서 발견하게 된다.[5] 이 세 이야기는 바로 우리에게 한국교회를 이해하고, 종교개혁을 분석하고 새롭게 해석하며 적용할 수 있는 본문을 제공한다. 그러면 이제 종교개혁의 관점에서 본문을 분석하고 새로운 관점을 제공하고자 한다.

1) 신명기 역사(왕하 18:1-20:21)

열왕기하 18:1-7에서는 히스기야 개혁 조치를 살필 수 있다.[6] 우상인 맛세바 주상은 바알 아세라 상인데 손에 쥐고 일반 대중이 주술적 행위를 할 수 있는 조각품으로서 히스기야는 이 우상 조각품을 폐지하게 하며,

---

4 히스기야 개혁의 전승을 새롭게 교회 개혁의 차원에서 실천적인 적용을 하려고 한다.
5 박신배, 『구약이 종교개혁을 넘어서』 (서울: 더북, 2014), 287-306.
6 M. Weinfeld, *Deuteronomy and the Deuteronomic School* (Oxford: Clarendon Press, 1983), 44, 56, 161-164.

민간 신앙의 우상화를 반대한다. 이 맛세바 주상 철폐는 오늘 신앙이 없는 사람들이 하는 기복적 점치기와 주술, 점궤, 토템 등이 이에 해당한다. 가장 큰 우상 철폐는 히스기야에게 있어서 산당의 제거였다. 이는 오늘 우리 민간 신앙인 성황당 나무와 탑이라 볼 수 있는 곳이다. 느후스단(청동뱀 상)도 민간 신앙 안에 병 치유를 바라는 주술적 우상인데 이도 히스기야는 철저히 제거하는 종교개혁을 시행한다.

열왕기하 18:13-37에 보면 남유다는 앗시리아로부터 침공을 당하게 된다. 이 산헤립의 침공은 조공을 바치지 않는 결과에 기인하지만, 히스기야는 하나님의 신앙에서부터 야웨 유일 신앙을 지키기 위해 종교개혁 조치를 행하다 보니 제의 중앙화 조치를 행하게 된다. 곧 예루살렘으로 제의 집중화, 정치 종교 경제적 단일화 작업을 한 것이다.[7] 이로써 히스기야의 종교개혁 조치로 말미암은 결과임을 알게 된다. 이를 통해 우리는 신앙을 통해 고난과 위협, 핍박을 받는 사건이 있음을 알게 된다.

그 종교개혁 조치 이후의 이야기 다음에 일어나는 사건들은 다음과 같다. 이사야 예언(왕하 19:1-7), 랍사게 연설(왕하 19:8-19), 이사야 예언(왕하 19:20-37), 산헤립 죽음, 히스기야 발병(왕하 20:1-11), 바빌론 사절단 방문 이야기(왕하 20:12-21)를 통해 연속되는 열왕기하 이야기는 하나님의 종, 예언자를 통하여 말씀하시는 것을 살필 수 있다. 결국 역사는 히스기야의 죽음으로 말미암아 유다 왕조의 계속되는 존속이 끊기고 이스라엘 땅에서 연속된 다윗 왕조의 유다 왕국 지속이 불가능했음을 보여준다. 여기서 우리는 열왕기하 18-20장의 신명기 역사에서는 히스기야 이야기 구성에 있어서 정치적 상황을 강조하고 있고, 하나님의

---

7 박신배, "열왕기하 18-20장의 편집과 전승 신학 연구,"『구약신학의 새로운 모색: 한국적 구약신학하기』 (서울: 동연, 2016), 137-163.

정치(예언)를 부각하고 있는 것을 살필 수 있다. 이로써 하나님의 교회, 한국교회의 거룩과 종교개혁을 해야 함을 보게 된다. 이 히스기야 사건은 교회의 거룩성과 하나님의 종 예언자가 대언하고 선포하는 말씀에 근거한 거룩한 교회의 표지를 보게 되며, 하나님의 말씀(토라)을 예언자를 통해 듣게 되는 것을 보게 된다. 히스기야가 이사야 예언자의 말씀에 귀 기울이는 이치와 같다.

2) 역대기 역사(대하 29:1-32:33)

역대기하 29:1-19에는 히스기야 성전 정화 개혁 이야기가 나온다. 여기서는 제사장적 전통을 강조한다. 역대기 전승은 성전과 제사(예배), 제사장을 강조하고 있는데 이것은 한국교회가 예배를 개혁하고, 예배의 본질을 회복하고, 예배 중심의 공동체를 형성해야 함을 가르쳐 준다. 역대기하 29:20에서 히스기야 왕은 성전 제사에 있어서 번제와 속죄제를 거행한다. 역시 히스기야는 예배를 회복하고, 성전 중심의 공동체를 형성하며, 그의 종교개혁은 하나님의 예배(제사)에서 그 개혁이 시작됨을 보여준다. 더 나아가 대대적으로 이스라엘 역사의 중심인 예배를 통한 역사 기억과 역사적 회복을 통한 하나님 신앙을 강조한다. 유월절은 이스라엘 공동체로서 이스라엘이 과거의 하나님의 구원 사건을 기억하고, 오늘 그 구원을 재현하는 것을 말한다.

그래서 역대기하 30:1-27은 유월절 거행을 대대적으로 행한 것을 말한다. 북쪽 이스라엘 지역까지 파발을 보내면서 전국적으로 유월절 행사를 벌인다. 히스기야는 유월절의 날짜를 변경하여 대대적으로 2주간 축제를 벌이며 온 이스라엘의 종교 행사로 확대한다. 히스기야는 통일 왕국 이스라엘을 그리며 유월절을 통한 국가적 예배 행위를 하고 있다. 이는 오늘도 통일 조국에서 종교개혁을 통한 하나님의 예배가 회복되고, 영적인 통일이 이뤄져야 심리적, 물리적 통일이 가능함을 보여준다. 역대기하 31:1-21은 히스기야 개혁을 자세히 거론하면서 종교개혁 조치가 바로 이스라엘 회복과 역사적 통일 이스라엘을 회복하는 일임을 말한다. 오늘 이 시대가 통일 조국 한국에 대한 생각을 잃어버리고 또 통일을 잊고 사는 시대가 되었다. 어떻게 해방 이후 77년의 세월이 지나가도록 통일을 이처럼 잊고 살아가는가? 우리는 히스기야 개혁의 유월절 기사를 통해 통일 신학과 통일 리더십을 회복하는 기회가 되어야 할 것이다.[8]

이어지는 역대기하 32:1-23은 앗시리아의 산헤립 왕 침공 이야기와 역대기하 32:24-33절은 히스기야 병 걸림과 그의 영광과 죽음 이야기를 자세히 기록한다. 이를 통해 역대기 역사는 종교적 상황을 자세히 기록하고 있고, 특히 예루살렘 성전 예배와 제사장, 유월절 축제를 강조하고 있음을 알 수 있다. 이로써 우리는 역대기 역사에서 역대기 종교개혁의 관점이 종교적 예배 중심의 공동체 형성에 집중하고 있음을 알게 된다. 곧 역대기에 기록된 히스기야 개혁 이야기에서는 성전 중심의 개혁 이야기를 강조하며, 레위인 중심의 개혁과 성직자 중심의 종교개혁 이야기를 강조하고 있음을 알게 된다.[9]

오늘 한국교회가 이 이야기를 통해 예배 공동체 형성, 신약 교회의 말씀과 성령 중심의 공동체가 되어야 함을 재해석하며 깨달아 알게

---

8 박신배, "통일신학과 통일 리더십," 『구약의 개혁 신학』 (서울: 크리스천 헤럴드, 2006), 321-347.
9 박신배, "히스기야 종교개혁: 역대기 역사가의 평가," 『구약이야기』 (서울: KC대학교 출판국, 2020), 119-120.

된다. 또 만인 제사장적인 평신도 교회를 강조해서 일상과 교회가 일치된 신앙 현장화가 필요한 것이다. 이는 레위인 중심, 곧 성직자 중심의 교회 형태에서 개혁된 만인 제사장의 평신도 신학이 필요하다. 따라서 역대기의 성직자 레위인 중심의 제의(예배)를 오늘의 개혁된 교회 공동체에서 새롭게 적용할 수 있는 근거를 보게 된다.

3) 이사야서(사 36:1-39:8)

이사야서 36:1-22은 앗수르의 산헤립 왕의 침공 기사로 시작된다. 우리는 이스라엘의 최고 위기인 앗시리아 침공을 받는 사건을 통해 우리의 일상에서 신앙의 위기와 세상 속에 거룩을 추구하지 않는 경우 이방 나라의 침공과 같은 사건을 당하는 어려움을 보게 된다. 이사야 예언자는 이러한 정치적 사건을 언급하면서 선지서의 관점에서 하나님의 정치(예언서)가 일상의 온 영역에서 펼쳐지고 있음을 보게 한다. 이사야서의 중심은 하나님의 말씀이 바로 믿을 수 있는 유일한 신앙 근거임을 밝힌다.

이사야서 37:1-20은 바로 그 하나님의 말씀, 이사야는 그 말씀을 예언한다. 앗시리아 군대 장관 랍사게의 위협적인 연설이 나오고, 하나님의 말씀이 선포되며, 히스기야는 이사야 선지자를 통해 기도하여 위기를 극복할 수 있는 힘을 얻는다. 그 후에 그 예언 역사와 하나님의 인도, 히스기야의 교만과 발병 등을 이야기한다.

이사야 예언(사 38:1-22, 히스기야 발병과 이사야 말), 바빌론 사절단에게 내탕고(국가 보물과 군수물자 창고)를 보임(사 39:1-8). 이사야서는 이사야 예언 전승을 강조하고 있다. 우리는 여기서 이사야 예언과 같은 하나님의 소리가 필요함을 알게 된다. 참 예언자가 누구인지 물어야 한다. 이사야와 같은 예언자가 오늘날 한국에도 필요하며, 이 팬데믹 시대에 절실하고 또 우리는 새 이사야가 필요한 시대에 살아가고 있다. 우리가 바로 이 새 이사야가 되어야 한다. 이는 거룩을 추구하는 예언자, 목회자에게만 그 신율의 소리가 들리고 또 신약의 선지자, 만인 제사장주의와 교회의 권위주의적인 문화를 배제하고 형제자매로서 교회 안에서 형제주의를 주장하며, 사랑의 공동체를 강조하고 있는 신약성서의 교회 본질을 알게 된다. 또 신약 교회의 신앙 입장에서 개혁적인 신앙의 입장으로 하나님의 말씀을 선포하게 된다.

한국교회 신명기 역사 전승(토라, 말씀, 예언 전통), 역대기 역사(제사장 전통, 목회자 중심 교회 전통), 이사야(예언자 전승)를 통합하여 지혜와 통찰력을 얻어 한국교회를 살리는 지혜가 무엇인가?

(1) 한국교회의 말씀 전통 회복

한국교회가 말씀으로 돌아가고, 예배 중심의 전통이 회복되고, 가정에서 예배가 회복되도록 교회가 돕고, 예언자들이 부르짖는 소리를 교회가 수용할 수 있도록 랍비와 예언자들을 존경하고 존중하는 일을 시행해야 한다. 교회 강단이 목회자 중심, 일인 담임 목사 중심의 독재 아이콘을 무너뜨리고, 성령이 움직일 수 있도록 강단 교류 및 교파적 당파적 분파 운동을 배제하고, 복음과 진리의 보수 전통을 세워야 한국교회는 희망이 있다.

(2) 한국교회의 제사장 전통 회복

한국교회의 제사장 전통을 회복한다는 것은 무엇인가? 한국교회 지도자들이 우는 자들과 함께 울고 웃는 자들과 함께 웃는 날을 마련하지 못하였다는 것이다. 우리는 역대기 역사의 히스기야 종교개혁 기사를 통해서 오늘 한국교회가 어떻게 예배를 회복해야 한국 문제, 팬데믹 시대의 위기를 극복하며 그 해결점이 무엇인지 보여준다. 역대기 역사는 종교적 상황을 통해 교회 공동체(성전), 종교적 축제(유월절)를 강조한다. 한국교회도 이 제사장 전통을 잘 회복해야 할 과제가 있다. 다시 한국 교회의 부흥의 원동력이 되었던 새벽 제단과 수요·금요 예배, 주일 저녁 예배를 부활하여 뜨거운 교회 회복 운동이 일어나야 한다.10

(3) 한국교회의 예언 전통 회복

히스기야 개혁 이야기가 이사야의 예언 전통에서는 어떻게 개혁 운동이 강조되고 주목받는가? 이사야의 예언 전통에서는 하나님의 정치, 하나님의 말씀, 예언 전통이 강조되고 있다. 그 이사야의 예언 전통은 바로 하나님 말씀의 신학(칼 바르트)이다.

이사야의 예언 전통이 어떤가. 이사야 예언자는 히스기야 궁정에서 하나님의 말씀을 대변하며, 그 중앙에서 말씀 운동을 하였던 것이다. 아하스 왕 시절에는 시로 에브라임 동맹을 맺어 반 앗시리아 운동으로 인해 앗시리아 침공을 맞아 남 유다가 위기를 맞았을 때 임마누엘 예언을 통해 아하스 왕에게 소망을 주었던 것을 본다. 오늘 이 시대에 통일을 선포하고 예언하며 통일 운동을 할 수 있는 자들이 누구인가? 바로 예언자인 목사들, 기독교 평신도 지도자들이다. 한국교회를 통하여 이사

---

10 박신배,『환원 신학의 세계: 초대교회로의 행진』(서울: 더북, 2013), 303-315. 한국 그리스도의 교회 회복을 위한 제안을 통해 한국교회의 부흥과 갱신을 위한 교회 개혁의 이념과 그 정신을 적용할 수 있다.

야 예언자와 같은 지도자가 나타나 히스기야 개혁 운동이 일어나도록 이끌었던 것처럼 놀라운 종교개혁의 발화가 될 때이다. 비텐베르크 교회에서 95개 반박문을 붙이고, 종교개혁을 일으켰던 때와 같이 한국교회 전체가 내면의 종교개혁 선포문을 붙이고, 내면의 종교개혁을 일으켜야 할 것이다.

오늘 이 자리가 그 거룩한 교회로 나가는 자리요, 미스바에서 회개 대운동을 시작함으로 이스라엘 전체가 구원받은 사건처럼 개혁을 다시 일으켜야 한다. 또 세겜 회의에서 여호수아가 대결단을 하고 길갈에서 여호수아가 다짐하였던 역사를 재현하여 국민 대운동, 한국교회 대회개 운동이 일어나야 한다. 그래서 한국교회가 다시 일어나서 생명 있는 교회를 위한 종교개혁을 부르짖어야 할 때이다. 히스기야, 요시야, 에스라·느헤미야 개혁이 다시 일어나야 한다. 이를 위해 우리는 다시 골방으로 돌아가서 기도하면서 영적 지성소로 나가서 하나님을 만나는 작업을 하며, 거룩한 교회(하브루타 가정 교회 회복)를 회복한 한국교회를 통해서 지성소 역할을 하며, 그 교회 목회 사역을 담당한 제사장 임무를 통하여 세계 선교의 사명을 다시 주시리라 기대한다.

2. 구약의 개혁

구약신학의 관점에서 구약 전체를 푸는 열쇠가 무엇인가? 그것은 바로 구약의 개혁신학이다. 우리는 구약의 개혁의 관점에서 구약 전체를 푸는 열쇠(키)를 가지며, 구약의 개혁적 신학을 살필 수 있다. 구약신학의 개혁은 무엇인가? 구약의 개혁은 크게 오경과 예언서, 성문서의 개혁으로 나누어 살펴볼 수 있다.

오경의 개혁은 다음과 같은 구조로 나타난다. 곧 창조-개혁-재창조라는 구조로 창세기와 다른 오경 책들, 오경의 구조가 형성된다. 이 구조는 또한 구약성경 전체 본문에도 해당된다.[11] 여기서는 창세기를 볼 때 에덴-개혁-초대교회(원형)가 본질이다. 이는 오경의 개혁 규범이며, 기준은 언약이다. 다시 말해 창세기-출애굽기-레위기-민수기-신명기의 중심은 시내산 언약이다. 출애굽기 19장에서 민수기 10장까지는 시내산 언약으로서 시내산(호렙산)에서 이스라엘이 율법을 하나님께 받는다. 모세는 시내산에서 받은 언약으로 이스라엘이 살아가야 할 법과 규범을 제시한다. 모세는 이 언약으로 이스라엘이 꼭 지켜야 할 행동의 법(토라)을 말한다. 모세는 오경에서 바알신이 아닌 오직 야웨를 강조하며 아론이 금송아지 상을 만든 것을 개혁한다.

창세기(원형이 에덴동산과 아브라함과 이삭, 야곱과 요셉의 만남) · 출애굽의 시내산 언약(말씀)이라 하면, 죄와 우상 숭배를 개혁하는 것으로 회개를 촉구하며, 레위기에서는 제사를 통해 하나님을 만나는 번제, 소제, 속죄제, 속건제, 화목제를 보여주고, 민수기의 인구 조사를 통해 구시대와 은혜 시대를 보여준다. 성막과 불기둥, 구름 기둥의 인도를 보여주며 본질과 원형이 성막임을 제시한다. 신명기(일치, 따름)는 토라(율법, 신 12-26장)를 통해 원형을 보여주며, 죄와 불순종한 이스라엘의 이야기를 보여주기도 한다. 결국 원형(Form)-죄(Deform)-개혁(Reform)-일치, 따름, 순종(Uniform, Con form)이라는 개혁 신학의 구조를 오경에서 찾을 수 있다.

창세기는 하나님의 세계, 본질, 원형, 본성(nature)을 보여주며, 인간 창조 이야기에서 하나님의 형상을 보여주며, 인간과 공동체의 근원과

---

11 박신배, 『구약의 종교개혁을 넘어서』 (서울: 더북, 2014), 17-40.

규범, 이상향, 유토피아 에덴을 보여준다.[12] 에덴동산 이전에 인간 창조에서 하나님의 형상을 보여주지만, 아담의 죄로 말미암아 추방을 당한다. 이 불순종으로 추방당하고, 하나님의 관계가 파괴된다. 신약에서 하나님의 세계, 본질이 예수 그리스도의 복음(십자가와 부활)이 된다. 신약성경은 개혁과 환원의 표상이며, 죄된 인간과 믿지 않는 사람들이 회복될 수 있는 근거가 바로 복음이며, 구원의 길이 개혁의 규범이 된다. 다시 말해 예수의 인격이 복음이 원형이, 구원받을 하나님의 형상이 바로 예수 그리스도이다.

창세기는 이 원형의 구조를 신앙 사대(아브라함, 이삭, 야곱, 요셉)를 통해 이룬다.[13] 아브라함은 믿음의 조상으로서 신앙의 본질과 규범을 이루고 있고, 이삭은 양보와 희생, 온유한 성품으로 예수의 인격을 보여준다. 야곱은 꿈과 야망, 축복 쟁취로 말미암아 형 에서를 떠나야 했다. 하지만 나중에 형과 화해(얍복강의 기도)하고, 벧엘과 세겜으로 돌아와서 이스라엘 12지파의 씨앗을 뿌리며, 이스라엘 나라를 형성하는 국부의 믿음을 가지게 된다.

오경과 창세기의 본질과 원형은 화해이며, 야곱은 그 화해와 회복을 잘 보여준다. 이 회복 스토리는 요셉에게서 절정을 이룬다. 가나안의 복귀를 통해 이스라엘의 족장, 신앙의 민족을 형성하는 기초를 가진다. 야곱은 창세기의 회복의 근거가 된다. 야곱이 꿈과 축복 쟁취로 떠나지만, 다시 원형, 가나안 땅으로 환원한다. 족장 4세대의 마지막 세대 족장인 요셉도 부모와 11형제를 떠나지만, 애굽에서 민족을 형성하는 거대한

---

12 박준서, "하나님의 형상(Imago Dei)에 관한 성서적 이해," 『구약 세계의 이해』 (서울: 한들출판사, 2001), 13-37. 피조물에 대한 인간의 통치로 본다.
13 박신배, 『구약이야기』 (서울: KC대학교 출판국, 2020), 31-42.

백성, 이스라엘 나라 형성의 준비하는 하나님의 섭리를 마련하는 계기를 가진다. 요셉의 이러한 영웅적 행위를 보면서 그 섭리를 깨닫고 팔레스틴 기근으로 인해 양식을 구하려고 온 형들과 화해(형제를 용서함)를 한다. 이를 통해 분리와 종(노예)을 딺, 기근의 죽음에서 화해와 만남을 통해 구원의 스토리를 이룬다.

우리는 창세기에서 개혁(reform), 회개와 용서(변화, 변형[transform])의 구조를 보게 되며, 족장의 화해와 일치, 순종을 보게 된다(uniform, conform[conform with 순종]). 곧 창세기 구조에서 위에서 살펴보았듯이 하나님의 형상과 본질의 구조를 볼 수 있다. 창세기 1-11장 원역사는 하나님의 형상과 죄, 타락과 추방, 10번의 족보를 통한 하나님의 가족과 민족, 이스라엘이라 세대 이야기를 통해 새 언약 백성의 씨앗을 보게 된다.

하나님의 형상과 인간

하나님의 형상	인간
본질	죄
자연(본성 Nature)	비자연
하나님의 세계(에덴)	타락한 인간세계
원형	비원형(왜곡), 본질 일탈
낙원	실낙원
톨레도트(족보, 계보, 대략)	10번 톨레도트(창세기 전체)

또한 구약 전체의 개혁신학 구조에서 본질-일탈(죄)-개혁(회개)-변형(변화), 순종과 순응-일치와 연합, 샬롬의 구조를 살필 수 있다(Form-Deform-Reform-Transform-Conform-Uniform). 오경의 세계는 이 본질과 왜곡, 개혁과 변형, 회개, 순종과 일치로 나가는 세계를 보여준다.

하나님의 명령을 아브라함(믿음의 조상)이 갈대아 우르를 떠나라고 말씀을 받는다(창 12장). 아브라함이 그 명령을 받고 고향을 떠난다.

야곱이 축복의 쟁취를 하고 삼촌 라반의 집으로 떠난다. 곧 야곱은 팥죽 한 그릇에 형 에서로부터 장자권을 사는 것으로 인해 고향을 떠나게 된다. 야곱이 밧단 아람으로 떠나게 되는 사건은 본질(원형의 말씀)의 사건으로 볼 수 있다. 나중에 형 에서와 화(얍복강)해하는 것은 바로 회복(복귀, 환원)의 사건이 된다.[14]

요셉은 애굽에서 국무총리가 되어 높은 자리에 있게 되었을 때에 가나안 땅의 기근으로 말미암아 애굽 땅에 온 아버지 야곱의 가족들을 만나게 된다. 요셉은 형들과의 극적인 상봉을 하게 된다. 과거에 요셉은 채색옷을 입혀주는 아버지 야곱의 편애를 받고 자랐다. 이것이 형제들의 미움을 받게 된다. 그는 어렸을 때부터 꿈꾸는 소년으로 자라며 꿈으로 인한 고난을 받게 된다. 결국 요셉은 하나님의 경영(섭리) 속에서 애굽으로 팔려가지만, 그것이 바로 하나님의 거대한 섭리와 계획 속에 있었다. 그래서 나중에 야곱의 가족이 애굽으로 이주하게 되고, 이를 통해 이스라엘 민족을 형성하는 계기가 된다. 결국 가나안의 기근으로 하나님을 만남의 계획 속에서 하나님 만남(Reform)-가족들 상봉(uniform)으로 이어지는 구약 개혁 신학의 틀을 볼 수 있다.

창세기의 하나님의 원형(본질)의 세계는 에덴(이상적 세계)이다. 이 에덴에서 아담의 가족이 죄를 짐으로 실낙원이 되고, 벌로 인해 추방당하고 에덴의 동쪽에서 살 수밖에 없게 된다. 결국 회개(개혁, reform)한 아담의 인류는 가죽옷의 은혜를 입고, 하나님의 은혜로 복락원의 세계를 펼칠 수 있다. 이는 성령 역사를 회복된 인류, 아브라함의 인류, 믿음으로 구원받는 이스라엘의 세계를 연다. 하나님의 은혜와 하나님의 섭리로 아브라함의 후손은 회복되고 복원되고 화해된다.

---

14 박신배, 『구약이야기』, 37-40.

원역사(창세기 1-11장)는 새 인류가 필요한 이유로서 죄의 순환을 보여주는 원역사 이야기가 나온다. 그 후에 새 인류, 아브라함의 믿음의 세계로만 구원(본질, 회복)이 가능함을 보여준다. 인류가 회복되는 것은 믿음의 세계이며, 하나님을 믿는 믿음으로만 가능함을 보여준다. 이는 예수 그리스도의 십자가 구원 사건과 연결된다. 우리는 말씀의 회복을 통해 믿음으로 복귀하고, 신약 교회로의 환원을 통해 복음과 말씀의 사람, 하나님의 언약 백성과 거룩한 공동체로서 신약 교회의 성도로 십자가 신앙과 고백을 통해 구원이 가능하게 된다.

믿음의 인류, 새 인류 시작은 족장사의 아브라함의 역사로 가능하다. 이는 구약의 믿음이 신약의 예수 그리스도의 십자가 사건으로 결론을 이끄는 구속사의 흐름을 보게 된다. 따라서 구약과 신약을 통해 삼위일체 하나님의 구속을 보게 된다. 예수 그리스도(=성령=하나님)와 하나가 되는 역사가 거룩한 교회의 중심이다.

다시 말해 구약의 창세기(오경)의 구조와 예언서, 성문서에서 이 개혁 구조를 찾을 수 있다.[15] 아브라함 믿음과 이삭의 양보, 야곱의 축복 쟁취, 요셉의 꿈 이야기에서 본질-일탈(죄)-개혁(회개)-변화-순종-화해(일치)의 이야기를 찾을 수 있다(Form[Essence]-Deform-Reform-Transform-Conform-Uniform).[16]

(1) 아브라함: 신앙적 인격적 영적 개혁-아브람에서 아브라함으로 변화-이삭
　　 을 바침(신앙의 모험)-신앙적 혁명적 사건-하나님께 순종-일치.

---

15 박신배, 『구약의 종교개혁을 넘어서』, 17-97.

16 김태연, 『원자력 전문인 신학 개론: 글로벌 과학 신학을 향하여』 (서울: 밀알서원, 2021), 228-229. 6시그마의 6R(Repentance[회개], Revival[부흥], Reformation[개혁], Restructure[구조 조정], Reconciliation[화합], Remission[탕감])을 주장한다.

이삭: 우물, 욕심, 상황, 세계 관계, 이웃-하나님 비전(꿈)-화해.

(2) 야곱: 본질, 원형-떠남-라반-얍복강 기도-화해 사건; 고향-떠남 생존, 축복 쟁취-우상, 드라빔, 축복 물질, 양, 부-화해(에서 화해). 여기서 구약 예언서, 성문서 개혁은 구조적으로 그 개혁을 말할 수 있다.

요셉: 극심한 고난, 버림과 소외-비전-하나님의 계획과 섭리 인식-이스라엘 구원 비전-히브리 종교개혁가.[17]

(3) 예언서(예언자-왕 정치-하나님의 말씀-회개[shub]-다시 구원) 개혁은 토라의 말씀이 원칙이 된다. 그것을 말씀(토라)에 입각하여 적용하는 것이다. 그래서 예언자의 메시지는 토라의 원형에서, 이스라엘 백성들의 개혁은 말씀에서 회개하는 것이다. 그 예언 메시지의 원동력은 토라, 원형이다.

(4) 성문서의 개혁은 말씀의 지혜(잠언, 전도서, 욥기)의 모습으로, 시편의 여호와 말씀(토라 시편), 하나님 찬양과 영광으로, 다니엘의 비전으로, 축제, 절기, 안식일, 희년 등 거룩한 시간의 종교로 바뀌며, 하나님의 말씀이 역사로 나타나서 성전 중심의 역사(역대기 역사)로 구약을 끝내고 있다. 이는 타낙의 성경 중 성문서는 맨 마지막에 위치하여 결론적 메시지를 전한다. 곧 지혜, 찬양시, 묵시 비전(다니엘)와 고난의 지혜 욥기, 므길로트(다섯 두루마리, 아가, 룻기, 에스더서, 전도서, 예레미야 애가)의 감사, 역사(역대기 역사)의 교훈이다.[18]

이 성문서를 통해 현재의 개혁을 위한 신학적 의미를 발견하여 개혁의 동력을 가지며, 종교개혁을 추동(推動)할 수 있는 동력을 얻게 된다.

---

17 박신배, 『구약의 종교개혁을 넘어서』, 34-35.
18 박신배, 『구약의 종교개혁을 넘어서』, 67-97.

또 종교개혁의 유연성과 변형된 말씀의 적용을 얻게 된다. 곧 토라와 예언 메시지와 더불어 성문서의 윤활유와 같은 현실 속에 지혜 말씀을 깨닫게 한다. 시편은 하나님께 감사하고 영광 돌리게 하는 시적 영감력을 얻게 한다.

우리는 오늘 루터의 종교개혁 이후 새로운 종교개혁을 위해 성문서의 개혁 근거를 얻게 된다. 오늘 우리가 가지고 있는 예언서는 말라기로 끝나지만, 유대인의 성경, 타낙(팔레스틴 정경)은 구약의 끝이 성문서로 끝난다. 오늘의 결론인 말라기(알렉산더 정경)는 예언서로 끝나고 있다. 이는 구약 개혁의 결론은 엘리야 예언이며, 이는 바로 오실 엘리야가, 예수 그리스도임을 말한다. 우리는 이처럼 메시아 운동으로 우리의 종교개혁 방향을 정하고, 새롭게 개혁하며 살아가야 함을 알게 한다. 새로운 개혁은 늘 우리 앞에 열려 있는 것이다.

IV. 한국교회의 오늘과 바람직한 교회 개혁

오늘 우리는 한국교회 개혁을 위해 히스기야 종교개혁의 의미를 물어보아야 한다. 이 히스기야 본문(텍스트)이 오늘 우리에게 하나님의 말씀으로 들리고, 이 본문이 오늘의 현실에서 적용되기 위해 그 본문의 분명한 의미가 드러나고, 은혜로운 영적 감화가 있으며, 진정한 하나님의 소리로 들려야 한다.

1. 초대교회, 신약 교회로 돌아가야 한다

한국교회가 본질을 떠나서 변질된 요소들을 찾아야 한다. 그것을 과감하게 고치고 개혁해야 한다. 이는 신약성경 27권의 본질적 신앙 요소를 찾아 그래도 개혁하는 것이다. 한국교회 종교 지도자, 교회 지도자, 정치 지도자들이 히스기야 개혁 정신(마인드)으로 과감한 종교개혁을 하고, 신약성경에 따라서 부정하고 부패한 것을 개혁하여야 한다. 마치 종교 혁명하듯 영적으로 깨어서 우상을 타파해야 한다.

2. 가정 교회를 회복해야 한다

한국교회 우상은 맘몬주의, 자본주의형 교회이며, 그동안 한국교회는 가정 파괴형 프로그램 중심의 교회를 지향했다. 이제 이를 탈피하여 초대교회로의 환원, 복음과 선교의 본질로의 회복, 가정 중심의 회복 교회(하브루타)가 되어야 한다.19

3. 성례전적 거룩한 삶

우리는 새로운 영적 지도자, 종교개혁가가 되어 바로 우리가 선 자리에서 예수의 작은 종이 되고 주의 몸(인격)을 입어서 성만찬의 떡과 잔으로 주의 몸을 입어야 하며, 성도가 하나되는 거룩한 공동체가 되어야 한다. 주의 형제 자매가 성찬을 잘 모시고, 주의 식탁을 통해 매일의 일상에서 재현해야 한다. 그래서 거룩한 주일 예배와 교회의 주의 만찬을 통해

---

19 박신배, 『환원 신학의 세계: 초대교회로의 행진』 (서울: 더북, 2013), 309-315.

십자가 신앙과 삶, 기도를 하며, 성례전적 삶을 살아가야 한다.[20] 이는 우리의 삶이 바로 성례전적이고 주의 만찬적 삶을 살아내야 한다는 것이다. 이는 삶이 교회이고 교회가 일상의 삶이 되는 역사, 그러한 거룩한 삶이 우리의 영적인 삶이며, 거룩을 추구하는 삶이다.

오늘의 루터, 칼빈, 알렉산더 캠벨, 츠빙글리, 한경직 등을 찾아 이 시대를 고민하며 다시 한번 종교개혁의 기치를 올려야 한다. 오늘 이 자리가 그 거룩한 교회로 나가는 자리요, 미스바에서 회개 대운동을 시작으로 세겜에서 여호수아가 대결단을 하고, 길갈에서 여호수아가 다짐하였던 역사를 재현하여 국민 대운동, 한국교회 대회개 운동이 일어나고, 한국교회가 다시 일어나서 종교개혁을 부르짖어야 한다.

4. 대회개운동을 통한 거룩한 제사장의 나라

전 교회적으로 대 회개 운동이 일어나고, 국가 기도 운동, 통일 운동이 일어나야 한다. 히스기야 왕과 요시야 왕의 개혁, 에스라 · 느헤미야 개혁이 다시 일어나야 한다. 이를 위해 우리는 다시 골방으로 돌아가서 기도하면서 자신의 혁명이 일어나고, 영적인 개혁이 일어나서 날마다 영적 지성소로 나가야 한다. 우리는 하나님을 만나서 일상과 교회의 중심에 거룩을 회복하며, 거룩한 교회(하브루타 가정 교회 회복)를 회복한 한국교회를 통해서 지성소 역할을 담당한 제사장 임무를 감당해야 한다. 교회 개혁의 핵과 같은 루터와 같은 신앙인이 되고, 다시 거듭난 루터와 같은 한국교회로서 제사장 나라, 선교 대국인 한국교회가 되기를 축원한다.

---

20 같은 책, 76-108.

5. 새로운 땅끝 운동

새로운 땅끝 운동이 일어나야 한다. 곧 마음의 땅끝에서부터 시작된 선교는 지리적 영적 땅끝으로 확대되어 복음 선교 운동이 일어나야 한다.

그동안 선교사들은 미전도 종족을 찾아 복음화 운동을 하며 선교 운동을 벌여 많은 선교지를 개척하고, 많은 선교의 결실을 이뤘다. 하지만 마음의 땅끝, 심리적 땅끝에 대한 연구와 그에 대한 복음을 전하지 못하고 있다. 오늘날 교회 내에 깨어진 가정과 교권화된 교회의 모습이 오늘날 일그러진 교회 모습이며, 왜곡된 하나님의 형상, 하나님의 얼굴(타자의 신학)이 되었다. 세계 지도의 미전도 지구 지역인 북위 10~40도 창의 미전도 종족을 향해서 복음을 전해야 한다. 곧 타 문화권 선교와 더불어 이웃의 땅끝을 찾는 복음 운동이 펼쳐져야 한다.

네비우스 선교 전략(자립 선교 전략)과 현대의 선교 전략으로 많은 선교지가 개척되었다. 더욱 많은 선교 전략이 수립되고, 효과적인 선교 정책이 연구되어야 한다.[21] 또 많은 선교사가 파송되어 하나님 나라의 속히 임하기를 바란다. 세계의 선교사는 바로 예수의 사랑하는 제자이다. 요한복음의 주인공 제자 도마가 가장 멀리 땅끝까지 가서 복음을 전한 것처럼 오늘 우리는 가정의 땅끝, 교회의 땅끝, 한국교회의 땅끝, 사마리아 사람들을 찾아 복음을 다시 전하고, 눈물의 기도를 흘려야 한다. 저 북한 땅, 북한 동포에게 복음을 전해야 하는 과제는 한국교회의 회개와 개혁에서부터 시작되는 또 다른 사마리아 선교이다.

---

21 김연진, 『선교신학 총론』 (서울: 성광문화사, 1995), 221-249.

V. 나가는 말

구약의 종교개혁은 원형(본질), 왜곡(변질, 일탈, 죄), 개혁(변형, 환원)·일치(회복, 회개, 순종) 등의 구조로 개혁의 구약신학을 통해 본질을 회복하고, 초대교회로의 환원, 성령 중심 교회와 거룩의 교회로 돌아가야 함을 보았다. 히스기야 종교개혁 기사를 통해 예언자, 제사장, 말씀 전통을 회복해야 할 과제를 살펴보았다. 500주년 종교개혁 기념 주일을 맞아 우리는 성만찬의 회복, 거룩한 주님의 몸을 모시는 예배의 회복, 가정의 식탁의 회복을 통해 새로운 종교개혁이 우리의 가정에서 일어나야 함을 알게 되었다.

이제 거룩한 마음의 성전을 세우고 신앙의 공동체 교회를 다시 바라보며, 구약의 종교개혁을 통한 거룩의 회복이 이뤄지고 이스라엘 공동체를 다시 회복하여 하나님의 나라를 만들었던 것처럼 다시 한국교회가 개혁하고 세계 개신교회가 주의 만찬 교회로 변형과 개혁, 갱신이 이뤄져서 하나님이 기뻐하시는 교회가 되고, 아름다운 신약 교회가 되어야 한다. 이처럼 한국의 교회 개혁의 기수로 서서 오늘 그 변화와 갱신, 변형과 회복하라는 주님의 음성을 듣고 모세와 이스라엘 백성들이 다시 시내산에서 말씀을 받은 것처럼 열린 문 교회를 통해 비텐베르크의 역사적 순간이 있었던 것 같이 새롭게 되는 역사가 있기를 바란다.

여호와 하나님을 만나는 이스라엘 백성들의 과제가 오늘 새로운 예언자, 제사장, 왕으로서 부름을 받았다. 이는 우리 주님이 이 삼중직을 영적으로 받으셔서 메시아가 되신 것처럼 우리도 작은 예수, 그리스도인으로서 그 사명을 잘 감당하는 거룩한 주의 종, 거룩한 교회, 거룩한 하나님 나라 사명자, 거룩한 가정(하브루타 가정)이 되기를 바란다. 느헤미야의 기도로 예루살렘 성벽을 수축하고 나라를 재건하였던 것처럼 오늘 여러분들이 그러한 영적 지도자가 되기를 바란다. 여러분들이 새로운 에스라, 느헤미야가 되시기를 끝으로 축원한다.

오늘 우리는 500주년의 의의가 주님의 몸을 모시는 성만찬 교회의 회복하는 것임을 깨닫고 가정에서 거룩한 식탁을 회복하고, 교회에서 주님의 몸과 말씀을 새롭게 하며, 예배를 정성스럽게 드리고, 성례전 개혁을 해야 할 때이다. 그래서 거룩한 교회로 거듭나서 세계 개신교회의 개혁과 갱신을 이끌며 새롭게 거듭나야 할 교회 개혁의 숙제를 부여받게 되었다. 이제 우리는 이 시대에 다시 종교개혁가로 부름을 받았다. 이 소명을 받고 주의 사자로 한국교회 개혁의 종이 되기를 바라며, 거룩함을 가지라고 부름을 받았다. 이 사명을 감당하며 기도하는 모두가 되기를 바란다. 할렐루야.

4장
구약의 종교개혁과 거룩한 교회

구약신학의 관점에서 구약의 종교개혁의 준거 틀(패러다임)은 이렇다.

원형(하나님의 형상)-일탈(죄)-개혁, 회복, 변형-일치, 순종, 연합(하나됨,
구약 개혁)
Form-Deform-Reform(Transform-Restoration)-Uniform(Conform)

I. 들어가는 말

이 장에서는 구약의 종교개혁 본문과 이야기를 전체적 구조에서
다루며 한국교회의 개혁과 거룩한 교회를 향한 오늘의 과제를 다루려고
한다. 먼저 구약 오경의 종교개혁은 무엇인가. 구약신학의 전망에서
원형(본질), 하나님의 형상, 죄와 불순종으로 인한 파괴와 일탈, 추방과
심판(노아 홍수, 바벨탑) 그리고 하나님의 형상 회복, 개혁이라는 회개
그리고 회복과 환원, 일치와 화해라는 원형 복원(복락원)의 신학적 구조를

살필 수 있는지 그리고 구약 전반에 걸쳐 그 전망을 볼 수 있는지 묻는다.

거룩한 교회는 구약이 추구하는 말씀의 방향이며, 그 거룩을 상실할 때 하나님의 심판과 멸망이 있었고 또한 하나님의 징벌과 이스라엘의 포로로 이어졌던 것을 기억한다. 그러한 전망에서 시작하고자 한다. 지면 관계상 예언서의 종교개혁과 성문서의 종교개혁은 다음으로 미루고, 신명기 역사, 역대기 역사, 이사야 예언서에 나타난 히스기야 종교개혁까지 다루며, 구약 종교개혁과 한국교회, 거룩한 교회를 함께 나누고자 한다.

II. 본론

1. 오경(창세기), 예언서, 성문서의 개혁

오경(창세기)의 종교개혁을 살펴보자. 우리는 마이클 디 귀난 OFM(에이젤스 세미나리 퀘손 시티, 필리핀)이 말하는 오경 신학을 살펴보면서 그와 대화를 하고자 한다. 귀난은 창세기 전체의 구조를 하나님의 형상의 행운과 불행, 하나님의 형상, 행과 불행이라고 본다. 그는 하나님의 형상을 추구하는 것이 실패하였다고 보고 인간이 죄의 회개를 통해 구원에 이르며, 본질을 회복할 때 생명의 회복되기에 인간은 하나님의 형상을 회복하려는 노력과 자기 우상 타파와 형상 회복과 자기 개혁을 해야 한다고 말한다. 이는 하나님의 은혜를 통해 자각과 각성이 이뤄지며, 강권적인 은혜로 회개에 이르는 단계를 거쳐 하나님의 형상 회복이 요구된다.

인간과 공동체가 죄를 짓는 이야기로서 원인론적(Aetiology)인 스토리가 원역사(源歷史)에 기록되었다. 인류 최초의 죄가 창세기 원역사(창 1-11장)에서 나타난다. 곧 ① 아담과 이브(창 2:4b-3:24) ― 선악과 따먹음, ② 가인과 아벨(창 4:1-26) ― 살인함, ③ 노아와 홍수(창 6:1-9:29) ― 죄가 관영함(라멕 창상 77배), ④ 바벨탑(창 11:1-9) ― "하나님과 같아지자"(교만성) 등이다. 이처럼 창세기 1-11장은 원역사(기원의 역사)로서 죄된 인간과 공동체의 모습을 보인다.

이 원역사에 나타난 죄의 모습에서 어떻게 창조 세계, 창조 보존의 세계로 복귀할 것인가. 원래 창세기는 하나님이 혼돈과 공허, 흑암을 지배하고, 질서와 조화로운 우주를 만들고(아사) 창조하였다(바라). 하나님은 인간과 지구(우주)를 창조하고, 생육하고 번성하고 땅에 충만하라고 하셨다. 곧 하나님은 당신의 사랑하는 인간, 당신의 형상을 입은 사람이 하나님과 함께 혼돈을 계속 지배하고, 생명을 보존하는 것을 원하신다. 하지만 인간은 죄(일탈, 소외)를 짓고 하나님의 형상을 잃어버렸다. 그래서 창세기 원역사인 창세기 1-11장은 하나님의 형상을 상실하여 에덴에서 추방되고, 죽음을 초래하는 비참함에 이른 것을 보여준다. 이러한 죄의 결과는 창조 질서의 파괴와 우리의 세계가 파괴됨을 보여준다.

하지만 하나님은 은혜로서 죄지은 인간을 구원하는 하나님 사랑(헤세드)을 보여주셨다. 그것이 가죽옷, 이마표, 무지개, 아브라함의 은혜 등으로 하나님의 사랑을 보여준다. 그래서 창세기 원역사의 구조는 창조, 파괴, 은혜라는 순환구조로 반복하여 네 번 나타난다. 그 순환구조는 아담이 죄를 짓고 추방당하지만, 하나님은 가죽옷을 입히고, 사랑과 은혜를 베푸신다. 또 가인이 동생 아벨을 죽이는 살인죄를 짓는다. 그래서 하나님은 가인을 에덴동산에서 추방하지만, 은혜로 이마에 표를 해줌으로써 죽임당하는 것을 막으신다. 그다음 노아를 통해 새 인류를 구원한다.

방주를 만들어 노아 가족은 구원하지만, 폭력의 시대 당대의 모든 사람들은 홍수로 벌하신다. 하나님은 의인인 노아는 구원하지만, 노아 시대의 사람들을 모두 수장시키는 벌을 내리신다. 다시 물로 심판하지 않겠다고 하시며, 노아의 후세대와 무지개 언약을 맺으신다.[1]

창세기의 원역사 결론인 바벨탑 사건은 인류가 교만함으로 죄를 지은 것을 말씀하고 있다. 하나님은 벌로 인류를 흩어지게 하지만, 은혜로 다시 믿음의 조상, 믿음의 인류 아브라함(새 인류, 믿음의 인류, Homo Fide)과 새롭게 할례와 횃불 언약을 맺으신다. 이처럼 은혜는 하나님의 입장에서 인간과 인류를 향하여 일방적으로 부으시는 사랑의 행위이다. 캠벨주의적 은총론에 입각해서 잭 코츠렐은 은총률이 용서에까지 이르게 된다는 사실을 말한다.[2]

다시 말해 죄를 지은 아담, 가인, 노아 시대 인류, 바벨탑의 인류 등의 모습을 통해 인간은 죄를 지을 수밖에 없는 존재이지만, 구원의 은혜 통해 새로운 신앙의 인류(호모 피데, 호모 그라티아), 십자가 구원의 구속과 은혜를 보여주었다.

신앙인(사건, 사회)-죄-징벌-은혜

신앙인	죄	징벌	은혜
아담과 이브	선악과	추방	가죽옷
가인과 아벨	살인	추방	이마 표식
노아	죄악 관영	홍수	방주
바벨탑	하나님 같아지려함(교만)	흩어짐	아브라함(새 인류)
족장들	초기 꿈의 상태	꿈의 시련(감옥, 쫓겨감, 도망, 팔려감)	회복, 귀환, 귀가, 고향이묘(故鄕移墓)

---

1 W. J. Dumbrell, *Covenant and Creation: A Theology of Old Testament Covenant* (Tennessee: Nelson, 1984), 11-46.

2 잭 코츠렐/정남수 역, 『성서의 은총론: 우리를 자유케 하시는 하나님』 (서울: 쿰란출판사, 2009), 524-554.

이처럼 인간은 죄를 짓고(호모 페카레), 하나님의 징벌을 받아서 추방을 당하고 쫓겨나고, 홍수로 쓸려가고 흩어지지만, 하나님은 다시 은혜로써 구원의 방주, 보호표, 새로운 인류(아브라함, 믿음의 사람), 가죽옷으로 보호하신다.

한번 창세기 후반부는 족장사(아브라함, 이삭, 야곱, 요셉)를 통해 인간관계의 기술과 소통, 용서, 사랑과 회복을 보여준다. 이는 인간관계를 인격적으로 대화를 통해서 치유가 이뤄지며, 사랑과 용서의 관계를 통해 인간성이 회복되고, 하나님의 형상에 비친 인격과 이스라엘을 보여준다(하나와 다수, 한 실존과 이스라엘 공동체). 따라서 대화와 소통을 통해서 온전한 인간과 완전한 이스라엘 공동체성을 회복함을 보여준다. 이러한 이야기의 중심에는 족장들의 신앙과 삶, 이야기가 있다. 그 중심에는 족장들의 신앙으로서 하나님의 만남과 신앙, 신앙 인격과 대화와 소통, 용서와 화해가 있다. 그들은 하나님의 사람으로서 하나님 만나는 사건이 있었다.

창세기 12장에서는 아브라함이 하나님의 사람으로서 만국의 아버지가 되는 부름을 받고, 열방의 아버지가 되는 신앙의 요구와 결단이 있는 것을 본다. 창세기 15장의 횃불 언약을 통해 아브람의 언약을 통해 하나님의 신앙 조상으로서 원조 신앙인이 되고, 창세기 17장의 할례의 언약으로 바빌론 포로의 언약 백성으로서 소망의 민족, 언약 공동체의 씨앗을 보인다. 이는 믿음의 조상으로서 하나님의 언약이 중요한 소망의 근원이 됨을 보여준다.

이삭은 온전한 인격, 온유한 성품의 인간으로서 예수 십자가의 인간성을 보여주는 예표가 된다. 그래서 매번 우물을 개척하고, 이웃에게 양보하는 희생을 갖는다. 그것이 에섹, 싯나, 르호봇 우물 사건이다. 야곱은 축복의 인간으로서 복을 쟁취하고, 꿈을 소유하며 이루는 삶의 고난을 보여준다. 그래서 삼촌 라반 집으로 쫓겨가며 야곱은 벧엘에서 돌베개를 베고 자면서 하나님의 천사가 사다리로 오르락내리락하는 장면을 보고, 이스라엘 민족을 형성하는 씨앗을 본다. 또 밧단 아람에서 가족을 이루고 고향으로 돌아올 때는 형 에서의 마중 속에 죄를 지은 죄책감과 형의 용서를 고대하고 기대하는 기도를 하면서 얍복강에서 씨름한다. 천사로부터 환도뼈가 부러지는 고통을 받고도 기도 응답을 받고, 이스라엘이라는 이름을 얻는 야곱, 그는 이스라엘의 원조가 되는 신앙을 가지게된다.

신앙 4대의 마지막 인물 요셉은 한 민족을 형성하는 출애굽의 민족의 아버지가 된다. 꿈을 꾸는 사람, 꿈꾸는 민족의 아버지가 되고, 꿈은 대가를 지불한다는 진리를 보여주며, 하나님의 경영에 아버지가 된다. 기근으로 죽게 된 가나안의 야곱 가족들이 드디어 애굽에 양식을 구하러 온다. 그때 요셉은 가족을 부르고, 하나님의 섭리에 도구로서 요셉의 구속의 준비된 인생의 사명을 감당한다. 그는 하나님의 섭리와 경영 속에서 형제를 상봉하며, 그 하나님의 계획을 말하고 전하며 형제들을 용서한다. 더구나 아버지 야곱 사후에도 형들을 용서한다고 선포함으로서 본질과 죄(일탈), 개혁과 순종과 일치 화합의 인간과 공동체의 모습을 잘 보여준다.

요셉은 비전의 사람으로서 하나님의 백성, 이스라엘 민족을 형성하는 영적 장자의 역할을 감당하며, 거대한 하나님의 역사 속에 쓰임 받은 인물이 되었다. 요셉은 비전을 통해 민족을 형성하고, 출애굽의 민족, 출애굽의 해방 역사를 만드는 초석이 된다. 그를 통해 민족을 이루기 위해, 이스라엘 형성을 이루기 위해 한 사람인 요셉이 꿈을 꾸도록 한 것이다. 이스라엘을 위한 비전은 한 사람의 꿈에서 이루어지는 씨앗을 가진다. 이는 오경에서 창세기가 그 구원과 창조, 개혁과 본질 회복 그리고 연합과 일치, 공동체의 화합을 이루는 창세기 구원 역사와 순환 이야기의 구조를 보여준다.[3]

오경은 거룩한 공동체를 형성을 위한 교회의 거룩을 말하는 개혁의 책이다. 창세기 1-11장은 원역사를 통해 인류의 본질적 기원을 말하고, 창세기 12-50장 족장사를 통해 한 민족, 신앙의 공동체 형성이 어떻게 되었는지 보여준다. 원역사와 족장사를 통하여 창세기의 본질과 원형, 죄와 타락, 개혁과 변화, 회개와 화해, 연합과 일치의 삶과 신앙, 공동체의 형성을 잘 보여준다. 오경 전체의 구조는 아브라함의 개혁이라는 믿음의 개혁을 통한 새 인류가 가능했음을 보여준다.

우주 4대/신앙 4대

빛의 창조	아브라함: 믿음의 아버지
에덴 창조	이삭: 성품의 아버지
가인, 아벨 — 에덴 추방	야곱: 축복의 아버지
노아, 인류 — 물 홍수	새 인류: 믿음의 인류
바벨탑 — 아브라함(믿음의 창조), 믿음의 세계	신약의 인류: 요셉 — 예수

오경의 메시지와 오경의 신학은 거룩을 찾는 작업을 하게 하며, 거룩한 백성으로서 이스라엘을 창조하시며, 거룩한 선민 이스라엘 민족을 만드는 작업을 한다. 우상의 땅 애굽에서 언약과 약속의 땅으로 인도하며, 개혁하고 갱신한다. 생육하고 번성하고 땅을 다스리는 창조와 축복

---

3 박신배, 『구약이야기』, 39-43.

선언, 문화 명령을 한다. "빛이 있으라"라는 하나님 말씀의 창조는 바로 거룩의 세계 창조로 이뤄지는 것이다. 오경의 개혁은 바로 성막과 언약의 개혁, 창조와 거룩의 제정, 레위인과 이스라엘 공동체 형성의 핵심으로 레위기, 민수기를 통해 말하고 있다. 오경은 바로 거룩으로 돌아가서 종교개혁을 계속하라는 메시지를 말하며, 오늘도 개혁을 요구한다.

이것은 출애굽기의 아론의 금송아지 상이 개혁의 대상이 되었듯이 창세기의 두 번째 언약 구조와 비슷하다(아브라함 언약, 노아와 아브라함의 영원한 언약[창 15, 17장]).[4] 이는 모세의 두 번째 십계명 돌판(출 20장[번째 십계명], 34장)으로 십계명 계약이 완성됨으로써 출애굽의 개혁 (Reform)이 완성되며, 개혁을 계속하여 말하게 된다. 이 출애굽의 개혁은 10가지 재앙에서 시작되는 유월절 구원과 성막과 시내산 언약으로 이어지는 연속적인 개혁 이야기를 볼 수 있다.[5] 또한 우리는 천로역정의 영성[6]으로 우리에게 다가오는 성공적 목회의 유혹과 시험을 다 극복하고 천국 문에 들어갈 때까지 거룩의 영성을 잊지 않아야 한다. 거룩한 교회는 광야 기도원, 광야 교회에서 민수기 신학(광야, 시험과 임재의 장소, 민수기 인구 조사를 통한 메시지)을 통해서 얼마나 우리가 성막(성소, 성전, 회당) 중심으로 거룩한 신학, 거룩한 마음, 거룩한 몸, 거룩한 영으로 살아야 하는지 민수기, 오경은 잘 보여준다.

여기서 깊이 다루지 못하지만, 구약 예언서 개혁, 성문서 개혁은 다음과 같이 간단히 구조적으로 개혁을 말할 수 있다. 예언서 개혁은

---

4 박준서, "구약 계약 신학의 연구," 『구약 세계의 이해』 (서울: 한들출판사, 2001), 58-81.
5 장석정, 『출애굽기의 출애굽』 (서울: 대한기독교서회, 1999), 13-251. 열 가지 재앙의 자세한 논의를 살펴보라.
6 천로역정(존 번연) 순례길: 멸망의 도시-절망의 눈-좁은 문-해석자의 집-십자가 언덕-곤고의 산-뷰티플 하우스-겸손의 골짜기-사망의 음침한 골짜기-허영의 시장-기쁨의 산-마법의 땅-뿔라의 땅-천성.

예언자가 하나님의 말씀의 대언자로서 왕의 잘못된 정치를 견제하며, 하나님의 정치를 보여준다. 또한 예언자는 하나님의 말씀을 전하며, 바른 신앙으로의 회개(shub)를 촉구하고, 말씀(오경)의 율법에 근거하여 신앙에 적용하는 메시지를 전파한다.

그래서 이스라엘의 회개를 촉구하여 믿음의 본질로 돌아서라고 촉구한다. 다시 하나님의 심판을 통해 이스라엘을 구원하려는 종교개혁을 말하고 있다. 이 예언서 개혁은 토라의 말씀이 원칙이 된다. 그것을 말씀(토라)에 입각하여 적용하는 것이다. 그래서 예언자의 메시지는 말씀으로 돌아오라는 개혁의 촉구이다. 그것은 야웨주의를 강조하며, 바알 종교로부터 회개를 주장하며, 종교개혁을 요구한다. 그 개혁의 원동력은 토라, 원형이다.

성문서의 개혁은 말씀의 지혜(잠언, 전도서, 욥기)의 모습으로 나타나며, 시편의 여호와 말씀(토라 시편), 하나님 찬양과 영광으로, 다니엘의 묵시문학으로 예언 문학과 대조적인 종말론적 메시지를 선포하며, 묵시적 비전을 전한다. 성문서에서는 유월절(무교절)과 장막절, 오순절 등 축제와 부림절, 성전 파괴절 등에서 읽는 므길로트(다섯 두루마리)를 구성하고, 안식일, 희년 등을 강조함으로써 거룩한 시간의 종교로 역사의 종교를 성문서는 담고 있다.

성문서는 예언서를 통해 나타난 말씀의 역사가 이스라엘 삶과 현장에서 나타나게 하며, 역대기 역사를 통해 성전 중심의 역사를 기록하고, 마지막으로 우리가 가지고 있는 성경(알렉산더 정경, 셉추아진트 70인 역)에서는 말라기로 끝난다. 이는 구약의 끝이 예언서로 끝내고 있는 것을 알게 된다. 이는 메시아 예언, 메시아 운동으로 예수 그리스도, 새 메시야로 지향하는 개혁 방향을 말하고 있다. 따라서 오늘 우리의 개혁의 중심에서 예수 메시아 운동을 벌여야 하고, 새 구원 운동이 열려 온 인류에게 십자가 복음이 전해져야 함을 가르쳐 주고 있다.

2. 구약 역사의 왕국 시대 종교개혁

구약 역사를 살펴보면 종교개혁의 기사가 많이 나타난다. 그중에 신명기 신학(토라의 순종은 축복, 토라의 불순종은 저주라는 공식)에 따라 기록 된 신명기 역사서(신명기-열왕기하)에서 나타난 종교개혁을 살펴보자. 신명기 역사서의 종교개혁 기사를 살펴볼 때에 두 가지 종교개혁 이야기 있다.7 다시 말해 호프만은 종교개혁 기사에는 두 종류가 있다고 밝히고 있다. 하나는 부정적인 개혁(negative reforms)으로 신명기 역사가 (Deuteronomistic History writer)의 눈에서 바른 신앙과 하나님의 법에서 벗어난 것으로서, 야웨 종교(Yahwism)와 분리된 개혁이고, 또 하나는 긍정적인 개혁(positive reforms)으로 하나님의 눈에 합당한 개혁으로서 제의의 순수화와 관련된 개혁이라고 본다.

호프만이 말하는 신명기 역사가는 왕국 시대(Monarchy period)를 다섯 시대로 나누어 종교개혁의 유형을 나누어 놓았다.8 역대기 기사와는 차이가 많이 나지만, 우선 호프만이 주장하는 개혁 시대를 살펴보자. 첫째 시대는 솔로몬 통치하에서 다윗 왕국의 근본적인 제의 경향을 소개하고(왕상 11:1-13), 북 왕국과 남 왕국의 기본적인 종교 제의를 묘사한다. 여기에 개혁 규범, 개혁 기준은 하나님의 말씀이었다. 다윗

---

7 박신배, 『구약의 종교개혁을 넘어서』 (서울: 더북, 2014), 99-179. 신명기 역사, 종교개 혁 전승과 신학에 대하여 참조하라.
8 박신배, 『구약의 개혁신학』 (서울: 크리스천헤럴드: 2006), 20-22.

솔로몬 시대의 종교개혁은 성전 중심의 신앙이 한 규범이 되었다.

두 번째 시대는 북 왕국에서는 아합 왕(Ahab, 주전 869~850년, 왕상 16:30-33)과 그를 따랐던 왕들인 아하시야 왕(Ahaziah, 주전 850~849년, 왕상 22:53-54), 요람 왕(Joram, Jehoram, 주전 849~842년, 왕하 3:1-27) 이야기가 있고, 남 왕국에서는 아사 왕(Asa, 주전 913~873년, 왕상 15:9-15), 여호사밧 왕(Jehoshaphat, 주전 873~849년, 왕상 22:43-47) 등의 종교적 이야기들이 묘사되었다. 이 두 번째 종교개혁 기사들에서는 아합 왕과 아사 왕이 다른 계승자들이 따를 종교적 행동의 모델로서 제시되었다. 하지만 그들의 종교개혁은 미흡하였고, 산당(바마, 상수리나무 밑에서 바알 숭배를 함)을 제거하지 못한 불완전한 개혁이었다.

세 번째 시대는 혁명과 개혁 시대로서 북 왕국에서는 예후 왕(Jehu, 주전 842~745년, 왕하 9-10장), 남 왕국에서 여호야다(Jehoiada, 왕하 11:1-20) 제사장의 기사로 시작된다. 그들의 계승자로는 북 왕국의 여호아하스 왕(Jehoahaz, 주전 815~801년, 왕하 13:1-9)과 남 왕국의 요아스 왕(Joash, 주전 837~800년, 왕하 12:5-17), 요담 왕(Jothsm, 주전 742~735년, 왕하 15:34-35)으로서, 종교개혁자들의 모습을 보이지만 신명기 역사가에는 부족한 종교개혁가였다. 마찬가지로 산당을 폐지하지 못한 아쉬움이 있다. 그들의 행동은 선조들의 개혁 시대를 끝맺는다. 그리고 북쪽에서는 이스라엘의 몰락을 예비하고, 남쪽에서는 아하스 왕 시절 타락의 길을 가게 된다. 다시 종교개혁가와 종교개혁의 말씀이 필요함을 보여준다.

네 번째 시대는 종교와 정치의 밀접한 통합을 보여준다. 열왕기하 17:7-23의 기사는 북 왕국 멸망 기사로서 북 왕국의 모든 죄를 열거한다. 그리고 열왕기하 17:24-41은 아시리아 통치 아래서 야웨 숭배와 다른 신 숭배와의 혼합에서 계속되는 북 왕국의 종교를 기록한다. 이 기간들은 요시야 종교개혁 기사를 위해 하나의 준비 단계(전제)로 놓인 것이다. 정치와 혼합된 종교개혁, 역대기의 종교개혁이 필요한 시대로 들어간다.

요시야의 종교개혁은 아하스 왕(Ahaz, 주전 735~715년)의 개혁들과는 대조적이며 또한 그의 개혁은 정치적인 조치였다. 제의 중앙화의 조치가 정치적, 종교적, 경제적 심리적인 조치로서 앗시리아의 산헤립 왕과 애굽의 침공을 맞는 복합적인 의미의 종교개혁 성격을 가진다.

다섯째 시대는 마지막으로 유다와 이스라엘 종교 역사에서 종교개혁이 가장 절정을 이룬 시대이다. 이스라엘 역사는 종교개혁으로 변화와 변혁, 종교 혁명이 아니면 망국으로 가는 절체절명의 시대이다. 이때에 역사의 구원자로서 히스기야 왕(Hezekiah, 주전 715~687/686년, 왕하 18:1-6)이 등장하여 종교개혁을 하지만, 그의 아들 므낫세 왕(Manasseh, 주전 687/686~642년, 왕하 21:1-18)이 종교개혁의 성과를 원점으로 돌린다. 그래도 마지막 역사의 운명을 돌린 종교개혁가, 요시야 왕(Josiah, 주전 640~609년, 왕하 22-23장)이 등장하여 종교개혁을 대대적으로 행하며, 국가 개혁 활동을 한다.[9]

결국 멸망으로 역사의 수레바퀴는 돌아간다. 유다 왕국의 죄는 므낫세 왕때 절정에 달한다. 므낫세의 종교 조처들은 유다 왕국의 몰락 근거가 된다. 이를 신명기 역사가는 지적한다. 결국 므낫세의 종교적인 조처들은 우상 숭배 행위로서 유다가 멸망하는 원인이 된다. 므낫세는 역사에서 우리나라의 이완용과 같은 인물이 된 것이다. 요시야 왕과 히스기야 왕은 모든 왕의 모범적인 왕으로 신명기 역사에서 기록되었다(왕하 23:25, 참조 19:5). 히스기야와 요시야 왕은 다윗을 본받은 왕이었지만 결국 역부족이었고, 바벨론 포로로 붙잡혀 가는 역사적 개혁의 필연성을

---

9 같은 책, 22.

연 시대였다. 왕국 시대의 종교개혁은 성전 중심의 역대기 기사와 비교할 때 겸손(겸비)를 강조하며, 우상 숭배를 금지하며, 성전제의 개혁을 강조하고, 선지자의 예언 말씀을 강조하는 역대기 기사와 비교할 때 거룩을 강조하는 역대기 역사의 역사적 차이를 살필 수 있으며 또한 역사적 관심보다는 신학적 관심이 많으며, 공적인 연대기, 족보 기록, 선지자 기록을 통하여 이스라엘 역사를 새롭게 주해한 놀라운 주석가이다.[10]

3. 거룩한 교회

오늘 우리는 한국교회 개혁을 위해 히스기야 종교개혁의 의미를 물어보아야 한다. 이 히스기야 텍스트가 오늘 우리에게 하나님의 말씀으로 들리고 적용하기 위해 영적 감화와 하나님의 소리를 들어야 한다. 한국교회가 본질을 떠나서 변질된 요소들을 찾아야 한다. 비본질적인 것을 과감하게 고치고 개혁해야 한다. 종교 지도자, 교회 지도자, 정치 지도자들이 히스기야 개혁 정신(마인드)으로 비본질적인 것을 개혁하고, 말씀에 입각한 종교 혁명으로 우상을 타파해야 한다.

거룩(카도쉬)은 히브리 사상에서 '세속으로부터 분리'됨을 의미한다. 세속주의와 세상적 가치관에서 벗어나서 하나님 중심, 신본주의적으로 살아가는 것이 신앙인에게는 중요하다. 따라서 우리는 세속과 세상의 세속주의 가치관에서 탈피해야 한다. 하나님을 아는 인간으로서 지금까지 세속적인 삶이라고 하면 이제 회개하고, 인본주의적이고 우상 지향적인 삶을 개혁하고, 새로운 인간형, 신본주의 인간으로 회복되어야 한다.

---

10 김지찬, 『요단강에서 바벨론 물가까지: 구약 역사서의 문예적, 신학적 서론』 (서울: 생명의말씀사, 2003), 548-553.

거룩한 실존으로서 삶을 살아가는 사람들의 모임, 거룩한 사람들의 모임이 바로 교회이며, 레위기가 강조하는 성결의 공동체가 바로 거룩한 교회이다. 우리는 신약의 교회, 신약의 거룩한 공동체를 회복하는 데에 최선의 노력을 하여야 한다. 우리는 성령 충만함으로 성령의 열매를 맺으며, 거룩성을 회복하는 교회와 공동체가 되어야 한다.

구약은 바로 이 하나님의 공동체 형성을 말하며, 그 주의 형상과 본질을 찾으려는 움직임을 말하고 있다. 따라서 구약의 역사를 통해 노아의 방주와 모세의 광야 시대의 성막 공동체를 지향하며, 왕국 시대의 성전 중심의 공동체를 형성하고 있으며, 바빌론 포로 시대에는 이스라엘의 믿음의 구심점이 된 회당 공동체가 되었고, 바빌론 포로에서 귀환한 후 제2 성전 시대에는 제2 성전 공동체를 회복하려 하는 것이 바로 구약성경에서 보여주는 거룩한 예배 공동체의 이상임을 살필 수 있다. 이는 하나님의 언약이 그 중심에 있음을 알게 된다.[11]

그러므로 구약성경이 바로 구약의 종교개혁 공동체라고 할 때 우리는 그 성막, 성전 중심의 신앙생활을 강조하고 있다는 사실을 알게 된다. 하여 그 거룩성 추구와 성막과 성전을 중심으로 시간과 공간 속에 하나님 신앙을 갖고자 했던 이스라엘의 신앙 본질을 찾아야 한다. 그것이 바로 시내산 언약과 다윗의 언약 속에 나타난 언약 공동체였다. 그 언약 공동체에서 신앙의 원형을 찾고, 더 나아가 바른 신약 교회, 초대교회의 성령 공동체를 추구하며, 이상적인 교회 모습이 있는 사도행전 2장에서 신앙의 본질을 찾아서 우리는 주의 몸된 교회 공동체를 지향해야 한다.

앞에서 이미 살펴보았듯이 우리는 거룩을 찾는 작업을 창세기와 레위기에서 창조 신학과 하나님의 예배 공동체로서 출애굽 공동체의

---

11 월터 카이저/최종진 역,『구약성경신학』(서울: 생명의 말씀사, 1978), 339-354.

제의를 통해 알게 된다. 창세기의 창조는 거룩을 통해 이루어지는 세계임을 보여준다. 그래서 창세기는 거룩의 개념으로서 창조가 빛과 어둠의 분리에서 이뤄짐을 알게 한다. 거룩의 시간은 바로 하나님의 창조 행위를 통해 이뤄짐을 보여준다. 그래서 시간의 개념에서 세속의 날과 거룩의 날(주일)을 분리한다. 그리고 시간이 어둠의 저녁과 빛의 아침을 분리하며, 시간의 형성을 가진다. 이처럼 거룩은 창조의 행위를 통해 하나님이 성속의 분리를 하게 한다. 이를 통해 신앙의 온전함과 완전함을 지향케 하여 하나님의 형상에 이르게 한다. 그래서 샬롬의 온전함(완전)이 빛과 치유(라파, 샬롬)의 뜻으로 레위기의 성결의 모습을 가진다.

이것을 통해 우리는 오경에 나타난 신앙 공동체가 펼치는 세계를 보게 된다. 곧 민수기, 신명기를 통해서 광야의 삶에서 하나님의 임재 모습으로 나타나고 있는 것을 본다. 불기둥과 구름 기둥으로 임하시는 하나님 임재와 만나와 메추라기의 하늘의 양식을 통해 이스라엘에 은혜로 함께 하시며 먹이시는 임마누엘의 하나님을 만나게 된다. 거기에 이스라엘이 거룩의 존재이어야 하며, 그 거룩함이 바로 광야에서 이스라엘이 생존이 가능하게 함을 알게 된다.[12] 신명기는 이것을 하나님의 말씀, 율법(토라)이라는 사실을 통해 말해준다.

이스라엘이 하나님의 백성이 되는 것은 바로 이 언약의 백성, 말씀(토라)의 백성이 될 때임을 가르쳐 준다. 따라서 우리는 거룩한 교회를 이루기 위해 성경에 천착하여 말씀을 삶의 현장에서 잘 살아내기를 통해 하나님의 자녀와 백성이 되어야 한다. 그때에 거룩한 교회(하브루타 가정 교회 회복)와 공동체를 회복한 한국교회(개척·지방·지성소 교회)가 될 것이다. 이를 통해서 지성소 역할을 담당한 제사장 임무를 우리에게 주신다.

---

12 박신배, 『구약개론』 (서울: KC대학교, 2020), 104-117.

III. 나가는 말

구약의 종교개혁은 원형(본질), 왜곡(변질, 일탈, 죄), 개혁(변형, 환원)과 일치(회복, 회개, 순종) 등의 구조를 통한 구약신학의 중심을 통해 본질을 회복하고, 초대교회의 성령 중심 교회로 회귀하고, 거룩의 교회로 돌아가야 함을 보았다. 이제 하나님의 교회 앞에 거룩한 교회, 주님이 사랑하는 교회가 '하나님 앞에서'(코람 데오), 하나님의 얼굴을 보아야 하는 시점에 놓여 있다. 이 거룩한 시간에 우리는 시내산에서 새로운 메시지, 두 번째 언약 돌판(마음의 성전)을 새겼다. 이제 거룩한 마음의 성전을 세우고, 신앙의 공동체 교회를 다시 바라보며, 구약의 종교개혁을 통한 거룩의 회복이 이스라엘 공동체를 다시 회복하였던 것이다. 이처럼 한국의 교회 개혁의 기수로 서서 오늘 그 변화와 갱신, 변형과 회복하라는 주님의 음성을 듣고 우리는 다시 시내산을 내려가게 될 것이다.

여호와 하나님을 만나는 이스라엘 백성들의 과제가 오늘 새로운 예언자, 제사장, 왕으로서 부름을 받았다. 우리도 주님의 이 삼중직을 받아야 한다. 우리 주님이 메시아가 되신 것처럼 우리도 작은 예수, 그리스도인으로서 그 사명을 잘 감당하는 거룩한 주의 종, 거룩한 교회, 거룩한 하나님 나라의 사명자, 거룩한 가정(하브루타 대화 가정)을 수축하는 영적 지도자가 되어야 한다. 새로운 에스라, 느헤미야가 되시기를 끝으로 축원한다. 우리는 이 시대에 다시 종교개혁가로 서서 거룩함을 가지라고 하는 부름을 받았다. 할렐루야.

5장

메타버스 시대의 교회와 선교

인류는 한 번도 경험하지 못한 코로나19 바이러스 팬데믹으로 말미암아 전 지구인이 함께 전염병을 겪는 시대에 살아가는 지상 초유의 사건을 맞이했다. 이러한 결과로 메타버스(Metaverse) 시대가 자연스럽게 도래한 것이다. 가공과 추상의 의미인 메타와 현실 세계의 사회, 경제, 문화 활동이 이뤄지는 3차원의 가상 세계가 결합되면서 온라인 시대가 온 것이다. 이 말은 1992년 SF작 닐 스티븐슨의 소설 『스노 크래시』(*Snow Crash*)에서 처음 등장한 개념으로, UGC(User Generated Contact) 상품으로서 가상 통화가 주류를 이루어지게 되었다. 그리고 코로나19 팬데믹 시대에 5G 통신이 상용화되면서 정보통신 기술의 발전을 이룬다. 또 비대면 추세가 가속화되면서 미터버스(미터, 유니버스)의 세계, 곧 아바타를 활용해 게임이나 가상현실을 즐기는 데 그치지 않고 실제 현실과 같은 사회 문화적 활동을 할 수 있다는 특징이 있다.

발전된 5G 상황화에서 가상현실(VR), 증강현실(AR), 혼합현실(MR)이 구현되는 기술이 대두되면서 온라인 추세가 확산되고, 메타버스가 주목을 받게 되었다.[1] 산업 사회의 변화가 일어난 것이다. 메타버스에 수십, 수백조 원의 뭉칫돈이 투자되면서 MS사, 한화나 굴지의 기업들이 이 메타버스에 뛰어들게 되었다. 이러한 메타버스의 시대에 달라진 개념을 통해 교회와 선교의 개념도 어떻게 변화하게 되는지 진단하면서 대처해야 한다. 이제는 가상공간이 주공간처럼 여겨지는 시대가 되었다. 이는 가상공간의 시대와 더불어 비인간화, 비인격화의 시대가 도래하였다는 것을 의미한다. 이에 우리는 기독교 진리의 가치 체계와 본질은 변화하지 않음을 알려야 한다. 다시 말해 우리는 진리와 자유, 평화와 행복의 가치를 잘 유지하면서 영의 윤리 가치를 지속시킬 수 있는 길을 제시하고자 한다.

I. 대체불가토큰(NFT), 가상화폐의 시대의 도래와 교회의 대응

이 온라인 시대에는 NFT(대체불가토큰)가 주류를 이루게 된다. 곧 가상화폐가 도입된다. 디지털 콘텐츠 소유권 증명서가 생기면서 그 특정 자산을 나타내는 블록체인상의 디지털 파일, 원본인증서, 소유권 증명서를 갖게 될 것이다. 다시 말해 이 대체불가토큰인 NFT는 특정한 자산을 나타내는 블록체인상의 디지털 파일이고, 각기 고유성을 지니고 있어 상호 대체가 불가능한 토큰이 된다.

이 블록체인은 거래 정보가 담긴 블록을 참여자들이 나눠서 보관하면서 계약을 인증할 때 그것들이 체인을 이루어 작동하면서 거래가 탈중앙

---

1 윤사무엘, "메타버스 시대의 목회," 김상일 외 14인 저, 『메타버스 시대의 신학과 목회』 (서울: 동연, 2022), 75-83.

화되는 기술이 된다. NFT는 블록체인을 활용해서 구축되는 정보(가치)에 대한 개념이 변화되어 디지털 파일을 비롯한 여러 유무형의 가치들의 원본성과 소유에 대한 권리이다. 미술 작품이나 예술작품, 영화와 연극, 연주 작품의 원본의 고유성(originality)을 유지하게 될 것이다. 또한 블록체인상에 기록을 남기는 것(Minting)과 메타버스 내에 전시장 만드는 것, 문화+기술(블록체인, web 3.0) - NFT 구축하기, NFT 등록 판매하여 유튜브상 SNF가 확산될 것이다. 이는 메타버스가 시대 정신이자 사회운동이 될 것임을 말한다.

따라서 협업과 수집적인(Collectable) NFT 작업을 통해 새로운 문화 콘텐츠가 형성되는 시대에 돌입하게 될 것이다. 따라서 NFT 아트 시대가 열리면서 NFT를 활용한 예술작품이 생기고, 그러한 시장을 통해 예술 문화 시대가 보편화되게 될 것이다. 정부와 기업이 디지털 인증 시스템에 참여해야 NFT도 실질적인 효력이 생기게 된다. 디지털 경제가 가속화되고 보편화되면서 디지털 콘텐츠를 블록체인에 올리게 된다. NFT의 가치는 그 자산에 대해 디지털 소유권과 판매 내력을 증명하는 수단을 통해 가치 실현이 이루어지게 된다.[2]

교회는 이러한 시대에 디지털 교육과 디지털 매체를 개발해야 하며, 대체불가토큰(NFT), 가상화폐가 주류를 이루는 때에 문화 유통과 가상화폐의 현실에 맞는 실질적 프로그램을 개발하고 현실화하는 작업을 해야할 것이다. 성경에서는 "메네 메네 데겔 우바르신"이라는 글자가 프리젠테이션의 효시가 되고, 전자 칠판과 가상공간을 이끄는 주가 하나님이라는 사실을 일찍이 가르쳐주었다. 더 나아가 스가랴서의 에바와 날아가는 두루마리는 오늘날의 메타버스 시대의 디지털 문화와 온라인(On-Line)

---

2 강원돈, "메타버스 시대의 신학과 윤리," 『메타버스 시대의 신학과 목회』, 153-168.

과 화상 대화(줌 통화)를 상징적으로 말하고 있다.

II. 패러다임 전환의 시대의 교회와 선교의 모색

변화되는 디지털 시대에 우리는 숨은 기회를 찾아서 주요 플랫폼, 회사 탐구, 다른 아티스트들의 활동을 참고하고, 최신 트렌드를 연구해야 한다. 또한 방향성을 구상하고 커뮤니티 활동을 통해 플랫폼을 정하기, 공동의 시장(Opensea), 공동의 장을 구축하며 암호화폐 구입해 지갑으로 전송하며 가스피(Gas Fee)를 마련하고, 플랫폼 채널 생성 및 꾸미기 작업을 하고, 민팅(NFT)화와 리스팅(판매 등록)을 하고, 작품 홍보(SNS, 커뮤니티, 전시 등)를 통해 문화 산업을 일으키게 된다.

교회는 어떠한 플랫폼을 구축하고, 선교 플랫폼을 어떻게 실현해야 할지를 접목하고 또 그 플랫폼의 적용을 모색하여야 할 것이다. 빠르게 변화하는 세상 속에 교회가 하나님의 문화를 선도할 수 있는 플랫폼 구축을 해야 할 것이다. 곧 교회 선교부가 준비하며 선도해야 할 것이다.

III. 기업과 사회의 협업 시대 대두

기업과 사회의 협업으로 파이(몫)를 장기적으로 키우고 나누는 작업이 선행되어야 한다. 그러기 위해 기업의 가치와 변화가 파이 쪼개기(Piesplitting mentality)에서 파이 키우기(Piegrowing mentality)로 전환해야 한다. 기업의 목표는 파이(pie)를 더 많이 차지하는 것이 아니라 파이를 키우고 공유하는 데 초점을 맞춰야 한다. 이때 기업의 사회 이익과 함께 이윤을 창출해야 지속 가능한 발전을 이룰 수 있다.

알렉스 에드먼즈(Alex Edmans)의 파이 경제학(Pieconomics)에서 말하기를 ① 건강한 기업이 건강한 사회를 만든다. ② 기업과 사회는 파트너다. 사회에 좋은 것이 기업에도 좋다. ③ 장기적인 사회적 목표를 동인(motive)으로 삼아야 한다. ④ 사회적 가치 추구의 기업이 생존한다. ⑤ 이해관계자 자본주의(Stakeholder capitalism)로 폭을 넓히는 것이 파이를 키우는 것이다. 그는 기업 가치의 추구 목표가 이윤이 아니라 사회적 가치임을 제창한다. 파이는 '이윤'이 아니라, '사회적 가치'를 나타낸다. 사회적 가치를 목표로 삼으면 이윤도 증가하게 되고, 지속 가능한 성과를 이루어 투자에 긍정적 영향을 미친다는 것이다. 기업은 사회를 위한 가치 창출을 통해서 이윤을 만든다. 이를 통해 투자자와 이해관계자가 이득을 얻게 된다.

이러한 때에 교회가 이러한 교회 가치를 추구해야 함을 의미한다. 기업만이 아니라 교회도 생태 환경 보전 경영(ESG)을 추구해야 할 것이다. 세계는 ESG 경영으로 기업 문화와 경영이 바뀌고 있다. 이는 지구 환경이 심각한 상태가 되었고, 지구 기후 변화는 탄소 배출권이 강조되고, 탄소 배출의 환경위기를 극복하는 경영으로 변화되고 있다.[3] 이러한 때에 교회는 환경친화적 경영(ESG 경영)에 있어서 도덕(모럴)과 윤리를 제공하며 사회를 이끌어 가고, 세계 기업 문화와 세계관을 주도해야 할 의무가 있다. 따라서 교회는 교회 자체만을 위한 이익 추구만이

---

3 대니얼 앨트먼/고영태 역, 『10년후 미래』 (서울: 청림출판, 2011), 273-292. 지구 온난화에 따른 양극화 현상이 일어나고, 탄소배출권에 따른 나무 심기의 비용이나 기후난민들의 문제 등 해결할 과제가 많아진다.

아니라 사회적 가치를 높이는 데 기여하는 세상의 빛과 소금이 되는 교회가 될 때 훨씬 교회에 대한 잠재적 선교의 장이 넓게 열릴 것이다. 건강한 교회가 건강한 사회를 만든다. 종교는 사회의 뿌리이고, 정치는 사회의 꽃이다. 사회의 정신세계를 지탱하고 세우는 것이 교회이다. 사회가 어두울수록 빛은 더욱 필요하다. 결코 어둠이 빛을 이길 수는 없기에 코로나19 전염병 시대에 복음의 빛이 더욱 필요하다.

이러한 시대에 지도자의 덕목(virtue of leader)은 읽기(reader)를 우선적으로 하며, 다양한 분야의 지식을 지혜로 승화시켜야 한다. 또 지도자는 사색하기(thinker), 깊이 생각하며 새 비전 보기(pathfinder)를 통해 새 비전을 제시하는 길잡이가 되어야 한다. 한편 섬기기(server)를 잘하여 솔선수범하는 현장 참여형으로 리더십을 가지고 경청과 과정을 중시하는 지도자가 되어야 한다. 이러한 메타버스 시대에 교회 지도자는 시대를 바라보며 교회의 본질과 인간의 본질을 꿰뚫고, 하박국의 메시지처럼 달려가면서도 읽을 수 있는 비전을 봐야 하며 또 그 비전을 기록해야 하는 것이다. 교회가 이 비전 플랫폼을 만들어 이 시대에 사람들에게 제시해야 한다. 이를 준비하고 마련하여 제시하는 지도자가 되어야 한다. 이는 에스겔서의 사방으로 날아가는 네 생물(겔 1:4-28)이나 스가랴서의 날아가는 두루마리와 에바의 환상을 통해 무한한 상상력을 제공할 수 있어야 한다(슥 2:1-11). 메타버스 시대에 교회가 사회와 기업을 주도하는 영적 지도력을 발휘하며 예언자적 사명을 다하기를 바라며 글을 마치려 한다.[4]

결국 가상의 현실이 아니라 시간과 공간에 영적인 리더십과 하나님의 말씀(레마)이 역사하는 하나님 만남의 사건을 재현하는 신학과 교회가

---

4 김종우, "메타버스 시대의 신학과 목회," 『메타버스 시대의 신학과 목회』, 186-199.

될 때 미래는 희망이 있다. 이는 가상현실의 온라인 교육이 대세를 이루지만, 아나로그(analog)의 만남의 중요성과 교육의 역사성과 인격성을 통한 인간 인격의 기적적 행위를 도출하는 교육 현실의 실천의 장도 제시되어야 함을 깨닫게 된다.

> 너는 이 묵시(하존)를 기록하여 판에 명백히 새기되 달려가면서도 읽을 수 있게 하라(합 2:2).

6장

포스트 코로나, 한국교회의 나아갈 길

I. 서론

코로나19 전염병으로 세계 변화는 심각한 패러다임의 변화가 있었
다.[1] 이 팬데믹 사태는 인류가 처음 겪는 지구촌 한 가족의 고통이었다.
지난 3년간은 지구촌이 초상집처럼 어둠의 그늘 속에 살았던 날들이다.
이 기간을 보내면서 우리는 정부와 교회 관계를 보게 된다. 전염병의
확산이라는 명목에 휘둘려 교회가 집회를 금지당하는 상황에 직면했고,
무력한 교회의 모습을 목격하였다. 아직도 마스크를 착용하고 공예배,
대면 예배를 드리고 있지만, 여전히 불안한 형편이며, 전염병의 위협이
공존하고 있는 상태에서 새로운 원숭이 두창이라는 전염병이 퍼지고
있는 시점에 있다. 물가는 오르고 금리와 환율이 오르면서 우리는 삼중고
에 빠지게 된다. 더욱이 인플레이션이 심각해지고, 스태그플레이션(경제

---

1 박신배, "코로나19 시대, 성서(구약) 속 전염병의 신학적 의미: 기독교교육적 전망에서,"
『코로나19를 넘어서는 기독교교육』(서울: 동연, 2020), 21-38. 전염병 시대가 출애굽
기의 10가지 재앙(출 7-12장)의 경우와 유사함을 거론한다. 또 코로나19가 인류의 21세
기를 가르는 분기점이 될 것이라 예견한다.

불황 속에서 물가상승이 동시에 발생하고 있는 상태)으로 말미암아 사람들의
생활 방식은 많이 움츠러들고 인심이 흉흉해질 수 있다.

팬데믹으로 인해 우리의 일상은 온라인 세계, 전자상거래와 온라인
교육(줌 환경) 등 디지털 세상을 경험하게 되었다. 교회도 동영상 예배,
비대면 예배를 드리게 되었고, 이상 현상을 경험하게 되었다. 비대면
예배에 익숙해진 성도들은 다시 대면 예배로 돌아오기 힘든 형편이
되고 있다. 교육 현실도 비대면 수업의 편안함과 교육 효과의 좋은
효율성 체험으로 인해 대면 수업보다 더 디지털 교육 환경을 선호하는
학생들의 모습을 보게 되었다. 이런 때에 우리는 미래의 교회 교육과
교회 환경의 변화에 대하여 어떻게 적응하며, 어떤 반응으로 진리의
삶을 추구하며, 참된 교회의 본질을 찾으며 살아야 할지 그 대안을
모색하고자 한다.

II. 본론

1. 초대교회로의 환원, 신약성경(27권)의 교회로 돌아가기

이번 코로나 사태를 겪으면서 한국교회의 자본주의형 교회 형태와
대교회 지향적 교회 성공주의가 문제가 됨을 알게 되었다. 정부는 정치적
선전(프로파간다)을 위해 대면적 상황을 금지하며(전염병 확산 금지 명목),
교회 길들이기를 하고, 종교와 정치의 분리를 주장하며 한국형 교회의
모습의 문제점을 질타하듯이 취약한 문제점을 공격하였고, 여지없이
본질적이지 못한 한국교회, 자본주의적 형태의 한국교회는 넘어지게

되었다.

이제 한국교회는 신약 교회의 본질적 신앙 형태와 신앙 정신을 회복하고, 본질적 신약성경(27권)의 교회 정신으로 돌아가야 한다. 초대교회는 로마 정부의 핍박이라는 상황에서 순교적 신앙을 감내하면서 목숨을 걸고 신앙생활하며 성령이 인도하는 교회의 역동성을 가졌다.[2] 사도행전 2장은 그러한 본질적 교회의 모습을 잘 보여주고 있다. 다시 한국교회는 성령이 역사하는 교회의 모습으로 돌아가기 위해 회개 운동과 갱신의 채찍을 이 차에 해야 할 것이다. 그동안 해오던 교회들의 잘못된 관행을 과감하게 버리고, 사도적 교회, 수도사적인 사막의 영성, 초대교회 교부와 속사도 시대의 영성을 이어받고, 성자(聖者)형 목회자상(像)을 추구해야 할 것이다(이현필, 이세종, 손양원, 성프란시스코, 켈트 수도사).

2. 신앙의 본질 추구와 교회 개혁의 이상으로 돌아가기

신앙의 본질은 신약성경에 나타난 바울의 영성과 사도들의 영성에서 나타난다. 성령의 역사를 통한 교회의 개척과 발전, 인격적 제자도 형성, 복음의 명확한 모습, 십자가의 영성과 교회의 자유롭고 평화로운 모습, 금권이나 종교 권력의 모습이나 조직적 교권의 형태가 지양된 모습이다. 신약성경이 말하는 교회의 원형을 찾고, 교회의 본질을 찾아서 이상적 교회 모델을 선정하고, 사도적, 수도사적 영성을 가진 목회자를 발굴, 영향력 있는 교회들이 그를 기리고 존경하고 위하는 지도적 사도권(카리스마)을 인정하고, 성장과 발전의 교회 형태가 아닌 예수 인격과 복음 운동의 본질적 모습에서 교회의 윤리의 가치를 발견하고, 소종파적인

---

2 박신배, 『환원 신학의 세계: 초대교회로의 행진』 (서울: 더북, 2013), 49-109.

운동, 에큐메니컬 운동의 연합과 진리의 교회를 중심으로 일치 운동으로 나가는 한국교회가 되어야 한다. 구약과 영성에 대한 연구를 깊이 하며 더불어서 신약 교회의 이상적인 직제를 바탕으로 교회 실천에 적용하여 진리 교회를 향한 운동을 해야 할 것이다.3

자본주의 형태의 금권적, 교권적, 조직력을 동반한 교회 운동이 얼마나 위약한 것인지를 깨닫고, 새로운 진리와 복음, 성령 운동을 통한 교회 일치 운동을 벌여야 할 것이다. 이단 종파가 가지고 있는 위험성(관심과 사랑으로 한 영혼을 붙잡고 유혹하다가 나중에는 가정도 버리게 하는 조직성)을 막고 대처할 수 있는 교회 운동을 벌이며, 새로운 지도자상과 새로운 카리스마, 지도력으로 성자형 목회자를 중심으로 리더십을 가져가게 해야 할 것이다. 1, 2세대 목회 영웅이나 초대형 교회의 목회자들이 소천하는 모습에서 우리는 많은 것을 느꼈을 것이다. 하나님의 심판은 준열하고 목회자들의 '하나님 앞에'(코람 데오) 서지 못한 행동들과 종교 행태는 심판받게 된다는 사실을 깨닫는 기회가 되었다. 이번 리더십 컨퍼런스 모임에서 이러한 문제에 대한 심각한 영적 각성이 일어나서 한국교회가 반성하고, 우리가 무엇이 잘못되었는지 살피며, 동기의 순수화가 있었는지 또 복음에 이질적인 요소들이 혼합된 것이 없었는지 점검하고, 초대교회의 에큐메니컬 운동의 본질과 원형을 찾아 나가야 할 것이다.

---

3 박준서, "구약 신앙과 영성," 『구약 세계의 이해』 (서울: 한들출판사, 2001), 255-285.

3. 루터의 교회 개혁 정신을 이어받아 새로운 종교개혁의 패러다임을 만들기

팬데믹 시대의 교회 모습에서 우리는 어느 누구나 교회의 갱신과 개혁을 부르짖지 않는 사람은 없었다. 오늘 여기 있는 우리는 무엇이 비본질적인 것인지, 어느 것이 신약성경에 없는 것인지 찾아서 철저히 개혁하는 신앙과 교회가 되어야 할 것이다. 캠벨이 얘기하는 구호(본질에는 일치, 비본질에는 자유, 매사에 사랑으로)를 생각하며 새로운 종교개혁의 변화와 변혁, 혁명이 일어나야 한다. 루터가 신앙과 교리의 개혁을 주창하였다고 하면, 캠벨이 장로교와 감리교, 침례교의 개혁으로서 성례전적인 교회와 올바른 신약성경의 직제 개혁을 주장하며, 인간의 교리와 신조, 정치 구조 등의 문제점을 지적한다. 다시 말해 환원 운동가들이 신약성경 27권만 교회의 직제로 삼고 인위적인 것을 배제하려는 순수한 직제의 개혁을 주창한다.4 이 본질 운동처럼 이제 한국교회는 새로운 교회 개혁, 종교개혁을 외칠 때이다.

새로운 교회 지도자, 새로운 목회 지도자상, 새로운 카리스마적 리더가 필요한 때이다. 코로나 이전의 사울 목회자상이 이제는 포스트 코로나 시대로 이전의 금권, 종교 권력으로 목회자 리더십을 가지던 관행을 지양하고, 이제는 성자형, 수도자적 영성, 교수적인 지성에 기반하는 깊은 영성을 추구하는 교회가 되며, 신약성경의 지도자와 영성을 추구하는 교회로 변화되어야 한다.

---

4 박신배,『환원 신학의 세계: 초대교회로의 행진』, 111-289. 토마스 캠벨, 알렉산더 캠벨, 발톤 스톤의 환원 사상을 참조하라.

4. 코로나 시대의 위약한 한국교회의 문제점을 개선하고 새로운 본질적 교회 만들기

한국교회의 문제점은 바로 비본질적인 것이 교회의 중심이 되었던 것이다. 이제 이러한 부실하고 건강하지 못한 교회 현상들이 여실히 문제가 되어 팬데믹이라는 전염병의 재앙 속에서 하루아침에 교회들이 무너졌던 것을 본다. 또 그대로 자본주의형의 교회로 돌아가 이전처럼 똑같이 교세를 불리고 교인 수를 늘리는 식의 기업식 교회 발전을 추구한다면 똑같은 전철을 밟고 또다시 어려운 환경에 놓이게 될 것이다.

이제는 새롭게 본질적인 교회 모습, 신약 교회의 이상적 교회상을 본받고, 인격적 목회와 형제자매 정신으로 수평적 리더십을 가지고, 카리스마의 교회 지도자상이 바뀌는 전환점을 가져야 한다. 인격적 목회자상을 가진 한경직 목사, 이현필 목사(동광원의 영성), 이흥식 전도자, 이자익 목사를 본받아 새로운 한국교회 리더십을 가지도록 교회가 새롭게 인격적 지도자상으로 세워나가야 할 것이다.

5. 본질적 교회의 교리나 신앙의 본질은 유지하고 원점(초대교회)으로 돌아가며, 비본질적인 소통과 교제는 디지털 환경을 활용하기

변화된 교회 환경은 세상의 문화의 변화를 따라잡고, 본질적인 하나님의 문화를 적용할 수 있도록 선도해야 한다. 세상의 문화는 4G, 5G, 6G로 문화로 바뀌고 있다.[5] 이처럼 메타버스 시대로 옮겨가고 있고,

---

5 오늘날 5G의 초연결 시대로 바뀌고 있어서 양자 컴퓨터가 CPU가 형성되었고, 발전된 AI 컴퓨터가 형성되며 6G의 환경으로 바뀌면서 웹4.0으로 바뀌며, 하이퍼 인터넷, 집단

디지털 환경이 주류가 되는 시대에 왔다. 거기에 맞게 교회가 비본질적인 것을 수용하여 효과적인 복음 전도와 선교를 해야 할 것이다. 앞으로 전기차, 수소차 시대와 4차 혁명 시대의 스마트폰과 새로운 차 혁명, 인지(뇌)과학 시대, 인공지능 AI 시대가 전개될 것이다. 이러한 때에 본질적인 교회 신앙과 진리 가치는 변하지 않지만, 기능적인 비본질적인 것은 변하게 된다. 점점 종말론적인 현상이 많아지고, 종말의 날을 향하여 가속도를 낼 것이다.[6]

따라서 우리는 거기에 빠르게 발맞추어 소프트웨어는 앞서가는 문화를 만들고 복음을 잘 전할 수 있는 도구를 만들어야 한다. 초대교회의 신앙의 본질과 교회의 본질을 잘 연구하고 잘 유지하며, 잘 지키고 제자 교육에 전념하여 바알·아세라 종교와 같이 혼탁한 이 세상 문화에서도 변치 않는 신앙인으로서, 엘리야와 엘리사, 다니엘과 같은 신앙인을 길러내어야 한다.

이번 리더십 모임에서 한국 교회 개혁의 뜻이 모아지고, 이 글을 통해 좋은 개혁 의지를 가지며, 좋은 친교(코이노니아)가 일어나서 하나님의 말씀(레마)이 우리의 가슴에 깊이 새겨지기를 바란다. 끝으로 영적인 대각성이 일어나도록 에스겔의 두루마리를 먹게 되는 역사가 일어나기를 소원한다.

지성이 축적된 초연결 시대로 변화되고 있다. 4차 혁명의 교육 환경은 이미 미네르바 대학 교육의 패러다임으로 변화하고 있다. 글로벌화, 디지털화해야 함을 알게 된다.

6 문규석, 『온 우주에서 가장 짜릿한 말: 복음과 구원, 복음은 무엇이며 구원은 어떻게 받는 가?』 (군포: 평누림출판사, 2022), 103-140.

III. 결론

우리는 새로운 변화의 요구 앞에 서 있다. 새로운 패러다임이 요구되는 교회의 현실과 그 필요 앞에 직면했다. 이제 새로운 루터, 새로운 웨슬리, 새로운 캠벨, 새로운 칼뱅이 필요한 시대이다. 오늘 이 글을 보고 이 거룩한 모임에 참석할 우리는 그 부르심에 초대받은 종들이다. 성경의 인물처럼 하나님 앞에서(코람 데오) 정직하게 모세처럼, 엘리야처럼, 예레미야처럼 서서 이제 이 민족과 교회, 세계 교회 앞에서 새로운 부르심에 응답해야 한다.

부르심의 부르심을 듣고, 이전에 목회자와 전도자로 부름에 응답하여 주의 종이 되었던 그 자리에서 이제는 팬데믹 시대 이후에 포스트 코로나 시대의 새로운 사명으로 한국교회의 변화와 개혁, 혁명의 핵이 되라는 명령과 준엄한 사명에의 부르심에 응답해야 한다. 이 자리가 그러한 자리이며 그 부르심에 응답하는 시간임을 명심하고, 하나님 앞에 시내산 (호렙산)으로 오르자. 부르심의 소리를 듣고 땅끝으로 가자. 이제 이전에 사울에서 바울로 변화되고, 아브람에서 아브라함으로 변화되는 우리가 먼저 되자. 할렐루야, 한국교회여, 일어나라. 이사야서 60장처럼 "일어나라 빛을 발하라"(1절). 이사야서 45장처럼 "땅의 모든 끝이여 내게로 돌이켜 구원을 받으라 나는 하나님이라 다른 이가 없느니라"(22절). 오늘 이 자리에 함께한 독자와 그 독서 공간과 이 소리에 응답한 모두에게 하나님의 복과 은혜가 넘치기를 기도한다. 할렐루야.

맺 는 글

지금까지 우리는 숨 가쁘게 달려왔다. 이제 한숨을 크게 쉬고 지금까지 무엇을 하였는지 돌아보며, 하나님의 말씀과 신학을 말하지 못한 것이 무엇인지 돌아보아야 한다. 이 책이 바로 그러한 징검다리가 되기를 바란다. 서론에서는 학문과 학문의 일가를 형성하는 것에 대한 화두를 꺼내며 이야기를 시작하였다. 1부에서는 구약과 한국 신학을 향한 길을 처음 떠나며 구약의 진리 개념이 무엇인지 묻고, 창조 신학에 입각하여 구약의 안식일과 구약이 추구하는 윤리 개념과 가치가 정의와 평화임을 밝히며 이야기를 전개하였다. 3장에 가서는 구약의 복음서인 이사야서를 전체적인 구조에서 연구하고, 이사야서가 주장하는 메시아 나라와 왕국, 메시아 그리스도 예수를 향한 진리와 자유를 추구하며, 그 메시지를 전개하였다. 그리고 팬데믹 시대에 구약이 무엇을 의미하는지 오늘의 재앙의 시대를 가늠하고, 하나님의 메시지를 구약 중요 본문을 분석하며 그 말씀(레마)을 찾고 구약신학을 이야기하였다.

2부에서는 구약과 한국 신학이라는 장에서, 한국 신학의 거시적 차원에서 풍류 신학과 태극 신학을 먼저 이야기한다. 한국의 구약신학 연구를 어떻게 해야 할지를 펼친다. 또 한국적 구약신학하기의 차원을 염두에 둔다. 다시 말해 구약의 한국 신학 모색하기를 하면서 그 연결고리로서 다리 기능을 언급하고자 하였다. 또한 한국문화신학회의 임원으로 참여하여 선생님의 사랑을 받고, 선생님을 기리고자 쓴 글이 한국 문화신학자 김찬국을 이야기하게 되었다. 그렇게 시작된 김찬국 구약 민중신학은 문학신학지에 첫 글을 발표하면서 "김찬국의 민중신학과 구약"과 "구약 민중신학의 재발견"이라는 두 개의 논문이 세상에 처음 발표되고, 김찬국의 구약신학이 소개되었다. 그 후 선생님의 10주년 기념 논문집에 여러 후학들이 잇달아 발표하였다. 거기서 두 개의 논문, "김찬국의 구약 역사 신학"과 "한국문화신학자 김찬국의 평화 신학"이 발표되는데, 여러 구약학자들과 함께하여 두 개의 관점(앵글)에서 학자의 학문 세계가 어떻게 전개되었는지 살피게 된 것이 이 책에 실린 것이다. 결국 현장을 무시한 학문은 생명력이 없다는 것을 알게 되었고, 구약의 예언자와 같이 소원(笑園) 김찬국 신학은 오늘 우리에게 다시 학자의 삶이 현장과 예언자 삶, 한국 문화와 한국인의 신학하기를 견지해야 함을 알게 해주었다.

마지막 3부에서는 구약의 종교개혁(히스기야, 요시야 종교개혁)이 어떻게 한국의 문화와 역사의 장에서 펼쳐져야 하는지 연구하였다. 그것이 바로 구약의 종교개혁, 한국교회라는 관점에서 ① "히스기야 개혁과 한국교회"로 지평을 넓혔고, ② "초대교회로의 환원 운동과 대안 신학 모색"이라는 한국 기독 인문학 연구원에서 발표했던 글을 다시 실었다. 또 마르틴 루터의 종교개혁 500주년을 기념하는 강연에서 발표했던 원고로서 ③ "종교개혁 500주년 의의와 오늘의 교회 개혁"이라는 글은 종교개혁이 오늘 또다시 재현되어야 함을 강조했다. ④ "구약의 종교개혁과 거룩한 교회"는 우리 시대의 가정 공동체가 회복되어야 한국교회가 살아날 것을 말하였고, ⑤ "메타버스 시대의 교회의 준비와 지향점"에 대해 구약적 지평에서 전망하는 글을 제시했다. 마지막으로 ⑥ "포스트 코로나, 한국교회의 나아갈 길"이라는 글은 한국교회의 중심 교역자들과 교수들이 미래 포럼에서 머리를 맞대고 기도하며 대안을 찾는 자리에 가서 필자가 교회의 나갈 길을 제시하였다. 이는 '구약 세계 속에서 신학과 갱신 매뉴얼'로서 신학과 삶을 아우르는 작업이라 본다.

　이제 정년퇴임을 향해 닻을 풀고 항해를 다시 시작하고자 한다. 주여, 학문의 일가(一家)를 이루게 하시고, 하나님의 영광을 주께 돌리는 구약신학, 구약학을 전개하게 하소서. 감사합니다.

참 고 문 헌

1부 _ 구약신학의 세계

1장 | 구약에 나타난 진리 연구

김정양. 『신은 죽었다. 그러나 신은 살아 있다』. 서울: 동화출판사, 1981.

박신배. 『구약개론』. 서울: 북포유, 2012.

_____. 『성서이해』. 서울: 그리스도대학교 출판국, 2010.

_____. 『새로운 예언서 연구』. 서울: 그리스도대학교 출판국, 2011.

박호용. 『요한복음 주석 2』. 서울: 예사빠전출판사, 2015.

브레바드 S. 차일즈/박문재 역. 『구약신학: 구약신학의 정경적 맥락』. 서울: 크리스챤다이
　　　제스트, 1996.

엄원식. 『구약신학』. 대전: 침례신학대학교 출판부, 2002.

엘머 에이 말텐스/김의원 역. 『새로운 구약신학: 하나님의 계획』. 서울: 아가페 문화사,
　　　2002,

조용우. "진리." 『최신판 성구 사전』. 서울: 서울서적, 1991.

버나드 W. 앤더슨/최종진 역. 『구약신학』. 서울: 한들출판사, 2001.

원종호. 『성서적 구원 진리』. 부산: 설송, 2009.

채필근. 『비교종교론』. 서울: 대한기독교서회, 1991.

B. W. 앤더슨/김찬국 · 조찬선 공역. 『성서의 재발견』. 서울: 대한기독교서회, 1971.

야로슬라프 펠리칸/김승철 역. 『예수의 역사 2000년』. 서울: 동연, 1999.

Girdlestone. *Old Testament Synonyms*. Michigan: Grand Rapids, 1897.

Mould, E. W. K. *Essentials of Bible History*. New York: Thomas Nelson & Sons, 1940.

Piper, O. A. "Truth." in *IDB*. Nashiville: Abingdon Press, 1982.

2장 | 구약의 나타난 안식일과 정의와 평화

데이빗 왓슨/문동학 역. 『제자도』. 서울: 두란노, 2009.

마이클 샌델/이창신 역. 『정의란 무엇인가』. 서울: 김영사, 2010.

몰트만/박봉랑 외 4인 역.『성령의 교회 안에 있는 교회』. 서울: 한국신학연구소, 1986.

민영진·윤형·조효근. "노동의 근원인 하나님의 창조행위로 보는 헤브라이즘." 「들소리 문학」, 2012.

민영진·조용식·조효근. "헬레니즘과 차원이 다른 헤브라이즘의 하나님." 「들소리 문학」. 2011년 가을호.

박신배.『구약의 개혁신학』. 서울: 크리스천헤럴드, 2006.

_____.『태극 신학과 한국 문화』. 서울: 동연, 2009.

_____.『평화학』. 서울: 프라미스키퍼스, 2011.

_____.『환원 신학의 세계: 초대교회로의 행진』. 서울: 더북, 2013.

_____.『구약의 종교개혁을 넘어서』. 서울: 더북, 2014.

박호용.『요한복음: 천하제일지서』. 서울: 쿰란출판사, 2012.

선한용.『시간과 영원: 성어거스틴에 있어서』. 서울: 성광문화사, 1986.

알로이스 피어리스/성염 역.『아시아의 해방신학』. 서울: 분도출판사, 1990.

이종근.『히브리 사상』. 서울: 삼육대학교출판부, 2007.

장재명. "희년의 현재적 적용과 윤리적 연구." 국제문화대학교 신학대학원 학위논문, 2018.

_____. "구속사적 관점에서 희년의 불연속성과 연속성 연구: 성경 윤리적 패러다임하에 희년 적용 여지 모색." 국제문화대학교 신학대학원 학위논문, 2018.

남기업 외 5인.『희년, 한국 사회, 하나님 나라』. 재인용, 장재명.『희년의 현재적 적용과 윤리적 연구』. 153.

한태동.『사유의 흐름』. 서울: 연세대학교 출판부, 2003.

W. H. Schmidt. *The Faith of the Old Testament: A History*. Philadelphia: Westminster Press, 1983.

3장 ㅣ 이사야서 연구

박신배.『성서이해』. 서울: 그리스도대학교 출판국, 2010.

주승중. "화와 복의 노래."『이사야1: 어떻게 설교할 것인가』. 서울: 두란노 아카데미, 2008.

Boring, M. Eugene. "성경 해석."『그리스도의 교회들 운동 대사전』. 서울: 대한기독교서회, 2015.

Anderson, B. W. *Understanding of The Old Testament.* New Jersey: Prentice-Hall, 1986.

Willis, J. T. "Isaiah." M. W. Hamilton et al. *The Transforming Word.* Abilene Texas: Abilene Christian Univ. Press, 2009.

4장 | 팬데믹 시대와 구약신학

김은규. 『종교권력으로 보는 구약신학』. 서울: 동연, 2019.

박신배. 『구약의 개혁신학』. 서울: 크리스천헤럴드: 2006.

_____. 『구약이야기』 서울: KC대학교 출판국, 2020.

_____. 『새로운 예언서 연구』. 서울: 그리스도대학교 출판국, 2011.

_____. "코로나19시대, 성서(구약) 속 전염병의 신학적 의미: 기독교교육적 전망에서." 『코로나19를 넘어서는 기독교 교육』. 서울: 동연, 2020.

박호용. 『창세기 강해 설교: 차원이 다른 행복』. 서울: 통전치유, 2021.

이상호. 『히브리어 원전분해 및 강해성경: 창세기』. 서울: 동해출판사, 1999.

도널드 고윈/박호용 역. 『출애굽기 신학』. 서울: 성지출판사, 1994.

필립 J. 붓드/박신배 역. 『민수기』. 서울: 솔로몬, 2004.

Anderson, B. W. *Understanding the Old Testament,* 3th. New Jersey: Prentice-Hall, 1975.

Albright, W. F. *From the Stone Age to Christianity.* New York: John Hopkins Press, 1957.

Coats, George W. *Genesis,* Michigan: William B. Eerdmans Pub. Company, 1983.

Cooper, Sr. L. E. *Ezekiel.* The New Americal Commentary. Nashiville: Broadman, 1994.

Estes, Daniel J. *Hear, My Son: Teaching and learning in Proverbs 1-9.* Leicester: Apollos, 1997.

Robertson, O. Palmer. *The Christ of The Covenants.* New Jersey: P&R Publishing Co., 1980.

Sherwood, S. K. *Leviticus, Numbers, Deuteronomy.* Berit Olam. Minnesota: The Liturgical Press, 2002.

Schoville, K. N. "Jeremiah." *The Transforming Word.* Abilene Texas: Abilene Christian Univ. Press, 2009.

Skinner, John. *Genesis.* ICC, Edinburgh: T&T Clark, 1980.

Willis, J. T. "Isaiah." M. W. Hamilton et al. *The Transforming Word.* Abilene Texas: Abilene Christian Univ. Press, 2009.

_____. "Jonah." *The Transforming Word*. Abilene Texas: Abilene Christian Univ. Press, 2009.

Weiser, Artur. *The Psalms 1*. OTL. London: SCM Press, 1962.

_____. *The Psalms 2*. OTL. London: SCM Press, 1962.

2부 _ 구약과 한국신학

1장 | 풍류 신학과 태극 신학 — 성서 신학의 관점에서

고광필. 『고전 속에 비친 하나님과 나』. 광주: 광신대학교 출판부, 1997.

김교신. "신약성서 개요." 노평구 편. 『김교신 전집』 3권. 서울: 부키, 2001.

김경재. "유동식의 문화신학에서 삼태극적 구조론의 의미." 『유동식의 풍류 신학』 문화와 신학 1권. 서울: 한국 문화신학회, 2007.

김상근. "1980년대의 풍류 신학과 21세기 선교신학." 『유동식의 풍류 신학』 문화와 신학 1권. 서울: 한국 문화신학회, 2007.

박신배. "풍류 신학과 성서." 『태극 신학과 한국문화』. 서울: 동연, 2009.

_____. "한국문화적 성서 해석 방법론." 『태극 신학과 한국문화』. 서울: 동연, 2009.

_____. "태극 신학, 한국신학의 새로운 모색." 『태극 신학과 한국문화』. 서울: 동연, 2009.

_____. "토착화신학과 성서: 태극 신학의 관점." 『영성과 신학』. 청파 김광식 교수 고희기념 논총. 서울: 강남출판사, 2009.

_____. "구약의 평화와 샬롬신학." 『평화학』. 서울: 프라미스키퍼스, 2011.

박호용. 『조선의 최후와 하나님의 최선: 아빠가 아들에게 들려주는 한일근대사』. 서울: 통전치유, 2021

_____. 『하나님의 시나리오: 조선의 최후: 섭리사관으로 본 한일근대사』. 서울: 동연, 2022.

유동식. "성서학: 택함 받은 나그네들에게, 예수의 근본 문제, 요한서신, 예수·바울·요한." 『소금 유동식 전집』 1권. 서울: 한들출판사, 2009.

_____. "한국 종교가 제시한 이상과 과제: 한국의 마음과 종교." 『소금 유동식 전집』 2권. 서울: 한들출판사, 2009.

_____. "전통문화와 복음의 토착화." 『소금 유동식 전집』 2권. 서울: 한들출판사, 2009.

_____. "복음의 토착화와 선교적 과제." 『소금 유동식 전집』 2권. 서울: 한들출판사, 2009.

_____. "복음의 한국적 이해."『소금 유동식 전집』2권. 서울: 한들출판사, 2009.

_____. "복음의 한국적 이해."『소금 유동식 전집』2권. 서울: 한들출판사, 2009.

_____. "복음의 입장에서 본 한국 종교의 위치와 의미."『소금 유동식 전집』2권. 서울: 한들출판사, 2009.

_____. "풍류도와 신앙의 예술."『소금 유동식 전집』8권. 서울: 한들출판사, 2009.

_____. "우주의 신비와 종교."『소금 유동식 전집』8권. 서울: 한들출판사, 2009.

_____. "한국무교의 역사와 구조."『소금 유동식 전집』3권. 서울: 한들출판사, 2009.

_____. "민간신앙으로서의 무교."『소금 유동식 전집』3권. 서울: 한들출판사, 2009.

_____. "한국신학으로서의 종교·우주적 신학형성의 과제."『소금 유동식전집』4권. 서울: 한들출판사, 2009.

_____. "한국인과 요한복음."『소금 유동식 전집』7권. 서울: 한들출판사, 2009.

_____. "소금선생 노트 중에서."『소금 유동식전집』6권. 서울: 한들출판사, 2009.

_____. "풍류 신학의 여로."『소금 유동식 전집』10권. 서울: 한들출판사, 2009.

_____. "십자가와 복음원리."『소금 유동식전집』9권. 서울: 한들출판사, 2009.

_____. "하와이 이민과 교회창립, 조국상실과 한인감리교회."『소금 유동식 전집』6권. 서울: 한들출판사, 2009.

Tongsik Ryu. "Man in Nature: An Organic View."『소금 유동식 전집』3권. 서울: 한들출판사, 2009.

사토 잇사이/노만수 역.『언지록』. 서울: 알렘, 2012.

은준관.『교육신학』. 서울: 기독교서회, 1997.

천병석. "동양적 사유와 토착화신학."『영성과 신학』. 청파 김광식 교수 고희기념 논총. 서울: 강남출판사, 2009.

필립 얀시/김동완·이주엽 역.『내가 알지 못했던 예수』. 서울: 요단, 2003.

한스 큉/이양호·이명권 역.『위대한 그리스도교 사상가들』. 서울: 크리스천 헤럴드, 2006.

한태동.『사유의 흐름』. 서울: 연세대학교출판부, 2003.

_____.『성서로 본 신학』. 서울: 연세대학교출판부, 2003.

2장 김찬국의 구약 역사 신학 ─ 구약 역사서를 중심으로

강승일. "성경의 증거로 본 이스라엘의 반형상주의."「한국기독교신학논총」104 (2017):

9-25.

김경호외 3인.『함께 읽는 구약성서』. 서울: 한국신학연구소, 1991.

김동환. "김재준의 정치사상." 「신학사상」 164 (2014): 123-150.

김찬국. "구약에 나타난 계약의 하나님의 구속적 의를 논함." 서울: 연세대학교 대학원 석사학위논문, 1954.

_____. "사해사본에 나타난 쿰란 신학." 「신학논단」 제3집(1957.3).

_____.『제 2이사야의 창조전승 연구』, 서울: 연세대학교 대학원, 1980년.

_____.『구약신학』 노트 1956, 7-120.

_____. "예루살렘 입성기를 읽고" 민영규.『예루살렘 입성기』. 서울: 연세대학교 출판부, 1976.

_____.『예언과 정치』. 서울: 정우사, 1978.

_____. "구약의 하나님과 혁명적 변화."『인간을 찾아서』. 서울: 한길사, 1982.

_____. "눌린자의 편에 서는 교회."『인간을 찾아서』. 서울: 한길사, 1982.

_____. "패배한 정의."『인간을 찾아서』. 서울: 한길사, 1982.

_____.『성서와 역사의식』. 서울: 평민서당, 1986.

_____.『성서와 현실』. 서울: 대한기독교서회, 1992.

_____. "금관의 예수."『역경의 열매』. 서울: 국민일보, 1993.

민영규.『예루살렘 입성기』. 서울: 연세대학교 출판부, 1976.

박신배. "유다왕국의 종교개혁연구 — 신명기 역사에서 히스기야· 요시야 왕을 중심으로』. 연세대학교 연합신학대학원, 1986.

_____. "구약 민중신학의 재발견."『구약신학의 새로운 모색: 한국적 구약신학하기』. 서울: 동연, 2016.

_____.『구약의 개혁신학』. 서울: 크리스천 헤럴드, 2006.

_____. "시편과 한국문화."『태극 신학과 한국문화』. 서울: 동연, 2009.

_____. "김찬국의 민중신학과 구약." 「문화와 신학 8집」. 서울: 한국 문화신학회, 2011.

_____. "구약 민중신학의 재발견." 「신학사상」 154 (2011): 37-65.

안병무, "행동과 권위."『성서적 실존』. 서울: 한국신학연구소, 1977.

_____. "현존하는 하나님."『성서적 실존』. 서울: 한국신학연구소, 1977.

이윤경. "역대기사가의 분열왕국 전쟁기사에 나타난 전쟁이데올로기." 「신학사상」 156

(2012): 9-41.

정중호. "하나님의 이동성과 이스라엘의 다문화 사회." 「신학사상」 171 (2015): 33-37.

한승헌. "법이 있는 풍경." 김찬국과 111인. 『나의 삶 나의 이야기 2』. 서울: 연이, 1997.

B. W. Anderson/김찬국·조찬선 옮김. 『성서의 재발견』. 서울: 대한기독교 교육협회편, 1971.

알로이스 피어리스/성염 옮김. "아시아 종교들과 지역 교회의 선교" 『아시아의 해방신학』. 서울: 분도출판사, 1990.

리까르도 안똔시크·호세 미구엘 무나리스/김수복 옮김. 『그리스도와 공동체 사회』. 광주: 일과놀이, 1990.

Byung-Mu, Ahn. *Jesus of Galilee*. Hong Kong: CCA, 2004.

Peckham, Brian. *History and Prophecy*. New York: Doubleday, 1993.

3장 | 한국 문화신학자 김찬국의 평화 신학

권진관. "중진국 상황에서 민중신학하기: 민중론을 중심으로" 『다시, 민중신학이다』. 서울: 동연, 2010.

김경호 외 3인. 『함께 읽는 구약성서』. 서울: 한국신학연구소, 1991.

김성수. "참스승, 영원한 스승, 김찬국." 『나의 삶, 나의 이야기』. 서울: 연이, 1993.

김성재. "민중신학의 발전 과정과 방법론." 「신학사상」 95집 (1996, 겨울): 212-246.

김용복. "스승님을 삼가 마음속에 모시며." 『나의 삶, 나의 이야기』. 서울: 연이, 1993.

김찬국. 『예언과 정치』. 서울: 정우사, 1978.

_____. "국제 긴장 속의 이스라엘." 『예언과 정치』. 서울: 정우사, 1978.

_____. "한국 사회와 기독교의 문화적 관심." 『인간을 찾아서』. 서울: 한길사, 1982.

_____. "제3세계와 성서 해석." 「신앙과 신학」 제1집, 13-27.

_____. 『성서와 역사의식』. 서울: 평민서당, 1986.

_____. "평화의 신학." 『성서와 역사의식』. 서울: 평민서당, 1986.

_____. "현대 이스라엘과 구약." 『성서와 역사의식』. 서울: 평민서당, 1986.

_____. 『고통의 멍에 벗고』. 서울: 정음문화사, 1986.

_____. "예언자적 상상가 최현배, 한결 김윤겸." 『인생수상: 사랑의 길, 사람의 길』. 서울: 제3기획, 1992.

_____. "신과대학과 백낙준 박사." 『성서와 현실』. 서울: 대한기독교서회, 1992.

_____. "3·1절과 출애굽 운동." 『성서와 현실』. 서울: 대한기독교서회, 1992.

_____. "사랑의 빛과 새로운 역사를 위하여." 『나의 삶, 나의 이야기』. 서울: 연이, 1993.

_____. 『성서와 역사의식: 김찬국의 평화 인권 사상과 예언자 신학』. 서울: 동연, 2021.

리영희. "마음이 가난한 자여, 그대 이름은 김찬국." 『나의 삶, 나의 이야기1』. 서울: 연이, 1993.

박신배. 『구약의 개혁신학』. 서울: 크리스천헤럴드, 2006.

_____. "김찬국의 민중신학과 구약." 「문화와 신학」 8집 (2011): 17-18.

_____. 『태극 신학과 한국문화』. 서울: 동연, 2009.

_____. 『평화학』. 서울: 프라미스키퍼스, 2011.

_____. 『구약의 종교개혁을 넘어서』. 서울: 더북, 2014.

_____. "구약신학의 동향과 오늘의 구약신학 방법론." 『구약신학의 새로운 모색: 한국적 구약신학하기』. 서울: 동연, 2016.

_____. "구약 민중신학의 재발견: 김찬국 신학을 중심으로." 『구약신학의 새로운 모색: 한국적 구약신학하기』. 서울: 동연, 2016.

_____. "구약에 나타난 안식일과 정의와 평화 연구." 「케이씨대학교 교수논문집」 (2018년, 18집): 62-93.

박호용. 『폰 라드: 실존적 신앙고백과 구원사의 신학』. 서울: 살림, 2004.

방석종. "구약신학적인 관점에서 본 신화와 역사의 비교 고찰." 『신화와 역사』. 서울: 감리교 신학대학교 출판부, 2006.

서광선. "한국 기독교의 평화 통일 운동." 『한국 기독교 정치 신학의 전개』. 서울: 이화여자대학교 출판부, 1996.

이한영, "토착화신학의 흐름과 재고: 윤성범, 변선환, 이정배를 중심으로." 「신학사상」 147집 (2009): 105-137.

유윤종. "구약성서에 나타난 세계화: '세계화' 상황에 대한 예언자적 사역." 「구약논단」 50집(2013): 31-75.

손원영. "비판적 다문화 담론과 한국적 다문화주의에 관한 연구: 풍류도 모델을 중심으로." 「신학사상」 184집 (2019): 373-379.

천병석. "동서의 현실과 신학적 현실 개념: 동양신학을 위한 예비 검토." 「신학사상」 168집 (2015): 142-176.

하희정. "국내외 독립선언문 다시 읽기: 3·1운동과 시민 주권." 「신학사상」 184집(2019):
　　245-283.

닐 오메로드/정재현 역. "요한 뱁티스트메츠: 정치 신학." 『오늘의 신학과 신학자들』. 서
　　울: 한들출판사, 2007.

알로이스 피어리스/성염 역. 『아시아의 해방신학』. 경북: 분도출판사, 1990.

Anderson, B. W. *Understanding The Old Testament*. New Jersey: Prentice-Hall, 1986.

Albright, W. F. *From the Stone Age to Christianity*. New York: Doubleday Anchor Books,
　　1957.

Gray, J. *The Legacy of Canaan*. Leiden: E. J. Brill, 1965.

Rendtorff, R. *Men of the Old Testament*. Philadelphia: Fortress Press, 1968.

Wright, G. E. *The Old Testament Against Its Environment*. London: SCM Press, 1953.

3부 _ 구약의 종교개혁과 한국교회

강원돈. "메타버스 시대의 신학과 윤리." 『메타버스 시대의 신학과 목회』. 서울: 동연,
　　2022.

구덕관. 『구약신학』. 서울: 대한기독교서회, 1994.

김경희. "예수의 하느님 나라 선포를 통해 본 평등의 비전." 「신학사상」 150집(2010):
　　38-40.

김명수. "초기 기독교 예수 운동에 나타난 공(公)경제윤리." 「신학사상」 150집(2010):
　　108-109.

김상근 외 11명. 『풍류 신학 백년』. 서울: 동연, 2022.

김성철. 『디아코니아 Diakonia』, 서울: 평화사회복지연구소, 2000.

김연진. 『선교신학 총론』. 서울: 성광문화사, 1995.

김종우. "메타버스 시대의 신학과 목회." 『메타버스 시대의 신학과 목회』. 서울: 동연,
　　2022.

김지찬. 『요단강에서 바벨론 물가까지: 구약 역사서의 문예적, 신학적 서론』. 서울: 생명
　　의 말씀사, 2003.

김진섭. "구약이 말하는 말씀과 성령님: 평양 대부흥 운동의 역사적 정황과 현대적 적용을
　　중심으로." 『회개와 갱신: 평양 대부흥 운동의 성경신학적 조명』 (2007): 193-218.

김태연.『원자력 전문인 신학 개론: 글로벌 과학 신학을 향하여』. 서울: 밀알서원, 2021.

노치준. "한국교회의 개교회주의." 이원규.『한국교회와 사회』. 39-73.

대니얼 앨트먼/고영태 역.『10년 후 미래』. 서울: 청림출판, 2011.

더글라스 A. 포스터 외/김진회·박신배 외 20인 역.『그리스도의 교회들 운동 대사전』. *The Encyclopedia of the Stone-Campbell Movement*. 서울: 대한기독교서회, 2015.

리까르도 안똔시크 외/김수복 역.『그리스도교와 공동체 사회』.서울: 일과놀이, 1990.

문규석.『온 우주에서 가장 짜릿한 말: 복음과 구원, 복음은 무엇이며 구원은 어떻게 받는가?』. 군포: 평누림출판사, 2022.

문상희. "신약의 그리스도의 화육론."『신약성서 해석』. 서울: 대한기독교서회, 2008.

민돈후.『<수도승의 사다리>에 나타난 렉시오 디비나』. 로기아 총서2. 서울: 한들출판사, 2005.

박봉배. "전통문화 변용과 기독교" 이원규.『한국교회와 사회』. 228-253.

박신배. "히스기야 종교개혁: 역대기 역사가의 평가."『구약이야기』. 서울: KC대학교 출판국, 2020.

_____.『구약이야기』. 서울: KC대학교 출판국, 2020.

_____. "코로나19시대, 성서(구약) 속 전염병의 신학적 의미: 기독교교육적 전망에서." 『코로나19를 넘어서는 기독교 교육』. 서울: 동연, 2020.

_____.『구약개론』. 서울: KC대학교, 2020.

_____. "열왕기하 18-20장의 편집과 전승 신학 연구."『구약신학의 새로운 모색: 한국적 구약신학하기』. 서울: 동연, 2016.

_____.『구약의 종교개혁을 넘어서』. 서울: 더북, 2014.

_____. "이사야와 열왕기, 역대기의 전승연구."『구약이 종교개혁을 넘어서』. 서울: 더북, 2014.

_____.『환원 신학의 세계: 초대교회로의 행진』. 서울: 더북, 2013.

_____.『구약개론』. 서울: 그리스도대학교 출판국, 2012.

_____.『새로운 예언서 연구』. 서울: 그리스도대학교 출판국, 2011.

_____.『성서이해』. 서울: 그리스도대학교 출판국, 2010.

_____.『환원 신학과 구약성서』. 서울: 그리스도대학교 출판국, 2008.

_____. 『구약의 개혁신학』. 서울: 크리스천 헤럴드: 2006.

_____. "통일신학과 통일 리더십" 『구약의 개혁 신학』. 서울: 크리스천 헤럴드, 2006.

_____. "역대기 역사의 히스기야 개혁 연구." 『구약의 개혁신학』. 서울: 크리스천 헤럴드, 2006.

_____. "구약 개혁신학의 방향." 『구약의 개혁신학』. 서울: 크리스천 헤럴드: 2006.

_____. "통일신학과 통일 리더십." 『구약의 개혁 신학』. 서울: 크리스천 헤럴드, 2006.

_____. 『영성과 설교』. 서울: 시온, 2003.

박정수. 『성서로 본 통일신학』. 서울: 한국 성서학 연구소, 2010.

박준서. "하나님의 형상(Imago Dei)에 관한 성서적 이해." 『구약 세계의 이해』. 서울: 한들출판사, 2001.

_____. "구약 계약 신학의 연구." 『구약 세계의 이해』. 서울: 한들출판사, 2001.

_____. "구약 신앙과 영성." 『구약 세계의 이해』. 서울: 한들출판사, 2001.

아브라함 J. 헤셀/이현주 역. 『예언자들』. 서울: 삼인, 2005.

아시시의 프란치스코 "그리스도를 위해 바보가 된 이들." 제임스 마틴/성찬성 역. 『나의 멘토 나의 성인』. 서울: 가톨릭출판사, 2012.

엄원용. 『한국교회에 보내는 편지』. 서울: 제이플러스 애드, 2016.

에케하르트 슈테게만·볼프강 슈테게만/손성현·김판임 역. 『초기 그리스도교의 사회사』. 서울: 동연, 2009.

여인갑. 『익투스153』. 서울: 24하모니, 2013.

월터 카이저/최종진 역. 『구약성경신학』. 서울: 생명의 말씀사, 1978.

윤사무엘. "메타버스 시대의 목회." 김상일외 14인 저. 『메타버스 시대의 신학과 목회』. 서울: 동연, 2022.

이대희. 『미리토크』. 서울: 예즈덤, 2022.

_____. 『바이블시선: 되새김 120일 쉬운통독』. 서울: 예즈덤, 2022.

_____. 『원형교회: 예수님이 주인이신-성경하브루타 매뉴얼』. 서울: 뉴페이퍼, 2018.

이만열. "한국문화와 기독교." 이원규. 『한국교회와 사회』. 280-291.

이문식. 『환원 운동의 역사와 사상』. 서울: 자루닷컴, 2012.

이원규. 『한국교회와 사회』. 서울: 나단, 1996.

이의용. 『교회 문화 혁명』. 서울: 기독신문사, 1999.

임재천·박신배. 『오늘의 한국교회와 종교개혁: 평신도신학 하브루타』. 미출간 자료집 (2019).

장석정. 『출애굽기의 출애굽』. 서울: 대한기독교 서회, 1999.

잭 코츠렐/정남수 역. 『성서의 은총론: 우리를 자유케 하시는 하나님』. 서울: 쿰란출판사, 2009.

토마시 부타/이종실 역. 『체코 종교개혁자 얀후스를 만나다』. 서울: 동연, 2015.

패트릭 존스톤/이창규·유병국 역. 『교회는 당신의 생각보다 큽니다』. 서울: WEC 출판부, 1999.

한상진. 『기독교 신앙교육철학』. 서울: 도서출판 그리심, 2021.

한스 큉/정지련 역. 『교회: 가톨릭과 개신교를 초월한 교회론 사상의 절정』. 서울: 한들출판사, 2007.

휘거슨/기준서 역. 『현대인을 위한 성서적인 교회』. 서울: 그리스도신학대학교 출판부, 1997.

Anderson, B. W. *Creation Versus Chaos: The Reinterpretation of Mythical Symbolism in the Bible*, New York: Association Press, 1967.

C. S. 루이스/장경철·이종태 역. 『순전한 기독교』. 서울: 홍성사, 2006.

Dr. Martin Luther/Helmut Korinth. *Christlicher Wegweiser fuer jeden Tag*. Hamburg: Druck Offizin Paul Hartung, 1999.

Dumbrell, W. J. *Covenant and Creation: A Theology of Old Testament Covenant*, Tennessee: Nelson, 1984.

J. F. Kelly/방성규 역. 『초기 기독교인들의 세계』. 서울: 이레서원, 2002.

Martin, W. J. *The Church in Mission*, Missouri: Gospel Publishing House, 1986.

Weinfeld, M. *Deuteronomy and the Deuteronomic School*, Oxford: Clarendon Press, 1983.